百年南开
日本研究文库

日外文化交流史论

武安隆 著

江苏人民出版社

图书在版编目(CIP)数据

日外文化交流史论 / 武安隆著. ―南京:江苏人民出版社,2019.7(2020.4重印)
(百年南开日本研究文库)
ISBN 978-7-214-23278-6

Ⅰ.①日… Ⅱ.①武… Ⅲ.①文化交流-文化史-日本 Ⅳ.①G131.35

中国版本图书馆 CIP 数据核字(2019)第 043326 号

书　　名	日外文化交流史论
著　　者	武安隆
责任编辑	史雪莲
装帧设计	刘葶葶
责任监制	陈晓明
出版发行	江苏人民出版社
出版社地址	南京市湖南路1号A楼,邮编:210009
出版社网址	http://www.jspph.com
照　　排	江苏凤凰制版有限公司
印　　刷	江苏凤凰数码印务有限公司
开　　本	652毫米×960毫米　1/16
印　　张	27.5　插页4
字　　数	360千字
版　　次	2019年8月第1版　2020年4月第2次印刷
标准书号	ISBN 978-7-214-23278-6
定　　价	98.00元

(江苏人民出版社图书凡印装错误可向承印厂调换)

"百年南开日本研究文库"
编辑委员会

主　编：刘岳兵
副主编：杨栋梁　李　卓　宋志勇
委　员：俞辛焞　米庆余　王振锁
　　　　杨栋梁　李　卓　赵德宇
　　　　莽景石　宋志勇　刘岳兵

"百年南开日本研究文库"出版说明

2019年南开大学建校百年校庆,作为中国教育史上的大事,当然是值得纪念的。

如何使纪念百年南开的活动具有历史意义?我们很早就开始谋划和筹备。早在2015年春节期间,南开大学日本研究院原院长、教育部人文社会科学重点研究基地南开大学世界近现代史研究中心主任杨栋梁教授,向江苏人民出版社王保顶副总编提起,想以集体展示日本研究院研究成果的形式来纪念南开百年校庆。这一提议得到了保顶同志的大力支持,也得到了研究院各位同事的积极响应。后来经过商讨,编委会一致同意以"百年南开日本研究文库"作为南开日本研究者纪念百年校庆丛书的名称,本文库由江苏人民出版社和南开大学出版社分别出版。与百年校庆相适应,"百年南开日本研究文库"也应该是百年来南开日本研究业绩的展现。为此,编委会确定本文库由以下几个方面的成果构成。

第一,从南开大学创立到抗日战争胜利时期南开的日本研究成果。刘岳兵教授搜集相关文稿四十余万字,编成了《南开日本研究(1919—1945)》。这是一本专题性的南开大学校史资料集,对于研究和总结包括南开大学在内的这一时段中国日本研究的状况和特点,具有重要的史料价值。

第二,新中国建立以来,南开大学成立的实体日本研究机构研究者的成果。实体研究机构包括1964年成立的日本史研究室、2000年实体化的日本研究中心和2003年成立的日本研究院。

第三,1988年组建的南开大学日本研究中心,是以日本史研究室成员为核心,联合校内其他系所相关日本研究者成立的综合研究日本历史、经济、社会、文化、哲学、语言、文学的学术机构。在百年南开日本研究的历史发展中,日本研究中心具有重要的意义。本文库也包括该中心成员的成果。

今后,如果条件成熟,还可以将日本研究院的客座教授和毕业生的优秀成果也纳入这个文库中,希望将本文库建设成为一个开放的、能够充分且全面反映南开日本研究水平的成果展示平台。

在中国百年来的日本研究中,南开占有重要的一席之地。历史的发展和南开的先贤告示我们:日本研究对于中国的发展至关重要。中日关系值得我们认真思考,其经验教训值得认真总结。百年来,南开大学的日本研究者孜孜以求,探寻日本及中日关系的真相,取得了一定的成绩。吴廷璆先生主编的《日本史》(南开大学出版社1994年),是南开大学与辽宁大学两校日本研究者倾注近20年心血合力打造出来的。杨栋梁教授主编的十卷本"日本现代化历程研究丛书"(世界知识出版社2010年)及六卷本《近代以来日本的中国观》(江苏人民出版社2012年),也几乎是倾日本研究院全院之力而得到了学界认可的标志性研究成果。另外,在日本国际交流基金的资助下,南开大学日本研究中心从1995年开始由天津人民出版社出版的"南开日本研究丛书",展现了中心成员在日本研究各具体专题上的业绩,产生了积极的社会影响。这些成果都是南开日本研究者集体智慧的结晶。

"百年南开日本研究文库"是南开大学日本研究院和南开大学世界近现代史研究中心相关学术成果的集体展示。我们相信,本文库将成为南开大学日本研究和南开大学世界史学科"双一流"建设的又一项标志性成果,她将承载南开精神、贯穿南开日本研究学脉,承前启后,为客观地了解日本、促进中日关系健康发展做出新的贡献;我们也想以此为实现"发展同各国的外交关系和经济、文化交流,推动构建人类命运共同体"的理想,培养全民族的国际视野和情怀,提高广大人民群众的世界历史知识和认识水平,尽我们的一份绵薄之力。

"百年南开日本研究文库"编辑委员会
2019 年 3 月 19 日

目　录

序　章　日本吸收外来文化绪论 1
　一、日本人涉外文化心理的史学考察　1
　二、日本知识阶层在吸收外来文化中的作用及心态　14
　三、试论日本吸收外来文化的周期性　26
　四、从"和魂汉才"到"和魂洋才"
　　　——兼论"和魂洋才"与"中体西用"的异同　36

第一章　佛教的接受与日本化 45
　一、应否接受"外国神"之争　45
　二、佛教在日本的迅猛发展　47
　三、变来世主义为现世主义　51
　四、镇护国家和王法为本　53
　五、佛与神的靠拢和融合　57
　六、向简素化、大众化方向发展　59
　七、佛教对日本文化的影响　60

第二章　遣唐使时代(上)　67

一、遣隋使与遣唐使　67

二、留唐热潮　69

三、大陆先进生产方式与政治制度的移植　72

四、唐文化百花苑与唐风文化　79

第三章　遣唐使时代(下)　96

一、日本文化中的印度文化　96

二、正仓院珍宝映出的丝绸之路文化交流　98

三、日本风文化的创造　101

四、七二七—九二六年渤日关系述论　103

第四章　明治日本与西方近代文化(上)　122

一、"求知识于世界"
　　——岩仓使节团出访的意义　122

二、外国专家的聘用　126

三、留学生的派遣　132

四、美法教育制度的移植　139

五、西方近代学术与近代思想的流入　147

第五章　明治日本与西方近代文化(下)　154

一、近代科学的创立　154

二、近代产业和经济制度的移植　157

三、司法制度改革与德国式宪法的制定　162

四、生活方式上的"文明开化"　168

第六章　大正至昭和初年的日本大众文化　172

一、大众文化初具规模　173

二、新东京人及其生活方式　　*179*

第七章　来华日本教习与严修赴日考察　　*187*

一、新见日本教习

——对汪向荣先生所列《日本教习分布表》名单的补充　　*187*

二、两渡瀛山采药归

——20世纪初头严修考察日本教育述略　　*195*

三、严修东游日记点注(增订版)　　*216*

后记　　*423*

序章　日本吸收外来文化绪论

一、日本人涉外文化心理的史学考察

战后日本经济获得了极大的成功,因之也获得了国际上一阵阵的喝彩声,此情此景中的日本人尽管从未丢掉"危机意识",但也终难免变得自信和自负起来。这种现象大抵从 70 年代开始,[①]到 80 年代益盛,上至首相,下至一般评论家,都说过一些盛气凌人的话,[②]于是国际社会上便出现了诸如"傲慢的日本人"之类的话题。但是,从历史的一贯来看,日本人却并不如此,或者毋宁说刚好相反。本节就是试图通过史学的考察

[①] 据日本广播协会舆论调查所调查,关于日本人的民族优越感问题,对三项提问的回答状况为:

	1973 年	1978 年
1. 日本是一流国家(这样认为的人所占比例)	41%	<47%
2. 与其他国家国民相比日本人更具有优秀的素质	60%	<65%
3. 即使现在,日本还有很多应向外国学习之处	70%	=70%

参见 NHK 广播舆论调查所编:《现代日本人的意识构造》,日本放送出版协会 1979 年版,第 130 页。

[②] 参阅陆培春:《傲慢的日本人》,渤海湾出版公司 1988 年版。

来说明日本人的涉外文化心理,至少是这种心理的基调或主旋律。

1. 自以为"万事不如异朝"——兼谈日本学者对儒学"华夷"观的批判

和中国人不同,日本人在先进文化面前总有些身不由己的自卑,他们不仅乐于承认那些文化的长处,甚至还常常加以理想化,对之艳羡不已,并如醉如痴地追求和模仿。这种心理在日本历史的多数时期表现突出,以下试加考察。

公元607(推古天皇十五)年,日本朝廷派小野妹子使隋。转年,隋炀帝遣文林郎裴世清使日。隋使于四月踏上日本国土,日本朝廷立即大兴土木,为之筑馆修路,足足忙了四个月,直到八月天皇才正式接见。接见时,天皇说了这样一席话:"我闻海西有大隋,礼义之国,故遣朝贡。我夷人,僻在海隅,不闻礼仪,是以稽留境内,不即相见。今故清道饰馆,以待大使,冀闻大国惟新之化。"①这段话有三层意思值得注意:(一)日本之所以遣使朝贡,是因为它倾慕大隋是"礼义之国";(二)天皇自称是"不闻礼义"的"夷人",承认自己文化落后;(三)天皇表示非常希望了解大隋的政情文化等。总之,在中国先进文化面前,其倾慕之情油然,谦卑之状可掬。不过,因这段话出自中国史书,有的日本学者便怀疑它可能是中国史官的"修饰",未必可信。② 但如所周知,记载其事的《隋书·倭国传》,恰恰以客观实录见许,仅靠推测是不足以推翻这一史实的。再说,大力引进中国文化,推行后世史家所说的"推古朝改革"正是这时候的事情,倾慕中国文化的天皇说了那样的话是十分自然而合理的。

公元623(推古天皇三十一)年,长期留学隋、唐的日本僧惠日、惠齐、惠光等回国并上奏朝廷说:"留于唐国学者,皆学以成业,应唤。且其大唐国者,法式备定,珍国也,常须达。"③他们对于大唐国的评价用字虽

---

① 《隋书·倭国传》。
② 如栗原朋信:《上代日本对外关系史研究》,吉川弘文馆1978年版,第178页。
③ 《日本書紀》推古天皇三十一年。

少，但却是十分切实和崇隆的，认为它法制完备，治理有序。而且，从评价的着眼点也可以看出，他们已看到了大唐帝国的最具特色之处，也是日本最应学习之点。至于那"珍国"一词，若译成现代语言恐怕就是"理想国"。不言而喻，对于这样一个令人憧憬的美好国家应当是"常须达"的。

镰仓时代的名僧道元，曾于1223（贞应二）年入宋留学五年，遍游育王山、径山等著名禅寺，并从天童山僧长翁如净学参禅，回国后开创曹洞宗。他对中国文化有着很深的感受和修养。这位名僧曾发过这样一番感慨："西天（指印度——武注）及神丹（指中国——武注）人本质直，盖为中华。教化佛法则迅即领会。我朝自来人少仁智，难期正种。……且我国之出家人，诚不如大国之在家人，举世愚笨，心量狭小。……如此之辈，即使坐禅，岂能证得佛法！……我国之人，仁智未开，人又迂曲，即使教以正直之法，则甘露反成毒汁。而趋名利，难得惑执。"[①]他又说："可悲！边鄙之小邦，佛法未弘通，正师未出世，若欲学无上之佛道，遥可访宋土之知识。"[②]在他看来，与"中华"之人相比，日本人"仁智未开"，"举世愚笨"。总之，素质太差了。这样的人很难悟得禅的真谛，即使教以正直之法，也得被日本的"歪嘴和尚"念坏。此外，由于"正师"尚未在日本出世，要想把真正的佛法学到手，便应到中国去。道元的这些话，充满着民族自卑感，作为中国人我们很难理解，甚至有可能骂他崇洋媚外、污蔑同胞，但这位一代名师之所言，无疑是日本人文化心理的自然流露。

江户时代的大儒藤原惺窝，也就是那位首倡朱子学的大师，曾说过这样的话。"对异朝（指外国，此处主要指中国——武注）书籍，我等自来学而不厌，近年新入之书不详知，但十年以前来自异朝之书则大体一览无余。不知不觉乃以为，异朝之事，诸事宜知。本朝乃小国，是故万事不如异朝，即便圣人，亦出自异朝。作此想者，不唯我等，古今之学者皆然，

---

① 道元：《正眼法藏·辩道话》。
② 道元：《学道用心集》。

由而学习异朝。今日始知,此种想法甚是错误。"①这段话虽是以一种反省的口吻说的,但却明白无误地总结出这样一个事实,即,日本"古今之学者"普遍存在着崇拜外国(尤其是中国)的心理,认为小国的日本万事不如外国,必须向外国学习,——颇有些"中国的月亮比日本圆"的味道。尽管藤原惺窝作过这样的反省,但其后的日本学者对中国文化仍然崇拜。我们知道,到了明治初年,中国的落伍已是人所共知的事实了,但崇拜中国文化的古风依然笼罩着日本的上层社会。关于此点,从王韬1879(明治十二)年的游日中便能观察出来。当时,日本朝野的文臣武将、学士名流,无不如饮醇醪般地争相与游,也莫不以得到他的改诗题字为无上光采。而出任驻日使馆参赞官的黄遵宪,由于诗名很高,也成为东京汉诗沙龙中的明星,经常是"户外履满,肩趾相接"。这里不排除他们个人的魅力和才气(尤其是王韬在《普法战记》中所表现出的卓识伟论早已享誉东瀛),但起主要作用的恐怕还是亘古以来对中国文化的崇拜和依恋心理。

近代以后,日本人又以谦卑的态度去估价和学习西方文化,一如古代和中世之学习中国及印度文化者然。

幕末明初,凡研究西方学问或去过西方的日本人,非抱残守缺者无不盛赞西方文明之优秀,也无不感叹日本和东方之落伍。如关于近代欧洲文化,启蒙思想家西周尝以"浩大精微"概括之。他说:"余尝游于欧罗巴,颇悉其事情。所观凡百事物,目之以二字,曰'浩大'。若都邑府城,若道路桥梁,若宫殿楼阁,若廨署庠校祠宇教堂,若幼孤哑盲癫狂疾病诸院,若分析铸锻金银硝磁诸工厂,若考古博物禽兽草木诸馆园,若铳炮船舰海陆诸兵具战器,若火车电线驿递银行互市诸场,凡以触目入耳,皆莫不愕然惊叹焉。及退而考诸书史,征诸学术,惘然自失,惛然自惑。盖其说之精微,其论之详确,不啻茧丝牛毛。……乃又目之以二字,曰'精微'。……精微者本也因也,浩大者末也果也。能尽其精微,故能致其浩

---

① 藤原惺窝:《配所残笔》。

大也"。① 如上所见,西周高度评价西方近代文化,赞美它外在的伟大气魄和内在的科学精神。

日本最伟大的启蒙思想家福泽谕吉还就日西文化作了比较,他指出:"以日本人的智慧与西洋人两相比较,从文学,技术、商业、工业等最大的事物到最小的事物,从一数到百或数到千,没有一样能高于西洋,没有一样能和西洋相比拟的,并且也没有人敢和西洋较量一番的。除了天下至愚的人以外,没有人会认为我国的学术、工商业可以与西洋列强并驾齐驱的。谁能以排子车和火车相比,又谁能以日本刀和洋枪相比较呢?我们还在流行阴阳五行之说的时候,他们已经发现了六十个元素。我们还在以天文卜吉凶,他们已经制造了彗星历,并进而研究了太阳太阴的实质。我们认为人是居住在不动的平地上,他们已经知道地圆而且是转动的。我们(此处的"我们"实在说是少数的儒学者和国学者——武注)认为我国是至尊的神洲,他们已经足迹遍于全世界,到处开辟疆土,建立了殖民地,政令商法之齐备,远比我们优越的东西很多。所有这些问题,按目前日本的情况来看,没有一件可向西洋夸口的。日本值得夸耀的,……只有山水风景而已。"②他还特别指出日本人素质不如西方:"日本文明和外国文明互相对比起来,不但在有形的技术工艺方面落后于外国,就是人民的精神面貌也不相同。西洋各国人民智力充沛,有独立自主精神,在人与人的关系上是平等的,处理事物是有条不紊的,大自一国的经济,小至个人的生活,就目前的情况来谈,我们日本人无论如何是望尘莫及的。"③对西方文化的无比崇尚,导致了明治初期的"文明开化"风潮。这个风潮显示了日本人的积极进取精神,但也出现了一些极端性的失于浮躁的意见,如认为日本传统的衣食住应全部废除,限期予以西化;日本的语言"幼稚卑陋",不足以表达进步的思想,应学习英语,并创造出英日并用的文字;日本的人种必须改良,应从精神上和肉体上

---

① 西周:《致知启蒙序》。
② 福泽谕吉:《文明论概略》,商务印书馆1959年版,第96页。
③ 福泽谕吉前揭书,第169页。

使日本人种欧美化;等等。甚至还有人认为,欧洲的狗也是"开化"的,并说:"(欧犬)食肥肉,卧暖席,或睡美人膝,或吸阿娘口。同是犬也,何其幸福!欧洲虽犬亦能开化,故与人能睦也。人而可不如犬乎!"①此种言论所表现出的自卑心理几乎使人难以忍受!

总之,正是基于对近代西方文化先进性和自身文化落后性的深刻认识,日本正像福泽谕吉所提出的"以西洋文明为目标"的口号那样,实行了外来文化吸收方向的战略性转移,又怀着谦卑的心理,拜西方为师,开始了以吸收近代西方文化为重要特征的日本近代化进程。

不过,日本在实行对外来文化吸收方向的战略性转移并通过这一转移迈向近代化时,远不是一帆风顺的。它必须克服植根于儒学华夷观所造就的另一种涉外文化心理的抵抗。儒学华夷观以是否明中国"圣人之教"为标准来判定文化优劣,故视自国为"中华""神州",无与伦比,视外族外国为"夷狄蛮貊",不堪师法。在这种观念下形成的涉外文化心理其主旋律是傲慢自大。一些日本儒学者在吸收中国文化过程中,把这种观念也学习了去,甚而也自称起"中华""神州"来,成为学习近代西方文化的绊脚石。为了民族的进步,幕末明初(乃至更早)的日本学者不得不清理这种陈腐不堪的思想垃圾。

江户时代的兰学家大槻玄泽已把批判的矛头指向日本的"腐儒庸医",他指出:"(腐儒庸医)不知天地世界之大,妄自眩惑支那诸说,亦步亦趋,谬称'中国'或'中华之道'。……支那之外,皆目之为'蛮夷'而不论及,其学何其粗而且隘。"②他更把批判的锋芒指向"华夷之辨"论的发明者,指出:"支那之人骄傲自限,独称自国为'中华',域外诸国概为'夷蛮',禽兽遇之,……而不知所谓'夷蛮'中亦自有踰于中华者也。……若夫欧罗巴洲方人物,则容貌端正,衣服华丽,巧思出于天性,艺术之妙,旷天下古今。……支那之人徒知有中华,独嘲蔑其他,自安固陋,而不知苍

---

① 水岛尔保布:《新東京繁昌记》。
② 大槻玄沢:《蘭学階梯》。

穹之下,别有名邦巨国,而华夷自星列乎其中。我邦间抑或有因循其旧说,未曾闻见至于此者。"①

幕末日本具有启蒙先驱意义的思想家佐久间象山认为,中国在鸦片战争中失败的主要原因是由于泥古不化和瞧不起"夷狄蛮貊",他在鸦片战争8年后的1849年曾明确指出。"西洋诸国精研学术,国力强盛,频频得势,致使周公孔子之国亦遭攻略,其原因竟何所在?毕竟,彼之学得其要,此之学不得其要;溺于高远空疏之谈,流于训诂考证之末。……不知通达时变,改革兵制。……只知自国之好,轻贱外国,视之为'夷狄蛮貊',而不知彼熟练实事,兴国力,强兵力,且火技之妙,航海之巧,遥出自国之上。是故,一旦英国构乱,即招致大败,贻耻辱于全世界。"②就连日本的汉学家也议论起中国失败的根本原因,如斋藤竹堂就说过:"(西洋)自天文地理以至舟楫、器械、布帛之属,极尽精巧,非他邦所能及也。……支那人动辄以'中华'自高,矜誇太过,视诸蕃如禽兽。殊不知天地之气运愈久而愈开,……天地之气运益开而万国局面又益变。宇内形势业已割一大鸿沟,殆有出千古圣人意料之外者。今之蛮夷非古之蛮夷也。支那人眼孔如豆。"③

至于明治年间的日本学者,对儒学的"骄矜自夸"作过更尖锐的批判,如福泽谕吉就曾说,日本之所以能成就维新大业,就是因为那些奔走其事的武士"从儒学的深奥这个角度来看","都是些不学无术之辈",当政的人多数对汉文、汉学体味不深。④

有关中国为何不能顺畅吸收近代西方文化,为何在鸦片战争中一败涂地的历史教训,日本的有识之士早在100多年乃至200年前就已开始议论和总结(如前引大槻玄泽《兰学阶梯》一书写成于1781年)。因而从一定意义上说,日本的接受西方文化开始近代化过程也是与借鉴了中国

---

① 大槻玄沢:《万国人物略序説》。
② 佐久間象山:《嘉永二年二月上書》。
③ 齋藤竹堂:《洋外紀略》(下)。
④ 《福泽谕吉自传》,商务印书馆1980年版,第293—294页。

的教训分不开的。

综上所述，是否可以说，从历史的总体看，日本人在先进的异文化面前常常表现出很强的自卑心理。不过，这也不妨碍说，他们在某些特定的历史时期（如明治年间在连续打赢甲午战争日俄战争之后，以及第二次世界大战的战前和战中等），由于受到强烈的政治刺激对此有所偏离。当然，单纯的自卑感并不一定值得称道，但日本人的自卑又常常伴随着"见贤思齐焉"的心理冲动，这便成了一种精神优势。福泽谕吉在谈到明治维新时说："这种骚乱是全国人民向文明进军的奋发精神，是人民不满足于我国的固有文明而要求吸取西洋文明的热情。因此，人民的理想是要使我国的文明赶上或超过西洋文明的水平，而且不达目的誓不罢休。"[①]也就是说，日本人不仅要吸取西洋文明，还要赶上和超过西洋文明。因而，关于日本人的涉外文化心理我们可以得出这样一个公式："自卑——学习——赶超。"

2. 崇敬与学习打败自己的人

我们在考察日本人的涉外文化心理时，还可以发现这样一种规律，即，越是那些在严重的较量中战胜了自己的异文化，越能获得日本人的崇敬和激发起他们学习的热情。因而，大规模的文化吸收往往发生在受到异文化的压力并与之对峙、较量而失败之后。关于这一点，只要研究一下三次大规模文化吸收的历史背景便可明白。

（1）为唐所败而更加努力吸收唐文化。众所周知，在历史上，朝鲜半岛始终是中日关系的敏感点，它也像传感器一样，能够迅速地把来自任何一方的作用力传导到对方。

4世纪，日本在形成统一国家的同时，即开始向朝鲜半岛扩张，并在半岛南部占领了一块殖民地——任那。公元562年，任那被逐渐强盛起来的新罗所灭，日本被迫退出半岛，但是却一直伺机卷土重来。589年，

---

① 福泽谕吉前引书，序言。

隋朝统一了中国,结束了大陆上长期以来的分裂局面。大陆上强大王朝的出现给了日本以无形的压力,执政的圣德太子一方面与隋朝交往,一方面加紧输入中国文化,推行一系列改革。612年,隋开始发大兵进攻高句丽,但没有取得成功。618年唐代隋兴,并继续进攻高句丽,日本感受到了更大的压力。加强中央政权和形成仿唐古代国家的大化改新就在这种背景下展开。与此同时,唐支持新罗,日本支持百济,在半岛上进行正面冲突,并于663年最终导致了中日两国关系史上的第一次战争——白江口之战(日本史书称"白村江之战")。日本先使在日的百济王子扶余丰率兵5000归国,随后又发援军2.7万人前往半岛,准备与唐军决一死战。日本与百济联军的指挥官们本以为"我军争先,彼应自退",哪知一交手"大唐便自左右夹船绕战,须臾之际,官军(指日军——武注)败绩,赴水溺死者众,舳舻不得回旋"。日军将领朴市田来津也在战斗中阵亡。① 关于这次战争的惨烈,中国史书也有记载:"(刘)仁轨遇倭兵于白江之口,四战捷,焚其舟四百艘,烟焰涨天,海水皆赤。"②日军败回列岛之后,害怕唐军乘胜渡海来攻,大和朝廷便在壹岐、对马、筑紫等地增派军队,构筑工事,以防不测。

显然,唐日之间的第一次战争给日本留下了不可磨灭的印象。就在这次战争之后,我们看到了一番非常奇特的景象:日唐之间的往来非但不减,反而更加频繁,尤其是665年日本遣使参加泰山封禅,669年(高句丽被唐灭亡的翌年)日本又派河内鲸为"平高丽庆贺使"前往长安,祝贺唐在半岛上的彻底胜利。按,高句丽是日本在半岛上对唐斗争的潜在盟友,它的被灭显然不是什么好事,保持沉默也就罢了,反而要特地遣使庆贺,这实在是一种日本式的行动逻辑。日本学者有称此时的日本外交为"亲唐外交"者,③此评价似不为过。

就这样,中日之间在经过长期有形和无形的对峙和较量之后,日本

---

① 《日本書紀》天智天皇二年。
② 《旧唐书·刘仁轨传》。
③ 见森克己、沼田次郎:《對外關係史》,山川出版社1978年版,第30页。

彻底失败了,此后900年未再涉足半岛。大概正是由于失败,日本对中国文化更尊崇、更倾慕了,学习的自觉性也更加高涨了,这就迎来了遣唐使活动的最高潮。我们看到,白江口之战后派出的第七、八、九、十这四次遣唐使团,规模最大,文化经济交流最盛,成为中日文化交流史长河中浪峰上的浪峰。有如所知,经过遣唐使时代的大规模文化吸收,日本文化的面目为之一新。

(2)"攘夷"碰壁而行"开国和亲"之策。从幕末到明治维新前,日本经受了近代西方文化由弱到强、由间接到直接的冲击。这三次冲击是:

① 鸦片战争。中国在鸦片战争中为"夷狄"的英吉利所败,使日本受到极大的震动。朝野上下,或上书献计,或著书警世,大声疾呼"今清国大乱,难保何时不波及日本!"[①]

② 黑船叩关。鸦片战争13年之后,美国海军准将伯理率舰四艘闯进江户湾,要求通航通商。这次冲击更加强烈,闹到全日本"喧喧扰扰,浮说百出,人心纷乱,恰如鼎沸"。[②] 1858年的"安政五国条约"导致了日本被迫对西方国家开国,但也激起了国内风起云涌的"尊王攘夷"运动。

③ 萨英战争与四国联合舰队进攻下关。攘"夷"的结果,招致了与"夷"的直接战争。1863年长州藩在下关炮击外国船只,转年遭到了美、英、法、荷四国联合舰队的进攻,下关炮台被拔除,并被迫支付大批赔款。同年,萨摩藩士杀死英国人的事件也遭到英军火烧鹿儿岛的洗劫。这两次事件与黑船叩关不同,是与西方国家真枪实刀的直接较量,日本武士在战争中尽管十分勇敢,但却抵挡不了西方国家的近代军事力量。日本人终又茅塞顿开,切身感悟到"夷"的文化比自己优越,要想把"夷""攘"出去,还得先向"夷"学习才行。出身于萨摩藩的五代友厚曾对这一思想转化过程作过描述,他说:"此次于海面上被迫与英国进行炮战(指萨英

---

①《大日本古文書》(幕末外國關係文書之一),第846页。
② 竹越與三郎:《新日本史》。

战争——武注),虽损失甚大,但对启迪三州士民之蒙昧,实天赐千金难买之良机,……应当理解,今后天下之一般形势,已非复攘夷,对其已难加拒绝。天下形势趋向于开国之时期业已临近,因而诸侯竞相钻研富国之方法,如不采取措施,则难睹国家充实富强之成绩。"①就这样,由于进行了招致"损失甚大"的战争,日本人明白了天下形势"已非复攘夷",而"趋向于开国",并纷纷讲求富国之方法。这实在是日本式的聪明反应。总之,两次战争之后,日本有头脑的人谁都知道"攘夷"是断断不可行的了。耐人寻味的是,因攘夷而招致战争并遭到失败的西南强藩,反而率先执行"开国进取"政策,向西方国家开港通商,派遣留学生,实行政治与军事改革,发展洋式工业,聘用外国专家,等等。后来又成功地进行了推翻幕府的国内战争,清除了封建割据,建立了统一的明治国家。此后,在新政府领导下,采取了大力引进近代西方文化的国策,最终使日本步入了西方资本主义国家的行列。

行文至此,有一件小事顺便一提:1987年笔者旅日期间,承蒙早稻田大学教授依田憙家先生的好意,特意带我和另一位同胞去横须贺一游,观览了久里滨伯理公园。在当年美国黑船来航登陆的地方,巍然矗立着一座纪念碑,上有伊藤博文手书汉字正楷"北米合众国水师提督伯理上陆纪念碑"。园内还设有纪念馆,陈设着种种有关纪念品和文书、出版物等。在我们看来,伯理当年以坚船快炮为手段,口吐威胁语言,强制日本开国,无论如何总带着几分殖民主义者色彩,然而,日本人却不如是观,很多人把他看作"恩人",认为日本民族能有今天和此人1853年的来访不无关联。如福泽谕吉就曾写道:"嘉永年间美国人跨海而来,仿佛在我国人民的心头燃起了一把烈火,这把烈火一经燃烧起来便永不熄灭。"②在福泽笔下,伯理俨然是一个令人崇敬的文明传播者的形象。这也是日本人文化心理的一种反映吧。

---

① 见信夫清三郎:《日本政治史》第2卷,上海译文出版社1988年版,第51页。
② 福泽谕吉:《文明论概略·序言》,商务印书馆1959年版。

（3）被美占领而崇尚美国文化。从1931—1945年，日本对中国进行了15年侵略战争。其间，1941年发动"珍珠港事件"，挑起了主要是针对美国的太平洋战争。第二次世界大战以德、意、日法西斯的失败而告终。美国曾先后在广岛、长崎投下两枚原子弹，最后又作为日本历史上不见先例的占领者君临列岛。日本自认为这次战争是败在美国手下（这种观点是否片面，此处姑且不论），便老老实实地做起占领军的顺民来。

盟国占领军总司令麦克阿瑟元帅抵日后40天，日本的一位电台播音员，就总司令的一张照片播发了如下观感："元帅的手放在艾克尔伯格中将①的肩上，威严中透着镇定自若和信心，同时又洋溢着一种并无城府的亲切和诚恳之情。元帅的轻松态度使看惯了威风凛凛的日本将军的我们感到惊异和无限的羡慕。似乎现在才恍然大悟，'难怪美国打赢了！'并且很有把握地感到，'有这样的人物来作为管理日本的最高司令官，对于日本的将来不是很幸运的吗？'"②

对于入驻的敌军最高司令官的这番相面术式的感言，被一位日本学者评论为"日本人的彻底人转弯"。③ 后来，日本人对麦克阿瑟的崇拜和褒扬不断升级，说他是"新生日本的生身父母""恩人元帅"。又说美国是"东方之光"，而麦则是"东光国的元帅"。在日本各地也出现了以麦克阿瑟命名的剧场和街道；小学生也以戴"麦克阿瑟帽"为时髦，后来，还为麦立"显彰碑"（即中国人所说的"功德碑"），甚而有筹建麦克阿瑟神社与纪念馆之议，只因麦说了"在精神上日本还只是12岁的小孩"激怒了日本人才算作罢。④ 总之，战后日本人对麦克阿瑟一见起敬，且不断升级，这固然有美国占领政策使不少日本人受益的一面，但主要则是因为美国打败了日本，使日本人不由得对美国文化的活形象顶礼膜拜起来。

---

① 艾克尔伯格，即Robert Lawrence Eichelbrger(1886—1961)，美军第八军司令，时任驻日占领军司令官。
② 秦郁彦、袖井林二郎：《日本佔領秘史（下）》，朝日新闻社1977年版，第161—162页。
③ 秦郁彦、袖井林二郎：《日本佔領秘史（下）》，朝日新闻社1977年版。
④ 秦郁彦、袖井林二郎：《日本佔領秘史（下）》，朝日新闻社1977年版。

美军的占领没有遭到日本人的抵抗，甚至很少招致日本人的敌意。关乎此，一位日本学者认为主要有以下两点原因，第一，战争末期物资不足，漫说抵抗，就是活着也不容易；第二，进驻美军乘坐吉普。① 关于这第二个原因阐述尤多。进驻美军兵力40万，据说有吉普5万辆，而且所有的美国兵都能驾车奔驰。仅这一事实就使日本人目瞪口呆，认为日本不败才怪。一时吉普成为日本流行歌曲讴歌的对象，诗人吟咏的素材，评论家议论的话题。如果说，麦克阿瑟是美国文化的人格形象，那吉普便是美国文化的物质形象。

美国生活方式也被展示于日本报端和进口的好莱坞电影中，日本人看到，美国家庭使用着电动吸尘器、洗衣机、电冰箱，而电冰箱中又排放着火腿、香肠、牛奶、鸡蛋等物。居而有洋楼，出而有汽车。这种所谓美国生活方式，强烈地刺激和吸引着日本人。

在这个强大而富有的美国面前，日本人表现得服服帖帖。比如在公共汽车上不能和司机讲话，这本常识，但却特地说是"奉盟军司令部命令禁止与司机交谈"云云。② 这虽是小事，却反映出日本人对美国是彻底"服了"。但日本人的行动逻辑不止于"服"，"服"而后便要学，正如一位著名的日本政治记者所说："对于绝大多数日本人来说，战后，美军带来的所有物质文明，都使他们一味惊异，把战后的日本人与幕末至明治初期的日本人等同起来也不为过。与此同时，善于思考问题的人们痛感大大落后了的日本与相当先进的美国文明之间的差距，不能不激起一种要超赶美国的热情和使命感，把仿效美国物质文明作为重建日本的途径，从而迅速形成日本的总体规划。"③事实正是如此，对美国文化的锋芒有着切肤之感的日本人，再次开国，一方面被迫，一方面主动地大力吸收起美国文化来。④

---

① 山本明：《戦後風俗史》，大阪書籍1986年版，第101—102页。
② 参阅松本一男：《中国人和日本人》，渤海湾出版公司1988年版，第33页。
③ 户川猪佐武：《战后日本纪实》，刘春兰译，天津人民出版社1984年版，第17页。
④ 如西方式的民主制度是日本被迫接受的，而美国的先进科技等则是日本主动吸收的。

在我们考察了上述三次吸收外来文化高潮的历史背景之后，是否可以这样认为：与异文化的对峙、较量而致失败，常常成为日本大规模吸收外来文化的契机。而这种大规模的吸收又往往演变为深刻的社会经济和政治变革，推动了日本历史的跳跃式发展。

上述日本人的这种行动方式，很像我们中国的绿林好汉在败给高强者之时常做的那样：扑翻身便拜，请求胜利者把绝技传授给自己。也就是说，他们特别重视向优于自己的对手学习。这样，关于日本人的涉外文化心理，我们又可得出另一个公式："较量——失败——学习。"

二、日本知识阶层在吸收外来文化中的作用及心态

日本以长于吸收外来文化著称于世，以至于有学者发出了"在世界历史上，很难在什么地方找到另一个自主的民族，如此成功地有计划地汲取外国文明"[①]的慨叹。这种"成功地有计划地"吸收外来文化的活动，一方面和政府的主动组织与主持分不开，[②]另一方面则和知识阶层的积极参与有着密切的关联。本节试图对日本知识阶层在吸收外来文化过程中的作用及心态作一探讨。

（一）

大体上说，日本知识阶层对于外来文化起着了解学习、介绍传播和改造运用的作用。

从世界史范围来看，日本是较早地形成留学制度和习惯的国家。据文献记载，最早向中国派出留学生（僧）是在公元608年（推古天皇十六年，隋大业三年）。此年，圣德太子遣小野妹子使隋，同时派出留学生（僧）高向玄理、南渊请安、旻等8人赴隋学习。[③] 有隋一代，日本向中国

[①] 鲁思·本尼迪克特：《菊与刀——日本文化的类型》，吕万和、熊达云、王智新译，商务印书馆1990年版，第41页。
[②] 参阅拙文《日本吸收外来文化的历史观察》，《南开学报》1987年第4期。
[③] 《日本書紀》推古天皇十六年九月條。

派遣的留学生(僧),在史籍上留下姓名的共 13 人。① 至于唐代,日本派出的留学生(僧)更多,史籍留名的留学生 26 人,学问僧 90 人。② 隋唐时代的日本留学生(僧)学习年限较长,有多至三四十年的,对中国文化有深切的了解。入宋以后,来华者多为僧人,而且不再由政府正式派遣,但受着日本佛教界留学习惯的无形支配,仍然一代接一代地来华学习,学习的内容也不限于佛教,而是包括儒学等在内的广泛的中国文化,故从本质上讲,留学僧也是留学生。两宋时代,留名史册的留学僧共 131 人,③超过了唐代。元代中日两国间虽然发生了战争,但并未影响留学僧的来华,已知的入元僧为 222 人,④创各代日本留学僧最高纪录。明代来华日本留学僧也很可观,已知者为 114 人;⑤值得注意的是,其中有大批禅僧是以政府使者身份来华的。直到清代,因满族入主中原,而日本知识界不以他们为中国文化的正统代表,所以少有来华留学者。幕府末年,在和西方国家通交之后,日本又立即向这些文化发展高于自己的国家派出了留学生。⑥ 据不完全统计,幕末由幕府和各藩派出的留学生为 148 人。⑦ 明治以后,其规模更加扩大,自明治元年(1868 年)至明治七年(1874 年)计派出留学生 585 人。⑧ 如上所见,自第一次派出留学生的公元 608 年至今,已有将近 1400 余年的历史,这样源远流长的留学制度和传统在其他国家的历史上是不多见的。

日本留学生深入他国社会之内,在所在国文化氛围中了解学习该国文化,不少人几乎达到了"无差别境界"。如某些五山禅僧写的汉诗被评为"不带和臭"(日本味),使中国学者也赞赏有加。

---

① 木宫泰彦:《日中文化交流史》,胡锡年译,商务印书馆 1980 年版,第 58—59 页。
② 参阅拙著《遣唐使》,黑龙江人民出版社 1985 年版,第 87、111 页。
③ 木宫泰彦:《日中文化交流史》,第 255—258,306—334,422—460、588—604 页。
④ 木宫泰彦:《日中文化交流史》,第 255—258,306—334,422—460、588—604 页。
⑤ 木宫泰彦:《日中文化交流史》,第 255—258,306—334,422—460、588—604 页。
⑥ 万延元年(1860 年)幕府派出幕臣小出千之助赴法学习,似乎是向近代西方国家派出的最早留学生。
⑦ [日]石附实:《近代日本海外留学史》,ミネルウ書房 1972 年版,第 301—309、310—339 页。
⑧ [日]石附实:《近代日本海外留学史》,ミネルウ書房 1972 年版,第 301—309、310—339 页。

日本留学生（僧）在中国留学期间，无不广泛搜购典籍，复制文物，然后车载船装地运回国内，如玄昉回国时，带回经论1076部共5048卷，其数量差不多等于整个《开元大藏经》。又如园载，因归国时带书奇多，以致引发好友著名诗人陆龟蒙的慨叹，特写《闻元载上人挟儒书及释典归日本国更作一绝以送》诗，形容为"九流三教一时倾，万轴光凌渤澥声"，诗作述事不无夸张，但也足见其所携典籍数量之庞大及内容之繁富。再如空海在长安青龙寺学习时，不仅请宫廷画师李真为之临摹佛像，作祖师影，还雇了二十多位经生为之抄写密教经典。平安时代的留唐学僧，有所谓"入唐八家"，即除上述的空海外，尚有最澄、常晓、园行、园仁、惠运、园珍、宗睿，均以带回大批典籍文物而闻名史册。总之，这些人除带回自己"满腹经纶"的"软件"外，还进行大规模的搬运中国文化"硬件"的工作。因此，某些在中国已失传的典籍今天尚可在日本找到，其中部分功绩就归属于他们。

留学生学习和掌握了外国文化之后，回国后便以不同的方式进行介绍传播。如大化改新的中心人物中大兄和中臣镰足便曾受教于留学隋唐归来的南渊请安，而近代以后的归国留学生充任各级学校教员者不可胜数，有的还自创学塾，讲授与传播西方文化，著名者如新井常之进（谦和社）、木村熊二（小诸义塾）、津田梅子（英学塾）、中江笃介（法兰西学舍）、马场辰猪（明治义塾）等。至于历代留学僧更是把他们得自异域的全部知识和体验传给弟子们。

留学生之外的知识阶层中，也有不少人虽未出国门一步，但却终生坐读外国书籍，研究外国学问并加以传播。如江户时代的兰学家杉田玄白、前野良泽、大槻玄泽、桂川甫周、宇田川玄随、小石元瑞、桥本宗吉、志筑忠雄、吉雄俊藏，以及幕末的伊东玄朴、绪方洪庵等都是这样的西方文化研究家和传播者，他们弟子如云，影响深远。而这样的现象在同时代的中国历史上却是几乎见不到的。

近代以来，日本的知识分子（本文中所说的"知识分子"，泛指有见识的"读书人"，未必都是学术上定义的严格意义上的知识分子）更通过办报、教学、讲演、著述、翻译等不同方式广为传播外来文化,并以可能的方式推动对外来文化的吸收和日本化。在这方面最为典型的代表人物是福泽谕吉(1835—1901年)。他出身于九州中津藩的武士家庭,20岁时离家前往长崎学习荷兰语,21岁转入大阪绪方洪庵主持的"适适斋"继续学习兰学,25岁改学英语,此后至33岁两次赴美,一次赴欧。总之,20岁至33岁是他了解学习西方近代文化的时期。此后,他创办庆应义塾,结"明六社",创《时事新报》,前后写出《西洋旅行指南》《西洋衣食住》《训蒙穷理图解》《万国一览》《世界国尽》《西洋事情》《劝学篇》《文明论概略》等著作计57种100册。直到去世,他终生致力于介绍、传播、移植西方近代文化,并为由此途径实现日本的近代化而奋斗。正如他自己所说,我们从事西洋学的人的"目的只有一个,就是介绍西洋的实际情况,促使日本国民有所变通,早日进入文明开化的大门"①。他还把日本文化与西方文化详加比较,探究日本不如西方之处,指出学习西方的正确途径与方法等。

在吸收外来文化过程中,执政者往往起用对外国事物有较深了解的知识分子作为自己的顾问和智囊,这在日本历史上是屡见不鲜的。如大化改新时代的僧旻、高向玄理被委任为"国博士",成为改新的思想指导者;而平安时代的汉诗文大家菅原道真居于朝廷外交要冲;至于室町时代则多以汉学修养高深的禅僧充任幕府的政治和外交顾问乃至政府使节,如绝海中津、坚中圭密、明室梵亮、龙室道渊、恕中中誓、东洋允澎、天马清启、竺芳妙茂等都是。江户时代也继承了这一传统,硕儒藤原惺窝、林罗山都充当过德川家康的政治顾问。

知识阶层对于输入的外来文化并非简单传播和搬用,而是依据日本的"风土"加以改造,如他们把以"孝"为本的中国儒学伦理观改为以"忠"为本的日本伦理观,把西方的"自然权利"概念通变为日本人易于理解和接受的"天赋人权",如此等等。显然,如果没有这样一番改造运用,外来

---

① 《福泽谕吉自传》,马斌译,商务印书馆1980年版,第288页。

文化便不能在日本生根并产生影响。

外来文化的吸收,对于知识分子来说,除了要有相当的文化水准和相应的专业知识外,还需要有对本民族的使命感和献身精神。知识分子具有较强的时代意识,他们往往以特有的敏感,在世界潮流中估量本民族所处的地位,进而作出相应的反应和积极的努力,以探索民族的进路。例如,中国在鸦片战争中的失败,在日本引起了极大的反响,日本著名汉学者、当时日本最高学府昌平黉舍长斋藤竹堂感慨万端地写诗道:"海外之州迹渺茫,忽闻西房势腾骧。蛾眉解作三军帅,①鸟嘴利于千段枪。铁舰胶沙推不动,绒旗委地暗无光。休言胜败属秦越,自古筹边戒履霜。"②可以看出,他对西方国家来势之凶猛,武器之精良留有很深的印象,他立即告诫日本人,勿谓胜败于己无关,严重的民族危亡之秋即将到来。他写了《鸦片始末》《续鸦片始末》等书;其他学者则为之写序作跋,共同呐喊。诗人山田芳谷也写了"勿恃内海多礁砂,支那倾覆是前车。浙江一带唯流水,巨舰溯来欧罗巴"③的诗章,呼吁国人清醒应变。此外,盐谷宕阴等也告诫说:"西海之烟氛,又庸知不其为东海之霜也哉!"④中国人魏源写的《海国图志》在此时的日本也成了热门书。尽管伯理舰队1853年前来叩关时,日本人仍显得手忙脚乱,但应当看到,由于一批知识分子在鸦片战争后作了十年左右的唤醒工作,日本民族对西方资本主义入侵的心理准备要比中国充分得多,这庶几也是后来两国结局不同的原因之一。又如,著名兰学者佐久间象山在《安政条约》签订之后,力主开国,他认为当今世界科学技术大开,各国势力大伸,这是一种"天运",即不可抗拒的客观规律,日本也奈何不了。日本应当与外国以礼相交,并学习它们的长处,尤其是西方的科技,使日本成为世界大国。这在当时是很卓

---

① 当时日本误传着英国公主作为英军主帅参加鸦片战争的消息,所谓"蛾眉解作三军帅"当指此事。有关这一传说详见王晓秋《近代中日启示录》,北京出版社1987年版,第15页。
② [日]東京大学史学会編《明治維新史研究》,第439页。
③ [日]東京大学史学会編《明治維新史研究》,第439页。
④ [日]塩谷宕陰:《宕陰存稿》卷四。

越的见解。在他应召前往京都准备出山时,更以"天下治乱系于一身"自命。但是,他的活动遭到攘夷派的憎恶。他外出乘马,必用洋式马鞍、马鞭、马靴,更为攘夷派所忌恨,他对此不加理会,活动如常,终于被刺身亡。此外,像横井小楠、森有礼等也都因力主引进外来先进文化而死于攘夷派或顽固守旧分子的刀下。①

至于在大规模移植外国先进文化,进行革命性变革和建设时,更需要一大批受过先进文化熏陶的知识分子担当重任。如明治年间,一代留学生在各个不同的领域进行了创造性的移植西方文化的活动,成绩卓著,其著名者如:政治和法制方面的伊藤博文、井上毅,经济方面的涩泽荣一,陆军方面的桂太郎,海军方面的山本权兵卫,民权运动方面的中江兆民、马场辰猪,舆论和教育方面的福泽谕吉、中村正直,美术方面的黑田清辉,文学方面的森鸥外、夏目漱石,自然科学方面的伊藤圭介、菊池大麓,哲学方面的西周等等。这些人物不尽相同,也各有其阶级局限性或历史局限性,但以历史主义的眼光来看,他们无疑在吸收近代西方文化推动日本近代化过程中,作出过很大的努力和贡献。即使存在着为数众多的本国知识分子,但由于在质和量上的不足,便出现了大规模聘任外国知识分子——西方专家帮助移植先进文化的现象。这种现象最好不过地说明了,知识分子在吸收外来文化方面不可或缺的作用。

(二)

对外来文化的大规模吸收,由于是在不同文化的撞击中进行的,并常伴随着政治的经济的和社会的变革,所以在日本的知识阶层内部每每有着极其不同的反响。明治年间,在吸收西方近代文化时,这一点表现得尤其突出。

---

① 佐久间象山于1864年7月11日被熊本藩士河上彦斋等暗杀于京都。行刺当日,凶手以"皇国忠义士"之名张贴揭帖于三条桥上,列举的首要"罪名"就是"提倡西洋学,主张开港贸易"。横井小楠于1869年1月5日被十津川乡士集团暗杀于京都,刺客留下的"斩奸状"和被捕后的口供,都直言不讳地说,"横井平四郎博学多才,然热衷于西洋学说,甚而有意弘扬耶稣教,令人痛恨之至"。森有礼也几乎是以同样理由,于1889年2月11日(明治宪法发布之日)在动身参加宪法发布仪式时被西野文太郎杀于官邸。

某些西方文化排斥论者认为,西方的穷理之学只不过是一种"分析术",而拿出显微镜是看不见父子君臣之道的。即使西方的兵法也是学不得的,因为那样做的结果,似得权宜之便,却有伤于"大本"。为了防洋贼,就去学洋术,那岂不等于为了和狗斗就去学狗咬吗?① 还有人(如佐田昌介)提出了"洋灯亡国论",认为洋货的输入会导致日本亡国,并坚持佛教的"须弥山世界观",反对西方科学思想的移植和传播。总之,凡西方事物,从"形而上"到"形而下",都应坚决排斥之。与此相反,某些主张"全盘西化"的论者认为,日本事物"幼稚卑陋",不足以自存。日本文字应该废除,代之以拉丁文(这方面的代表人物首推南部义筹)。日本人种不论在肉体上还是智力上都劣于西洋人种,很难与之竞争,所以,日本男人应明了自然淘汰和适者生存的法则,与自己的日本妻子离婚,而跟具有更优秀的肉体和智力的西洋女子结婚,②云云。连人种都要"西化",其他自不必说了。

当然,这些都是极端的例子,不能代表知识分子的主流。如前所述,在先进外来文化的移植中,知识分子是主动而积极的参与者,同时,由于他们处于外来文化与传统文化交汇的涡流中,因而,他们的心态也常常是飘摇无定和十分复杂的。概而言之,一方面,他们希望通过对外来先进文化的吸收,使本民族赶上时代潮流,飞速进步。另一方面,又忧虑对外来文化的吸收会造成种种弊端,尤其是有可能导致日本传统文化特色的丧失。所以不少知识分子经常不断地修改自己的态度。这种心态在大规模吸收西方文化的明治时代,表现得最为突出。福泽谕吉就是一个典型的例子。众所周知,福泽谕吉在明治初年曾如醉如痴地追求西方文化,但在1877(明治十)年却告诫日本人要有"抵抗精神"。他说:"察日本近年之情况,被文明的虚伪之说所欺骗,抵抗精神渐趋衰颓,忧国之士不可不讲求防救之术。"③翌年,他对西方文化作了更明确的表态,称:"吾人

---

① [日]大橋訥庵:《辟邪小言》。
② [日]高橋義雄:《日本人種改良論》,1884年。
③ [日]福沢諭吉:《丁丑公論》。

看法与(西洋文化)醉心论者全然不同,吾人对于我国不是一个新的西洋国家不唯不为之愤嫉,反为试图做西洋国家的想法而深感忧虑。"①好像他自己从来就不曾醉心西方文化,也不曾想使日本做一个西方国家似的。接着他又说:"既已有固有之文明,何故又欲加以抛弃?以固有之智力而行固有之事,兼采西洋事物以为我固有之物。且弃之者要使其极少,采之者要使其极多。"②这段话虽不长,但涵义却很丰富,至少有以下三点值得注意:(1)对传统文化不能抛弃;(2)应兼采西方文化使之丰富传统文化;(3)对传统文化应尽量少抛弃,对西方文化应尽量多吸收,即实行"少弃多采"主义。笔者认为,福泽谕吉在这里提出的文化上的"少弃多采"主义,实际上就是自古以来日本处理传统文化与外来文化关系的一贯做法,唯其如此,才有今日日本文化之兼容并蓄的特色。

此外,像加藤弘之、西村茂树等人也都有着由鼓吹外来思想而回归传统思想的经历。在他们之后,明治和大正时代的知识分子,如被称为近代文豪的夏目漱石和森鸥外等人,其思想也多有曲折和惶惑。

夏目漱石汉学修养极深,34—36岁(1900—1903年)时前往英国留学二年,专攻英国文学。在留学生活时期,曾深深陷入不同文化的矛盾冲突中而不得安宁。他一生都在体味、描绘和批评日本人在外来文化和传统文化撞击中的感受和表现。作为一个有时代感的知识分子,他承认近代西方文化的先进性,认为"西洋的开化动如行云流水""似花开绽蕾"般的自然,是一种"内发的"文明开化③。因而他反对文化上的"国粹保存主义",指出,"在东西交往的今天,国粹保存主义想把过去的东西原封不动地加以复活是不可能的。因为这种主义只不过是喧嚣一时而并无实效,虽进行反抗,终被时代的大趋势所压倒。这就是一般的形势"④。同时,他对于日本文化在与西方文化相交时的态势也有深刻的见解,指

---

① [日]福沢諭吉:《通俗国権論》。
② [日]福沢諭吉:《通俗国権論》。
③ [日]《夏目漱石全集》第10卷,第66页。
④ [日]《夏目漱石全集》第10卷,第260、30页。

出,"当财力、脑力、体力和道德力非常悬殊的民族在鼻尖对鼻尖地相遇时,低的一方就会顷刻丧失自己的过去"①。但是,夏目漱石又是一个个性很强的"感情型"人物,尽管看清了"大趋势"却又十分不甘于在西方文化的浪潮冲击下随波逐流,成为西方文化的简单模仿者。他强调日本人的"自我本位",宣称绝不做"英国人的奴婢",反对成为"日本人的身子配西洋人的脑袋的怪物"。他在一系列作品中表达了对模仿文明的反感和不安。② 如他在《现代日本的开化》中不无揶揄地说:"受到这种(外发的)开化的影响的国民必然会有某种空虚感,也必然抱有某种不满及不安之念。有些人似乎以为这种开化是内发的并沾沾自喜,实为不妥。这颇为时髦,但并不得体,既虚伪,又轻薄,就像小孩吸烟一样,连烟味为何物尚且不知,就装出一副大得其味无穷之妙的样子。……日本人真是怪可怜巴巴的民族。"③夏目漱石辛辣嘲讽日本人的轻薄肤浅和"打肿脸充胖子"式的文明开化,归根结底是他有两怕:一怕丧失"自己的过去",二怕丧失"日本人的特性"。为此,他烦恼不安的灵魂,一生未得稍息。那么,他为这个因急于文明开化而患病的日本开了什么良方呢?如他自己所说,"我无良策,只能说点冠冕堂皇的话,就是在尽可能不得神经衰弱的情况下来进行内发性的变化。如此而已,岂有他哉!"④他所说的"内发性的变化",指的是在可以承受的范围内,在保持本民族特色的情况下,求得一些实质性的进步和变革。

与夏目漱石同时代的森鸥外于1884(明治十七)年前往德国留学,专攻医学,他在途中写的《航西日记》中,记述了他能有机会亲自接触和摄取西欧文明的"欲毋喜不可得也"⑤的心情。但在获得四年留学体验回国之后,他却自称为"留洋归来的保守主义者",认为"长期存在的东西自有

---

① [日]《夏目漱石全集》第10卷,第260、30页。
② 参阅严安生:《夏目漱石对日本近代文明的批评》,见《外国文学》1986年第9期。
③ [日]《夏目漱石全集》第10卷,第69—70页。
④ [日]《夏目漱石全集》第10卷,第69—70页。
⑤ [日]《森鸥外全集》第35卷,第76页。

其存在的理由",因之,他反对完全以西欧为模式来改变日本的风习、制度和机构。当然,他也绝不是一个真正的保守主义者,而是积极主张知识分子应具有调和日、西文化的能力,并把这类知识分子看作是理想的学者和希望之所在。如1911(明治四十四)年他在悼念田口卯吉的文章《鼎轩先生》中写道:"我把近世的学者分为一只脚的学者和两只脚的学者。新的日本是东洋文化和西洋文化汇合之处,因之,既有立足于东洋文化之学者,也有立足于西洋文化的学者;二者都是一只脚着地。不过,虽然是单足独立,但也有像大树那样根深蒂固,脚下有力,推也推不倒的人。这样的人,无论是东洋学家——国学家和汉学家,还是西洋学家,都是有用之才。不过,这种一只脚的学者意见偏颇。因为偏颇,所以他们的意见一旦付诸实践就要出毛病。……现在许多学术上的纠葛和冲突就是这两种因素之争。所以,时代特别需要两只脚的学者,即需要那些一只脚立足于东洋文化,而另一只脚立足于西洋文化的人。……这样的人是现代所必需的调和性因素,然而这样的人又最为难得。"①森鸥外所推崇的就是像逝者鼎轩先生这样的学者,他还希望能出现踏着田口卯吉足迹前进的"两只脚的学者"。由此,森鸥外认为,在外来文化与传统文化的接合点上活动的学者,应是对两种文化都有深刻的了解,意见不失偏颇,并善于调和和处理二者关系的学者,只有他们才是时代所需要的最理想的学者。

青年时代的森鸥外对醉心西方文化的现象批评较多,这可能和当时适逢"洋风"衰颓、"和风"旺盛的时代背景有关。晚年的森鸥外对西方文化表现出更宽广的胸怀。如他在1914(大正三)年写的《〈人生记〉序》中说:"吾人已入于世界潮流之中,但不应任自漂流。往者不可追。作为新人,吾人迎来了新的时代,即应站在新的立足点上,宣传新的使命。吾人永远不能墨守褊狭的、顽固的、僵死的习惯和道德,不能逆世界活的潮流而动。吾人也必须了解原来所不了解的事物。"②他又说。"欲觉醒于新

---

① [日]《森鸥外全集》第26卷,第422页。
② [日]《森鸥外全集》第38卷,第275页。

道德、新政治、新宗教、新文学,并欲奋起而创造者,首应使自己深刻化,使自己之内涵更加丰富。没有包涵和宽容便没有创造。吾人势必要抛弃旧道德,而接受富有生气之新道德。从此一意义上讲,今日之急务在于,更多地撷取西洋文明之成果以资进行伟大的精神上之刷新。此急务之艰巨,实数倍于明治初年。欲使自己伟大,便须不吝容纳他人之伟大。我等待着一个包容了世界上一切民族之优点的新的民族的出现。"①

要使自己伟大,就要容纳他人之伟大,要使日本成为吸收世界上一切民族优秀之点的新的民族,这就是立足于东西两洋文化的森鸥外所提出的希望和追求。

虽然调和东西方文化是明治时期一代知识分子的追求,但这种调和又殊非易事。1894(明治二十七)年自杀的青年诗人和评论家北村透谷,在其死的前一年,曾就日本文化界的现状和他的苦闷在《国民与思想》中写过如下文字:"或曰我恪守英国思想,或曰我传播美国思想,我而何,我而何,各欲依据其所学之思想而指导国民。但若有谁稍提禅道,即被骂为'固陋';稍论元禄文学,即被称做'苟且之复古倾向'。呜呼,不幸的今日之国民呀!非洋上舶来之思想,即应信其不值一顾吗?他们如此被卷入模仿之漩涡欲到何时?今日之思想界,期待明达之士久矣,何不奋然而起,在此民族之上建树起不愧为立足于19世纪之世界的创造性力量。复古,不可期;消化,亦不可期。谁能把犹如珍珠似的西洋思想调和到强韧的东洋情趣之上?出来吧,你诗人呀!出来吧,你真正的国民的大思想家呀!外来的力量和过去的力量,眼下已见得够多了,而缺少的是创造性的力量。"②行文之中,表明这位青年文学家在两种文化(即所谓"外来的力量"和"过去的力量")的冲突面前,呼吁和寻觅"创造性力量"的出现,也即摸索出对东西方文化进行综合创新的正确途径。而在这种摸索中,既表现出了他的使命感,又表现出了一种无能为力的失落感和苦闷。

---

① [日]《森鸥外全集》第38卷,第275—276页。
② 转引自[日]鹿野政直:《日本近代化の思想》,講談社学術文庫1986年版,第112—113页。

陆羯南对于西方文化也存在着极其矛盾的心理,他一方面称赞"泰西文明的善美",尤其是西方的理学、经济和实业使人艳羡,但另一方面又害怕对西方文化的囫囵吞枣式的吸收可能给日本带来危险。其一是,日本民族将丧失自己的个性,地图上的"日本"将成为仅具空名之岛屿;其二是,资本主义经济的采用将导致君民抗争和劳资对立,破坏国民内部的统一,无力对抗西方列强的侵略。①

此后,谷崎润一郎也抱有同样的疑虑,他曾说过,"在感情上我喜欢东方主义,东方人无限留恋东方主义是很自然的事,但如果不想方设法加以保存并维护其独特的文化,那么东方最终将会在精神上成为西方的殖民地。然而如何使今日之诸多方面的社会组织与我们的旧传统调和起来,这正是我的一个疑问"②。

总之,上述事实说明,在"洋风"与"和风"的两种文化的撞击中,不仅整个民族,就是每个知识分子自身也处于飘摇不定、无所适从的心态之中。他们一方面具有试图通过吸收外来先进文化进行变革,从而赶上世界进步潮流的强烈冲动,另一方面又害怕大规模的吸收外来文化会导致民族文化的"无国籍"化和"精神故土"的丧失,即充满着对传统崩溃的恐惧心理和骚动不安。不过,他们也都在探索着适宜的做法并提出了一些颇有启发性的见解,如福泽谕吉的"少弃多采"主义,夏目漱石的"在不得神经衰弱的情况下进行内发性的变化"的主张,森鸥外的"立足于东西两洋文化"论,以及北村透谷"建树(能够融合传统与外来文化的)创造性力量"的呼吁等,都是发人深省的。由此不难看出,具有使命感的知识界在世界进步的大潮面前,一直在进行着严肃的思考,而思考的中心始终围绕着如何以适宜的方式使传统文化与外来文化实现"对接"与融合,寻求一条既引进外来先进文化而又不丧失自身文化特色的"两全"性的进路。

---

① [日]陆羯南:《国民の观念》。参阅[日]石田一良编《日本文化史概论》,吉川弘文馆 1968 年版,第 472—473 页。
② [日]谷崎润一郎:《饶舌录》。

三、试论日本吸收外来文化的周期性

日本是一个长于吸收外来文化的国家,但这种吸收并非直线进行,始终如一,而是呈现着较为复杂的周期性。

当对日本吸收外来文化的历史作纵向观察时,屡屡可以发现这样的现象,即在某一时期,日本人对异国文化兴趣极浓,也不管是物质的、制度的、精神的,均进行饥不择食式地大量摄取。这时,从对外意识上看,大抵是崇外主义占据优势,我们姑且把这个阶段叫作对外来文化的"热情吸收期"。等这个时期一过,日本人对异国文化的热情便逐渐消退,并起而强调自己的传统,加强对摄入的外来文化的重新选择,再次进行咀嚼——消化——吸收,这个阶段极有可能形成颇具民族特色的文化。这时,从对外意识上看,大抵是鄙外主义抬头,甚而可能占据优势。我们把这个阶段叫作对外来文化的"冷漠抵触期"。从有史记载以来的日本吸收外来文化的历史来看,也许可以说就是"热情吸收期"和"冷漠抵触期"交替出现的过程。

有如所知,日本早在未形成统一国家之前就开始吸收大陆文化,但大规模能动而有组织地吸收中国文化无疑是推古朝时期。公元 600 年(推古天皇 8 年),执政的圣德太子开始向中国派出遣隋使。此后,大陆上唐代隋兴,日本也经历了 20 多代天皇,直至 894 年(宽平 6 年)遣唐使停派,其间共派出遣隋使 3 次、遣唐使 15 次(只计算正式成行到达中国者),历时约 300 年。这种国家规模的吸收中国文化的活动,使日本出现了"仿唐文化",从政治、土地、军事诸制度而至于哲学、宗教、法律、教育、文化、史学、书法、乐舞、工艺、美术、医药、历法、建筑、体育、娱乐、衣食、风俗等等,无不像被实施了"模压"工艺一样,全都打上了中国文化的印记。这种把日本文化的面貌一下子打扮得近似中国的文化,被史学家们恰当地称做"唐风文化"。综上所述,我们是否可以把自公元 600 年至 894 年的将近 300 年视为第一个"热情吸收期"。

自894年遣唐使停派之后,日本又于930年停止了与取代渤海国的东丹国的交往,这样,在9世纪末和10世纪初,日本已完全断绝了与外部世界的官方交往。日本的贵族们对中国文化的物欲未减,但蹈海的精神已衰,政府采取消极的对外政策,在延喜年间(901—923年),日本政府甚至限制唐商船来日次数,并严禁日本人前往海外,采取了类似于其后的德川幕府的锁国政策。此后,这一政策虽有所松动,还发生过一次后白河太上皇与中国皇帝宋孝宗互致书信和赠送礼品的事件,但作为与外国政府间的正式交往,从平安时代的894年始,至室町时代的1401年止,大约400年间始终没有建立,与中国的文化交流(如商业、宗教等)只局限于民间。在这一相对孤立时期,日本出现了平安贵族的国风文化和历经镰仓、南北朝及室町诸时代而萌生和完成的武家文化。此外,和歌、能、狂言等庶民文艺也兴盛起来。和唐风文化不同,它们具有鲜明的日本特色。今天,即使一个普通的旅游者,在游览奈良的大佛殿、法隆寺、唐招提寺之后,再去游览京都的金阁寺、银阁寺时,都能品味出武家文化与唐风文化之迥异其趣。综上所述,我们是否也可以把894年(停派遣唐使)到1401年(足利义满遣肥富、祖阿使明)之间的大约500年看做第一个"冷摸抵触期"。当然,这在一定意义上是从国家对外政策的意义上来说的。

1392年日本结束了南北朝对立的局面,1401年将军足利义满接受了博多商人肥富的建议,正式向明派出使者,恢复了与中国的官方关系,并开始了日、明间的勘合贸易。来自西方的所谓南蛮文化也在1543年传入日本,并经历了一番由盛而衰的发展过程。此外,由于朱印船贸易的出现,日本还把海上活动的舞台扩展到吕宋、印度支那、暹罗、马来半岛等地,与此相适应,安土桃山文化中也出现了与海外发展气运互为表里的清新泼辣之风。综上所述,我们可否把从1401年派出遣明使到1636年德川幕府发出第5次锁国令之间的235年看作日本吸收外来文化历史上的第二个"热情吸收期"。

自1636年德川幕府发出第5次锁国令之后,除了在长崎保存了一个与中国(清)、荷兰贸易的小小窗口以及与朝鲜进行少量的贸易之外,日本几乎完全断绝了与世界其他各国的交往。作为封建的意识形态,朱子学被定为官学,而基督教被视为洪水猛兽。在这种锁国体制下,酝酿和产生了颇具日本特色的町人文化。随着封建社会的衰落,在文化上也出现了要求改变现实社会的倾向,这不仅表现在国学和兰学的兴起,也表现在新的儒学派别的出现。从总的趋势上看,我们有理由把从锁国体制完成(1636年)到黑船来航(1853年)期间的200多年视为第二个"冷漠抵触期"。

1853年美国海军准将伯理率船叩关,标志着日本近代史的开端。近代社会与传统社会不同,它使历史的脉搏急剧地加快了跳动。日本对于外来文化在情绪上的周期性变化,再也不能以"百年"计,而只能以"十年"计了。我们看到,从明治初年开始,大约每20年左右,"热情吸收期"与"冷漠抵触期"便要交替出现一次。以下试简述之:

(一) 从19世纪60年代末(明治初年)起到80年代后期(明治20年代初),其间大约20年,一般称作"文明开化期",可以认为是近代后的第一个"热情吸收期"。其特点是对西方文化的全面肯定,崇洋之风席卷列岛,西方的物质文化、制度文化、精神文化,也就是说,不仅"洋才",连"洋魂"也潮涌般地流入日本,并被进行全方位吸收。正如森鸥外在《论洋学的盛衰》中所指出的那样,当时的日本人认为,"彼(西方)之所长并存于精神和技术两方面,我国人唯予模仿与崇拜可也"。不言而喻,日本的传统文化被视为落后的、不值一提的旧物。关于日本人的这种精神状态,使当时在日工作的西方专家深有所感。如在东京医学校任教的德国医学家埃尔温·倍尔茨(Erwin Baiz, 1849—1913年)曾在日记中写道:"今天的日本人,关于自己的过去什么也不想知道。即使有教养的人士,对于过去也自觉脸上无光。有一位说:'一切都是野蛮至极!'而另一位在回答我关于日本历史的问题时则干脆叫道:'我们没有历史,我们的历史从现在开始!'"[①]由此可以看出对西方文化的艳羡和对自身文化的鄙薄。

---

① [日]《ベルツ日記》明治九年十月25条。

代表这一时期情绪的象征性史事有"明六社"介绍近代西方文化的启蒙活动、岩仓使节团周游西方、自由民权运动和鹿鸣馆社交等。

（二）从19世纪80年代末（明治20年代初）到20世纪最初数年（明治30年代末），其间大约20年，可以认为是近代后的第一个"冷漠抵触期"。这一时期的总的趋势是对欧化热的反弹，是国粹主义、民族主义和国家主义抬头的时代。将近20年的"文明开化"风潮，尤其是政府过激的欧化主义政策，招致了越来越多的反感和抨击，进入明治20年代后，民族主义和国粹主义之风一时大盛。如鸟尾小弥太批判"文明开化"是"以美为母，以法为父，妄自移风易俗，傲奢淫荡"。他还指责以外国文物制度取代日本文物制度"有如去松叶而添竹叶，硬插异花异实"。① 三宅雪岭在《假恶丑日本人》中提出警告说，模仿是"未开化人民的共同的性情"，但若走入极端，日本就会变成"劣等的欧美"，日本人则会变成"劣等的欧美人"。一时，"国体论"大作，出现了一大批有关著作，如藤田一郎《国体论》(1887年)、有贺长雄《日本现在国家哲论》(1888年)、福泽谕吉《尊皇论》(1888年)、关直彦《立宪王道论》(1888年)、内藤耻叟《国体发挥》(1889年)、加藤扶桑《日本国体论》(1892年)、矶部武者五郎《国体述义》(1892年)等，真是滔滔者天下皆是。前一时期"洋风"劲吹时，不吃肉被讥为"食古不化"，而在"和风"袭来时，一语不慎又被骂为"亵渎国体"，如史学家久米邦武著文《神道是祭天古俗》而被赶下帝国大学的讲坛，转载其文的田口卯吉则被斥为"国贼"。总之，保存国粹的呼声响彻列岛，古书刊行成风，儒学、佛教渐有复活之状，而基督教则受到排击。在教育界，不断因信仰问题发生冲突事件。按基督教教义，除上帝之外，无可尊奉者，这和《教育敕语》颁布后所要求的对现人神天皇的崇敬发生了直接矛盾。1891年（明治24年），第一高等学校教员内村鉴三（基督徒），在敬诵《教育敕语》时，因拒不敬礼而受到同事和学生的非难，被斥为"国贼"和"不敬汉"，最后被赶出学校。很多基督徒也纷纷退教。洋画不像前一

---

① 转引自[日]辻善之助：《日本文化史》Ⅶ，春秋社1955年版，第89—90页。

时期那么走红,而谈论日本美术成为时尚。茶道、花道、能乐等传统艺能也呈复兴之势。在衣着上,穿和服的人也多了起来。不仅日本人,就是一些在日的外国人也告诫日本不要抛弃自己的传统。如1879年来日在东京大学教授哲学的美国人欧内斯特·菲诺洛萨(Ernest Fenollosa)就曾指出,日本具有源远流长的先进的艺术,妄加抛弃而唯学西方,是极其不自重的。代表这一时期情绪的象征性史事有《教育敕语》的发布、以志贺重昂和三宅雪岭等为代表的国粹主义派的活动等等。

（三）从20世纪最初10年的后半(明治40年代)到30年代之始(昭和初年),其间约20年,可以视为近代后的第二个"热情吸收期"。日俄战争的胜利,使日本人普遍感到"富国强兵"的目标已经达到,学习西方已取得明显的成果,进而希望把这种学习推进到更高的层次。如当时使用的文部省第3期国定教科书《修身》课本中就说:"即使现在,和英、美、德、法等国比起来,(日本)也还有不及的地方。使我国将来进一步发展,与各国并肩前进,共图文明之进步,乃是我们的责任。"(第四课《国交》)此外,两次战争(甲午战争与日俄战争)期间达到极点的国家主义已开始使人厌烦。① 和"文明开化"期相似,社会上又出现了西洋崇拜和洋化热。而且这次洋化浪潮比文明开化期更宽阔,即在"欧化"之外又加上"美(国)化"。关于西洋崇拜的典型人物可以举出谷崎润一郎。他曾经详细地描写过自己的崇洋思想,这种崇拜最初是从纯粹艺术的立场上着眼,认为西方优越于日本。但此后,"骤然被强烈的西洋崇拜所袭击","凡西洋事物,一切都是好的,值得羡慕的。我就像人之崇敬神一样来看待西洋"。他又说:"为了满足我的渴望,如果可能就出洋去,——不,不是出洋,最好是干脆做那个国土上的人,并埋骨于彼土。这样的移居,是最好的唯一的方法。"(《独探》)由于崇洋至极,他开始讨厌日本,他后来曾写道:"当时在日本的银幕上,尾上松之助红极一时","但看到松之助的像

---

① 对于国家主义泛滥以至于庸俗化,夏目漱石曾在其所著《我的个人主义》中讽刺说:"要为国家而吃饭,为国家而洗脸,为国家而上厕所;真受不了!"

片,就完全感到日本人的戏、日本人的脸都是丑恶的,甚至怀疑那些看得津津有味的日本观众的头脑和趣味是否出了问题。我虽然身为日本人,却讨厌日本这个国家。"(《想念东京》)如上所见,谷崎润一郎以作家特有的坦率写出了自己"恨不为洋人"的崇洋情绪。当时自欧洲留学回来的植物学家远藤吉三郎把这种崇洋现象称做"西洋中毒"。他批评说:"一提起西洋货,什么都是上等的,如果不使用,就被看作野蛮国民。追求舶来品成为国民之大病。无论药名或化妆品名,非用假名写便卖不出去,不吹成巴黎流行品或德国医学博士所发明便流行不起来。"他还指出,"在宫内省的某些仪式上,不许穿和服的日本男子入场,实为天下怪事。"(《西洋中毒》,大正5年)这一时期,生活方式上进一步西化,如西洋发式流行,美容院兴旺。西服更由于化纤的研制成功而广为普及。进入大正后,移入美国风气,咖啡馆和酒吧多有设立。在住居生活中出现了所谓"文化住宅"。此外,大众文化与传播媒介开始萌芽和形成。而在政治上出现了"大正德谟克拉西"运动,要求普选权和实现政党内阁。马克思主义运动趋于活跃,文化主义、教养主义、人道主义等思潮均有相当影响。上述这些政治运动和社会思潮也都是代表这一时期情绪的象征性史事。

(四)从30年代之始(昭和初年)到1945年日本投降,其间大约15年,可以视为近代后的第二个"冷漠抵触期"。众所周知,1931年日本帝国主义发动"九一八事变",1937年又开始全面侵华战争,1941年最终挑起太平洋战争。与此相应,随着战争的不断升级和扩大,文化上的排外主义也愈演愈烈。自30年代初起,日本主义大倡,国家主义者不断要求清除欧洲文化的影响,如半田敏治所拟《皇国日本再建案大纲》指出,"明治维新以来,接触了新的欧洲文化,并急于采用模仿,结果使崇拜欧洲之弊风弥漫于全国上下,对于国体之尊严及皇国古来之文化产生错误的价值认识。从上到下,在思想和文化上逐渐陷于欧美殖民地化的境地,这便是皇国文教之现状。如此一来,举国将丧失精神上之独立,失去魄力与活力,耗尽兴国之气力。于皇国而言,此实精神上之一大危机也。而医治之道唯在一途,即使其重新认识国体之尊严及皇国古来之文化。"①1935年,军部法西斯主义者通过打击"天皇机关说"而掀起"国体明征"运动,强调发扬"国体之精华"。1937年,文部省发布《国体之本义》,认为外来文化是产生各种问题的根源(从共产主义运动到"天皇机关说"),因而要把"醇化"外来文化作为主要任务。这种排斥外来文化的运动,后来发展到宣布某些外来语为"敌性语言"而加以清除,如棒球用语デッドボール(死球)、ボール(坏球)、アウト(出局),妇女用品ブラジャー(乳罩)、コルヤット(紧腰衬衣)、スリップ(长衬裙)、コンビネーション(连裤衬衣)等等。美国和英国也被日本人骂做"鬼畜美英",可以和历史上骂元朝为"狗子孙"相媲美。总之,由于法西斯主义的煽动和战争造成的民族仇恨,使日本基本上丧失了对本民族文化和外国文化的正常的判断能力。代表这一时期情绪的象征性史事有"昭和维新"思想的兴起、"国体明征"运动、《国体之本义》的发布、"近代超克"论的喧嚣以及内阁情报局的思想统制等。

(五)从1945年战败投降到60年代中,其间20年,可以视为近代以后的第三个"热情吸收期"。不少学者把日本战败和接踵而来的美军占领而造成的开放称做"第二次开国"。日本主义者历来引以为自豪的"国体"被进行了事实上的改造。因战败而造成的民族自卑感笼罩列岛。西方文化尤其是美国文化,从议会民主制度、教育制度、社会思潮、文化艺术到科学技术、经营管理乃至生活方式,以不亚于"文明开化"期的规模和声势涌入日本并被热情吸收。真是无独有偶,类似于"文明开化"时代主张废除日语使用英语的见解又出现报端,如用日语写出了不少如花妙文的著名作家志贺直哉,1946年在《改造》4月号杂志上著文,主张原封不动地采用法语为"国语"。这一时期,日本人的世界化意识也极大地增强了,冠以"世界"二字的杂志层出不穷,如《世界》《世界周报》《世界评论》《世界文化》《世界文学》等等。正如《战后日本的发现》一书所说,"败

---

① [日]《現代史資料》5,みすず書房1964年版,第129页。

战后,所谓鹿鸣馆时代再度出现。而和明治(时代)不同的只在于,这次是无条件投降和被占领。总之,排外主义灰飞烟灭,传统的价值观分崩离析。有了占领军的指导,外来文化像瀑布一样倾泻而入,填补了空白。国粹的传统主义销声匿迹,文化的国际化大规模展开。"①总之,由于战败造成了日本人精神上的虚脱状态,由战时的不可一世的优越感,一变而为无地自容的劣等感。与此相应,传统文化被怀疑而遭贬,而外来的美国文化却被理想化并倍受崇拜。代表这一时期情绪的象征性史事,有新宪法的制定和实施,在政治、经济、社会各方面所进行的民主化改革,美国文化的大规模流入等。

(六) 60 年代中期以后,在文化上日本人的情绪又进入了一个新的时期,这个时期的下限应划在什么地方,此处暂不作结论(也许,把 80 年代中"国际化"的提出作为划定下限的标志是适当的)。这一时期的出现,是和 50 年代中期日本经济开始高速成长有着直接的联系。由于经济上的成功,日本人的民族自信心逐渐恢复,又开始以新的视角去审视自己的文化,并越来越多地加以肯定,强调它的独特性和这种独特性在日本近代化中的积极意义。从日本文化论的发展来看,早在 50 年代中期,加藤周一发表《日本文化的杂种性》(1955 年),梅棹忠夫发表《文明的生态史观》(1957 年),开始把日本文化看作是与西方文化平行并不劣于它的文化。但到 60 年代中期,中根千枝更进一步,发表了《日本式社会构造的发现》(1964 年),强调日本文化的独特性(如"纵式社会"论和由此而来的"集团主义"等)及其贡献于近代化的积极意义。② 尾高邦雄发表的《日本式经营》(1965 年)也强调立足于日本文化独特性的日本式经营的成功之道。不少外国学者也为日本的成功拍案叫绝,提出要向日本学

---

① [日]每日新聞学藝部:《戰後日本の發現》,大和書房 1965 年版,第 213 页。
② 如中根千枝在此后写成的《日本社会》一书中说:"这种结构的力量,表现在它能有效地集中情况,又能迅速有效地发动全体成员的集体力量。它在日本现代化进程中所作出的贡献是难以估量的。……这种结构为日本战后时期的经济增长奠定了基础。"许真、宋峻岭译,天津人民出版社 1982 年版,第 60 页。

习。这种情况，正如日本社会学家藤竹晓所说："这意味着（日本）在国外寻找榜样，以它为目标决定日本命运的时代已经一去不复返了。日本进入要用自己的双手决定自己命运的时代。"①也有人谈论，对日本来说，今后将是"和魂和才"时代。这种因经济成功而激发起来的民族自豪感，推动日本人去广泛地重新"发现"自己的传统，如出现了民谣热，出现了青年人对古典艺能的日益高涨的兴趣，还出现了爵士乐队穿日本古装举行演奏的情景。日本评论家竹内宏也从另一个角度指出："目前人们对精神享受的追求，在生活方面已经导致了日本风俗、日本格调的重新抬头。新建的公寓开始增设日本式房间，洋楼的四周以日本式庭园代替了草坪。人们对冲天直射的喷泉已失去了兴趣，而对保留大自然景色的人工小溪则兴趣盎然。经营日本饭菜的餐馆层出不穷，地方风味小吃及大众酒馆生意兴隆。日本烧酒的需求量扶摇直上。新年伊始参拜神社的人们逐年增多。"②除此之外，一些论者早在60年代中期就指出，纪元节复活论、大东亚战争肯定论、皇国史观的复活、朱子学回归的文学论等一系列现象都是传统主义思潮抬头的具体表现。③80年代日本政府某些领导人提出的所谓"战后政治总清算"，恐怕也应作如是观。

不过，应当指出，60年代中期以来出现的日本回归现象，主要不是表现为排斥外来文化，而是表现为对日本自身文化的高度评价和自信。由于评价过高，自信过分，也招致了国际社会的阵阵非难之声。于是又有人提出，日本应实行"第三次开国"。

余论

如上所见，日本在吸收外来文化上存在着明显的周期性，尤其是近代以后，周期交替的频度更大。可以说，在日本的近代化过程中，大约每

---

① 转引自范作申：《日本的"日本化"现象》，见《光明日报》1980年11月15日第3版。
② ［日］竹内宏《建立美好的文化国家》，见《编译参考》1986年第2期，第19页。
③ ［日］每日新聞学藝部《戰後日本の發現》，大和書房1965年版，第213页。

15年到20年,"热情吸收期"和"冷漠抵触期"或者说"洋风"与"和风"(按,此处的"洋风"与"和风"系指西方近代文化与日本传统文化,且"风"字兼有风潮之意)便要交替出现一次,而且在多数情况下,其风头都有铺天盖地之势。当"洋风"劲吹时,对外来文化的热情吸收刺激了文化机体活力的焕发,从外部获得了民族文化发展所必需的丰富养料,但当这种"风势"超越一定界限时,便会因不适宜(如"改善人种""废除日语"等"全盘西化"的幼稚而错误的主张)和摄取过量而引起"拒食"现象,在情绪上表现为对传统失落的恐惧不安,于是社会呼唤"日本回归","和风"便骤然再起。传统的复归有利于对摄入的"外物"进行重新选择、消化和吸收,成长出新的"血肉",保持了自身文化的特色。但是,当对传统(尤其是诸如"国体精华"等不良传统)强调过分,甚而成为神化传统的奴隶时,便又会造成盲目排斥"外物",导致文化机体枯瘦化,在情绪上表现为对传统(尤其不良传统)的厌烦,而思慕与倾心"外物",于是社会又回过头来呼唤"开国"——如此周而复始(当然不是简单的循环重复),这便是日本文化所具有的一种显著的自律性。

那么,日本近代化过程上中"洋风"与"和风"的周期性交替现象又说明了些什么问题呢？笔者以为,它至少可以说明如下几点：

1. 外来文化的吸收不是直线进行的,在某一定历史时期内,对于吸收主体来说,存在着一个不以人的主观意志为转移的极限或者说"承受度",超越极限或"承受度"的无尽吸收是不大可能的。

2. 根据同一道理,即使是有用的甚或先进的外来文化,也不可能一口吞下,而是分阶段吸收或者说是"按顿吃饭"的。

3. 外来文化和传统文化各有其精华和糟粕,也各有其深层的无法"拿来"或抛弃之处,不能把舶来之物皆目之为"文明"全部接纳；也不应把固有之物皆目之为"国粹"如数保存。历史证明,前者会走向从根本上否定本民族的存在,后者则会走向本民族的故步自封或自我膨胀。总之,处理二者关系上的极端性行为,都会招致失去正常的判断能力,从而造成不良甚而严重后果。

4. 那些有着自己的文化根底而又处于日益强化的国际文化交流中的国家和民族,既不可能纹丝不动地"全盘不化",也不可能脱胎换骨地"全盘西化",正确和自然的做法只能是,在保持本民族优秀文化传统的基础上,吸收外来的优秀文化,孜孜不倦地努力于综合创新出更富有生气和活力的民族文化。

参考文献:

[日]加藤周一:《雜種文化》,講談社,1974年。

[日]神岛二郎:《文明の考現学》,東京大学出版会,1971年。

[日]山本新:《周辺文明論》,刀水書房,1985年。

[日]宫崎道生:《近代世界和近代的思想与文化》,1985年。

四、从"和魂汉才"到"和魂洋才"
——兼论"和魂洋才"与"中体西用"的异同

在论及日本与外来文化时,常常会谈到"和魂汉才"与"和魂洋才"这样两个口头语。它们以简单明了的语言,归纳了日本传统文化与外来文化融合的模式,颇应重视和研究。笔者拟就自己读书所及,对其出典和涵义的演变略加阐释,文中兼及"和魂洋才"和"中体西用"的比较,不足与谬误之处,敬请读者惠予指正。

就现在所知,"和魂汉才"四字最早见之于菅原道真(845—903)的《菅氏遗诫》,原文是:"凡国学所要,虽欲论涉古今究天人,其自非和魂汉才,不能阐其阃奥矣。"在这里,"和魂汉才"四字确实一字不差地如是组合排列着。但是,60年代岩波书店在出版《日本古典文学大系》时,担任注释《菅家文草》的川口久雄,依据黑川春树、土田杏村、加藤仁平等人的研究,力主《菅家遗诫》系伪作,并说上述那段文字"无论从内容上还是从文体上看,显然不是道真所作,而是近世人自作聪明的窜加"。而且,他进而说作手脚者乃室町时代人。① 这一主张为不少人所接受。但也有人认为,这段话实为江户时代后期的国学者谷川士清(1709—1776)在其所著《日本纪通证》的一个按语中所说,因被人错读,误为菅原道真之语。②还有人主张,"和魂汉才"四字,最早出自江户时代学者谷重远(1663—1718)的《秦山集》,是在评价三条实教时的用语。③ 以上诸说在时间上都比菅原道真所处时代要晚五六百年甚至七八百年。不过,在菅原道真稍后,紫式部(？—1016?)所写的著名长篇小说《源氏物语》中,已可看到"才"与"大和魂"的比照出现。在该书《少女》(《乙女》)卷中,当源氏向太君(大宫)谈及其子夕雾的教育和前程时发了一通议论,其中说道:"猶、才を本としてこそ、大和魂のせに用ひられるる方き強う待らめ。"④有如所见,文中明白无误地出现了"才"和"大和魂"的比照。但这段文字在由丰子恺先生译成中文时,因采用了意译而成为:"凡人总须以学问为本,再具备大和智慧而见用于世,便是强者。"⑤由于把"才"意译为"学问",把"大和魂"意译为"大和智慧",在中译本上便看不到"才"和"大和魂"的比照了。不过,译者又特别为"学问"即"才"加了一个注,指明"当时所理学问,专指汉学而言"。但是由于中译本再也看不到"才"与"大和魂"的字面比照,对于中国的研究者来说,可算作一个遗憾。

这样,由上述可知,"和魂汉才"的提法即使不是菅原道真"措"出来的,那么在他那个时代或稍后一点,已有了这种提法的原型了。

至于"和魂汉才"作何解释,近人和古人所赋予它的涵义并不一样。这只要研究一下古人对该两词的用例便可了然。关于"和魂"与"才"的比照出现,除上述《源氏物语》外,尚有《今昔物语》《今镜》《愚管抄》等典籍,其中《今昔物语》用例极富兴味,意义也极明了。该书记述了一则故

---

① 《菅家文草 菅家後集》,见《日本古典文学大系》72.川口久雄校注、解说,岩波书店1960年版,第71页。
② 参阅加藤仁平《和魂漢才说》,培風館1926年版,第80页,第108页。
③ 参阅加藤仁平《和魂漢才说》,培風館1926年版,第80页,第108页。
④ 《源氏物語》二,见《日本古典文学大系》15,岩波书店1959年版,第277页。
⑤ 《源氏物语》中译本,人民文学出版社1982年版,第343页。

事,大意为:有明法博士助教清原善澄者,其才("道の才")颇高,无与伦比。某夜有盗贼入门行窃,善澄急忙隐藏起来,并依稀看出盗贼模样。盗贼走后,善澄出而大声嚷叫,声言天明后将去告官,盗贼闻声复回,将善澄拖出杀死。故事作者最后作了这样的评语:善澄才高但无和魂。① 显然,这里所说的明法博士助教的"道の才"是指"汉才",即中国学问,而"和魂"则是指实际的处世能力,也就是和中国学问相对的在日本社会中处世的本领,或如丰子恺先生所译即"大和智慧"。

但是,今人所说的"和魂汉才"早已超越了这种单纯的涵义,它指的是以日本固有的精神去取舍和有效地利用中国的学问,也就是说,它已经被用来表述日本文化与中国文化融合的模式了。这种意义上的演变,应当说是后人在处理两种文化的关系的长期实践中进行的再创造。

近代以后,随着中国影响的消退,西方国家影响的增长,表述日外文化融合模式的口号也产生了如下变化:

"和魂汉才"→"和魂汉洋才"→"和魂洋才"。其中,"和魂汉洋才"只是一个过渡性的口号,大致流传于明治初年,且很快就让位于"和魂洋才"了。

从"和魂汉才"到"和魂洋才"虽系一字之改,但却并非举手之劳,而是经历了漫长的认识过程。最早接近于这个认识的是幕末思想家佐久间象山(1811—1864)。1854 年他在《省譽录》中率先把"东洋之道德、西洋之艺(技)术"比照提出,认为两者并举便可"精粗无遗,表里兼该"。两者并用便能产生出"泽民物,报国恩"的强国富民的效果。

至于"东洋道德,西洋艺术"这一命题的渊源似乎还可向上追溯到新井白石(1657—1725)的《西洋纪闻》。有如所知,1709 年新井白石曾对潜入日本的耶稣会传教士西多蒂(Giovanni Battista Sidotti,1668—1715)进行审讯,并根据对西多蒂有关基督教的问答著成《西洋纪闻》一书。书中对西多蒂本人和西学发表了一段很有名的见解,这就是:"至于谈及教

---

① 《今昔物语》五,见《日本古典文学大系》26,山田孝雄等校注,岩波书店,第 172 页。

法,则无一语近道之言,立即智愚易地,似出二人之口,于此始知,彼方之学,唯精于形与器,即仅知所谓形而下者;而于形而上者,则尚未与闻。"(上卷)在这里,新井白石使用"道""器"范畴首对西学一分为二,并认为其精于"形""器",而劣于"教法"和"道"。① 这种对西学的思维方式逐渐成为开明学者的共识,②佐久间象山也不例外。

在佐久间象山之后,横井小楠也提出"明尧舜孔子之道。尽西洋器械之术"③的主张。而桥本左内(1834—1895)也有类似的提法,说"器械艺术取于彼,仁义忠孝存于我"④,其表述只不过是更具体(如把"东洋道德"具体为"仁义忠孝"或"尧舜孔子之道",而把"西洋艺术"具体为"器械之术"),没有意义上的差异。

由上述可知,"和魂洋才"四字虽未见出,但其意义已由"东洋道德,西洋艺术"涵盖了。因而也可以说,佐久间象山是其实际上的"发明"者。⑤

---

① 清人对西学的看法大体也是一分为二式的,如方以智(1611—1671)曾指出,"万历年间,远西学人,详于质测(指科学实验)而拙于通几(指哲学)"(《物理小识·自序》)。又说"泰西质测颇精,通几未举"(《通雅·读书类略》)。又如《四库全书总目提要》认为,"西学所长,在于测算。其短则在于崇奉天主,以炫惑人心"(见第二十六册卷一三四,子部四四、杂家类存目一一,《天学初函五十二卷》条,第2770页)。又云:"欧罗巴人天文推算之密,工匠制作之巧,实逾前古。其议论夸诈迂怪,亦为异端之尤,国朝节取其技能,而禁传其学术,具有深意。"(见第二十四册,卷一二五,子部三五,杂家类存目二,《寰有铨六卷》条,第2632页)
② 新井白石之后,三浦梅园(1723—1789)、山片蟠桃(1748—1821)、帆足万里(1778—1852)等都是以这样的思维认识和比较东西文化的。三浦梅园曾说过,"若达观之,彝伦之道有圣人,天地之实测有西学"(《赘语》六)。山片蟠桃也指出,"一切关乎人之德行性质者,应主要取诸古圣贤,然天文、地理、医术,亦好古而取之,可谓愚也"(《梦之代》卷一)。这些学者对东西文化"长短"之论更明确了,只是未提出综合二者之长,而这决定性的一步则由佐久间象山迈出了。
③ 《横井小楠遗稿》,第725页。
④ 《桥本左内全集》,重野安繹撰景岳塔表碑。
⑤ 我国学者王中江认为,最早表述"和魂洋才"思想的是新井白石。参阅王中江《严复与福泽谕吉——中日启蒙思想比较》,河南大学出版社。再有,日本学者山崎彰认为,"和魂洋才"的思维方式萌芽于杉田玄白,形成于大槻玄泽。参阅山崎氏论文《'和魂洋才'的思惟构造の萌芽——杉田玄白を中心に——》和《'和魂洋才'の思惟构造の形成と国家意識——大槻玄沢を中心に——》,分别载于有坂隆道编《日本洋学史の研究》Ⅱ和Ⅲ,創元社。据考究,"和魂洋才"四字较早见于1874(明治七)年11月的《評論新聞》,该报在评论木户孝允时称,"和魂洋才に洋学兼备の人材"(见加藤仁平《和魂洋才説》,培風館1926年版,第343页)。

在佐久间象山提出"东洋道德，西洋艺术"的七年之后（1861年），中国方面，冯桂芬提出了一个极其类似的主张，这就是"以中国之伦常名教为原本，辅以诸国富强之术"。①这一思想的渊源自然也可追溯到魏源的"师夷长技以制夷"，但是否受到过"东洋道德，西洋艺术"的启发，现在还不能证明。较大的可能是，两人都在前人的影响下，分别达到此种东西文化融合论的境界，不过佐久间象山要比冯桂芬领先几年。冯桂芬的这一主张尽管未见"中体西用"字样，但同样，也已涵盖了它的意义。从这种意义上说，他可以说是"中体西用"论的最早的提倡者。

此后，王韬、薛福成、郑观应等继承和阐发了这一思想。但是，"中体西用"的成熟的表述方式却是沈寿康在1896年提出的，原文为："夫中西学问，本自互有得失，为华之计，宜以中学为体，西学为用。"（《匡时策》）不久，孙家鼐和梁启超也都使用这一说法来表述中西文化融合观。

其实，日本也有"日体西用"之说，而且比"中体西用"提出的早，只不过未风行开来而已。早在1861年，也就是冯桂芬提出"以中国之伦常名教为原本，辅以诸国富强之术"这句名言的那一年，长州藩士长井雅乐和周布政之助在长州藩的《航海远略藩是》中，提出有关对应西方文化的如下见解："以神州（指日本而非中国——武注）固有之忠孝为我体，以洋夷日新之功利为我用。"②这一观点一方面是继桥本左内、横井小楠之后，对佐久间象山"东洋道德，西洋艺术"思想的具体发挥，另一方面可以说是提出了"日体西用"的新的表述方式。但是，长井雅乐等提出的这个"日体西用"在日本和者盖寡，而沈寿康等提出的"中体西用"在中国广得反响，并因孙家鼐、张之洞等廷臣疆吏的援用而日益影响深远。在日本，与"中体西用"相对应的则是另一个口头语，即前述的"和魂洋才"。

那么"和魂洋才"与"中体西用"有何异同呢？

简单地说来，其相同之处在如下几点：首先，二者都是在遭到西方文

---

① 冯桂芬：《校邠庐抗议·采西学议》。
② 中原邦平編述、臼杵華臣校訂：［長井雅樂詳傳］，マツノ書店1979年版，第61页。

化的强烈冲击下,作为一种回应方式而产生的。其次,二者都试图调和与融合东西方文化,并期以西方文化之长补自身文化之短。再次,二者都强调自身文化在这种融合中的主体性,试图以自身文化之"魂"或"体"去主西方文化之"才"或"用"。另外,二者的原始涵义基本相同:"和魂""中体"都主要指的是东方的伦理道德,而"洋才""西用"则均指西方以科学技术为中心的"富强之术"。

笔者在这里想特别指出,"和魂洋才"与"中体西用"的原始涵义相同,是因为它们的创始人都明白无误地作了类似的界定,如佐久间象山说,"东洋道德,西洋艺术";而冯桂芬也说,"以中国之伦常名教为原本,辅以诸国富强之术"。可见,二者都是把东方伦理道德和西方科学技术对举组合的。也就是说,"和魂洋才"与"中体西用"的出发点原本是相同的,而其不同是在此后的实践过程中逐渐显露的。

一般说,"和魂洋才"论者在吸收西方文化时掌握的尺度较宽,"洋才"不仅限于西方科学技术,甚至西方的某些制度和思想也被视为"洋才"而加以接受。相反,"中体西用"论者在吸收西方文化时掌握的尺度较严,"西用"一般局限于西方科技,而西方的制度(尤其政治制度)和思想被视为"中体"的异端和对立物而加以排斥。

中国的洋务派是严格意义上的"中体西用"论者,他们认为,西方事务除科学技术(尤其军事技术等)形而下之外,并无可学习者。如李鸿章就说过:"中国文武制度,事事远出西洋人之上,独火器万不能及。"[1]张之洞也说:"中国学术精微,纲常名教以及经世大法无不具备,但取西人制造之长补我不逮足。"[2]持这种观点的还有梅文鼎,他曾说:"泰西各国,一切政事皆无足取法,唯船坚炮利四字则精益求精。"[3]显然,在他们看来,西方的制度(尤其政治制度)和思想都远逊于中国,何谈向他们学习。而民间的"中体西用"论者则比较开明一些,如早期的改良主义者郑观应、

---

[1]《同治洋务》卷二十五,第9页。
[2] 张之洞:《劝学篇·自序》。
[3]《洋务运动资料》第二册,第489页。

王韬等，把西方的政治制度看作是可以学习的，而不可舍弃的主要是孔孟之道。其他近代中国的重要历史人物，像梁启超也是主张"中体西用"的。总之，"中体西用"论在中国近代史上影响极其深远，即使那些愿意"维新"中国的人，也常常不能把它一旦抛却。

与"中体西用"论者不同，明治年间即使被视为持"和魂洋才"论的人，也都不把西方的制度甚或道德、思想看作是绝对不能接受的。如森鸥外的剧本《马尾藻》中曾塑造了一老一少两个"和魂洋才"论者——大岛崇和广前琏，他们在对话中说，"欧美的风俗习惯，如果确好，无疑可以作为他山之石采而用之，但大和魂不可没有"；"（西洋的）物质开化自不必说，察其道德宗教方面，也可择其善者而用之，但是日本人之所以成为日本人之处到底是不能舍弃的"。剧本人物虽系虚拟，但其思想应有所本。如上所见，他们把欧美的风俗习惯乃至道德宗教都看作不是不可吸收的，而这对于"中体西用"论者则肯定是不可设想的。"和魂洋才"论者唯一强调的是不能丢掉"大和魂"①，即"日本人之所以成为日本人之处"。

明治二十年代兴起的国粹主义，也是比较典型的"和魂洋才"论者，其代表人物为志贺重昂、三宅雪岭和陆羯南等。他们反对欧化主义，反对从思想上"举国归化泰西"，但却并不盲目排斥西方文化。其机关刊物《日本人》发表社论说："吾人并不欲彻底保存日本固有之旧分子，维持旧因素，只不过主张，在输入泰西之开化时，要以日本国粹之胃官加以咀嚼和消化，使其同化于日本之身躯。"（《〈日本人〉述怀》）这和"中体西用"论者的怀抱迥异其趣。当然，他们在宣扬日本主义时也有很大缺陷，以致为日本军国主义所利用。但从总的趋向来看，他们想要纠正政府浅薄的欧化主义政策，毋宁说是含有一些更高层次的外来文化摄取论因素。

---

① "大和魂"，也叫"和魂""日本魂""日本精神"，前已涉及，辞书中解释各异，这里举出三宅雪岭对"日本魂"的阐释。他认为，武士精神就是"制私欲、重德义，强盛国家"的"日本魂"，"此日本魂正是组织我国家之亲和力，是一日不可或缺的国粹"。他还认为，日本魂由自重心和爱国心（即爱皇室之心）二元素组成。参阅坂田吉雄编：《明治前半期民族主义》，未来社 1958 年版，第 60—61 页。

我国学界一般持论,由山县有朋和元田永孚等主持起草的《教育敕语》是保守和反动的,可以作为明治国家由相对开明走向保守的路标式文件,这无疑是正确的。但是仔细分辨起来,在以"和魂"为中核的行文中也散发着些许"洋才"乃至"洋魂"的异味。如它对日本人民作了两方面的要求:作为臣民,他们应该"克忠克孝",维护"国体之精华","孝父母,友兄弟,夫妇相和,朋友相信";作为公民,他们应该"恭俭持己,博爱及众,修学习业以启发智能","广行公益,开展世务,常重国宪,遵国法"。此外,作为臣民也好,作为公民也好,他们都被要求"一旦有事,则应忠勇奉公,以辅天壤无穷之皇运"。最后,天皇还特别表示,对于这些要求,他自己也不能例外,要与臣民一起"拳拳服膺,咸一其德"。显然,《教育敕语》是把日、西德目并举的,当然又以日本德目为其"魂",而取舍活用了"洋才"乃至"洋魂"。

在明治时代的社会生活中,虽然口头上不讲"和魂洋才",而实际上将此付诸实践的人物是很多的,如主持熊本农学校的竹崎茶堂和竹崎顺子夫妇,他们一方面向学生教授西方的农业技术,另一方面则向学生灌输传统的道德思想。尤其典型的是竹崎顺子,她晚年已皈依了基督教,成为信徒,却仍然大讲忠孝道德,如她在熊本女学校校长任上,在1903(明治三十六)年三月二十八日的毕业典礼上训导学生说:"如果能为亲、为家、为夫贡献一身,尽心效力,那就没有做不到的事。细查自古以来为人称道的孝子、忠臣、贞女之事迹,皆在爱亲爱夫之心深,舍弃一己,忘我献身。"[①]同年她在写给孙子的信中也说:"要严于律己,宽于待人。要遵从上帝的指引,当事亲以孝,事君、事上帝以忠,唯此为盼也。"[②]就这样,她把西方学问和日本道德,把上帝和君主调和起来。她可以说是"和魂洋才"论者的标本式人物。

在作了上述的比较之后,也许我们可以发现,在"和魂洋才"论与"中

[①] 德富健次郎:《竹崎顺子》,新潮社1929年版,第352页,第380页。
[②] 德富健次郎:《竹崎顺子》,新潮社1929年版,第352页,第380页。

体西用"论的发轫阶段，出发点大体相同，但随着历史的推移，"和魂洋才"论的取舍标准越放越宽，而"中体西用"论（尤其在决策层面）却难有大的突破，以至于很难找到与"和魂洋才"论者"等值"的"中体西用"论者了。

在此，笔者想附带说明，自己无意贬低"中体西用"论，因为"中体西用"论者无论怎样称颂我们"伦常名教"的不可磨灭，但其真正目的还是想说明，眼下只谈"中体"不管用了，还须讲究"西用"，学习西方的"富强之术"，并认定这才是我们民族的新出路。应当承认，"中体西用"论者确实提出了前人不曾提出的新思想，做了些前人未做的新事业，而他们的悲剧在于，放不下沉重的历史包袱，不敢想象我们"神州"或"天朝"的圣人之教、伦理道德、政治制度等也还有不如别人和应向别人学习的地方。而日本人则相反，他们宁可把外国想象得高明一些（尤其是在吃了外国的苦头之后），每每掀起学习外国的热潮，这时，学习与仿效外国的不力者甚至会遭到同胞的奚落和耻笑。这种差别是我们在读史时每每可以强烈感受得到的。

本章第一节原载于《世界历史》1989年第5期；
　　第二节原载于《历史研究》1993年第3期；
　　第三节原载于《日本学刊》1992年第1期；
　　第四节原载于《日本研究》1995年第1期。

第一章　佛教的接受与日本化

一、应否接受"外国神"之争

　　佛教于公元372年由中国传入朝鲜。一个半世纪以后,大约在六世纪前半,再由朝鲜传入日本。关于传入的情况,在《日本书纪》中有一段很有意思的记载:钦明天皇十三年冬十月,百济圣明王遣使赴日,向天皇献释迦佛金铜像一尊及经论若干卷,并在表文中特别介绍了佛法的无比优越性,说它在诸法中"最为殊胜",连中国的圣人周公、孔子都不懂,不仅"能生无量无边福德果报",还能"成辨无上菩提",而且简直就是如意法宝,有所祈愿,无不遂心。天皇听了这些赞扬,又见所献之佛,"相貌端严",很是"欢喜踊跃"①。从这记载来看,佛教是被"贡"进日本的,而且它在被介绍到日本的最初时刻就被作了急功近利式的阐释,已经不是印度的"原装货"了。关于这一点,我们在以后还要论及。

---

① 《日本书纪》钦明天皇十三年。另,根据日本学者藤井显孝、池内宏博等人的研究,《日本书纪》的这段记载似乎是依据义净译《金光明最胜王经》和昙无识译《金光明经》的一些段落加以串编和润色而成,未必是百济圣明王表文的真实内容。参阅中村元:《东方民族的思维方法》,林太等译,浙江人民出版社1989年版,第286—289页并第286页注1。

按照《日本书纪》的上述记载，佛教是在钦明天皇十三年也即公元552年正式传入日本的。但据《扶桑略记》等文献记载，在此之前的继体天皇十六年即公元552年，大陆移民司马达等已经在大和国高市郡的坂田原"结草堂，安置本尊，归依礼拜"。若以此为准，不但时间提前了三十年，而且传入的途径也不再是经由半岛，而是由中国直接传入的。此外，关于传入的时间，也还有另外的说法，如《上宫圣德法帝王说》《元兴寺伽蓝缘起并流记资材帐》等文献，将百济遣使献佛一事记在钦明天皇戊午年，即公元538年。日本学者一般认为，538年传入说更可信一些。[①] 但中国学者中有主张后一种说法可信的。[②] 日本史学界一般把百济遣使献佛一事叫做"佛教公传"，而把司马达等个人在日传佛叫做"私传"。

据《日本书记》记载，钦明天皇在接受佛教问题上没有自作主张，而是命臣下讨论是否可行。大臣苏我稻目以各国都信佛为理由主张接受尊奉，而大连物都尾舆和连中臣镰子以改信"蕃神"（外国神，有些文献中也称佛为"邻国客神""大唐神"等）会招致日本神生气为理由主张排佛，不予接受。这样，钦明天皇便让主张信佛的苏我稻目先在自己家里试供。事有碰巧，此年瘟疫流行，物部尾舆和中臣镰子便上奏天皇，说瘟疫流行纯系信奉外国神而招致日本神恼怒所致，建议及早采取排佛行动。钦明天皇于是派人前往向原的苏我氏住宅，烧毁伽蓝，把佛像和佛典扔进难波的堀江之中。苏我氏和物部氏的对立也进一步加剧。584（敏达天皇十三）年，苏我马子以自己之力在石川的自宅内修造佛殿，次年，又在大野丘之北修建佛塔。但物部尾舆之子物部守屋、中臣镰子之子中臣胜海又乘"疫病流行"之机，上奏天皇排佛。586（用明天皇一）年，物部守屋拆毁了苏我氏所建佛塔，并烧毁佛殿和佛像。587年，用明天皇死，苏我马子联合厩户皇子等杀了物部守屋，灭掉物部氏，掌握了朝廷实权，这才使佛教在日本得以传播和发展。

[①] 木宫泰彦：《日中文化交流史》，胡锡年译，商务印书馆1980年版，第46—47页。
[②] 张俊彦：《中日佛教交流一千年》，载北京大学亚非研究所编《亚非问题研究》第3集，北京大学出版社1984年版，第2—3页、58页。

从总的倾向来看，自钦明天皇始，敏达、崇峻、推古各天皇对佛教持旁观中立态度，直到舒明天皇，才开始兴建第一座官寺，并在宫廷中进行佛事讲经活动，而此时佛教的传入已经过了一个世纪。① 由这些事实看来，佛教的传入与儒学的顺利接受不同，是经过了激烈的斗争和远为曲折的过程。其主要的原因是，中国的原始儒学和五、六世纪时日本的氏神信仰有着更多的相通之处，即其主导思想都贯穿着血缘原理，只不过日本所体现的是氏族共同体，中国所体现的是家庭共同体罢了。但是，佛教中不存在这样的血缘原理，它所救助的是个人，因而，它在一定程度上承认作为独立个体的人的存在意义。另外，原始神道和原始儒学都具有"现世主义"的特点，即把现世生活摆在第一位，追求现实生活的稳定和幸福，而不憧憬死后的世界。如日本人的重视祈年祭、大尝祭、镇火祭等，孔子所说的"未知生，焉知死"以及"子不语怪力乱神"等都是这种"现世主义"的反映。而佛教则主要持"来世主义"，对此，日本人还不能理解。此外，无论是天皇和豪族都还需要利用氏神信仰来维持其地位和权威，因此不能贸然接受外国的神。② 主张尊佛的苏我氏，是一个与大陆移民关系较深的豪族，甚至也有人认为，苏我氏本身就是大陆移民，③因而他具有更宽广的视野，更容易接受外来信仰，而且在现实的政治斗争中也更需要利用"外国神"的权威来谋求自己势力的伸张。同样，排佛的物部氏是主持日本神祭祀的，一旦外神"入侵"和占了上风，势必会削弱自己的势力。上述这些情况导致了崇佛与排佛的激烈冲突，而崇佛派的胜利为日本文化史掀开了新的一页。

二、佛教在日本的迅猛发展

佛教一开始只是苏我氏的私人信仰，或者说只是苏我氏的氏神，直

---

① 参阅田村圆澄：《飛鳥佛教史の研究》，塙書房1969年版。
② 参阅王家骅：《日中儒学の比較》，六興出版1988年版，第57—63页。高山岩男《文化類型学》，弘文堂書房1942年版，第142页。
③ 如門脇禎二氏认为，苏我氏是朝鲜贵族的子孙，见《蘇我氏の出自について》，载《日本文化と朝鮮》，新人物往来社1973年版。

到苏我氏与厩户皇子联合消灭物部氏之后,佛教才获得了发展的机会。公元593(推古天皇元)年,由苏我氏拥立的推古天皇即位,厩户皇子以太子出任摄政,是为圣德太子。圣德太子任摄政的翌年,天皇发出了兴隆三宝的诏书。604(推古天皇十二)年,圣德太子制定《宪法十七条》,其第二条明确规定"笃敬三宝"。太子本人身体力行,从高丽僧慧慈学佛教之义,并有所著述。他还向大陆的隋朝派出沙门数十人学习佛法。总之,他把兴隆佛法作为一项重大国策来推行。在他死后二年的624(推古天皇三十二)年,日本已有寺院四十六座、僧八百一十六人,尼五百六十九人。① 日本佛教的发展已是初具规模。645年的大化改新进一步为佛教的发展开辟了更宽广的道路。此后,日本佛教发展的迅猛和它对国家政治生活影响之大都是出人意料的。这里,我们只要举两件事即可窥知其概。一件事是我们在《导论》中谈到的圣武天皇所进行的倾家荡产式的弘扬佛法活动,这位堪与梁武帝媲美的天皇,自称"三宝奴",几乎把国家的一切都献给佛法僧了。他学习唐朝的建寺制度,命令各国(相当于唐的州)各建国分寺一座、国分尼寺一座,并要求各建丈六佛像一尊和七层塔一座。在国分寺之上建立东大寺,在国分尼寺之上建立大和法华寺。743(天平十五)年冬10月15日,发诏建造卢舍那大佛,表示要"尽国铜以熔像,削大山以构堂,广及法界为朕知识,遂使同蒙利益,共致菩提"②。他还向女儿阿倍内亲王(后之孝谦天皇)表示,今世不能成就,来生也要继续努力完成。卢舍那大佛的铸造历时三年,经八次浇铸,于749年完成,像高十六米,耗铜五百吨,仅佛体表面所涂黄金就需四千一百八十七两一分四铢(约合58.5公斤)。750(天平胜宝二)年任命的遣唐使,据说其任务之一是筹措黄金以最终完成佛像描金。佛像完成的这年,在宫中举行了千名僧人的得度仪式,并大赦天下,还向大安、药师、元兴、兴福、东大五寺布施了巨额土地。最后,圣武天皇可能觉得宏愿已经实现,已

---

①《日本書紀》推古天皇三十二年。
②《日本書紀》天平十五年十月十六日。

无必要再作天皇，便受戒为沙弥，法名"胜满"，并将皇位让给女儿。还有一件可以说明佛教对国家政治生活产生很大影响的事例是道镜事件。道镜原是东大寺的和尚，因师事僧正良弁，得以出入宫廷，当了内道场的禅师。762（天平宝字二）年为孝谦上皇（女帝）看病而得宠。翌年，被任命为少僧都（僧官）。764（天平宝字八）年更被委为大臣禅师。此年孝谦上皇废淳仁天皇，再次登极为称德天皇，并于翌年升任道镜为太政大臣禅师。尽管臣下议论纷纷，并流传女帝与道镜关系暧昧的种种说法，但道镜的官运扶摇直上，766（天平神护二）年更被封为"法王"，每月供奉与天皇同。769（神护景云三）年1月，更接受大臣等高官朝贺。然而事情还不止于此，道镜之弟命人广布谣言，假托八幡神谕，说道镜应做天皇，只是因为贵族的竭力反对，称德天皇才不得不有所顾忌，未敢轻易禅让皇位。直到770（宝龟一）年称德天皇死去，道镜才被赶下政治舞台。这件荒诞事情之所以出现，一是由于孝谦女帝深受乃父"三宝奴"遗风的影响，不惜献出包括皇位在内的一切，死心塌地为佛法僧做奴；一是当时寺院势力强大，天皇在与藤原氏的政治斗争中不得不寻求寺院势力的支持。但无论出自何种原因，道镜事件都可说明，佛教在传入日本二百年后已发展到浸淫宫廷政治的地步。不过，盛极而衰，随着道镜的被贬和继之而来的迁都平安京使得奈良佛教的政治佛教体制趋于瓦解。

  佛教产生于印度。但日本的佛教各宗却都是从中国引进的。隋唐以前，中国佛教缺乏鲜明的自身特点，不过是印度佛教的亚流而已。但到了唐代，具有中国特点的佛教宗派开始形成，如三论宗、华严宗、法相宗、律宗、天台宗、真言宗等无不如此。最早在日本讲"三论"的是高丽僧慧灌，一般认为他是日本三论宗的第一传祖师。但这位慧灌却是个留唐学僧，系唐僧吉藏的徒弟，慧灌的弟子智藏是三论宗第二传祖师，他也是遣唐留学僧，曾在吴越之间从高学尼学习。这种学问授受关系表明了日本三论宗的渊源。法相宗是玄奘及其弟子窥基（慈恩大师）所创。日僧道昭在653（白雉四）年入唐，从玄奘三藏学习法相，同时兼学禅宗。他大概在661（齐明天皇一）年回国，所带经论甚多，并开始在日本宣讲法相教义,他是日本法相宗的第一传祖师。智通、智达也是玄奘的亲传弟子,他们二人是日本法相宗第二传祖师。第三传的智凤、第四传的玄昉也都是遣唐留学僧。华严宗的最后完成人是唐僧法藏,因他曾被武则天赐号"贤首",因而也叫贤首宗。最早在日本宣扬华严宗的是赴日的洛阳大福先寺高僧道睿。据说他赴日时所带《华严经》章疏极多。可是,一般把新罗僧审祥看作日本华严宗的第一祖。但华严宗既为唐僧所创,无论谁为第一传,也是自唐学来的。律宗,全称"南山律宗",系唐朝高僧道宣所创。日本的律宗前后有过三传:公元653(白雉四)年日僧道光入唐学习律宗后回国,是为第一传;735(天平七)年唐僧道睿律师应邀赴日,是为第二传;753(天平胜宝五)年唐高僧鉴真最终踏上日本土地,传播戒律,是为第三传。因为鉴真的赴日,才使律宗所要求的三师七证付诸实施,所以他才被认为是"日本律宗太祖"。天台宗,实际创立人是陈隋之际的智𫖮,因常住浙江天台山,故名。最早在日本传布天台宗教义的是鉴真。此后,日僧妙教及其弟子义真入唐求取天台典籍。但真正把天台宗在日本发展为一大宗派的则是去过天台学习的传教大师最澄。真言宗,即唐的密教或密宗,唐开元初由印度僧善无畏、金刚智传入。弘法大师空海入唐从惠果学习密教,回国后正式创建真言宗。禅宗也在唐时传入日本。学问僧道昭在唐从玄奘学法相宗期间,曾奉玄奘之命去相州隆化寺从惠满习禅。公元662(天智天皇元)年,道昭在元兴寺创建日本第一座禅院。此后,唐僧道睿、道璇、义空都在日本传授过禅法,而学问僧最澄、圆仁也都在唐习过禅。但禅宗在日本真正兴盛则是镰仓时代。净土信仰早已传入中国,北魏僧善导著《观无量寿佛经疏》等,专门提倡念佛,信徒颇多,圆仁在唐时习念佛三昧法,回国后在比睿山传授此法,并建立常坐三昧堂,是为净土宗传入日本之始。后经空也和源信的弘扬,吸引了很多信徒。镰仓时代法然正式开创日本的净土宗,而亲鸾则开创净土真宗。总之,日本各宗其渊均出于唐,但在其后的发展上却都具有鲜明的日本特色。

三、变来世主义为现世主义

佛教是一种外来的宗教,在日本能站定脚跟并得到发展,是因为它经受了一番比较彻底的改造,能适合日本人首先是日本统治者的胃口。这种改造加工便是佛教的日本化。

佛教的教义很复杂,但它的中心思想是说,人生极苦,涅槃(死的别称)极乐。经过修行,便可断烦恼而成佛,由极苦到达极乐。因而,信徒宗教活动的目的,绝不是为了满足现世的世俗欲望,而是为了来世能超脱轮回,最终臻于极乐。但是,佛教的这种"来世主义",在日本即使不是全部也是大部被"现世主义"所置换,现实主义的日本人固然想得到彼岸的极乐,但更重要的是要得到今世的幸福。这样,佛教首先成为祈祷现世幸福的宗教。

从《日本书纪》等文献上可以发现很多为现世祈祷的例子。585(敏达天皇十四)年苏我马子患病,就向一尊从百济带来的弥勒(佛教大乘菩萨之一)石像礼拜,祈愿除病延年。587(用明天皇二)年,为求天皇病体康复,苏我马子奏请鞍部多须奈(司马达等之子)出家修道,建筑寺院并造丈六佛像。614(推古天皇二十二)年苏我马子患疮疾,为了祈祷康复,举行大规模的佛事活动,竟有男女千人出家为僧尼。

除了史籍以外,也可以从金石铭文中看到相同的事例。如607(推古天皇十五)年制作的法隆寺药师佛,其造像铭文显示,此佛像原是为祈愿用明天皇病体康复而发愿建造的,尽管未起作用,天皇驾崩,推古天皇和圣德太子还是根据用明天皇的遗诏,建造了药师像。又如法隆寺金堂安置的释迦像是621(推古天皇二十九)年圣德太子及其妃干食后患病时,由其他诸妃、诸王子、诸臣共同发愿建造的,其铭文中写着"愿蒙此愿力,转病延寿,安住世间"。

对药师佛信仰的盛行,更能表现佛教由否定现世向祈祷现世的异化。药师如来全名药师琉璃光如来,其信仰出自《本愿经》,据该经,众生若听到药师如来的名号,即可消罪业而修善根。如欲往生西方极乐世界阿弥陀如来之所,得闻药师如来名号,命终时即可得菩萨指点,往生于彼世界莲华中。但是,奈良时代大盛的药师信仰,其目的都是为了病体康复。除了治病之外,佛教还承担了其他诸如降妖、降雨、顺产、求官、尅敌、教育等等为世俗欲望服务的任务。

日本佛教的现世主义还表现在它对现实人生的肯定,如僧侣可以结婚,可以像世俗人一样过家庭生活。典型的例子是净土真宗的创始者亲鸾上人,他先后结过两次婚,生有四男三女。而莲如上人更有妻妾五人,子女二十七人。室町时代的五山禅僧也形同俗人,如名僧一休宗纯(1394—1481年)与盲女森侍者相爱情深,尝写《辞世诗》以寄情怀:"十年花下理芳垫,一段风流无限情。惜别枕头儿女膝,夜深云雨约三生。"更有一些禅僧系同性恋者,并不甘寂寞地写下不少同性恋诗文。如心田清播(1380—1452年)的《心田诗稿》、东沼周严的《流水集》、三益永因的《三益诗稿》中都收有此类作品。① 明治维新以后,政府明令规定凡僧侣皆可食肉娶妻,连名字也准照俗人。时人曾写诗揶揄佛僧的家庭生活:"喜脱缁衣待发生,呼妻声带读经声"。② 至于今日的日本缁徒,很多是子承父业,笔者尝于京都街头见之,或跨摩托,或驾轿车,驰骋于有丧者家之间,很像是世俗人的一种宗教性职业。日本佛教具有非僧非俗的特色,被目之为"极大乘佛教"。日本著名的佛教学者中村元,曾就此问题把日本与尼泊尔作了很有意思的对比,他指出,南亚的僧侣是不许结婚的,但尼泊尔和日本的僧侣却可以结婚,而且两者都信奉大乘佛教,经典也相同。他认为,这种现象的出现是因为虽然尼泊尔为内陆国,日本为岛国,但二者却都是多山国家,都靠水稻农耕为生,生活方式很相像。由于自然条件不如南亚,僧侣必须劳动,因而他们的家庭生活被宽容地予以承认。③

---

① 参阅加藤周一:《日本文学史序記》上,筑摩書房1975年版,第276—285页。
② 田中内记:《大阪新繁昌志》。
③ 中村元:《佛教民族性によるその変容》,载鶴見和子编《日本の社会文化史》,3,講談社1973年版,第197—198页。

日本佛教的现世主义还表现在佛教美术上，如奈良东大寺的大佛就是活人的理想形象。又如，与中国的佛像比起来，镰仓以后完全出自日本工匠之手的佛像肉体感觉极强，散发着活生生的人的气息。① 凡此种种，都说明日本把来世的彼岸的佛教改造成了现世的此岸的佛教。

四、镇护国家和王法为本

除了祈祷现世以外，佛教在日本还被赋予了另外一种功能，这就是镇护国家和守护国土。而这种思想在佛典中原本是少见的。其实，被日本人称作"护国三部经"的《金光明最胜王经》《仁王经》《法华经》中所说的"国土"，不过是指某个地方的村落而已，并非指国家，印度人当时几乎没有国家观念，因而其宗教也没有国家思想。② 但是当佛教传入日本时，日本已形成统一国家，国家意识也开始发达起来，很自然地把对某个地方及其居民的保护转变为对一个国家的保护。这样就把原本是超越国家的佛教作为"护国教"而吸收了。

据史载，日本最早的护国祈愿道场是圣德太子在难波所建的四天王寺（全称为金光明四天王护国寺）。这是圣德太子与苏我氏共同起兵讨伐物部氏时向四天王祈祷胜利而发愿建立的。依据《金光明经》进行佛事，从天武天皇时起直到奈良时代十分盛行，其目的大抵都是祈祷赐福除灾于天下万民。圣武天皇下令建立的国分二寺，其国分僧寺名为金光明四天王护国寺，国分尼寺名为法华灭罪寺，所据经典不言而喻为《金光明经》和《法华经》，而这两部经都是日本祈祷护国的主要经典。东大寺卢舍那大佛的铸造和国分寺体系的建立标志着佛教的护国教化的完成。

---

① 参阅陈舜臣：《日本人与中国人》，李道荣、林文锜译，冯度校，福建人民出版社1989年版，第119页。
② 参阅清原贞雄：《外来思想の日本的發達》，敵文館1944年版，第74—75页。另，本章对该书多有参考。

这种把佛教护国教化的倾向在不少写经中也能看到。如藏于东大寺的《仁王经》（写于天平十二年即公元704年）有圣武天皇写的跋文，该文称：

> 朕以万机之暇，披览典籍，全身延命，安命存业者，释教最上。由是仰凭三宝，归依一乘。敬写一切经已讫，读之者以至诚心，上为国家，下及生类，乞索百年，祈祷万福。

明确说明写经的目的是"上为国家，下及生类"，"全身延命，安民存业"。

天平时代的日本佛教各宗，几乎是争先恐后地发展护国主义和尊王精神。日本天台宗的创立者最澄在其《山家学生式》中有"住持佛法，守护国家"之语。他在谈到安放百部般若（《仁王经》）于比睿山的必要性时指出，可"以之为国之城郭、国之良将"。可见他认为，佛教之于国家简直就能像"城郭""良将"一样地具有防卫功能。天台宗还把延历寺作为安镇鬼门的道场。所谓鬼门，是和京都的宫城相对、百魔出入的地方，在鬼门（艮方）设置道场，通过法事就能安镇魔鬼，阻止其侵入宫门。也就是刻意标榜，天台宗能在冥冥之中充当天皇的卫士。

空海所创立的日本真言宗也是立宗"为国"。真言宗的总本山就叫"教王护国寺"。可以和天台宗的安镇鬼门道场——延历寺媲美，空海奏准天皇在宫中设置真言院作为曼荼罗道场，每年正月（元旦）后七日（八日至十四日）修法。真言宗和皇室的关系密切，其所行佛事，不是祈愿天皇玉体安康，便是祈愿国家安宁。真言宗的主要法事叫作"四种护摩"，这就是消除凶难的息灾法、增进福利的增益法、召集善类的钩召法、降服凶顽的降伏法，无非都是些镇护国家、保卫天皇的咒术。

上述这些事实说明，原本在佛典中极少论及的守土护国思想被日本人畸形地加以改造发挥，从而把一种个人性很强的宗教变成国家主义的宗教，使它首先作为国家的防卫手段而存在，其次才作为个人到达彼岸的渡桥。

在印度佛典中，世俗统治者的国王之流根本就没有什么地位。如释迦就有遗训,"不应参与世事,……好结贵人"①。再说,释迦本人的得道正是由于放弃王位,鄙弃世俗权力而最终告成的。故而在佛典中,有时甚至把国王与盗贼相提并论,如说,人民是很可怜的,白天遭国王官吏的掠夺,夜晚受盗贼偷窃,所以,当有国王或盗贼来到举行宗教仪式的地方便应立即终止仪式。②至于为统治者国王而祈祷更是没有的事。这可以说是印度原始佛教的特色之一。

但佛教传入中国之后,便遇上了它必须表态的问题:沙门应否敬王者。尽管沙门方面振振有词,写了不少不应拜王者的文章。但中国皇帝不大理会,最后南朝的宋孝武帝下了道死命令,对于不跪拜皇帝的和尚一律"鞭颜皴面而斩之",并以此结束了这场旷日持久的辩论。但有如所见,中国所出现的佛法依附王法的局面是被迫形成的,而非佛教徒本身心甘情愿,所以他们也并不主动强调国家主义。

但佛教在传入日本之后,便很快表现出效忠皇室的性格。如据文献记载,推古天皇时,"诸臣连等各为君亲之恩,竞造佛舍"③。可见兴隆佛法是为了君亲之恩,而并非为信徒自己。奈良时代法相宗的名僧玄昉,曾手写《千手千眼陀罗尼经》一千卷,他在记其心愿时说,"藉此胜因,伏愿皇帝陛下、太上天皇、皇后殿下,与日月齐明,与乾坤合德,圣寿恒永,景福无疆"④。日本真言宗的祖师空海,晚年恶疾发作,自觉不久于人世,曾在给天皇的上奏中说,"沙门空海,得沐恩泽,竭力报国。岁月既久,常愿奋蚊虻之力,答海岳之德"。又说要"生生为陛下法城,世世作陛下法将"⑤,披沥了他作为沙门生生世世要尊王尽忠的赤诚。平安前期的名僧善珠(723—797年)在其所著《本愿药师经疏》序中表示,他的宗教活动的目的是要"忠于天朝的大愿,报答国家的广恩",为皇室消灾除难,使"天

---

① 《佛遗教经》。
② 参阅中村元:《佛教——民族性によるその变容——》,载鹤见和子编《日本の社会文化史》,3,講談社1973年版,第205—206页。
③ 《日本書紀》推古天皇二年。
④ 转引自花山信胜:《日本佛教》,三省堂1944年版,第62页。
⑤ 转引自花山信胜:《日本佛教》,三省堂1944年版,第70页。

皇的玉体将象天地一样稳固；天皇的圣寿像日月一样长久；皇室将繁荣千秋万代。其次，天下太平，百官尽忠，万姓安乐，……"①据说他本人曾在皇宫中讲般若经，为皇子祈愿治病，颇显灵验，因而被提拔为僧正，深得光仁和桓武两代天皇的信任。这样的例子可谓不胜枚举。在日本一般信徒的心目中，也把效忠皇室放在首位。如在《平家物语》中，平重盛在向他的父亲平清盛诤谏时引用佛家四恩之说规劝道："常言世有四恩，即天地之恩、国王之恩、父母之恩、众生之恩。② 其中尤以朝恩为重。"③所谓"朝恩"，自然是指天皇之恩。

但是，大约自11世纪后逐渐出现了"王法佛法相依论"④，认为王法与佛法相辅相成，缺一不可。如1123（保安四）年7月给石清水八幡的《白河法皇告文》中就说，"伏惟王法以附属如来而兴隆，佛法以王法保护而流布"。《愚管抄》也说，"王法佛法如牛之角"。似乎不太强调王法为本。事实上，镰仓时代的净土教或禅宗确实也不大主张佛教迎合政治权力。不过，到室町时代这种思潮又为之一变，不少禅僧仕奉将军，参与政治。至于德川时代，为了防止天主教，佛教简直变成了封建国家机器的一部分，寺院成了派出所，僧侣成了警察，没有他们发放的证件，老百姓的结婚、迁移，外出做工都成了问题。明治时代，日本佛教仍具有浓厚的国家主义色彩，如明治四（1871年）年本愿寺方丈广如写的遗训中明确表示，"凡是出生在这个皇国里的人，没有一个人不蒙受皇恩。特别是今天，陛下夙夜操劳，宵衣旰食，使优良的政府好上加好，对内使亿万百姓安居乐业，对外与万国相对峙，我们不管是僧人还是俗人，有谁会不帮助传播王化，使皇威光辉灿烂呢？况且，因为佛法得以在这个世界上传播完全是因为国王及其大臣的保护，信仰佛法的人怎么能够忽视王法的禁

---

① 转引自中村元：《东方民族的思维方法》，林太等译，浙江人民出版社1989年版，第289页。
② "四恩"之说出自《释氏要览》，说法有二：一、父母恩、众生恩、国主恩、三宝恩；二、父母恩、师长恩、国主恩、施主恩。此处所说系第一种说法之误。
③ 《平家物语》，周启明、申非译，人民文学出版社1984年版，第72页。
④ 参阅黑田俊雄：《王法と佛法》，法藏館，第12—22页。

令呢？因此，在我们这个宗派里，应该以王法为本，仁义为先，尊敬神明，恪守人伦，这些都早已确定不移了"①。可以说，从明治时代直到战前，日本的佛教一直依附政治权力，高唱着"护国明道"、"尊王奉佛"和"护国爱理"为政府的政策服务。

总之，通观日本佛教发展史，在佛法与王法的关系上，是以王法为本的。

五、佛与神的靠拢和融合

佛一开始就是被日本人作为"外国神"来接纳的。② 也就是说，在日本人眼里，佛和神之间不存在不可逾越的界限。相反，他们逐渐以不同的形式互相接近和渗透，乃至融为一体。奈良时代初期，开始在神社境内附设寺院，出现了由僧尼供奉神祇的神宫寺和别当寺，如气比神宫寺就是有名的一个。而且这种神道与佛教混合组装的神宫寺在全国普遍盛行。从奈良末到平安初，又出现了叫做"神分度者"的非常稀奇的度僧制度，就是把僧侣派往神社，让他们在神前诵经，并特地为神度僧。比如"大比睿神分度者""小比睿神分度者""贺茂明神分度者""春日明神分度者"等都是。850（嘉祥三）年这一年为神度僧达七十人。凡是这一类得度者，名前均有"神"字。

除了派僧为日本的神服务外，还开始给日本神奉加佛的称号，如奉宇佐八幡神为"护国灵验威力神通大菩萨"，奉大己贵、少彦名为"药师菩萨名神"，奉菅原道真为"天满大自在天"，等等。另外，在创建寺院时，还常常把当地的神或与该寺院有关的神也"请"到寺院内加以供奉，把他们作为寺院的守护神。如京都的太秦广隆寺内供奉了鹿岛、香取等三十八个神社的神灵。

---

① 转引自中村元：《东方民族的思维方法》，林太等译，浙江人民出版社1989年版，第294页。
② 在这一点上，中日两国思维方式极其相似，如后赵时王度就说过："佛，方国之神"（《晋书·佛图澄传》），可见中国人也是把佛等同于神的。

以上这些都是佛教方面所采取的积极向神道渗透的行动,而神道方面也表现出了接近佛教的意图,尤其是宇佐八幡的神官集团,为了得到中央政权的垂青,他们为征伐隼人而在神宫内修建三级塔,安放最胜、法华二经。后来又对东大寺的修建进行积极支持,假托八幡神意,表示"吾神欲助修造大佛",并让巫女大神杜女(神附体者)受戒为尼。由于一系列向佛教靠拢取悦天皇的行动,使宇佐八幡神宫取得了和伊势神宫并列而具有国家宗庙资格的地位。[①]

　　神与佛的互相渗透和接近,最后导致了神佛同体说和本地垂迹说的出现。所谓"本地"是指不受时空限制的绝对的佛,所谓"垂迹"是指佛幻化为神出现。意思是说,佛为了普救众生,便以神的面目在各处显现。这样,原本是彼此无涉的佛和神一下子巧妙地联系起来了。本地垂迹说大体是在藤原时代发展起来的。当时佛教各宗中以真言宗势力最大,继之,净土宗也勃兴起来。真言宗的本尊是大日如来,他具有综合统一宇宙的资格;净土宗的本尊是阿弥陀佛,他既主宰一切,又是一切的根源。这两尊最有权威的佛,分别找到了两尊最有权威的神作为自己的化身,即天照大神被认为是大日如来的垂迹,八幡神被认为是阿弥陀佛的垂迹。总之,"本地垂迹"说的发展过程可以归纳为三个阶段:在较早的第一阶段中,神也被看做众生,他们和人一样是佛救助的对象;在第二阶段中(大约在十世纪前后),神被加上了菩萨的称号,并被看做是佛的转世;而到第三阶段(大体在十一二世纪),特定的神被与特定的佛联系起来,并把前者看作后者的化身。[②] 这样一来,佛便散发着日本的泥土味。神佛混合一直贯穿在日本的宗教中,以至于明治初年维新政府特地下了神佛分离令,试图将二者判然分离。虽然在表面上有所改变,但在日本民众的心理中神与佛仍有着难解之缘。笔者想顺便指出,中国民众也有着类似的观念,如笔者幼时在家乡河南农村所见,神庙中往往住有和尚,奉

[①] 参阅宇野精一等编:《講座東洋思想　10 東洋思想の日本的展開》,東京大学出版会 1976 年版,第 227—234 页。
[②] 参阅辻善之助:《日本佛教史》,第一卷,上世篇,岩波书店 1944 年版。

祀着"娘娘"之类的神明。

六、向简素化、大众化方向发展

奈良时代佛教与国家政治的关系非常密切,弘扬佛法被作为国家的政治事业来推行,寺院也多建在接近政治中心的地方,佛教具有国家主义的特征。平安时代初情况有所变化,当时最有力的教派,如最澄开创的天台宗和空海开创的真言宗,都相继在远离朝廷的山中建寺,与国家政治的关系已不那么直接,十世纪以后,随着律令体制出现颓势,国家对佛教的控制进一步削弱,这时净土教发展起来。净土教信仰阿弥陀佛,说阿弥陀佛在远离众生所居的娑婆世界十万亿土的西方,建立了极乐净土,信仰者死后可得救而往生净土。净土信仰开始向民间扩展,传教者也走出寺院,在街头村尾漂泊说教。其中最著名的代表是空也(903—973年),他在京都街头宣讲念佛,还背负佛像行脚奥州教化世人,被称为"市圣""阿弥陀圣"。稍后源信(也叫惠心,942—1017年)著《往生要集》,系统地整理和阐释了净土教义,吸引了更多的信仰者。

原来,自十二世纪中叶的保元、平治之乱(宫廷内部利用武士争夺权势的斗争)以后,连续不断的战乱导致人心惶惶,于是佛教所说的"末法"思想大盛。人们普遍对现世绝望,转而求救于来世。此外,兴盛一时的天台宗、真言宗等旧佛教已陷于仪式烦琐,教义艰深,加之广蓄僧兵,飞扬跋扈,和广大民众的距离越来越远。于是镰仓时代出现了简素化、大众化,也更进一步日本化的新佛教,如净土宗、净土真宗、时宗、日莲宗、临济宗、曹洞宗等都是。

净土宗由法然(源空1133—1212年)所开,认为修寺、造佛、供养、读经都是次要的,只要念阿弥陀佛的名字就能往生极乐。不论智愚、不问贫富、不分男女、不计老幼,只要专心念佛,即可赖他力(佛力)遂其往生净土的心愿。由于其实践简单易行,又绝少排斥性,信者极多。

净土真宗(也叫真宗或一向宗)由亲鸾(1173—1262年)所开。亲鸾进一步发展了乃师法然的教义。他曾在东国的农村生活了二十年之久，对下层劳动群众的生活和思想有深切的了解，他们贫困无知，不能以自力修行，迫于生计又不得不从事打渔、狩猎之类的"杀生"职业，这些人能否往生净土，是他必须回答的问题。他开创的净土真宗认为，不必靠自己的修行，靠他力(佛力)就能得救。所以，他认为"恶人"也能往生极乐。他本人也过着吃肉娶妻的超戒律生活，自称"愚秃亲鸾"。但是，他认为必须过着感谢佛恩的日常生活，这就是念佛，一心念佛就能往生。由此，他使世俗生活和宗教生活自然地融合起来。净土真宗在农民中间广泛传播。

时宗由一遍(又名智真，1239—1289 年)所开，系净土教的一个宗派。主张无念无他，一心念佛，死后即能往生净土，也是一种绝对他力信仰(不强调自己修行)。一遍声称他得了神谕，须发展信徒六十万。于是他举着"南无阿弥陀佛决生往生六十万人"的牌子游行化募，故也称"游行宗"。念佛时伴随舞蹈，并和神道的伊势信仰、熊野信仰相结合，表现出很强的庶民性和民俗性。一遍的足迹遍及全日本，农民信徒很多。

如前所说，早在公元 662 年，日本已出现了第一座禅院，但禅宗在当时影响不大，直到公元十二三世纪，入宋僧荣西和道元先后将临济宗、曹洞宗传入日本，并受到以将军为首的武士阶级的信奉，禅宗才真正兴盛起来。禅宗如道元所教导，"不烧香、不礼拜、不念佛、不修忏、不读经，只管打坐"，其简素性已简到不能再简的程度。这大概也是其大受驰马疆场，来去匆匆的武士们欢迎的重要原因之一。

其他新教各宗兹不一一述及。但是，所有这些新佛教都是在当时日本社会历史的具体条件下产生并发展起来的，无论在教义观点及其阐释上，还是在普及传播的手段上都不同于中国，具有十足的日本特色，完全成为日本式佛教。

七、佛教对日本文化的影响

自古至今，日本吸收了多种外来的世界观，而大乘佛教及其哲学就是主要的一种。从意识形态领域来看,至少从七世纪到十六世纪这一千年间,佛教一直居于优势地位。只是进入德川时代以后,佛教的优势地位才逐渐丧失,不过一直到今天,它作为日本传统文化的重要组成部分,仍然保持着相当的影响力。以下试简述佛教对日本文化的影响。

自圣德太子以后,佛教对国家政治和皇室影响很大。如仅以慈悲思想为例,它在相当长时期内风靡朝廷,使得嵯峨天皇以后的二十五代天皇在三百多年间没有一例判处死刑的记录。直到今天,日本已是一个高度发达的现代文明国家,人们还试图从佛教思想(如"慈悲""业"等)中汲取营养成分以构筑新的精神文明。① 自古代到中世,很少有不受佛教影响的天皇、贵族和武士。据统计,自四十代的天武天皇始,到一百一十二代的灵元天皇止,其间共有四十位天皇在退位后削发为僧尼,而其中不少人(自宇多太上皇始)索性称"法皇"。有如所知,包括现平成天皇在内,日本历史上共有一百二十五代天皇,其中有两位重祚的,所以大略算来,约有三分之一的天皇最后遁入空门。天皇而外,皇后和皇子出家者更多,据统计,皇子出家成了"法亲王"的竟有一百七十余人之多。②

与中国相比,日本的佛僧对政治的影响也较大,像大化改新时代的僧旻、圣武天皇时的玄昉、称德天皇时的道镜等,都曾影响过朝政。至于室町时代,禅僧与将军关系更形密切,往往充当其政治和外交事务顾问,如梦窗疏石、义堂周信、绝海中津、坚中圭密、恕中中誓等比比皆是。江户时代的天台僧天海、禅僧崇传也都得以参与幕府枢机。这些情况显示出日本佛教更具有世俗化倾向,而且也表明,日本佛僧的政治和社会地位较高。

与中国相比,日本佛教也没有遭受过严重的打击。我们知道,佛教传入中国后,不仅一直受到儒、道二教思想上的批判,而且还遭受到组织上的毁灭性打击。最著名的是所谓"三武一宗"(即魏太武帝、周武帝、唐

---

① 参阅梅原猛:《日本文化論》,講談社1976年;諸橋轍次・中村元对談《東洋の心》(六・儒教・佛教の现代の役割),大修館書店1988年版。
② 花山信胜:《日本佛教》,三省堂1944年版,第55—57页。

武宗和周世宗)的灭佛活动。寺院被废者动辄以数万计,僧尼被难者以数百万计。在这样的打击下,多数宗派都呈一蹶不振之势,但日本佛教的遭际却不如此。

如前所述,佛教刚进入日本时,曾遭到过物部氏等排佛派的拒斥,也有过烧寺毁像的事件发生,但被接受之后,发展却很顺利。虽历代兴衰有异,名山大刹也遭受过战火洗劫,但总的来看没有遭受过如在中国所遭受的那种七灾八难。诚如德川时代的学者森尚谦所说,"原夫我朝,自佛法传来至弘安(1278—1288年)中,诸师兴立一宗者,未尝作拒儒之语,可知世无破佛人之故也。"又说,"本朝昔未尝排斥佛法,上下奉佛,厚薄随时。自从宋儒之说渡来,初毁訾佛教"①。诚如所说,在江户时代以前,无论是官修的《日本书纪》《续日本纪》《日本后记》《续日本后记》《文德实录》和《三代实录》,还是私撰的《大镜》《荣华物语》《源平盛衰记》等众多的不同种类的文献上都见不到排佛思想。只是到了江户时代以后才续有所出。看来正像森尚谦所说,排佛思想是伴随着宋学而自中国输入进来的。江户时代的人儒多有排佛论者,如林罗山、新井白石、伊藤仁斋等皆是。另一股排佛势力来自国学者,他们主张敬神排佛。日本佛教遭受到的最大打击是明治初年的"废佛毁释"运动。当时,处于平田派国学者思想影响之下的维新政府,确定以神道为国教,便下令"神佛分离",把进入神宫的佛教因素加以清除,如取消神社中的佛像、佛具。不许僧人主持神社等等。这一政策的执行,在明治初年那股革除旧物的社会风潮影响之下,很快转变为一场大规模的"废佛毁释"运动。经卷、佛像、佛具被烧被毁,寺院被废,不少僧尼被迫还俗。这一运动的表现形式固然是排佛,但实质上是作为反对幕府封建制度的一部分来进行的。因为,江户时代的佛教寺院,一直作为幕府基层统治机构的一部分而起着作用。僧侣也腐败堕落不堪,为世人所不齿。这场运动后来以"信仰自由"思想的渐兴而中止。但通过运动,政府剥夺了寺院的封建特权,并使佛教在政

---

① 森尚謙:《護法資治論諭・補遺》。

治上思想上服从于新政府。从一定意义上说，它和中国历代的排佛运动不尽相同。

由于排佛思想不发达，未遭受过毁灭性的打击，加之改朝换代、外族入侵几无，日本佛教的"软件"（世界观）和"硬件"（寺院建筑及其附属财富）多保存了下来，尤其后者。1987年春，笔者初到东京时，在早稻田一带漫步两个来小时，竟看到十来座寺院；有一处不足三百米，竟有三寺比邻而立！据日本文化厅编《宗教年鉴》，1970年全日本共有佛教寺院七万六千二百五十座，信徒八千四百八十九万九千一百八十一人。而大体在同一时期，日本的学校，包括小学、初中、高中、大学、短期大学、高等专门学校等在内约为三万八千多所，即学校数目大体是寺院数目的二分之一；一亿多人口的日本，也竟有八千多万是佛教信徒（当然，大部分日本人并非专一的信徒）。我想，仅这些事实就足以使人想知道佛教在日本文化中所占的地位了。

由于佛教在日本历史上地位很高，持续作用的时间也较长，所以对日本文化的影响极大。

以文学而论，近代以前的伟大作品无不有佛教影响。出自名僧之手的《正法眼藏》（道元）、《叹异抄》与《末灯抄》（亲鸾）、《往生要集》（惠心）等作品，不仅是思维严谨的宗教理论著作，也具有很高的文学价值。《日本灵异记》《今昔物语》等都是有关佛教的故事和传说集。作为世界上第一部长篇小说而闻名的《源氏物语》也是以佛教为其思想背景的。无常、因果和往生、出家等思想成为小说主人公世界观的重要组成部分，并深深地影响着他们的性格。如源氏其人，本是一个放荡而至于乱伦的人，却不得不为来世恶报所困扰："源氏公子想起自己所犯种种罪过，不胜恐惧。觉得心中充塞了卑鄙无聊之事，此生将永远为此而忧愁苦恨，何况来世，不知将受何等残酷的果报！想到这里，他也欲模仿这僧都入山修行了。"① 此后，每当他要有什么作为时，这"恶报"便时时来对他耳提面

---

① 紫式部：《源氏物语》，丰子恺译，人民文学出版社1980年版，第101页。

命,而他也终不能不有所顾虑。最后,他终于出了家。书中和源氏关系较深的十个女性,其中有五人(六条妃子、空蝉、藤壶、胧月夜、三公主)也都遁入空门。日本古典文学中的另一名著《平家物语》受佛教影响更大。它对平氏一族盛衰的描绘完全是在佛教的思维公式下和浓重的佛教氛围中进行的。它的"开场诗"是一语点题式的:"祇园精舍钟声响,诉说世事本无常;娑罗双树花失色,盛者必衰若沧桑。……"①开宗明义,道出了佛教关于"人世无常"的思想。此外,"因果报应"思想、"往生净土"思想也是小说所一再宣扬和强调的。书中众多的出场人物,言不及佛、思不及佛者盖寡。十二三世纪出现的《宝物集》《撰集抄》《发生集》等都是宣扬净土宗教义的故事集。著名的随笔文学《方丈记》等也是以无常观来观察和体验人世沧桑的。室町时代出现的《秋夜长物语》《三人法师物语》《幻梦物语》等也都浸透着佛教思想。德川时代儒学成为占统治地位的意识形态,佛教影响渐趋衰落,但不少文学作品中仍宣扬"因果报应"思想,如幕末歌舞伎剧作家河竹默阿弥的《三个吉三》就是一例。进入近代后,佛教对文学的影响更形淡薄,但也还有一些具有佛教文学色彩的作品出现。如仓田百三的《布施太子入山》等即是。佛教中的禅,对于日本特有的文学形式俳句也有着相当的影响。禅强调依靠直觉去感悟人生奥秘,这种方法论引而至俳句,就表现为以寥寥之语去袒露对世界的刹那的直觉感受,并给人以孤寂、幽玄的美感。②

在美术方面,佛教的影响更大。尤其在平安时代以前,没有佛教内容的绘画和雕塑几乎没有。佛教绘画作品佳作极多,如玉虫厨子《舍身饲虎图》("密陀绘"油画)、法隆寺壁画、《法华堂根本曼荼罗》、《吉祥仙女图》、《绘因果经》、凤凰堂及高野山的《圣众来迎图》、高野山金刚峰寺《佛涅槃图》、《慈恩大师画像》等,都被视为日本绘画艺术的瑰宝。其后,禅林中兴起的水墨画,虽然其内容不一定有关乎佛,但却从简素的画面中

---

① 《平家物语》,周启明、申非译,人民文学出版社1981年版,第1页。顺便指出,中译本将上引诗中的"娑罗双树"写作"沙罗双树",注③中又写作"波罗双树",并误。
② 参阅铃木大拙:《禅与日本文化》,陶刚译,三联书店1989年版。

渗透出禅的静寂恬淡的风韵，好像作画和赏画本身就是在进行一种宗教思考和修炼。现存的《瓢鲇图》(如拙)、《湖山小景图》(天祐胜景)、《天桥立图》(雪舟)等都是禅僧水墨画的名作。不言而喻，日本有成就的画家(有名的或佚名的)，至少在近世以前绝大多数都是佛僧。佛寺也往往是绘画艺术的教育中心，那里建立了很好的画室，活动着有名的画师，也收藏了大量的绘画作品（其中包括自中国输入的名家之作），培养出一代又一代的画家。在雕塑方面，佛教雕塑的地位更高。据统计，在日本现存的"国宝"和"重要文化财"这两级最重要的文物中，属于佛教内容的雕塑约占90％。如法隆寺金堂《释迦三尊像》(金铜像)、药师寺金堂《药师三尊像》(金铜像)、《鉴真像》(干漆像)、东大寺法华堂《不空羂索观音像》(干漆像)、观心寺《如意轮观音像》(木像)、平等院《阿弥陀如来像》(木像)、东大寺南大门《金刚力士像》(木像)等，都是不朽的艺术精品。同样，古老而优美的建筑也多是佛寺塔堂，著名者如法隆寺金堂和五重塔、药师寺东塔、唐招提寺金堂和讲堂、室生寺金堂和五重塔、宇治平等院凤凰堂、中尊寺金色堂、东大寺南大门、圆觉寺舍利殿、鹿苑寺金阁、慈照寺东求堂、慈照寺银阁等，虽时代不同，风格各异，但其高超的建筑艺术为后世人所倾倒。佛寺的建筑样式对民居也有影响，如所谓"书院造"就脱胎于禅寺。

　　佛教的接受和佛典的传布也丰富了日本的语言。如日语中经常使用的"馬鹿"(ばか)即来自梵语。"挨拶"(あいさつ)、"普请"(ふしん)、"行脚"(あんぎゃ)等来自禅，而"機嫌"(きげん)、"無尽"(ずしん)、"律義者"(りっぎしゃ)等则来自律。还有不少佛教用语成为成语式常用语。如"鬼の念佛"(老虎戴念珠)、"外面如菩萨内心如夜叉"、"業が深い"(罪孽深重)、"四苦八苦"、"三千世界"、"自業自得"、"狮子奋迅"、"不可思議"、"阿鼻叫喚"、"他生の缘"等。其他常用词汇如"最期""济度""精進""永劫""贪欲""無我""秘密""奈落""烧香""回向""宗旨""法悦""刹那""惡魔""礼赞""大衆"等也来自佛典。此外，日本报刊有时把内阁总辞职叫做"一莲托生"、把政变叫做"他力本愿"等，这些俏皮话也是借

用了佛教用语。再如,从十世纪末一直流行到现在,原本作为假名表使用的《いろは歌》就是《涅槃经》中的四句偈"诸行无常,是生灭法,生灭灭已,寂灭为乐"的译语。

镰仓以后,禅宗大盛,且其影响波及日本文化的各个领域,如它对日本的艺术,武士道、剑道、茶道等均有深刻影响,本书以篇幅所限,不拟在此一一述及了。

本章原载于《文化的抉择与发展》四,天津人民出版社1993年。

第二章 遣唐使时代（上）

一、遣隋使与遣唐使

圣德太子是一个有作为的统治者，他当政后，特别致力于中央集权国家的建立，同时加强与中国的交往，开始向中国派出遣隋使。学习佛法和学习中国文物制度是遣隋使的两大目的，这从遣隋使所送留学僧和留学生一事可以证明。史书留名的留学生（僧），据木宫泰彦在《日中文化交流史》中的统计共十三名，但实际上要超过此数。留学时间也很长，如高向玄理留学达三十三年之久，对中国文化有深刻的了解。

遣隋使前后派遣了三次，①为以后大规模的遣唐使作好了各方面的

---

① 关于遣隋使的派遣次数，文献记载不一，其具体情况如下表所示：

隋书倭国传	隋书帝纪	日本书纪
600（开皇二〇）年		
607（大业三）年		607（推古一五）年
608（大业四）年	608（大业四）年	608（推古一六）年
	610（大业六）年	
		614（推古二二）年

据高橋善太郎在《遣唐使の研究》（载《東洋学報》之三一之四,1950）中的研究,600年、608年和610年三次为确。

准备。

公元618年唐代隋兴,并逐渐发展成一个强盛、文明、开放的封建大帝国。到盛唐时代,这个帝国具备了下述明显特征:疆域辽阔,境内各民族的联系和融合加强;统治机构完备,有着严密的法律和军事制度;生产发展,农工商业兴盛;文化高度繁荣,文学艺术绚丽多彩。这些构成了唐帝国的文明和强盛。也正是由于它的强盛和深厚而高度发展的文明,又使它具有自信心,敢于对外开放。它努力吸收一切外来文化,加以酿造,形成令人倾慕的唐文化。而对于追求唐文化的民族,她又敞开了胸怀,任其吸收,并借着强大的国力,使唐文化向外传播。

日本对中国先进文化的追求是一贯的,它向后汉、魏、晋、南朝、隋都派出过使节,到唐代随着唐文化的日趋繁荣和日本国力的不断加强,出现了遣唐使制度。遣唐使的任务总的说是吸收中国文化,具体讲则为以下数端:(1)出入亚洲国际政治活动中心长安,进行外交活动;(2)进行贸易活动;(3)学习和采集先进文化和技术;(4)送接留学生、僧。自公元630年至894年的264年中,日本朝廷共任命遣唐使十八次,[1]其中三次未能成行,实际到达中国的使节为十五次;这十五次中又有两次分别为迎入唐大使和送唐客大使,所以真正意义的遣唐使应为十三次,这十三次遣唐使又可分为四个时期,[2]其中最具有典型意义的是第三期,即第七、八、九、十次。这一时期,使团规模较大,配备有各类人才,一般为四条船,全员五六百人。文化和经济交流也最盛,往返所载人物,名彪史册者很多,如鉴真、道睿、菩提仙那、藤原清河、阿倍仲麻吕、吉备真备等都是。

日本向唐派遣使节,而唐也向日本派遣使节。从公元633年(贞观六年)至778年(大历十三年),唐向日派出使节八次。

---

[1] 木宫泰彦:《日中文化交流史》写作19次,是把667年派伊吉博德等送回唐驻百济镇将刘仁愿的使者法聪也算作一次。实际上这次仅为送客而派遣的使者只到百济,并未入唐,故以不算作遣唐使为宜。
[2] 参阅拙著《遣唐使》,黑龙江人民出版社1985年,第35—37页。

遣唐使于公元894年根据菅原道真的建议停派。停派的主要原因是，大化改新后，经过两个半世纪的唐日交往，日本大量地吸收了唐的文物制度，需要停下来加以消化；经济困难；唐帝国在"安史之乱"后趋于衰落；唐私人商船开始来往于唐日之间。

遣唐使规模大、次数多、持续时间长，作为一个民族大量吸收另一个民族文化的手段，在世界历史上也是不多见的，它给日本文化带来的好处也是难以估量的。

二、留唐热潮

遣唐使时代，日本民族从中日文化交流中所获甚多，但最大的收获还是大批留学生和留学僧的学成归国。

据推算，一次遣唐使所带的留学生和留学僧大致为十几人到二十来人，遣唐使大体有十二次送来了留学生、僧，若以此为准估算，终唐一代，其总数大约在二百到三百人。也有一些留学生、僧，零星搭乘唐人或新罗人的商船来唐，但人数不多。

二三百人，数量不算很大，但起的作用不能小看。总的说来，留学生回国之后，都得到一定的安置，使其发挥自己的专长。如精通刑律的大和长冈任民部大辅，藤原刷雄任刑部大判事。擅长医道的菅原梶成任天皇侍医，精通阴阳的春苑玉成任大学寮阴阳博士等。但由于他们出身较低，官位都不高，影响也不大。不过也有一些留学生得以参与政治枢机，在日本历史的转变关头，起过影响历史进程的作用，如我们已经提到过的僧旻和高向玄理，他们在大化改新时充任国博士（政治顾问），以其对中国文物制度的丰富知识和深刻理解，指导日本国家进行全面改革，作出了很大的贡献。又如吉备真备，在留唐期间无所不学，具有百科全书式的知识，回国后被任命为大学助，为大学寮的四百名学生讲授五经、三史、明法、算术、音韵、籀篆等六道，使得大学寮的教学内容补充了盛唐各方面的新知识而更加充实和完备。766（天平神护二）年他出任右大臣，成为当时政治的核心人物之一。在右大臣任上，他和另一位留学生大和长冈一起，删定了养老律令，改正了条文中互相矛盾或不相适应的地方。总之，吉备真备是先进的唐文化哺育出来的十分卓越而博学的学者，他回国后，在教育、文化、军事、刑律、建筑、历法等方面都有不同程度的建树，对推动奈良时代日本文化的发展作出了很大的贡献。他可以被看作努力吸收盛唐文化而促进日本文化发展的一代遣唐留学生的优秀代表。

留学僧的人数要超过留学生。他们在唐期间，非常注重书籍、经典、佛像、佛画等物的搜购、抄写和复制，总的来说，他们带回的典籍文物数量要比留学生带回的多得多。如玄昉回日时，带回经论多达一千零七十六部，共五千零四十八卷。平安时代的留唐学僧，著名者有所谓"入唐八家"，即最澄、空海、常晓、园行、园仁、惠运、园珍、宗睿八人，他们都带回大量典籍。除经论外，也有书法作品、诗文集及各类杂书等。由于留学僧、留学生、遣唐使竞相输入典籍，使日本图书收藏量迅速增长。824（天长元）年，滋野贞主奉敕编纂大型类书《秘府略》一千卷，其规模已和晚它一百五十年的《太平御览》（一千卷）旗鼓相当。

比起留学生来，留学僧回国后似乎更加受到重用，如惠施、惠通、智藏、玄昉、宗睿等被任命为僧正（最高僧官），行贺、永忠、空海等被任命为僧都（仅次于僧正）。当了祖师、座主的更多。他们或著书立说，或开创新宗，或建筑名刹，成为日本佛教界中的领袖人物。

为了吸收外国文化，除派遣留学生和留学僧外，也邀请外国的专家前来日本。如我们前面提到的出任大学头的袁晋卿、出任雅乐员外助兼花苑司的皇甫东朝等都是。至于佛教方面的高僧那就更多，如奈良初期赴日的唐僧道明开创大和长谷寺，塑造十一面观音，为密教的传播准备了土壤。又如唐僧道荣，在日本佛教界普及汉语方面颇有贡献，以致天皇下诏，凡僧尼诵经唱礼都要以他的语音为标准。当然，最杰出和影响最大的还是鉴真。他对日本文化的贡献是多方面的，在宗教上，他使日本佛教纳入了正规戒律的规范,推动了教徒对佛学经典的学习和研究,并在日本开创了律宗。在建筑方面,由他亲自设计和领导,修建了唐招提寺建筑群。在医学和药物学方面,据传他到日本后,凭着手摸、鼻嗅、口尝把正仓院所藏的药物一一辨证,说明用途。他常为人治病,疗效很好。江户时代的药商奉他为祖师,直到现在,日本人民还称他为"日本文化的恩人"。

唐帝国非常开放,有很多外国人在华活动,日本也经由中国聘请外国高僧前往日本,其中最著名的一位便是天竺(印度)僧菩提仙那。菩提仙那应遣唐使多治比广成和留唐日僧理镜的邀请,于736(天平八)年到达日本,751年被任命为僧正,翌年为卢舍那大佛开光。他在日活动二十四年,并圆寂于此。他不仅推动了日本华严宗的发展,还把梵语传入日本。据说他赴日时带去多罗叶(可用以书写的树叶)梵字一百页。梵语的传入,使日本僧侣有可能直接阅读原文佛典,在日本佛学的发展上具有重要的意义。圣武天皇当时已能亲笔书写梵文(该件至今保存在东大寺),可见菩提仙那已经在直接教授日本人掌握梵语,这为后来悉昙学①在日本的兴盛开了风气。

与菩提仙那同到日本的还有林邑(今越南、柬埔寨一带)僧佛彻(也有写作佛哲或佛誓的),他也精通梵语,据传系由他著述的《悉昙章》在日本流传很久。因而,他对日本的悉昙学,和菩提仙那一样,也有传入之功。此外,他还把林邑乐传入日本。据文献记载,他在本国时曾学习音乐,入日后教授大安寺僧演奏,一鸣惊人。882年,大安寺以一百零一人的乐队演奏林邑乐招待渤海使节,其规模之盛可以想见。后来林邑乐被正式纳入雅乐寮制度。

作为鉴真的弟子随同他前往日本的安如宝、军法力等也都不是唐人。如宝在《唐大和上东征传》中称作"胡国人安如宝",可能是昭武九

---

① 悉昙学,关于梵字、梵文的学问。

姓国中的安国人。如宝在修建唐招提寺过程中表现出了非凡的艺术才能。被日本《特别保护建筑物及国宝解说帐》称作"保存到今天最大最美的天平时代的建筑物"金堂以及地藏堂、钟楼等，据说都是由他主持修建的。他同时也是雕塑家，金堂中的千手观音、梵天帝释四天王等像，相传也是他的作品。后来如宝被任命为少僧都，并作了桓武天皇的戒师。鉴真的另一位弟子军法力，《唐大和尚东征传》说他是"昆仑国人"。唐代的所谓昆仑国系指今日之马来半岛及爪哇一带。军法力长于雕塑，唐招提寺的丈六药师像和讲堂的丈六弥勒像据传都出自他手。

这些由唐东渡的外国专家，直接地把不同国度的文化带入了日本，为日本文化注入了新的营养成分。

三、大陆先进生产方式与政治制度的移植

自我们在史书上见到日本（倭）时起，它就在努力吸收中国文化，但形成高潮却是在遣唐使时代。在七——九世纪的大约两个半世纪中，日本自中国吸收了大到生产方式小到生活习俗的覆盖了一切领域的唐文化，促进了日本社会和文化的飞跃。

文化移植的大体情状为：

土地制度：大化改新以前，日本普遍存在着奴隶主贵族私有土地和人民的部民制，其实质是奴隶制度。大化改新中，废除了皇室、贵族对人民和土地的私有，宣布公民公地原则。并在此基础上模仿中国的均田制实行班田制。班田制的具体作法是：凡六岁以上的公民男子，班给口分田二段（约二十一公亩）。女子则班给男子的三分之二。奴婢和家人①班给公民的三分之一（官奴婢同公民）。除口分田之外，还给以若干宅地和

---

① 家人近似于奴婢，但可以有家庭生活。

园田。受田人死亡时，口分田由国家收回。宅地和园田在官司备案后可以买卖，但绝户时由国家收回。每六年班田一次。

与班田制相适应，又引进租庸调制。租：口分田每段交稻谷二束二把（后减为一束五把，相当于收获量的百分之三十左右）。庸：原为每个正丁（二十一至六十岁男子）每年去京城服劳役十日，后多不去，而以布二丈六尺代替。次丁（六十一至六十五岁男子）二人的庸布相当于正丁一人之数。调：男子人头税，按照正丁、次丁、中男（十七岁至二十岁男子）等不同等级交纳绢、絁、布、绵、染料、油等土特产品。

如上所见，班田制系模仿中国北朝以迄隋唐的均田制并根据日本国情稍加变通而成。不过，它对日本社会的意义却要比均田制对中国社会的意义深刻得多：均田制不触动原来的土地制度，只是把国家手中控制的无主荒地加以"均"授，而班田制却要从奴隶主贵族手中收缴土地（寺院神社除外）并将其变为国家的"公田"重加班授。改新以后，国家成为最高的地主，而"公民"则变成自国家得到土地而向国家交纳租庸调的依附农民。日本社会就这样由奴隶制过渡到封建制。

法律：日本学习唐律令，先后制定了《近江令》、《飞鸟净御原律令》、《大宝律令》和《养老律令》等四部律令。[①] 日本律令的主要样板是唐的《永徽令》。关于日本律令的编者，现在知道得最详细的是《大宝律令》的编纂成员：刑部亲王主持其事，有藤原不比等、粟田真人等共十九人参加。其主要执笔人之一的伊吉博德，曾参加过遣唐使团，对唐有着比较丰富的知识。其他编者如萨弘恪，本身就是唐人，任大学音博士。他如土部甥、白猪骨两人都曾留唐十余年。而调老人、黄文备、锻大角、山口大麻吕等也都是大陆移民的后代。总之，他们都有着研读和移植唐律令的良好条件。

[①] 日本学者对于这四部律令有不同的见解，有的认为前两者并不存在，至于后两者现在虽已不能看到全貌，但其存在和基本内容却是没有疑问的。

现知养老律共十卷十二篇,篇名依次为《名例》《卫禁》《职制》《户婚》《厩库》《擅兴》《贼盗》《斗讼》《诈伪》《杂律》《捕亡》《断狱》,这些篇名和排列顺序都和唐律一丝不差。律相当于刑法,比之于唐律来,日本律只是稍加简略和量刑稍轻而已。如关于刑名比较可见表 2-1。

表 2-1　唐日刑名比较

刑名	唐　律	大宝律
笞刑	10、20、30、40、50	同唐律
杖刑	60、70、80、90、100	同唐律
徒刑	一年、一年半、二年、二年半、三年	同唐律
流刑	二千里、二千五百里、三千里	分近流、中流、远流三等,无里程
死刑	绞、斩	同唐律

由表 2-1 可知,"五刑中"除流刑因日本国土狭小等因无法照办外,其他全是照抄照搬。唐律中有所谓"八议",即议亲、议故、议贤、议能、议功、议贵、议勤、议宾,日本律则删去最后两议而成为"六议"。唐律中有所谓"十恶",而日本律则删去其中的两恶(不睦、内乱)而变成"八虐"。关于"十恶"与"八虐"的对照有如表 2-2。

表 2-2　唐日罪名及罪状比较

唐律(十恶)	大宝律(八虐)
一、谋反　谋危社稷	一、谋反　同唐律
二、谋大逆　谋毁宗庙 山陵宫阙	二、谋大逆　同唐律
三、谋叛　背国从伪	三、谋叛　同唐律
四、恶逆 1. 殴及谋杀祖父母 2. 杀伯叔父母、姑、兄弟、祖父母、夫、夫之祖父母、父母。	四、恶逆 1. 同唐律 2. 同唐律

74

续　表

唐律（十恶）	大宝律（八虐）
五、不道 1. 杀一家非死罪三人。 2. 肢解人。 3. 造畜蛊毒厌魅。	五、不道 1. 同唐律 2. 同唐律 3. 同唐律
六、大不敬 1. 盗大祀神御之物。 2. 私借乘舆服御物。	六、大不敬 1. 同唐律 2. 同唐律
七、不孝 1. 告言詈骂祖父母及父母。 2. 父母在别籍异财。 3. 供养有阙。 4. 居父母丧身自嫁娶、若作乐释服从吉 5. 闻祖父母父母丧匿不举哀,诈称祖父母死。	七、不孝 1. 同唐律 2. 同唐律 3. 无 4. 同唐律,增加"奸父祖之妾"一条。
八、不睦 1. 谋杀及卖缌麻以上亲。 2. 殴告夫及大功以上尊长。	八、略 并入"不道"。
九、不义 1. 杀本属府主刺史县令见受业师、吏卒。 2. 闻夫丧匿不举哀,若作乐释服从吉及改嫁。	九、不义 1. 同唐律 2. 同唐律
十、内乱 1. 奸小功以上亲。 2. 奸父祖妾。	十、略 "奸父祖妾"并入"不孝"。

参阅桑原隲藏:《中国法制史論叢》,弘文堂書房1935年版,第636—638页。

此外,大宝律中关于以下犯罪行为的律文更是原封不动地抄自唐律,如阑入大社、阑入宫殿、犯跸、私借乘舆服御物、指斥乘舆、宫内忿争、向宫殿内射、谋反大逆、谋叛、漏泄大事告密者、私度关者、受人财而为请求者、监临之官受财而枉法者、凡决罚不如法者、稽缓诏书、知情藏匿罪人、诬告人者、盗决堤防者,失火及非时烧田野者、私有禁兵器者、造畜蛊毒及教令者、伪造神玺者、诈伪诏书增减者、残害死尸及弃尸水中者、博戏赌财物者、凡奸者、奴奸良人者、其家人及奴婢奸主者、有妻更娶者、以毒药药人及卖者、杀一家非死罪及肢解人者、凡谋杀祖父母父母外祖父母夫之祖父母者、家人奴婢过失杀主者、殴伤妻者、保辜者、戏杀伤人者、祖父母父母在别籍异财者、妻无七出及义绝之状而出之者、略人略卖人为奴婢者、盗窃、诈欺官私以取财物者、妄认良人为奴婢家人妻妾子孙者、弃毁诏书及官文书者、弃毁亡失及误毁官私物者、故杀官私马羊、擅发兵、烽堠不警、奴娶良人女等。

关于执刑中的很多细节也是模仿唐的作法,如对拷问规定限制,即在一次拷问之后,如果未满二十日则不能进行第二次拷问,另外,对于七十岁以上老人和孕妇则禁止拷问。又如执行死刑,必须上奏三次,而又三次得到敕许方能执行,三次中若有一次未准也不得执行。这样做的用意是防止草菅人命,以便天皇有足够的时间反复思考这一问题。另外,在传达许可行刑的通知时,必须使用驽马,以便天皇在改变主意时,快马追得上,能做到刀下留人。

令是规定国家各项制度的法律。养老令共十卷三十篇九百三十二条,与唐令作一比较,可知是从一千五百多条的贞观令中拣抄出来的。此外,日本的格(有关律令的改废补正)、式(有关律令格的施行细则),如延喜格、延喜式,也都是删减唐格式并加变通而成的。

正如日本学者桑原隲藏指出:"我国大宝律大体上是采用唐律,只不过因考虑我国国情稍加斟酌而已。"① 比如在分割家产时,唐令规定,在兄弟之间进行平均分割,但日本养老令规定,在父亲去世时,家产是按照一定的比例在嫡子和其他儿子之间进行分配的。其所以如此,是因为在中

---

① 桑原隲藏:《中国法制史論叢》,第363页。另,我国学者关于唐律对日本法律影响的著作亦所在多有,如杨鸿烈《中国法律在东亚各国之影响》、杨迁福《〈唐律〉对亚洲古代各国封建法典的影响》等。

国财产被看作家族共有的,而在日本财产则被看作是家长本人的。① 此外,在律令制定的顺序上日本也不同于中国,中国先制律后制令,而日本则先制令后制律。

官制及兵制:大化改新后,日本模仿唐制建立中央集权的行政制度。唐在中央设立三省(中书省、门下省、尚书省)、六部(吏部、户部、礼部、兵部、刑部、工部)、一台(御史台),日本对此稍加变通,设立二官、八省、一台。所谓二官是神祇官、太政官。神祇官的设立极不同于中国官制,显系出于日本自古以来的"祭政一致"原则。神祇官负责祭祀天皇祖神和其他神祇,并掌管全国神社,其长官叫神祇伯。把祭祀提高到如此重要的地位,可以说是当时日本政治的一大特点,显示了天皇的现人神性格。太政官是行政机构,设太政大臣总理政务。又设左、右大臣辅佐其事。所谓八省是太政官下辖的中务省、式部省、治部省、民部省、兵部省、刑部省、大藏省和宫内省。省下又设相互平行的寮、司、职四十余个,相当于唐的五监九寺。所谓一台是弹正台,负责官吏的监察和监督,相当于唐的御史台。

地方行政组织为国、郡、里,大体也是模仿唐的州县制。全日本置六十余国,并由中央贵族中任命国的长官——国守,全面掌管国内的行政、审判、军事与警察等权。国下有郡,首长称郡司,一般由以前的地方豪族国造的子孙中任命。郡内的基层组织叫里(715年改称乡),每里辖五十户。里有里长,大体由农村富豪中任命。

军事上,中央设五卫府:卫门府、左卫士府、右卫士府、左兵卫府、右兵卫府。估计总兵力约为二三千人。同时在地方各国设置军团,约三四郡设一团。兵士来自班田农民;征兵为正丁的三分之一,轮换充任。基本上是模仿唐的府兵制。

另外,模仿唐在边疆设立都护府之制,日本也在九州设大宰府,并派防人驻守。

---

① 参阅中田薰:《我太古に土地の村落共有制や家族共産制があったか》,载《法律新報》第737号(1947年7月)。

表 2-3 日唐官制比较

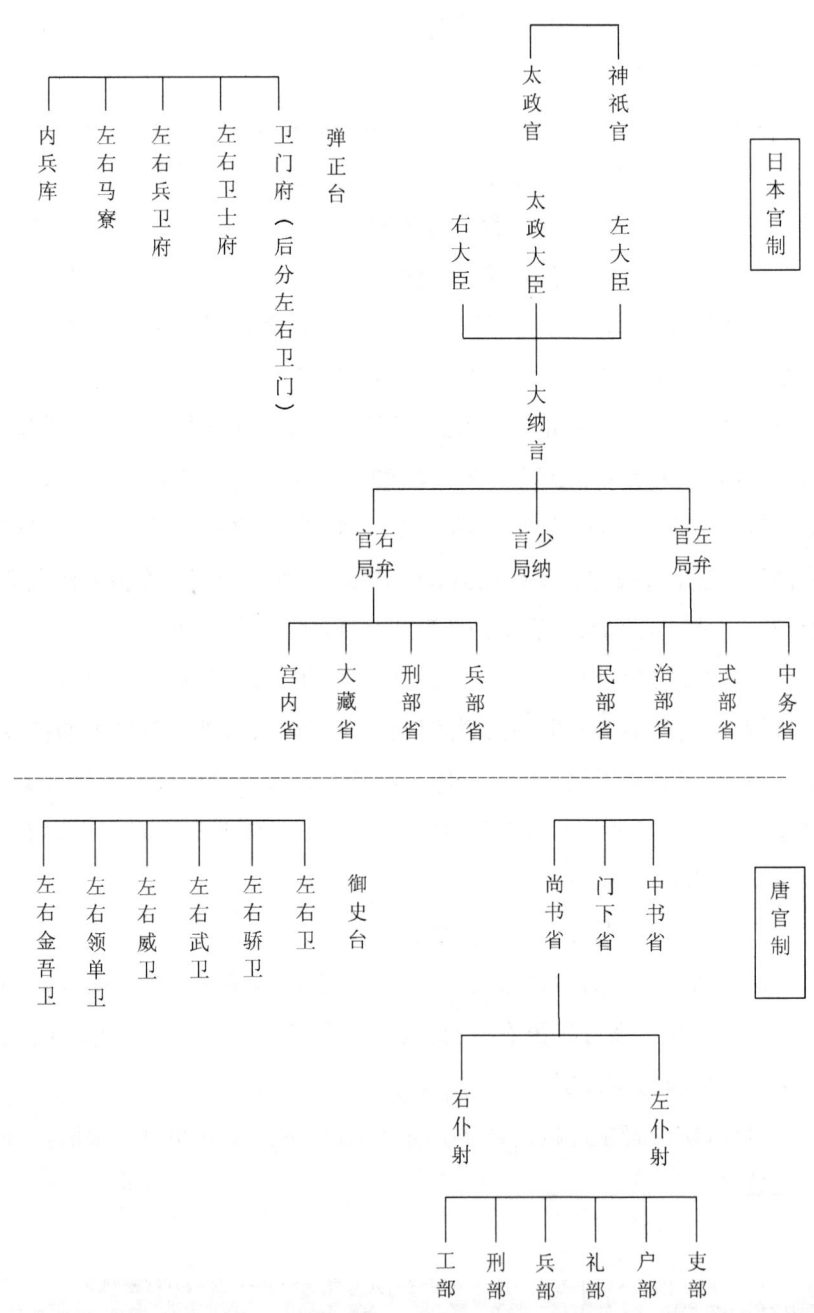

四、唐文化百花苑与唐风文化

遣唐使时代,日本对于唐文化,尤其是盛唐文化进行了大规模的吸收,以下试略述之。

教育:奈良和平安时代的教育制度和教学内容,不少是照搬唐制。根据"学令"规定,在京城设大学寮。大学寮由大学头领导,其副手为大学助。下有博士、助教等教职员(其身份均为国家官员)。学生定员四百人,但另有算学生等数十人。招收年龄在十三至十六岁的五位以上贵族子弟入学。

教科书为中国儒家经典。《孝经》《论语》为公共必修课,任何在校学生均须修读。《礼记》《左传》(以上为"大经")、《毛诗》《周礼》《仪礼》(以上为"中经")、《周易》《尚书》(以上为"小经"),则可选修。但最低限度,须通大、小经各一,或中经二。每年七月进行年终考试,在大学头和大学助的主持下考核一年的学习内容,一般是提问"大义"八条,能答六条以上者得"上",答四条以上者得"中",答三条以下者得"下"。

大学寮的学生凡通二经以上愿意为官者,首先要参加校方举行的一种推荐考试,考试及格,由校方推荐给太政官,再受式部省的"登庸试"。登庸试按其内容分为四科:(1)秀才科——考生须作"方略策"文章两题(如《为何周之圣多而殷之贤少》),其最优秀者可授正八位上。(2)明经科——由《孝经》《论语》等各经中出题,考核对各经内容、意义的掌握和理解程度,其最优秀者可授正八位下。(3)进士科——考生须作"时务策"文章两题(如《杜绝盗贼之术》),并背诵《文选》《尔雅》十处。其最优秀者可授从八位下。(4)明法科——提问律七条、令三条,全通为甲,授大初位上。算生只在大学寮受试,合格者授大初位下。

到平安时代,大学寮有所改革。正式设有四道:明经道、纪传道、明法道、算道。另外,音、书两道虽设有博士,但没有专攻的学生(只有音道曾在817年招收四名音生),因而形不成独立的"科系"。以下为大学寮各道师生编制一览表。

表 2-4 大学寮各道师生编制一览

道别	教师	得业生	学生(包括得业生)
明经道	大学博士(明经博士)1人 助教2人 直讲2人	明经得业生4人	学生(明经生)400人
纪传道	文章博士2人	文章得业生2人	文章生20人
明法道	明法博士2人	明法得业生2人	明法生20人
算道	算博士2人	算得业生2人	算生20人
(音道)	音博士2人	无	音生4人
(书道)	书博士2人	无	无

此表采自《图说日本文化史大系》4,第197页。

地方上设国学,原则上一国一学,但由于师资等条件较差,不像大学寮那样正规。

皇室和贵族家庭用以教授儿童的幼学书,也都是唐所使用的《千字文》、《蒙求》(唐李翰撰)及唐诗人《李峤百廿咏》等。①

透过以上对当时日本教育状况的简要叙述。大概不难看出唐代教育对日本教育的深刻影响。不过,却不要产生日本原封不动地接受了唐科举制度的误会。日本的门阀政治根深蒂固,高官必出于权门,其子弟根本不屑于去什么大学寮苦读圣贤。大学寮的优秀毕业生,"登庸试"及第才不过叙个正八位甚而大初位(最低官阶),通过这样的阶梯根本爬不上去。所以日本的大学寮远不如唐的国子监兴旺和"实用","登庸试"授位更不过是自唐百花园中采撷来聊以显示雅致的一朵小花而已。

文学:通过这一时期的频繁交往,唐文学也被移植到日本,并获得了蓬勃的发展。其中影响最大的要算唐诗。上至天皇,下至一般贵族,竞

---

① 参阅家永三郎等编《图说日本文化史大系》3—4、土田直镇、桃裕行分别执笔的"学问与教育"部分。

起效尤，以欣赏和写作汉诗为时尚，而把和歌排挤到较为次要的位置上去。日本人创作的第一部汉诗集是751（天平胜宝三）年编集的《怀风藻》，共收了六十四位作者的一百一十七首诗。主要作者是大津皇子、藤原不比等父子、丹墀广成、淡海三船、石上宅嗣等人。其内容主要表现宫廷的饮宴、仪礼等公事性活动，为天皇歌功颂德，因而很多作品不过是韵文化的标语口号而已。这种内容一方面固然是作者要投主上之所好，另一方面大概也是因为初学乍练还不能表现比较复杂和微妙的感情。严格地说，都还只是一种习作。作者中有不少同时也是《万叶集》和歌的作者，他们在那块天地里，个人之情可以纵横驰骋，而在汉诗领域中却只能搞"公式化"和"概念化"。这主要是"不熟"，因而难以"生巧"。平安初期的嵯峨天皇（809—823年在位）是一位唐文化修养很高的天皇，根据他的敕命编了《凌云集》和《文华秀丽集》两部汉诗集。前者收入了二十四位作者的九十一首诗；后者收入了二十八位作者的一百四十八首诗。827（天长四）年，又据淳仁天皇的敕命编出了《经国集》。收入了一百七十八位作者的汉诗文九百六十八篇。七言诗代替了《怀风藻》的五言诗，占据统治地位。也就在这时，白居易诗歌对日本诗坛的影响，如异军突起，抒发真情实感的优秀作品开始出现，如菅原道真的名作《路遇白头翁》：

  路遇白头翁，白头如雪面犹红。
  自说行年九十八，无妻无子独身穷。
  三间茅屋南山下，不商不农云雾中。
  屋里资财一柏柜，柜中有物一竹笼。……

  仅此几句读过，就使人很自然地想到白居易的《卖炭翁》。醍醐天皇（897—930年在位）曾在自己一首诗的注中说："平生所爱，《白氏文集》七十五卷是也。"其后的兼明亲王也说过："我朝词人才子以《白氏文集》为规摹。"白诗在一个异国的影响之大，几乎到了不可想象的程度。[①]

[①] 关于白诗对日本文学的影响请参阅严绍璗：《白居易文学在日本中古韵文史上的地位和意义》，载《北京大学学报》1984年第2期。

唐朝其他很多诗人的作品也都成为日本诗人模仿的对象。如张志和的《渔歌子》词,仿填者甚众。嵯峨天皇的《杂言渔歌》(收在《经国集》中)就是其中之一。有一首是:

  寒江春晓片云晴,
  两岸花飞夜更明。
  鲈鱼脍,莼菜羹,
  餐罢酣歌带月行。

仿到这种地步也算是难能可贵了。

  唐诗对于和歌的创作也产生了很大的影响。唐诗的意境和美学意识逐步被吸收到和歌创作中去。九世纪末编纂的《新撰万叶集》突出地体现了唐诗与和歌的相互交融。其中的每一首和歌都要配一首汉诗,也就是说,以两种不同的文学形式去表现同一种意境和同一个主题。这种文学现象之独特,大概在世界文学史上也不可多见。

  唐诗中的佳句所提供的意境和美感,常常触发歌人们的创作灵感,并成为他们进行和歌创作的出发点。如白居易"月照平砂夏夜霜"的诗句,被菅原道真摄了神韵,演变而为和歌。张文成《游仙窟》①中的"今宵莫闭户,梦里向渠边"等句也被大伴家持再创作为和歌。

  从理论上研究汉诗文的著作也出现了,如空海的《文镜秘府论》。该书根据沈约的四声八病说和唐人的诗论,对唐诗格律作了深入系统的研究。它在指导日本诗人把握唐诗的形式和技巧上,无疑起了相当的促进作用。

  优秀的汉文学家和私人诗文集多所涌现。如空海的《性灵集》、都良香的《都氏文集》、岛田忠臣的《田氏家集》、菅原父子三代的《菅家文草》

---

① 《游仙窟》是张文成写的传奇小说,作者自叙奉差去河源地方,迷路而入神仙窟,受到十娘、五嫂二女仙的欢宴,止宿而去。有人认为这是托此而叙述作者与武后的恋爱故事。文近骈俪体,又插入很多诗歌。传入日本后,极受平安贵族的欢迎,广为传诵,影响极大。此书在中国久已散佚,而在日本却保存了下来。

和《菅家后草》、纪长谷雄的《纪家集》等。

中日友好运动的著名活动家中岛健藏先生说过:"唐诗在日本人的心目中,是自己国家的古典。"唐代文学对日本文学影响之深远可见一斑。

乐舞:唐代是中国音乐的繁荣期,既有日本音乐家来唐学习,又有唐音乐家东渡执教。日本的雅乐,在大和时代以三韩乐为中心,进入奈良时代后即转而以唐乐为中心了。702(大宝二)年,日本朝廷设立了"雅乐寮",作为掌管宫廷乐舞的机构和教习乐舞的学校。当时传入日本的唐乐有五调。即壹越调、平调、双调、黄钟调和般涉调。曲目有《秦王破阵乐》《万岁乐》《五常乐》《太平乐》《甘州乐》《春莺啭》《倾杯乐》《越天乐》《团乱转》《喜春乐》《剑器》《王昭君》《夜半乐》《何满子》《六胡州》《如意娘》《天长久》《采桑老》《崇明乐》《圣明乐》《武媚娘》《泛龙舟》《还城乐》等一百多种。这些曲目中,有些是器乐曲,有些是舞乐曲,有些是在乐器的演奏中加入唱词的,叫作"咏歌"。舞者边舞边唱,大多是用汉语原文演唱。如日本的《仁智要录》一书中就记载有《五常乐》的汉语唱词,而《续教训抄》《体源抄》中也分别记载有《甘州乐》《泛龙舟》《还城乐》的汉语唱词。[1] 古乐谱也有保存下来的,如京都阳明文库现存有五弦琵琶谱一卷。正仓院也存有天平十九年抄写的琵琶谱一页。它们所用的符号与记谱方法和敦煌发现的唐乐谱极相似。

乐和舞经常是合二而一的。作于十二世纪的《信西古乐图》等书保存了不少流传到日本的唐舞蹈,其中的部分舞蹈幸而还保存到今天。如《兰陵王》,兰陵王名高长恭,其事出《北齐书》。据说他虽然作战勇猛,但却长得像女人,不足以慑敌,便做了可怕的假面具,每于冲锋陷阵时戴上,使敌人望而生畏,屡建奇功。时人为颂扬他的战功,编成歌舞,名《兰陵王入阵曲》,流传到唐代,并东传日本。其面具为尖鼻,环眼,吊下颌,如张巨口,头顶上有飞龙装饰。其伴奏乐器有鼓、笛、拍板等。据学者研

---

[1] 参阅郎樱:《日本的雅乐与隋唐燕乐》,载《文学研究》1981年第1期。

究,日本所传《兰陵王》舞乐的服饰、道具、乐器都与我国唐段安节所著《乐府杂录》中的有关记载近似。① 又如《万岁乐》,据唐杜佑《通典》,"《鸟歌万岁乐》,武太后所造也。时宫中养鸟,能人言,又常称'万岁',为乐以象之。舞三人,绯大袖。并画八哥,冠作鸟形"。现在日本流传下来的《万岁乐》,舞者四人,也戴鸟冠,其舞姿态,如鸟翔集,翩翻往复,进退中节,②和《通典》所记也大体相符。

在正仓院还保存有当时的舞蹈服装和道具,如唐古乐《破阵乐》袄子、《破阵乐》大刀、唐古乐《罗陵王》(即《兰陵王》)接腰、唐中乐《三台》袄子、唐散乐《浑脱》半臂等。

大批乐器在这时传往日本,主要有琴、瑟、筝、曲项琵琶、五弦琵琶、阮咸、尺八、筚篥、笙、排箫(比竹)、竽、方响、鼓等。其中一部分还保存了下来,珍藏在正仓院。

唐代的音乐理论随着《乐书要录》等著作的东传和音乐家的交流,也传入日本。日本雅乐采用了唐乐宫、商、角、徵、羽五声音阶,加上变徵、变宫成为七声音阶。八度音程内设十二个音,与我国的十二律相对应。起初,十二律名称是沿用我国的律名,如黄钟、大吕等,平安朝以后才改称日本律名。此外,唐代大曲的序、破、急等形式也为日本雅乐所吸收。

唐乐对日本的作曲也产生了很大影响,如嵯峨天皇和仁明天皇都雅好唐乐,嵯峨天皇不仅喜琴、筝、琵琶、笛,也能作曲。传说《鸟向乐》是他所作。仁明天皇则不仅经常作为吹笛能手参加雅乐演奏,还模仿唐乐作曲,创作了《长生乐》《西王乐》《夏引乐》《夏草井》等乐曲。这样,在天皇和宫廷的提倡下,平安时代创作乐曲之风甚盛,并涌现出如大户清上、大户真绳、三岛武藏和迩部太田麻吕、犬上是成、常世乙鱼等一大批有才华的音乐家。③ 对日本民族音乐的形成和发展产生了很大影响。

书法:书法是使用汉字国家的一种独特的艺术。唐代,我国传统的

---

① 参阅鼓松:《唐代舞图与戏面》,载《文艺研究》1981年第1期。
② 参阅常任侠:《唐乐与日本雅乐》,载《人民音乐》1981年第4期。
③ 参阅辻善之助:《日本文化史》Ⅱ,春秋社1955年版,第380—385页。

书法艺术大放异彩,东传日本,也结出了累累硕果。

晋代书法家王羲之父子的作品,是我国书法艺术史上的里程碑,但也只是到了唐代,才随着过海船东传日本。据《唐大和上东征传》记载,鉴真东渡时曾带有"王右军真迹行书一帖、小王真迹三帖",另有其他杂体书五十帖。留学生和留学僧也带回不少碑帖和真迹,如最澄带回的就有十七种,其中包括王羲之父子、欧阳询、褚遂良等名家作品的拓本。显然,这些作品的传入,引起了日本学习书法的热潮。由现存的一些奈良时代的户籍文书和写经来看,当时的水平已很可观。从风格上看,欧体影响很大。然而,日本书法艺术达到新的高峰还是平安初期"能书三笔"的出现。

所谓"能书三笔"是指空海、桔逸势和嵯峨天皇,前两人还都是留过唐的。

空海精于书,在唐是闻名的。传说他在长安时,曾从著名书法家韩方明学习,①有"五笔和尚"之称。日本《高野物语》还有记载说,唐宫廷的墙壁上有王羲之的墨迹,但以墙皮损坏致使墨迹有缺,因闻空海精王羲之书法,便请他补写,而经他补后,竟和原书一模一样。东晋的王羲之不可能为唐宫殿题留墨宝,这故事不过是要说明空海书法之妙堪与书圣媲美。嵯峨天皇也曾写诗赞他说:"绝妙艺能不可测,二王没后此僧生。"空海的字强韧雄劲,变化自如,博采晋唐诸名家之长。他兼通诸体,尤精草书。留传下来的作品有《风信帖》《灌顶记》《金刚经开题》《大日经开题》《三十帖策子》《上狸毛笔表》《真言七祖赞》《聋瞽指归》等。他的作品也被收入我国明代著名书法家董其昌编的《戏鸿堂法帖》。

桔逸势在留唐期间才名甚高,人称"桔秀才"。据传他曾向柳宗元学习过书法,但柳宗元历来以诗文著称,并未留传下笔迹,而桔逸势的墨宝在日本也未多见。《伊都内亲王愿文》据传为他的作品,但并无确凿证

---

① 于植元:《弘法大师与中国书法》(载东北地区中日关系史研究会编《中日关系史论丛》第一辑)一文不同意此种说法。据作者考证,韩方明的年龄似乎小于空海,尚在未成名之时,书法上已有相当造诣的空海,未必肯师事于他。

据。因而,桔逸势直到如今仍是一位名气很大,但却"不识庐山真面目"的书法家。

嵯峨天皇可以说是崇拜唐文化的平安贵族的代表人物,他的书法修养更在汉诗、唐乐之上。《日本纪略》中称赞他的书法"一点一画,有体有势,珠连星列,烂然满目"。空海《性灵集》有《奉为桓武皇帝讲太上御书金字法华达榇》一文,更赞之为"鸾凤翔碧落而含象,龙螭游苍海以孕义"。当然,他贵为天子,臣下必得颂扬,但在书法上他确实是受之无大愧的。他的字受欧体影响较大,其中又稍含日本情趣。留传下来的作品有《李峤百咏》(残卷)、《光定戒牒》等。

除"三笔"之外,留唐高僧最澄也是名家,故有人主张应加上他而为"四笔"。最澄的作品温雅而富清韵。留传下来的有《久隔帖》《天台法华年分缘起》《羯磨金刚目录》《将来目录》等。

工艺美术:由于学习了唐工艺的先进技术和设计,奈良时代的日本工艺呈现飞跃发展之势。很多手工艺品(家具、食器、文具、乐器、佛具、武器、武具、游戏用品、衣服、服饰品等),制作相当精良。在构图和设计方面,由于多半原封不动地采纳中国的设计,所以不少工艺品甚至无法确定是唐制还是日制。

优秀工艺品主要是在官营的制作所中制作的。据《令义解》,大藏省的典铸司、宫内省的锻冶司负责铜铁器物的铸造和锻造,宫内省的宫陶司负责木器制作,大藏省的漆部司负责漆器制作,中务省的缝殿寮和宫内省的内染司负责染织,中务省的图书寮负责笔、墨、纸等文具制作,而中务省的画工司则负责各种绘画。金银平脱、螺钿、木画都是自唐传来的新技艺,用金银、贝壳、瑇瑁等材料以粘贴、镶嵌、磨光等技术,在器物(多为木器)上制作出鲜亮、别致、优美的花纹图案,如正仓院所存金银平脱琴、银平脱漆胡瓶、木画紫檀双六局、螺钿紫檀阮咸、螺钿紫檀五弦琵琶等,都是其中的代表性作品,具有很高的工艺水平。

陶工艺也有长足进步。正仓院存有钵、皿、瓶、塔等多种彩釉陶器,以前一直以为系唐制品,但经过仔细的比较研究,发现它们和唐三彩比起来，质地不是那么细腻，釉面也不那么流丽，可能是日本的仿唐三彩制品。

关于漆工艺，也从唐传来了新技术。如"塈"，也叫干漆夹纻，即在木制胎型上层迭地张贴麻布和涂漆，而后取出胎型，用以制作器物或造像，日本的国宝鉴真和尚塑像就是以这种工艺塑造的。上述工艺中，如果以皮革代替麻布，就叫"漆皮"。正仓院所存的金银绘八角镜箱和金银平文箱就是漆皮工艺品。

染织工艺也有长足发展。奈良时代最高级的织物是锦，锦又有"经锦"和"纬锦"两种。把色丝使用于经线上，织出花纹图案，就是经锦。此法较古老，顶多只能织出三色。唐代发明了纬锦，即把色丝使用于纬线上，不仅织机的构造简单，操作方便，而且能织出八色的大型花纹图案。日本从唐学习了这种最先进的纬锦织法，并广为传布，如于和铜年间向伊势、尾张、骏河、近江、丹波、伯耆、播磨、备前、安艺、阿波、赞岐等六道二十一国，派出了技术专家——挑文师，教民学习先进技术以促进锦、绫等生产的发展。正仓院保存的凤纹锦扶手，在紫地上以白、绿、红织出凤凰图案，是极其精美的织锦作品。染色方面也从唐学习了﨟缬、夹缬和纐缬等染色技术。﨟缬即蜡染，以腊涂布上防染，作出种种花纹图案。正仓院的﨟缬屏风是代表性作品。在褐色底上，显现出白色的羊、猴和树叶，下端有"天平胜宝三年十月"字样。夹缬是一种雕版印染，即将相同的花样透雕于两板上，然后将浅色织物紧紧地夹于两板之间，再向透雕处灌注染料。这样，未雕空部分所夹处即可防染，由而得到花纹图案。正仓院的鹿草树夹缬屏风是代表作，画面中为一树，树下有双鹿，体态健美，相向而立。此外还有纐缬，或叫绞染，也是一种能染出精美图案的染色技术。刺绣工艺也很发达，正仓院的花鸟纹刺绣幡是代表作。在紫绫上绣出花草和孔雀，孔雀单脚独立，昂首开屏，形象十分生动。在技术上，根据不同的需要，使用了平绣或锁绣。

绘画：这一时期日本的绘画也受到唐绘画的极大影响。中国人物、山水画的传入，刺激了日本"唐绘"（即中国风格的绘画）的发达。保存下来的作品虽然不多。但从一些文字资料中可以看到中国画的强烈影响，如《经国集》中收有嵯峨天皇与三位廷臣咏清凉殿画山水图的唱和诗。看了这些诗，山水图的画面历历在目：重峦叠嶂，断崖葛藤；山下有水，渔者垂钓，鸟飞其上；林中有屋，松下有仙，云间飞鹤。完全是中国人想象中的神仙世界。都良香的《都氏文集》中收有他赞白乐天及其肖像画诗，岛田忠臣的《田氏家集》中也有题竹林七贤图诗。显然，这些都是中国风味的人物画。日本的佛教画也强烈地体现着唐代的画风。如奈良法隆寺金堂内的壁画，在四个最大的壁画上画着四个天界的景象，即释迦佛天界、阿弥陀佛天界、弥勒佛天界和药师佛天界。在每一天界的中央是主佛法座，周围则画有众菩萨及四天王。上面画有宝盖，宝盖左右各有一个飞天。这样的题材和构图与敦煌壁画如出一辙。专家们认为，法隆寺壁画反映了初唐的艺术风格。不幸的是，这一艺术瑰宝在1949年整修时毁于火灾。现存于美国波士顿美术馆的《法华堂根本曼荼罗》（原为奈良东大寺收藏品），大约是八世纪后期的日本作品。绘画表现释迦牟尼在山中说法的情形，但画中的山石树木都显示出强烈的中国风格，以至于美术馆把它列入中国绘画。奈良药师寺的吉祥天女图和正仓院的鸟毛立女屏风，"论其技巧，若与张萱、周昉所画唐代的仕女对看，细致丰腴，色彩柔和，正像一母所生的姊妹"①。醍醐寺报恩院所藏《绘因果经》，系描绘佛本生的故事。上半绘画，下半有文，二者互相参照。绘画中的人物、树木、岩石的画法，以及写经的书法，都表现出唐朝的艺术风格。此外，高野山圆珍的"赤不动尊"、圆城寺空光的"黄不动尊"、和歌山的"五大力吼象"等，使用强烈的色调与凹凸的画法，表现其威猛慑人的精神力量，实为中晚唐的佛画作风。另，弘法大师回国时所携金刚智、善无畏、大广智、一行、惠果等真言五祖像，为供奉丹青（宫廷画师）李真等所绘。李真是与周昉齐名的肖像画家，唐郑符曾在评论二人的画时

---

① 常任侠：《中日文化艺术的交流》，见《日本绘画史》，常任侠、袁音译，人民美术出版社1978年版，第220页。

说,"李真周昉优劣难",即分不出高下来。真言五祖像用笔细劲,严谨而传神,是唐代人物画的代表作品。这些肖像画影响很大,在长时期内成为日本肖像画的楷模。现珍藏于京都教王护国寺,被定为日本"国宝"。

总之,中国绘画影响之所及,使飞鸟、奈良到平安时代前期的日本画坛,唐绘派占了优势。直到遣唐使停派以后,唐绘派有了演变,大和绘(日本风格的绘画)才逐渐发展起来。

史学:唐朝的修史事业极为繁昌,影响日本朝廷也把它作为"邦家之经纬、王化之鸿基"来从事。元明天皇(707—751年在位)时,太安万侣奉诏将稗田阿礼口诵的"帝纪"与"旧辞"加以整理,编写成《古事记》三卷。但此书与其说是史书,不如说是以神话传说为主要内容的文学作品。日本第一部正史是720(养老四)年舍人亲王、太安万侣等奉诏撰成的《日本书纪》。该书共三十卷,另有系图一卷不传。在此后的大约二百年内,又根据天皇的诏敕,先后修成五部正史:797年由菅野真道、秋篠安人、中科巨都雄等撰成的《续日本纪》(四十卷),840年由藤原冬嗣、藤原绪嗣等撰成的《日本后纪》(四十卷),869年由藤原良房、藤原良相、伴善男、春澄善绳等撰成的《续日本后纪》(二十卷),879年由藤原基经、菅原是善等撰成的《文德天皇实录》(十卷),901年由藤原时平、菅原道真、大藏善行等撰成的《三代实录》(五十卷)。加上《日本书纪》共为六部,统称《六国史》。这些史书都采用了编年体,而且是以汉文写成。编者们在撰写过程中曾广泛地参阅了当时中国的史书,如《日本书纪》的编者显然熟读了《汉书》《后汉书》《三国志》《梁书》《隋书》等。其中参考、模仿《汉书》的地方最多,有时甚至原文照搬。如《日本书纪·钦明纪》二年三月原注"帝王本纪,多有古字"云云,就来自《汉书》卷一百颜师古的叙例。在文字的润色方面,则对于《文选》和欧阳询等所撰类书《艺文类聚》的精彩语句多有借用。如《日本书纪·显宗纪》中关于让位的一些文字就来自《艺文类聚》的有关部分,而《雄略纪》中的狩猎、赤骏马和稚媛等记叙文字则显然来自《文选》的《西京赋》、《赭白马赋》和情赋类。关于内典方面,可以看出,参考得最多的是义净译的《金光明最胜王经》。① 此外如《文德天皇实录》,则极有可能是受韩愈编撰《顺宗实录》的影响而写作的,因而可以说,《六国史》的编纂和唐史学等有着不解之缘。

历法:也许是由于天文、数学等方面的知识水平较差,日本只限于单纯使用移植来的唐历,而未能做到参照唐历造出自己的新历来。据《日本书纪》,554(钦明天皇十五)年,百济向日本朝廷"贡"了一名历博士国固德王保孙。602(推古十)年百济僧观勒又贡了"历本及天文地理书"。朝廷派了专人向观勒学习历法。不言而喻,所贡的都是中国历,极有可能是南朝宋的元嘉历。690(持统天皇四)年正式开始使用元嘉历。② 697(文武天皇元)年又实行仪凤历(即麟德历)。③ 735(天平七)年吉备真备自唐回国,带回《大衍历经》一卷、《大衍历立成》十二卷,并将其贡献朝廷,开始实行。780(宝龟十一)年自唐归来的遣唐准判官羽栗翼又带回五纪历。857(天安一)年五纪历与太衍历并用。859(贞观元)年渤海遣日使乌孝慎又将长庆宣明历带入日本,赠送日本朝廷。861(贞观三)年长庆宣明历被颁布实行,并一直沿用到江户时代,前后使用一千多年之久。总之,唐制了什么新历,日本即原封不动地加以采用。

医药:日本在吸收先进的中国文化时,医药学也是备受重视的。留学生中有不少人是专学医的,著名的如惠日(也叫药师惠日或医惠日)、菅原梶成等。惠日原留隋学医,唐建国后继续留学,623年归国,他不仅精于医术,还因熟悉大陆情况被派作遣唐使。菅原梶成入唐请益,后来当了针博士和侍医(太医),已如所述。唐方面也有像鉴真那样医术高明的人赴日,直接传授中医中药知识和技术。大批医药典籍如《素问》《张仲景方》《黄帝针经》《神农本草》《诸病源候论》《古今录验方》《千金方》《新修本草》等传入日本。尤其值得一提的是《新修本草》,它是世界上第一部以政府的名义和力量编写并颁行的国家药典。此书颁行后,不久传

---

① 参阅岩波書店《日本古典文学大系》本《日本書紀》解说。
② 《三代実録》貞観三年六月十六日己未條。
③ 《三正綜覧》。

入日本。据《续日本纪》延庆六年五月戊戌条载:"典药寮言:苏敬注《新修本草》与陶隐居集注《本草》相检,增一百余条,亦今采用草药,既合敬说,请行用之。许焉。"《延嘉式部式》规定:凡医生皆读苏敬《新修本草》。这说明,日本政府也把它作为最权威的药典而加以采用。此书后来在国内亡佚,而在日本却有天平抄本的摩写本流传。清光绪年间,傅云龙在日本影刻《唐卷子本新修本草十卷补辑一卷》,才使我国读者重见此书。这不能不归功于当年唐日间的文化交流。仅从唐末民间商船的货运也可知中药输日数量不小,正仓院中至今还保存着当年输入日本的中药。正是在医药学发展的基础上,日本医家参照中国医药学经典,于808年编成《大同类聚方》一百卷。后来,日本名医丹波康赖编著的《医心方》三十卷,也是参考、吸收了隋唐医书八十余家而成。此外,日本的医学教育制度也主要是模仿唐的有关制度。在宫内省设典药寮,寮内设医博士、针博士、按摩博士、咒禁博士各一人,充当教师,而学生则有:医生四十人、针生二十人、按摩生十人、咒禁生六人。另置药园师二人、药园生六人,学习和从事药材的培植与加工炮制。关于教科书,多为中国医药经典,如医生用《甲乙经》《脉经》《本草》《小品方》《集验方》等;针生用《素问》《黄帝针经》《明堂》《脉决》《偃侧图》《赤乌神针经》等。医生要用两年时间读教科书,然后再分修体疗(内科)、创肿(外科)、少小(儿科)和耳目口齿四科。要求学生在四至七年内学成。

建筑:日本在长时期内没有固定的首府,只在大和平原上搬来搬去。大概是受了唐的影响,708(和铜元)年2月,元明天皇下诏,决定在平城建设新都。诏书说:"昔殷王五迁,受中兴之号。周后三定,致太平之称。方今平城之地,四禽叶图,三山作镇,龟筮并从,宜建都邑。"①一位大陆移民的后裔、出身于东汉氏的坂上忍熊被委任为造平城京司的大匠(相当于现在的总工程师),领导新都的设计和施工。新建成的平城京和长安城极为相似:两者都呈方形,宫城的位置都在城中轴线的北首,皇宫北面

---

① 《続日本紀》和铜元年二月戊寅條。

均有御用园林,长安的叫西内苑,平城京的叫松林苑。城的东南角均有池,长安的叫曲江池,平城京的叫五德池;宫城的南门都叫朱雀门,门前干道都叫朱雀(门)大街(路);都设有东、西市;街道都是棋盘式;等等。不过,平城京比长安城小得多,大致是长安城的四分之一。793年建成的新都平安京也仍然是以长安为样板建造的。

住宅建筑也有向唐学习的趋势,如724(神龟元)年太政官上奏,为了显示京城的壮丽,凡五位以上官员的府邸和殷实庶民的住房都要把原来的板屋草舍翻盖成瓦舍,并涂以赤白之色。① 至于寺院建筑则更是受唐影响极大。

体育娱乐:由于唐日交往频繁,不但唐的不少文体项目传往日本,而且还能偶尔看到双方进行比赛的记载。

打球——也叫击鞠或击球。比赛时,双方运动员骑在马上,以曲杖击球(毛制),以打入自方进攻的球门为胜,是一种极其勇猛豪迈的运动。但也有"步打球",即以徒步代骑马。这项运动起源于吐蕃,唐代极为盛行。平安时代传入日本后,成为日本贵族和平民都喜爱的运动项目。平民为物质条件所限,往往采用"步打球"。据载,渤海赴日大使王文矩擅长此道,天皇特地为客使组织了比赛。当时在日本还流行自唐传来的《打球乐》舞,舞者手持球杖作种种艺术化了的击球动作。可以想见该项运动在日本流传之盛。

蹴球——也叫蹴鞠,是一种足球运动,唐代传入日本。赛时分为两队,相对而踢。当然,也有其他踢法。大化改新的发动者中大兄和中臣镰足,就是"偶遇于蹴鞠之庭",在球场上结识的。球以鹿皮制成,踢时要穿皮鞋,多在贵族中流行。平安后期,规则更系统化,日本特色也更浓。

投壶——春秋时期就很盛行,是文人学士们爱好的运动性游戏。隋唐时代,投壶配上音乐,成为宫廷礼乐,名为"骁壶乐""投壶乐"。投壶传入日本,为日本贵族所喜爱。当时使用过的壶和矢,到今天还能在正仓

---

① 《續日本紀》神龟元年十一月甲子條。

院看到。

围棋——是中国的古老运动项目,传入日本后很受欢迎,奈良、平安时代极盛。在来唐的学问僧中,弁正因棋艺高超颇得唐玄宗的赏识。《杜阳杂编》中还记述一个故事,说日本王子来唐,善下棋,与唐第一国手顾师言对弈,顾经过好一阵努力才险胜他。

双六——是一种室内游戏,起源于印度,奈良时代经唐传入日本,在贵族中间流行。游戏时二人对坐,以骰子在竹筒内摇荡后倒出,再根据骰子的点数,走动双六盘(类似于棋盘)上的"驹石",先走入对方的阵内者为胜。

射礼——是一种按照一定仪式进行射箭比赛的军事体育活动,唐代传入日本,①并逐渐制度化。按《杂令》规定,"凡大射者,正月中旬,亲王以下、初位以上皆之"。届时,天皇亲临观看,成绩优异者要赐禄嘉奖。《新唐书·东夷列传》还记载有日本人到中国表演射箭的事情:唐高宗永徽年间(650—655年),日本"使者与虾夷人偕朝。虾夷人亦居海岛中,其使者须长四尺许,珥箭于首,令人载瓠立数十步,射无不中"。虾夷就是北海道的阿依努族,男人多长须,善射,来者大概是战争中的俘虏,特被带到中国表演射艺的。

衣食风俗:在与唐的交往中,日本贵族十分艳羡唐的生活方式,越是上层社会,好唐之风越盛,衣食风俗无不输入。

719(养老三)年正月遣唐押使多治比县守回国后入朝,"皆著唐国所授朝服"②。2月,天皇下诏向唐学习,进行全国性的服装改革:"初令天下百姓右襟。职事主典以上把笏,其五位以上牙笏。散位亦听把笏,六位以下木笏。"③818(弘仁九)年,嵯峨天皇下诏要求"朝会之礼,常服之制,跪拜之等,不论男女,一准唐仪"④。奈良时代的天皇礼服为冕冠和衮

---

① 参阅周西宽:《中日古代体育交流谈》,载《中日文化交流史论文集》,人民出版社1982年版。
② 《続日本紀》養老三年正月己亥條。
③ 《続日本紀》養老三年二月壬戌條。
④ 《大日本史》第一册,二十三卷,三百五十页。

龙衣,合称"衮冕"。冕冠与中国的皇冠相同,上有长方形冕板,板端垂有十二旒五色珠玉。衮龙衣为红地、绣有龙图案。女帝则不用冕冠而用宝冠,童帝则用日形冠。

男官朝服为文罗幞头、位袄、半臂、白袴、金装腰带、金装横刀、乌皮履、笏等。穿戴起来,和中国官员没有大差。武官和女子礼服也都有定制。

发型也为之一变。以前男子风行"美豆良"式。即长发由头顶正中分向两边,然后在耳旁束扎。683(天武天皇十一)年,在廷臣中实行新发型,即像唐人一样,向头顶略后梳成发髻。在执行公务时,必须戴冠或幞头。关于女子,也在683年、705年两次下令依唐式结发。宫中皆遵此制,而民间往往并不照办。

中国的食物文化,如食品和烹调技术也传入日本,丰富了日本人的生活。在一些重要场合,常举办唐式宴会。如803(延历二十二)年3月,桓武天皇在为遣唐大使藤原葛野麿饯行时,"设宴之事一依汉法"①。又据《类聚国史》载,813(弘仁四)年9月24日,嵯峨天皇在清凉殿设宴招待皇太弟(后之淳仁天皇),"具物用汉法",不仅吃的是中国饭菜,连用的餐具也是唐物或唐式的。

中国点心(即所谓"唐果子")经常出现在皇宫和贵族们的餐桌上。据《和名抄》,当时流行的唐式点心有:饼餤、粽、糕、馅饳、糫饼、结果、捻头、索饼、粉熟、馄饨、煎饼、餲饼、黏脐、馉子、欢喜团等,可以说是相当丰富的。

茶在奈良时代可能已由留学生、僧带回种植,但正式见于记载是815(弘仁六)年。此年4月,嵯峨天皇行幸近江国滋贺韩埼,在梵释寺停留,大僧都永忠亲自煎茶奉献。天皇饮用后大概很满意,六月便令畿内、近江、丹波、播磨等国植茶,每年进献。② 此后,吃茶之风大盛。由诗作中可

---

① 《日本紀略》延曆二十二年三月庚辰條。
② 《日本後紀》弘仁六年四月癸亥、六月壬寅條。

知,有些公卿还在自己的宅院中种植茶树。当时的词汇中有所谓"茶研""茶碾子",因而茶叶可能是碾成粉末煮着喝的——就像现在茶道的喝法。

日本在一年内有一大套例行的节日和活动,即所谓"年中行事",大多是在这一时期由唐传入的。如过元旦要插门松、喝屠苏酒、吃年糕。二月上丁日要行释奠礼祭孔。三月上巳日行曲水宴,临清流赋诗。四月八日行灌佛会、放生会(买鱼、鸟放生)。五月五日过端午节。七月七日过乞巧节。七月十五日盂兰盆会,祭亡灵。九月九日过重阳节。此外,立春的前一天叫作"追傩",要撒豆驱鬼,等等。很多节日和活动,中国早已不过了,而日本直到今天还照行不误。

本章原载于《文化的抉择与发展》五,天津人民出版社1993年。

第三章 遣唐使时代（下）

一、日本文化中的印度文化

在奈良时代和平安时代的初期，日本通过和唐的交往，不仅吸收了中国文化还间接地（偶尔也直接地）吸收了印度和南亚的文化，使日本文化中保存了相当的印度文化的因素。

（1）日本人膜拜的印度神。随着文化交流的进行，许许多多的印度神来到日本，并成为日本人的膜拜对象。印度流传下来的最古的文献是《梨俱吠陀》，其中反映了印度人的多神教，有天神、太阳神、雷神、风神、雨神、水神等等。由于佛教的排他性不强，在佛教产生以前的神，也多被吸收进佛教的体系之中。随着佛教的东传，这些印度神也逐渐变成日本的神，其中有：雷神因德拉（lndra）——此神在佛教中是作为佛法守护神出现的，即"帝释天"。亚玛（Yama）——据吠陀，人死后前往乐土，乐土之王即为亚玛。在中国这一说法与道教相结合，亚玛被认为在地狱中司审判，就是"阎罗"，日本称为"阎魔"。军神斯坎达（Skanta）——在中国和日本叫"韦驮天"（也叫韦将军），居四天王三十二神将之首，为护法神。命运、财富、美丽女神拉可斯米（Laksmi）——中、日均称"吉祥天"（或

"吉祥天女")。在奈良药师寺的壁画上有她的形象。象面人身的智慧、幸福之神迦耶萨(Gaesa)——入日后称"大圣欢喜天",简称"圣天"。日本密教真言宗供奉该神,妓院也供奉。

有意思的是,好多印度神居然进入了日本的固有宗教神道之中占得一席地位。如神道信奉的金毘罗,原本是恒河中的鳄鱼的神格化,并成为佛法守护神。日本的赞岐设有金刀比罗宫(在今香川县琴平町),所供金毘罗权现即是此神。湖沼女神萨拉斯维蒂(Sarasvati)——被看作能言善辩、智慧和学问之神。在中、日均称为"辩才天"或"辩天"。她的神社一般修在水边(如江之岛,东京的不忍池、井之头池等地)。此女神弹琵琶,也被看作音乐之神。京都祇园的八坂神社所供奉的牛头天王,原是印度祇园精舍的守护神。现在,祭祀牛头天王的"祇园祭",是京都每年最大的庙会。① 神社中供奉大量印度神一事,说明日本神道有承认众神共存以及日本神与外国神共存的思维方式。

(2) 慈悲思想对日本政治的影响。慈悲思想是佛教伦理的基本观念之一。佛教进入日本后,慈悲思想在日本政治中一度影响很大。尤其在平安时代,大约在三百五十年中,关于执行死刑的记载一次也没有过,整个社会也没有很大的动荡,这和佛教在整个国家生活中占有重要地位也有着密切关系。此后,凡天皇即位必须举行灌顶仪式,并宣誓要依据佛教的说法精神行使政治,这种仪式一直继续到明治维新以前。慈悲思想对于一般人的观念意识也有很大的影响。②

(3) 印度佛教美术对日本美术的影响。日本的佛教美术受中国和西域一带佛教美术的影响很大,但有些作品看起来似乎是直接接受印度的影响,如已经烧毁的法隆寺金堂的壁画和西印度的阿犍陀石窟的壁画有惊人的相似之处。

(4) 悉昙学在五十音图创制中的作用。悉昙学如前所述,是研究古

---

① 参阅中村元:《日本におけるインド文化の発見》,新潮社 1958 年版,第 8—13 页。本节在执笔时,对该书多有参考。
② 参阅中村元《慈悲》,平樂寺書店 1956 年版。

印度梵字的学问,奈良时代传入日本。它对日本五十音图的创制起了一定的作用。梵语中有母音十六个,子音三十五个。若将它的母音依顺导入日语,除去日语中没有的母音刚好就是アイウエオ,余如カキクケコ、サシスセソ……也都是根据梵语的子音顺整理而成的。此外,也有不少梵语的词融入日语中,丰富了日语的词汇。如カワラ(瓦)、ダンナ(旦那、檀那,意为施主)等词都来自梵语。

(5) 印度神话对日本文学的影响。如果说西方的神话生产国是希腊,东方的神话生产国便是印度。中国和日本的不少神话源出印度,如月中兔的故事,日本和中国一样,都流传月中有兔的传说,而这个传说其实来自印度。此外,日本物语小说《竹取物语》中的赫映姬也来自佛经《月上女经》上卷的月上女成佛的故事。① 另,日本谣曲《独角仙人》和歌舞伎《鸣神》的故事也都来自印度神话"长羚羊角的人"。

二、正仓院珍宝映出的丝绸之路文化交流

在奈良的东大寺,有一个专门存放珍宝的正仓院。② 这些珍宝有相当一部分是去中国的日本人(遣唐使,留学生等)带回的,它们像镜子一样,反映出了当年通过丝绸之路进行的西起地中海、东至日本的文化交流情况。

关于正仓院珍宝的来历大致是这样的:756年圣武天皇死后,光明皇后将他生前喜爱的器物献给东大寺,珍藏在该寺正仓院。正仓院宝物就是以圣武天皇遗物为中心的珍藏品。其中有文具(如文房四宝等)、武器(如大刀、弓矢等)、乐器(如琵琶、阮咸、琴等)、室内用品(如屏风、镜等)以及典籍、文书、服饰、香料、药品等。正仓院珍宝除有遣唐使和留学生自唐带回外,也有一些是在那些外来品的影响下由日本自己制造的。这

---

① 参阅高田仁觉:《佛说月上女经について》(《印度学佛教学研究》第五卷第一号,1957年,第83—86页)。另,在日本和我国学者中也有主张《竹取物语》的原型来自中国民间传说的。
② "正仓"也叫"正藏",意思是最重要的仓库。

批宝物仅上了国家珍宝账的已超过六百件,可以说件件都是精品、珍品。还有的虽在唐代书籍中见到名字,但在世界范围内保存下来的仅见于正仓院一处。正仓院宝物因为不是出土物,所以更能表现出原物的优美本色。至于保存下来的漆器、香料、药品等更不是一般发掘品所能比拟的。正仓院宝物所具备的这些特点,使我们可以在一千二百多年后的今天仍能透过它们来观察当时东西文化交流的情状。

从制作珍宝的材料来看,有宝石、贵金属、玻璃、象牙、玳瑁、檀木、槟榔以及各种各样的锦和绫等。显然,相当的多数不是日本所能出产的。从器形上看,也不都是日本式。如正仓院宝物中有一只白琉璃碗(雕花玻璃),后来又从安闲天皇的陪冢中出土了一只,因而在日本共有两只这样的雕花玻璃碗。事有凑巧,大约二十年前,在里海南岸的伊朗德拉曼地方发现了为数不少的同类器物。其中有的和日本的两只大体相同。这很可以说明日本白琉璃碗的来源。正仓院的碧琉璃杯,是带有银质高脚的玻璃杯。人们在罗马、波斯的银器中经常可以看到这种器形。从构思和图案来看更容易觉察其渊源,如正仓院北仓的篮胎漆器"胡漆瓶",用银平脱技术施以双鹿花鸟图案,旁附以细弓状把手,注口有鸟头形盖。这种设计意趣显然是萨珊王朝的波斯形式。至于萨珊王朝的波斯式图案,则经常表现出这样的特点:中有立树,左右配以骑射人物和狮子,或者把鸟兽左右对称地配合并附以其他纹样连成一片。有时还使用葡萄纹和狩猎纹。① 正仓院的平螺钿背圆镜,其背面的白铜螺钿纹饰,有对称的狮子和犀牛。而夹缬屏风(绀地花树双鸟文夹缬絁屏风),其正中为生命之树,围绕树木的则是完美对称的鼓翼的鸟儿,树下有花草。学者们认为其中存在着绿洲城市的具体形象。② 另有一﨟缬屏风(花喰鸟﨟缬屏风),中央为生命之树,树下有少年倚石吹笙,而凤凰则闻笙歌而舞。少年周围芳草鲜美,鸟飞其上,可以说是乐园思想典型图像。前几年,京

---

① 参阅森克己:《遣唐使》,至文堂1966年版,第183—184页。
② 参阅《遣唐使时代の日本と中国》,小学馆1982年版,第198页。

都大学名誉教授伊藤义教在《祆教研究》《波斯文化传来考》中发表了颇具冲击性的意见，认为在齐明朝祆教徒已来到日本。他在研究屏风时发现上边有隐画，即利用黑白翻转，把人物或动物图形隐藏其中，可以说是个很有意思的发现。正仓院的树下美人屏风（鸟毛立女屏风），经专家研究，其所用材料为日本本国所产，但从整个构图和美人的形象来看当为西亚一带的器物，因而极可能是日本师匠的仿制品。正仓院的伎乐面具（醉胡王面），其形象的"西方（并非现代意义的'西方'）性"更是一看便知：鼻高而略呈钩状，眼深陷，口呈上弦月状。当把现代伊朗（古之波斯）人的照片和醉胡王面对照时，其间的联系更是昭然若揭。而且这些假面具很容易使人联想到古希腊人演戏时所戴的那种面具。正仓院所存乐器中也有不少异国情调极浓的东西，如箜篌、阮咸、琵琶等。箜篌即今之竖琴，在亚述王阿希尔巴尼帕尔饮宴图（浮雕）中即可见到，大概是由西亚传入中国的。正仓院螺钿紫檀五弦琵琶在印度阿旃陀石窟的壁画中可以见到，在六七世纪的龟兹壁画中也可以见到，可见是由印度经龟兹等地传入中国内地的。到日本的奈良时代，这种乐器大概已在中国、中亚细亚、波斯及印度等地广泛流传。正仓院保存的这面琵琶已是世界上现存的唯一实物，琵琶的弹奏面，在木质地上嵌入鳖甲，以螺钿工艺造出精美的图案：上为一棵椰子之类的热带树木，其上下左右有五只鸟儿翻飞；下为一匹备鞍的双峰驼，驼背上人鼻高而发卷，左手把琴，右手持拨，悠扬的音乐似乎正从琵琶上流淌出来。骆驼翘首背向，凝视主人，似乎正在欣赏他的演奏。整个画面充满着异国情趣。正仓院中还保存有一些游戏用品，如北仓的木画紫檀双六局，中仓的木画螺钿双六局、沉香木画双六局、紫檀木画双六局、北仓的双六头、杂玉双六子，以及中仓的紫檀金银绘双六局等。双六原是印度的游戏，北魏时传入中国，唐代极盛。可能是遣唐使或留学生带入日本的。此外，围棋的棋盘和棋子也有保存。紫檀围棋盘状如炕桌，在紫檀的盘面上嵌入象牙以成方格。四周则画有西方情调的人物及骆驼、狮子、象等动物。棋子也以玉石等做成，是非常精致的工艺品。

总之，透过正仓院的某些宝物，可以清楚地发现东西文化交流的轨迹。难怪有人说，"正仓院是丝绸之路的终点站"。从这个终点站返回去，追根溯源，就能发现各个文化间的互相授受关系：日本文化吸收了唐文化，唐文化又吸收了珊萨王朝波斯文化和拜占庭文化，而波斯文化和拜占庭文化则又吸收了古代埃及、亚述、希腊、罗马文化，以及笈多王朝的印度文化和古代北方欧亚文化。因之，奈良和平安初期的日本文化具有一定的世界性是显而易见的。

三、日本风文化的创造

公元894（宽平六）年根据菅原道真的建议，日本朝廷正式停派遣唐使。在此之前的公元842（承和九）年，已断绝了与新罗的往来。公元920（延喜二十）年以后，渤海国也不再遣使报聘。十世纪初，唐、渤海、新罗相继灭亡，其后继各国虽然寻求与日本通交，但均未得到日本的积极响应。日本由此而进入了近似于锁国的文化孤立时代。

如前所述，日本自七八世纪以来大量吸收隋唐文化，并经由唐文化接触到了西域、中东、近东、东欧、印度、印度支那等地的文化。这样，唐风文化在二百多年间风靡了日本。但是，由于外来文化的摄取量过大，难免囫囵吞枣和消化不良，不利于生成日本文化的新的血肉。文化的相对孤立时代的到来，给国风文化也即日本风文化的创造提供了机运。一般把遣唐使停派（894年）到平家灭亡（1185年）的二百九十年间称作藤原时代，这一时期的文化称作藤原文化，而所谓藤原文化就是国风文化。国风文化切合于日本民族的生活方式和日本的自然风土，是一定意义上的"纯粹"的日本风文化。

这一时期文化的日本化明显地表现在文化的所有领域中。

假名文字的创造在日本文化史上具有重大的意义。在此之前，汉字与汉文不仅作为办公用文字，而且在贵族的日常生活中也占有重要位置。不言而喻，使用外国文字有碍于日本人自由地表达其作为日本人的感情。从八世纪起，出现了使用汉字表音的万叶假名，但是使用起来非常不便。九世纪时，日本人借用汉字楷书的偏旁创造出片假名，后来又把某些汉字草书加以简化创造出平假名。假名是一种音标文字，和汉字的表意文字完全不同。假名文字的创造，表现出日本人消化吸收外来文化的能力，也表明日本人不只是简单模仿，而且有在外来事物的基础上创造出新质的更完美事物的能力。

假名的创造为日本风文学的发展提供了肥沃的土壤。平安朝初期是汉诗、汉文的全盛时代，和歌被排挤到次要的地位。但到九世纪后半，歌坛上出现了在原业平等"六歌仙"，迎来了和歌创作的繁荣时代。他们的歌大都表现了一种汉诗所难以包容和表现的心情。905（延喜五）年奉敕编定的《古今和歌集》的完成标志着和歌再次恢复了在诗歌创作中的主导地位。在散文方面出现了日记文学，代表性著作有纪贯之的《土佐日记》、右大将道纲母的《蜻蛉日记》、紫式部的《紫式部日记》、和泉式部的《和泉式部日记》、菅原孝标女的《更级日记》等。这些作者，除纪贯之外全系女性。她们自由地驱使着假名这种音标文字，从孤独的心灵深处唱出了阴郁哀婉之歌。这时出现的清少纳言的《枕草子》，在日本文学史上开了随笔文学的先河。物语文学的成就更为突出，先后出现了《竹取物语》《伊氏物语》《落漥物语》《宇津保物语》等优秀作品。尤其是女作家紫式部的《源氏物语》，可以说是物语文学的顶峰。她以优美的文笔描写了贵族男女的恋爱和生活，在日本文学史上地位崇隆。

日本古代的美术，无论是技术和主题均模仿中国，唐风绘画居优势，但自九世纪到十世纪出现了大和绘。这种绘画以日本风景和日本人的生活为表现对象，给人以鲜明的日本式的美感，一般以水墨画和色彩柔和为特征，主题多为描绘四季岁时活动的所谓"四季绘"。这些绘画多用于装饰屏风和拉门。在书法上也和以前的唐风书法不同，出现了以小野道风、藤原佐野、藤原行成（人称"三迹"）为代表的所谓"和样"书法，其作品肥润优雅，别具一格。

建筑也趋向日本化。在寺院建筑上，飞鸟、天平时代那种左右对称的伽蓝配置不再时兴了,瓦顶也被丝柏皮葺顶所代替,砖石地面也改为木地板,四周也修建起回廊,完全失去了原来寺院的中国模式和中国气魄。现存这一时期最有名的佛教建筑是宇治平等院的凤凰堂。贵族的住宅也发生了变化,十世纪至十一世纪,平安京出现了所谓"寝殿造"式宅邸,这种建筑现已不存,但从文献和绘卷上可知,它以南向的寝殿(正殿)为中心,东西两侧则有对屋(厢房),庭院南端有水池,池边有钓殿(水阁)。从寝殿到对屋、钓殿、中门均有廊房或走廊相连接。屋顶为丝柏皮葺成,屋下装有高架式木质地板,室内使用屏风分割空间。人则坐于蒲团之上。拉门和屏风上有以日本风物为题材的大和绘装点。室内家具多为漆器,使用泥金画(所谓"莳绘")技法,描绘出金、银色图案,豪华而典雅。

十世纪以后出现的从唐风文化到日本风文化的蜕变过程,也就是对前此数百年间大批摄入的大陆文化的总清理。在这一过程中,通过不断的取舍、选择、加工,终于得到了一种崭新的文化。这种文化此后被作为日本的民族文化而长期延续并不断丰富其内涵。要之,从七世纪到十一世纪,日本在文化上大体经历了这样一个周期:大量摄取——相对孤立消化吸收——生成新质。从整个日本吸收外来文化的历史来看,七—九世纪的这个文化吸收的周期模式最鲜明和最富典型性。

四、七二七—九二六年渤日关系述论

渤海国是我国唐代东北地区的少数民族政权。这个政权的建立者是粟末靺鞨的首领大祚荣。他于公元 698 年在今吉林省敦化市一带建立震国。十五年后(公元 713 年,即唐玄宗开元元年),唐册封他为左骁卫大将军渤海郡王,于是不再使用靺鞨旧称,而专称渤海。同时,唐以其地为帝国的忽汗州,令大祚荣兼任该州都督。[1] 此后,渤海统治者大氏,

---

[1] 唐朝廷派遣鸿胪卿崔忻前往册封,事毕,特于旅顺黄金山凿井刻石以志其事。其刻石曰:"敕持节宣劳 靺鞨使鸿胪卿崔忻 井两口永记验。开元二年五月十八日。"然此石刻于日俄战争时为日本军阀盗走,藏于日本皇宫振天府。拓片见《求是学刊》1980 年第 1 期。

代代接受唐皇帝的册封,并努力学习唐制和盛唐文化,"遂为海东盛国,地有五京、十五府、六十二州"。①

渤海国在其存在的二百多年中,与日本交往颇为密切。不言而喻,渤日关系是古代中日关系史不可或缺的一页。本节试图从政治、经济、文化等不同侧面来考察渤日关系的发生发展过程及其特点,并注重于叙述历史事实。错误和不足之处,敬希专家和读者指正。

1. 渤日政治关系特点

关于渤海大氏的族属,本文不拟详论。《新唐书·渤海传》云:"渤海本粟末靺鞨附高丽者,姓大氏。"虽然简明,但却清楚。由一些文献中可以看到,他们常被高句丽统治者驱使,在对外战争中打先锋,被迫扮演着类似雇佣军的角色。毋宁说,正是由于高句丽的灭亡,才促使了他们的兴起。大氏所创立的渤海国,就族属而言,是以粟末靺鞨为主体,吸收靺鞨其余诸部,并挹娄、夫余、沃沮、高句丽遗民等而成为统一的渤海族。②因而,渤海国根本不是以高句丽遗民为主体而形成的国家。

但是,在渤日交往中,日本朝廷却常把渤海国称作"高丽"。这种把邻国国名叫错的情况,当然不是由于疏忽,而恰恰是出于极其微妙的政治考虑和需要。关于这一点,将于下文论及。

渤海国的创立者大祚荣,在接受唐的册封之后,努力加强与唐帝国中原地区的联系。但在他死后,他的继承者大武艺,却因为一个政治上的误会,与唐中央政府产生了矛盾。开元十四年(726年),与渤海相邻的黑水靺鞨遣使入朝,请置唐官,朝廷便于其地建黑水州,设长史治理。大武艺于是怀疑黑水靺鞨与唐中央政府串通,"腹背攻我",即令其弟大门艺等率兵进攻黑水靺鞨。但是,大门艺是个在长安生活多年的人,一来可能对唐朝廷安抚各族的政策有所了解,二来对唐的武力之强印象很

---

① 《新唐书·渤海传》。
② 参阅《〈学习与探索〉杂志召开渤海史学术讨论会》,载《光明日报》1983年10月5日第13版。

深,便一再劝告其兄不要诉诸武力。但武艺非但不听,反而要杀门艺,门艺不得已出奔长安。开元二十年(732年),大武艺派兵袭扰登州,杀地方官。唐朝廷除发幽州兵征讨外,还令新罗出兵自南进击。①

开创渤日交往的渤海国第一次遣日使,就是在上述政治事件的酝酿过程中赴日的。

第一次聘日使宁远将军高仁义(一作高仁),不仅给日本带去了一份厚礼——渤海最珍贵的特产貂皮三百张,而且带去了大武艺王的热情洋溢的国书。国书曰:

> 武艺启:山河异域,国土不同。延听风猷,但增倾仰。伏惟大王,天朝受命,日本开基,奕叶重光,本支百世。武艺忝当列国,监总诸藩。复高丽之旧居,有扶余之遗俗。但以天涯路阻,海汉悠悠,音耗未通,吉凶绝问。亲仁结援,庶叶前经。通使聘邻,始于今日。谨遣宁远将军郎将高仁义、游将军果毅都尉德周、别将舍航等二十四人赍状,并附貂皮三百张奉送。土宜虽贱,用表献芹之诚;皮币非珍,还惭掩口之诮。主理有限,披瞻未期,时嗣音微,永敦邻好。②

国书中虽有大段华丽的外交辞令,但也有十分重要的政治信息:承认日本是上国,自己属列国诸藩,愿意"亲仁结援",与日本形成某种政治关系。当然,在这两层意思中,前者是虚,后者是实。因为不能设想,连唐帝国中央政府尚且不放在眼里的大武艺,会对日本称臣。自称藩属只具有策略意义,即用以实现结成反对唐中央和新罗的政治联盟。

但从当时的东亚形势来看,日本于六十四年前(663年)的白江口之役中,被唐军打得一败涂地,作了不少外交上的努力,好容易才修复了唐日关系,正积极地吸收盛唐文化,因而它不可能与大武艺结盟反唐。不过对于新罗,日本却十分不满。新罗自统一朝鲜半岛后,不买日本的账,对日采取对等外交,双方关系十分紧张,以致日本的遣唐使也不能取道

---

① 《新唐书》与《旧唐书》《渤海传》
② 《続日本紀》神亀五年正月甲寅條。

新罗，自公元702年以后不得不冒着风险改走南路。此后，日本还多次进行战争动员，准备与新罗一战。因而，渤日双方至少在牵掣新罗上有一些共同的语言。

大武艺开创了对日交往，这一点应予肯定，但他在反对唐中央政府的思想支配下，一开始就对日执臣属之礼，也为以后渤日关系的正常发展播下了矛盾的种子。好在事过不久，他即向朝廷上表悔过，摒弃了原来的错误政策。渤日关系也终未向着一致对唐的方向发展。

从日本史书留下的大量的渤日通聘资料来看，双方的态度是友好的，而渤海方面尤为积极主动。自727年渤使第一次赴日到926年渤海国被辽灭亡，二百年间，渤海向日本遣使三十四次，日本向渤海遣使十三次，双方聘使来往共四十七次，平均约每四年一次。于是，在唐日之间的渤海路上，出现了舟车织路的景象。

值得注意的是，在渤日政治关系中，我们可以看到一个贯彻始终的矛盾：日本以"上国"自居，要求渤海称臣，渤海则坚持对等外交，只承认自己是唐朝藩属。为此，双方经常唇枪舌剑地交锋，多次闹到日本要断绝往来的地步。如795年，大嵩璘王即位，派匡谏大夫工部郎中吕定琳聘日，桓武天皇在给大嵩璘王的"玺书"中表扬他"新缵先基，肇临旧服，慕徽猷于上国，输礼信于阙庭"。① 但接着就指责说，"今检定琳所上之启，首尾不谨，既违旧仪"②（未执臣属之礼）。继而声言，"朕以修聘之道，礼敬为先，苟乖于斯，何须来往"。③ 也就是说，你们来而不臣，大可不必再来了。渤海方面不仅没有屈服，反而给了日本一个软钉子。大嵩璘王托日本"送渤海客使"捎回的致桓武天皇书中说："嵩璘猥以寡德，幸属时来。官承先爵，土统旧封。制命策书，冬中锡及。金印紫绶，辽外光辉。"④明确表示，我是继承先人接受大唐爵位。而所谓"制命策书，冬中

---

① 《日本逸史》，转见金毓黼《渤海国志长编》卷十八《文徵》。
② 《日本逸史》，转见金毓黼《渤海国志长编》卷十八《文徵》。
③ 《日本逸史》，转见金毓黼《渤海国志长编》卷十八《文徵》。
④ 《日本後紀》延暦十五年十月己未條。

锡及"，显然指的是唐贞元十一年(795年)二月，朝廷遣内侍殷志瞻来渤海册封大嵩璘为"渤海郡王兼左骁卫大将军忽汗州都督"一事。① 至于"金印紫绶，辽外光辉"，更不无炫耀自己作为唐帝国郡王的自豪之意。因为渤海不肯承认日本是"上国"，日朝廷经常作出强烈反应。如771年，渤派壹万福使日，日朝廷"责问渤海王表无礼于壹万福"，而且"由兹不收其表"。壹万福被迫修改了表文，才得日方接待。② 又如773年，渤使乌须弗使日时，因"所进表函，违例无礼"，不许进京，就地遣返。③ 再如810年，林东人作为"送渤海客使"前往渤海，回国时拒绝带渤海国王致日本天皇书，理由是"渤海书失礼"④。每当闹到日本要翻脸时，渤海也偶尔称一下"臣"，但不久就重新推翻"臣属"关系。如858年，大虔晃王立，遣乌孝慎使日，其致日皇书中有"恨以臣仆，未由拜觐，下情无任驰恋"⑤之句，显然是对日称臣，但只过了两年，仍是大虔晃主治下，渤使李居正赴日时，所带启案，"违例多端"，大概又不称臣了，以致日方不受其国书信物，也不许使节进京。⑥

有意思的是，每当双方为"名分"进行明争暗斗时，日方往往要拿出已经灭亡了的高句丽统治者"高氏"对日本的"恭谨"态度，来教训渤海国的统治者大氏。如公元753年，日方看到渤海国书中"无称臣名"，便在回书中指出："仍寻高丽旧记，国平之日，上表文云：'族惟兄弟，义则君臣'。"同时指出称臣曾带给高句丽很多好处："或乞援兵，或贺践祚，修朝聘之恒式，效忠款之恳诚。故先朝善其贞节，待以殊恩。荣命之隆，日新无绝。"⑦又如公元772年，渤海对日本"所上表文，缘乖常例"⑧，日方在

---

① 《册府元龟》卷九百六十五。
② 《續日本紀》宝龟三年正月丁酉條。
③ 《續日本紀》宝龟四年六月戊辰條。
④ 《大日本史》卷二百八十三，《列傳》五。
⑤ 《大日本史》卷二百三十九，《列傳》五。
⑥ 《大日本史》卷二百三十九，《列傳》五。
⑦ 《續日本紀》天平勝宝五年六月丁丑條。
⑧ 《續日本紀》宝龟三年二月癸丑條。

回书中又"教训"说:"昔高丽全盛时,其王高武(一作'氏'),祖宗奕世,介居瀛表。亲如兄弟,义若君臣。帆海梯山,朝贡相继。"①再如公元798年,桓武天皇在致大嵩璘王书中又表扬高氏、批评大氏说:"往者高氏继绪,每慕化而相寻,大家复基,亦占风而靡绝。中间书疏傲慢,有乖旧仪。"②这些言行表明,日本朝廷是有意识地要把新生的渤海国与已灭亡了的高句丽的历史焊接在一起,迫使渤海国像高句丽那样对日称臣,并自然地使渤日关系带上与新罗对峙的色彩。这些微妙的考虑,大概就是日本宁愿把渤海叫作"高丽"和"不惜工本"与渤海保持交往的真正原因。

应当指出,尽管双方经常为"名分"闹得很不愉快,但这仍不妨碍说,渤日关系的主流是友好相处,长期交往。双方不仅没有进行过战争,甚至没有过征服对方的意图。渤海国所努力追求的是,在不辱没"国"格的条件下,进行和平交易。而在大多数场合,日本也对来使给予了礼遇。

日本对渤海国使的接待是很隆重的。使船一靠岸,就由地方官驰报京师。朝廷立即任命"存问渤海客使",前往靠岸地点接洽。继而任命"领渤海客使"或"掌渤海客使"(在一般情况下,存问使同时兼任领客使)。入京以前,还要再派一个"郊劳使"出京迎接。入京后,客使被安置于鸿胪馆下榻。而后,太政官(中央政府)将派人到馆慰劳、赐时服等。在商定日期,客使前往八省院递交国王致天皇启函、中台省致太政官牒案,以及国书信物等。天皇一般在丰乐殿接见客使并赐宴,同时表演文体节目。882年裴颋使日,五月入京,二月就开始排练节目。"林邑乐人百七人于大安寺令调习,以大和国正税充给其食,欲令渤海客徒观彼乐也。"③及宴使日,"雅乐寮陈鼓钟,内教坊奏女乐,妓女百四十八人递出舞"④。文娱节目后,往往有骑射表演,客使也常常参加。如777年史都

---

① 《続日本紀》宝亀三年二月己卯條。
② 《日本逸史》卷七。
③ 《三代実録》元慶七年二月戊午條。
④ 《三代実録》元慶七年五月戊辰條。

蒙使日时,"天皇御重合力观骑射,召渤海使史都蒙亦会射,场令五位以上进装马与走马。作田舞于舞台,蕃客亦奏本国之乐"①。天皇还要给客使授位。公卿也将在适宜时机宴请客使。此后,敕使到鸿胪馆宣诏,"赐"渤海王玺书及太政官致中台省牒案,并赠送礼物。最后,派领客使送行。也常派送客使随使节到渤海回聘。

从使节登岸、入京、回国,一切费用由日方负担。由日本史书可以窥知,花费是相当大的。客使所过之地要修整馆舍、道路、桥梁,掩埋路旁死骸,并送酒肉等饮食,提供车马等运输工具和夫役。② 船如破损,日方负责修造,还要供给回程粮食等必需品。

日本朝廷对渤海使节的接待程式,可能学自唐朝,而中国史籍关于此记载甚少,我们可由此推知唐对外使接待的情状。

渤海对日使的接待没有留下记载,但想来也不会有怠慢之处。渤海对日方之所托,历来十分热情,诚恳帮办。如第九次遣唐使判官平群广成、迎入唐大使高元度,搭乘渤海使船回国或前往长安,都受到渤方很好的照料。此外,日本政府还曾托渤使吕定琳、高承祖等给在唐留学的日僧永忠、灵仙等捎过沙金。尤其给灵仙捎金一事,甚费周折,但当找到灵仙所在的五台山灵境寺时,灵仙却已作古。及至贺正使归来时,船又途遇风暴,致使沙金落水。此事的结局有些遗憾,但日本政府从其他途径证实情况属实。因之,虽然"人逝赍失,元图不谐",日方对于渤方的"转送之劳""应接之义"还是十分感谢的。③ 此外,日本所需要的一些关于大陆的情报也多是通过渤海获得的。如758年,遣渤海使小野田守回国后,详细报告了渤海方面告知的关于安禄山举兵叛乱的消息,淳仁天皇害怕"狂胡狡竖"安禄山,"还更掠于海东",乃部署大宰府严密防范,作好军事上应变的准备。④

---

① 《続日本紀》宝亀八年五月丁巳條。
② 《三代実録》元慶七年正月癸巳條。
③ 《大日本史》卷二百三十八,《列傳》五。
④ 《続日本紀》天平宝字二年十二月戊申條。

从以上史实可以看出,渤日政治关系具有下述明显特点:(1)友好共处,长期交往;(2)臣属与对等的争执时隐对现,贯彻两国关系的始终。当然,日本对渤海国所要求的"臣属",只是封建统治者的一种大国主义思想表现,并不具有什么实际意义。

2. 渤日通聘贸易的实态

渤海在建国之前称为靺鞨,居于白山黑水之间,以射猎为生,也种植粟、麦。家畜以养猪为主,"食其肉而衣其皮,富者至数百口"①。在唐代,随着与中原地区联系的加强,渤海的经济逐步发展,但总的来说,仍然比较落后。在农业、手工业之外,狩猎、畜牧、采集仍占有重要地位。因而,以狩猎、畜牧、采集之所得换取生活必需品尤其是衣料品,以弥补农业、手工业所产之不足,对于渤海来说是十分有利和必需的。渤海所产"鸷禽、异兽、文石、鳞介、药材,饥不能常食,寒不能尽衣,而往往为中朝殊方之所贵。重译通使,轮蹄四达,即以所产之物辇之各国,以易米粟布帛,为国人日用之需,盖立国二百余年中无一日不如是也"②。显然,渤海的经济结构特点使它的统治者必须把贸易作为一项基本国策来推行。向唐朝廷进贡固然是它的义务,但通过朝贡取得赏赐更是它的所求。因此,渤海对朝贡表现出很大的积极性,一年数贡的情况很多。③ 贡赐不足,还要求直接进行交易。据《册府元龟》载,开元元年十二月,渤海王子要求就市交易,得到许可。渤海还曾将熟铜、名马运往淄青换取内地货物。又据园仁《入唐求法巡礼行记》,开成四年,渤海交关(贸易)船在登州互市。渤海对日本的通聘,一开始有政治意图,但很快就转化为纯经济目的,以收贸易之利为首要目标。

渤海与日本之间的通聘贸易,以如下四种方式进行。

---

① 《旧唐书·靺鞨传》。
② 《渤海国志长编》卷十七,《食货考》。
③ 《册府元龟》卷九百七十一,《朝贡》。

(1) 渤海国王与日本天皇互赠礼品

因为渤海聘日的首要目的在于贸易,所以每次使者去日必携带称作"方物""土宜""土毛"即土特产品的"信物"(礼物),而回程时日皇则"赐"物作为答礼。如727年渤使第一次聘日时,渤王赠送日皇貂皮三百张,①日皇则答以彩帛十匹、绫十匹、絁二十匹、丝一百绚、绵二百屯。② 739年渤使第二次聘日,渤王赠送日皇大虫(虎)皮七张、罴(大熊)皮七张、豹皮六张、人参三十斤、蜜三斛,③日皇则答以美浓绚三十匹、绢三十匹、丝一百五十绚、调棉三百屯,④等等。有意思的是776年这一次,渤使史都蒙对于天皇的礼物不甚满足,要求再予增加。结果,天皇又赠送黄金小一百两、水银大一百两、金漆一缶、漆一缶、海石榴油一缶、木精念珠四贯、槟榔扇十只。同时,又因渤海王后丧,再加赠绢二十匹、絁二十匹、绵二百屯,以示慰问。⑤"赏赐"可以讨价还价,足以显示其商业性实质。

这些数字材料说明,日皇的"赏赐"是相当慷慨的。但这是早期的情况,平安时代以后即不再那么大方,并逐渐形成定制。如《延喜式》卷三十载,对渤王的"赏赐"为:绢三十匹,丝二百絁、棉三百屯。比之于上引几次奈良时期的回赠大为逊色,商业性也就更加突出。

(2) 日皇赏赐渤使及渤使与日皇互赠

对于入京的渤海使节,天皇除授位外,还要给以物质的赏赐。如728年日皇对渤使"(高)齐德等八人,各赐彩帛绫绵有差"⑥。740年赐渤使已蒙珍"美浓絁二十匹、绢十匹、丝五十绚、调棉二百屯。自余各有差"⑦。值得注意的是,这次对使节的赏赐大约是对渤王"赏赐"的一半。这样大数量的礼物能否全入使节的腰包恐怕还是一个疑问。对于遇难的大使

---

① 《続日本紀》神龜五年正月甲寅條。
② 《続日本紀》神龜五年四月壬午條。
③ 《続日本紀》天平十一年十二月戊辰條。
④ 《続日本紀》天平十二年正月甲午條。
⑤ 《続日本紀》天平寶字八年五月癸酉條。
⑥ 《続日本紀》神龜五年四月壬午條。
⑦ 《続日本紀》天平十二年正月戊子條。

胥要德,特赐调布一百一十五端、庸布六十段,以示抚恤。① 861年,赐渤使一行一百零五人絁一百四十五匹、绵一千二百二十五屯。并另赐大使李居正絁十匹、绵四十匹②。

《延喜式》卷三十对于渤海使节一行馈赠也有规定:

大使:绢十匹、絁二十匹、丝五十绚、绵一百屯。

副使:絁二十匹、丝四十绚、绵七十屯。

判官:絁十五匹、丝五十绚、绵五十屯。

录事:絁十匹、绵三十屯。

译语及首领:各絁五匹,绵二十屯。

为了获得更多的赏赐和馈赠,渤海使节除代表国王赠送礼品外,还常有自备礼物献给日皇或赠予日方大臣的情况。859年渤使乌孝慎"别贡土宜",另得东絁五十匹、绵四百屯的赏赐。③ 872年渤使杨成规"私以壤尊(一作怀尊)将来奉献天皇及皇太子",而得到"内里、东官赍物有数"的赏赐。④ 杨成规"又以貂裘、麝香、暗摸靴赠(都)良香,良香不敢受"⑤。876年渤使杨中远"欲以珍瓱玳瑁酒杯等奉献天子",但因此次系违约而来,使节未被允许入京,杨中远的私人交易也未作成。⑥ 其他,使节"别贡方物""别贡土宜"的记载还很多。这是使节在进行国家贸易的同时,捎带做点私人买卖,看来也是政府所允许的。

(3)鸿胪馆交关

这是双方在宾馆内进行的官方之间的交易。如872年渤使杨成规在日期间,五月"己丑,内藏寮与渤海客回易货物"⑦。又如883年渤使裴颋在日期间,五月"壬申,大使裴颋别贡方物。是日,内藏头和气朝臣彝

---

① 《続日本紀》天平十二年正月丙辰條。
② 《三代実録》貞観三年五月甲午條。
③ 《三代実録》貞観元年六月丁未條。
④ 《三代実録》貞観十四年五月癸巳條。
⑤ 《渤海国志长编》卷十《杨成规传》。
⑥ 《三代実録》元慶元年六月甲午條。
⑦ 《三代実録》貞観十四年五月己丑條。

范率僚下向鸿胪馆交关。癸酉,交关如左"①。由记载来看,鸿胪馆交关一般由内藏寮官员和客使进行一至二天。它也最能说明渤日通聘的商业性实质。

(4) 客使与民间私相市易

前述渤使杨成规在日期间,五月二十日己丑与内藏寮交关。次日,"二十一日庚寅,听京师人与渤海客交关。二十二日辛卯,听诸市人与客徒私相市易。是日,官钱四十万赐渤海国使等,乃唤集市廛人卖与客徒此间土物"②。从这条史料所显示的交关顺序看来,"京师人"后于内藏寮,但先于"诸市人"。另外,官钱是在与"诸市人"私相市易的当天才给予客使的,所以在此前一天客使与"京师人"交关时,客使不可能购买"京师人"的货物,双方只能以物易物。也就是说,"京师人"是不出卖东西给客使的。由此可以推想,所谓"京师人"大概就是住在京城的贵族和官员。最后,平民才可以参与交易。

从日本方面说,与渤海国的贸易是在官方一手控制下进行的。882年,当渤海使船一靠岸,太政官立即"下符加贺国,安置渤海客于便处,……禁止私回易客徒所赍货物"③。平民自不必说,各级官吏也不许事先染指。因此,作为贸易代表团,渤海客使的交易对象依次为天皇、政府、贵族及官员、平民。破坏这一次序将受到政府的追究。④

渤日之间的贸易往来,使双方互通有无,总的说来,对双方都是有益的。但是,由于日本以"上国"自居,使贸易披着"朝贡"的外衣,便不能不在取得有利的政治影响的同时,多少付出些经济上的牺牲。渤海以为数不多的皮毛、蜂蜜等物,换得大批的生活必需的丝棉织品,其所获好处显而易见。同时,在使节的接待上,因为要不失大国之风,从供给衣食住

---

① 《三代实录》元庆七年五月壬申条、癸酉条。
② 《三代实录》贞观十四年五月己丑条、庚寅条、辛卯条。
③ 《三代实录》元庆六年十一月丙申条。
④ 天长五年(828年)太政官符称:"右蕃客卖物私交关事,法有恒科。而此间之人,心爱远物,争以贸易。宜严加禁制,莫令更然。若违之者,百姓决杖一百。王臣家遣人买,禁使者言上,国司阿容及自买,殊处重科,不得违犯。"原文见《类聚三代格》卷十八。

所，提供交通夫役，到举行国宴和排练、演出文体节目，不唯花费相当可观，而且所过之处劳师动众，有违农时。因而，日方不得不对渤使的"朝贡"加以限制。如798年日使内藏贺茂吕赴渤，宣布今后六年一聘。但渤立即派大昌泰使日，要求撤销限制。又如824年日方再次提出，此后以十二年为一纪通聘一次，日方亦不再答聘。渤海对这种限制虽不能正面反对，却很少照此执行。经常小题大做，抓一个借口前来通聘。如825年，即日方作出十二年一聘的两年之后，渤海就借口渤僧贞素应入唐日僧灵仙所求向日本转送经敕，而派出以高承祖为首的一百零三人的使团聘日。诚然，原因属实，但为寄送如许经敕，又何必动众百人浩浩荡荡而来？显然是要多来船多载货，好做大宗买卖。此事在日朝廷反应强烈，右大臣藤原绪嗣指责渤使"寄言灵仙，巧败契期"，"实是商旅，不足邻客。以彼商旅为客，损国未见治体"①，坚决主张不予接待。又如843年，王文矩等百余人违期前来，虽然勉强受到接待，但在回国时日太政官给渤中台省写了一个很不客气的牒案，说"小之事大，理难自由，盈缩期程，那得在彼"②。点明渤海对日本是"小之事大"，尤权擅自来日。再如860年，借口吊文德天皇之丧，李居正等一百零五人违期前来，日方不愿接待。③另外876年，借口感谢日政府对漂流至日的渤海朝唐使门孙宰等人的照料，杨中远等一百零五人违期前来，日方拒绝其入京，就地遣返。④ 关于此类事史籍中还有一些记载，兹不一一列举。

如果说，对等与臣属是渤日政治关系中贯彻始终的争执，那么扩大贸易与限制贸易便是渤日经济关系中双方行为的中心。渤海力图扩大贸易以获取经济上的实惠，而日本却必须把贸易控制在这样一种程度上：既使它能在政治上获得受"贡"的有利地位，又不在经济上损失更多的利益。

---

① 《類聚国史》卷一百九十四《渤海》下。
② 《大日本国史》卷二百三十九《列傳》五。
③ 《三代実録》貞観三年五月甲午條。
④ 《三代実録》元慶元年六月甲午條。

3. "以鸿胪馆笔会"为重要方式的渤日文化交流

渤海与日本之间,以使节往还为中心,进行了极富特色的文化交流。两国的政府与文士之间,书信、诗文往来甚多,留传下来的也相当丰富。仅收集在《渤海国志长编》中的就达一百二十五件,其中国书(国王与天皇、渤中台省与日太政官互致)等外交文书四十九件、天皇授渤使位阶敕书三件,诗序三篇、铭一篇、书状八件、诗六十一首(渤海诗人作十首、日本诗人作五十一首)。

外交文书固然是官样文章,但其中也不乏好章句。如渤海大玄锡王五年(公元876年)中台省致日本太政官牒中说:"鳌波千里,我有善邻,谁谓路阻,早结和好,无愆使期。"①以《诗经》式的文字热情地歌颂了渤日友好,表现了"天涯若比邻"的感情。

和日本选派遣唐使一样,渤海的遣日使也是经过严格挑选的,非饱学多艺之士不足为任。如李居正曾在长安学习过"古今制度",日本人称赞他"才优文绮,犹可敬爱"。周元伯"颇娴文艺"。王文矩"娴辞令,有仪容"。裴颋"高才有风仪",菅原道真更把他比之于曹子建,说他有"七步之才"。裴璆颇似乃父裴颋,大江朝纲赞扬他"笔下雕云不让龙"。其他如王孝廉、杨成规、杨泰师、释仁贞都善作诗,己蒙珍、史都蒙等善音乐,王文矩等善打毬(马球)。

每一次使节到达之后,日本朝廷都要作些调查研究,了解使节之擅长,派遣学者、诗人等参与接待工作。这种做法固然是要表明日本的汉文学修养很高,而且人才济济,足为"上国",但在客观上也就起到了组织两国学者进行文化交流的作用。在使节滞留京师期间,双方学者聚会于鸿胪馆(国宾馆),作诗论学,辄至通宵达旦。如883年渤使裴颋在日本京师期间,从四月二十九日入鸿胪馆,至五月十一日即离开鸿胪馆的前夕,客使与负责接待的五位日本文士日夜相伴,一直在一起作诗唱和。作诗的方式

---

① 《三代実録》元慶元年四月己丑條。

是开诗筵，一概即席创作（"面对之外不更作诗"），并且不打草稿（"凡厥所作不起藁草"），一挥而就（五言、七言、六韵、四韵，默记毕篇，文不加点）。这种"主人宾客、吴越同舟。巧思芜词，薰莸共亩"①的创作，可以称作"鸿胪馆笔会"。它使两国的文人学者能够直接地进行汉诗写作和学术上的交流，因之给予彼此的影响也就更加直接和更加深刻。"鸿胪馆笔会"式的文化交流，独树一帜，在古代其他国家和地区之间并不多见。

兹将两国学者丰富多彩的交流略述于后：

公元758年，第四次遣日使归国时，日本"当代文士赋诗送别，副使杨泰师作诗和之"②。《经国集》卷十三收录了此次杨泰师所作《夜听捣衣声》《奉和纪朝臣公咏雪诗》二首。

公元814年，第十七次遣日使访日，大使王孝廉、副使高景秀、录事释仁贞等皆善诗，"日本诸臣多与唱和"，弘法大师空海也和王孝廉结成亲密诗友。王孝廉此次在日期间写了《奉敕陪内宴》《春日对雨得情字》《在边亭赋得山花戏寄两领客使并滋三》《和坂领客对月思乡之作》《出云州书情寄两敕使》③，高景秀写了《对龙颜之作》（不传），释仁贞也写了《七日禁中陪宴》④等诗。日本诗人滋野贞主写了《春夜宿鸿胪馆简渤海入朝王大使》⑤、阪上今雄写了《秋朝听雁寄渤海入朝高判官释录事》⑥都腹赤也写了《和渤海入觐副使公赐对龙颜之作》⑦等诗来与他们唱和。歌颂友谊是这些诗作的主题。王孝廉诗说，"南风海路连归思，北雁长天引旅情。赖有锵锵双凤伴，莫愁多日住边亭"。一方面表达了对两位领客使的感激之情，另一方面盛赞了两位诗友的诗才。不幸，王孝廉在这次出使中客死日本。弘法大师写《伤渤海国大使王孝廉中途物故》诗悼念他：

---

① 菅原道真《鴻臚贈答詩序》，见《菅家文草》卷七。
② 《続日本紀》天平宝字三年正月甲午條。
③ 《文華秀麗集》上。
④ 《文華秀麗集》上。
⑤ 《文華秀麗集》上。
⑥ 《文華秀麗集》上。
⑦ 《文華秀麗集》上。

"一面新交不忍听,况乎乡国故园情。"①此外,大师又写了《致渤海使王太守记室》②,痛悼孝廉的逝世:"凶变无常,承东鰈一沉,双凫只飞。惟哀痛深,痛当奈何!贤室年华未秋,奄遭此风霜。二三幼稚,偏露谁怙,痛哉哀哉!"③信文情感至诚,凄楚动人。

公元821年,王文矩使日。嵯峨天皇知他是马球能手,特为他组织一场比赛,并亲笔写了《早春观打毬》诗以纪其盛:"芳春烟景早朝晴,使客乘时出前庭。回杖飞空疑秋月,奔毬转地似流星。左承右碍当门竞,群踏飞行乱雷声。大呼伐鼓催筹急,观者犹嫌都易成。"④诗作把毬技之妙、场面之热烈展现在读者面前,今天它更成了一份记录一千多年前渤日两国人士同场比赛、进行体育交流的珍贵资料。

公元871年,渤海第二十八次遣日使赴日,大使杨成规擅辞翰,天皇命文学之士都良香、直道氏守、大江音人、巨势文雄、藤原佐世、桔广相、高阶令范等接待他,酬酢往来,写下不少诗章。杨成规诗不传。都良香关于渤使此行的诗、铭、状留有多篇:《代渤海客上右亲卫源中郎将》《鸿胪馆南门》《赠渤海客扇铭》《谢渤海杨大使赞貂裘、麝香、暗摸靴状》《赠渤海杨大使状》《答渤海杨大使状》等。⑤都良香盛赞杨成规的文采,说他"缀属之美,绝于旁人"。都良香还画团扇二十枚,分赠给二十位渤海客人,并写赠扇铭赞曰,"文彩间发,图云写霞"。"园体可爱,近人之裁。""松烟铅滓,图画成文。彩色之妙,比光庆云。""良工极妙,园体中规。所象非远,学天孕奇。"可知这些团扇是制作精美、绘画奇妙的手工艺品。作者情切意笃地说,"有清风在,驱除客尘,……手亲相赠,于彼嘉宾"。赠扇铭所表现的纯真友谊,今日读来依旧十分感人。

公元882年,渤海著名文士文籍院少监裴颋使日,更使"鸿胪馆笔

---

① 《高野大師広傳》下。
② 记室,太守属下官员,相当于现在的秘书。
③ 《弘法大師全集》。
④ 《経国集》卷十一。
⑤ 《都氏文集》。

会"式的文化交流前进了一大步。日本方面对这次使节的接待是历来最隆重的一次。文坛名流几乎都出了面，如当时被誉为"诗匠"的岛田忠臣、菅原道真、纪长谷雄都受阳成天皇之命参与其事：纪长谷雄为掌渤海客使，菅原道真临时提升为治部大辅（他自称是礼侍郎），岛田忠臣临时提升为玄蕃头。元庆七（883）年五月十日，日廷在朝集堂举行宴会，"择五位以上有容仪者三十人侍堂上座"陪客。守左卫门权佐（官名）藤原良积因仪表堂堂也入选，坐客人近侧。宴会进行中，裴大使诗兴大发，"欲题送诗章，忽索笔砚"，藤原良积不精此道，害怕当场出丑，便"起座而出"，逃之夭夭了。大使见状也就作罢。① 由此插曲可知，裴颋在日诗名之高。公元894年，裴颋再次使日，仍受到殷勤接待。裴颋两次使日与日本诗友唱酬，所作极多，可惜多已不传。但仍可以从菅原道真、岛田忠臣等留下的诗中窥知他们当年活动之一斑。有关与裴颋及其一行唱酬的诗，菅原道真所作收录于《菅家文草》者共十七篇、岛田忠臣所作收录于《田氏家集》者共七篇。这些诗有赞扬裴颋人品诗才的，如岛田忠臣《继和渤海裴大使见酬菅侍郎纪典客行字》，说他"多才实是丹心使""诗媒逐电激成章"②。又如《酬裴大使答诗》称赞他才思敏捷，表示愿与他终生为友："惊见裴诗逐云成，客情欢慰主人情。与君共是风云会，唯契深交送一生。"③菅原道真的《醉中脱衣、赠裴大使叙一绝寄以谢之》，更把客使奉为座中"领袖"："吴花越鸟织初成，本自同衣岂浅情。座客皆为君后进，任将领袖属裴生。"④诗篇也有抒发别愁离恨的，如菅原道真的《夏日饯渤海大使归乡各分一字》："后纪难期同砚席，故乡无复忘江湖。去留相赠皆名货，君是词珠我泪珠。"⑤依依惜别、你诗我泪的景象如出纸上。另一首值得特别注意的是菅原道真的《见渤海大使真图有感》："自

---

① 《三代実録》元慶七年五月十日乙亥條。
② 《田氏家集》。
③ 《田氏家集》。
④ 《菅家文草》。
⑤ 《菅家文草》。

送裴公万里行，相思每夜梦难成。真图对我无诗兴，恨写衣冠不写情。"①从诗中看，"真图"无疑就是裴颋的画像。由此可知，日本当时和唐朝一样，有为某些外国使节画像的礼法。

公元907、909年，裴颋之子裴璆两次出使日本，与日本文士菅原淳茂、大江朝纲、藤原博文、纪有昌等诗文往来。菅原淳茂是菅原道真的儿子，恰与裴璆同年。菅家与裴家，虽异邦之人而两世邂逅，使他们感慨不已。此事也成为渤日文化交流史上的一段佳话。裴璆诗不传。菅原淳茂在《初逢渤海裴大使有感吟》中深情地写道："思古感今友道亲，鸿胪馆里口余尘。裴文籍后闻君久，菅礼部孤见我新。年齿再推同甲子，风情三赏旧佳辰。两家交态人皆贺，自愧才名甚不伦。"②在与裴璆的交往中，大江朝纲留下的诗最多，前后两次共九首。③他在《奉酬裴大使重依本韵和临别口号之作》中写道："晓鼓声中出洛阳，还悲鹏鷃远分行。思倾别酒俱和泪，未死应无一日忘。"从"未死应无一日忘"的诗句中可以感知彼此友情之深。裴璆两次使日回国前，日方都"招文士数辈于鸿胪馆，设宴赋诗饯之"④。赋诗之后，编为专集。第一次由大江朝纲作序，序中有"前程途远，驰思于雁山之暮云，后会期遥，霶缨于鸿胪之晓泪"⑤。据传，裴璆读至此句，"击节叹赏之"⑥。第二次则由纪由昌作序。这种开送别诗筵、编辑诗集的作法，说明日本方面是作为外交手段和文坛盛事来进行的。

当然，日本方面也并不忽略通过与渤海使节的诗歌唱酬来扩大自己的政治影响。收录在《凌云集》中的大伴氏上所作《渤海入朝》就是一首典型的政治诗。"自从明皇御宝历，悠悠渤海再三朝。乃知玄德已深远，归化纯情是最昭。片席聊悬南北吹，一船长冷去来潮。占星水上非无感，就日遥思眷我尧。"诗中没有任何人情的交流，只在宣扬一个抽象的

---

① 《菅家文草》。
② 《扶桑集》卷七。
③ 《扶桑集》卷七。
④ 《续本朝通鉴》卷三。
⑤ 《本朝文粹》卷九。
⑥ 《续本朝通鉴》卷三。

政治公式:明皇尧政引了渤海来朝。

在渤海与日本人的交往中,还可以看到如下各方面的交流。

书法。据史书记载,892年王龟谋使日时,日朝廷给渤海的玺书和太政官牒是由书法家藤原敏行和小野美材书写的。①《续日本通鉴》说,藤原敏行"有能书之名,多写佛经,且其墨痕传于渤海"。渤海方面文士如云,致日本的外交文书想来也是书法家的手笔。

乐舞。渤海遣日使中有一些人同时是音乐家,曾在日本演奏渤海乐。如天平十二(740)年正月第二次遣日副使"己珍蒙等奏本国乐"②。又如宝龟八(777)年五月,第九次遣日使在日京师滞留时,天皇在重合门提射骑,"召渤海使史都蒙等亦会射。……作田舞于舞台,蕃客亦奏本国之乐"③。另外,日本还曾派留学生内雄等往渤海国学习音声。④ 从史书看,渤海乐早已列为日本宫廷音乐之一。如天平胜宝元(749)年十二月,天皇、太上皇等拜东大寺,"请僧五千礼佛读经。作大唐、渤海、吴乐、五节、田舞、久米舞"⑤。据学者研究,在平安朝初期,雅乐曲目共一百六十首,其中唐和天竺乐一百三十首,三韩、渤海乐三十首。⑥《歌舞品目》卷一《异域乐》所载"大靺鞨""小靺鞨"等曲目,可能就是渤海乐曲。由此可知,渤海音乐对日本音乐有一定的影响。两国在舞蹈方面的交流也见诸记载。如唐大历十二年(777年),渤海大钦茂王遣使向唐代宗"献日本国舞女一十一人"⑦。可以想象,这些日本舞蹈家是作为礼品由天皇"赏赐"给渤海国王,而渤海国王又作为礼品"进贡"给唐皇帝的。他们个人的际遇或许凄惨,但毫无疑问,在历史上却起了文化使者的作用,经由渤日交往,把日本舞蹈传入了中国。

---

① 《日本紀略》。
② 《続日本紀》天平十二年正月丁巳條。
③ 《続日本紀》宝龟八年五月丁巳條。
④ 《続日本紀》宝龟四年六月丙辰條。
⑤ 《続日本紀》天平勝宝元年十二月丁亥條。
⑥ 伊庭孝:《日本音乐史》,人民出版社中译本1982年版,第69页。
⑦ 《旧唐书·渤海传》。

历法。公元859年,第二十六次渤海遣日使乌孝慎把唐长庆宣明历传入日本。日本原来并用大衍历和五纪历,经阴阳头兼行历博士大春日真野麻吕的申请,朝廷于贞观三(861)年正式停用旧历而颁行长庆宣明历。此历法在日本实行了八百二十三年,直到1684年涩川春海编出贞享历后才停止使用。

语言。公元808年,参加高南容使团去日的渤海首领(官名)高多佛留日不归,被安置于越中国,日本朝廷派遣史生羽粟马长和习语生等跟他学习渤海语言。①

宗教。据稻叶岩吉《满洲发达史》,日本山城东胜寺的藏经内有东胜神咒诸家集,而诸家集中有一种梵本,在梵本末页的背面写有"大唐大中六年十月弟子段表写"及"日本贞观三年渤海大使李居正携来梵本"等字样。按李居正于贞观三年使日,四年返渤海,上述神咒梵本可能就是他此行带来的。另外,《经国集》卷十中收有安倍吉人《闻渤海客礼佛感而赋之》,岛田渚田《和安领客感赋渤海客礼佛之作》,说明渤海使节滞日期间也进行了宗教活动。在第十七次渤海遣日使团中,甚至还有僧人仁贞充任外交官(录事)。

从公元727年到926年,渤海与日本之间存在着二百年的交往关系。在政治上双方友好共处,长期往来,但礼仪上的臣属与对等之争贯彻始终。在经济上,通聘贸易相当发达,但为了各自的经济利益限制贸易与扩大贸易之争持续不断。在文化上,以使节往还为中心,组织了"鸿胪馆笔会"式的文化交流,共同研修盛唐文化。公元838年在日本停派遣唐使之后,渤日来往更成为中日交流的窗口和重要途径,也更具有不可忽视的意义。

本章第一至三节原载于《文化的选择与发展》五,天津人民出版社1993年。

第四节原载于《世界历史》1985年第10期。

---

①《日本纪略》前篇卷十。

第四章 明治日本与西方近代文化（上）

在伯理舰队叩关后的第十五个年头，日本历史发生了巨大的转折，封建的德川幕府政权被推翻，几乎被历史遗忘的天皇，被西南强藩的一批下级武士簇拥着走上历史的前台，进行了一场轰轰烈烈的变革，史称"明治维新"。但从文化史的角度来看，它是"以西洋文明为目标"（福泽谕吉语），通过大规模输入西欧文化并加以日本化的途径来实现日本的近代化。当然，这不是说日本的近代化完全始自于明治维新，日本接触与吸收中世末期和近代的西方文化已有三百多年的历史，同时，如近年来的大量研究所表明的那样，在江户时代的日本社会内部已孕育着多方面的近代性因素，并为明治维新后加速进行的近代化提供了前提条件。总之，关于江户时代的意义已越来越被人们所认识，不过，这不属于本书所叙述的范围，这里也就不作介绍了。

一、"求知识于世界"——岩仓使节团出访的意义

明治政府成立不久，在1868（明治元）年3月14日发布的《五条誓约》中就宣布要"求知识于世界"，表明向西方资本主义各国学习的意向。1871年（明治四）年，国内形势依然很不稳定，暗杀政府要员及农民起义

时有发生,尽管如此,日本还是向西方主要资本主义国家派出了一个大规模的高级政府代表团。这个使团以右大臣岩仓具视为特命全权大使,以参议木户孝允、大藏卿大久保利通、工部大辅伊藤博文、外务少卿山口尚芳为副使,还有藩主锅岛、毛利、前田等参与,加上随员及留学生等浩浩荡荡将近百人。据说,向外国派出使节以考察欧美文物制度的最初动议,是大学南校的外国人教师威尔贝克(G. H. F. Vtrbeck)向外国官副知事大隈重信提出的,大隈本人也只是想由自己充任使节带领几个随从出访而已,但此动议一经提出,政府大员均感兴趣,终至出现了那样的结果。正如《大隈伯昔日谭》中所说,"始则不过派遣二三人士随余出访之议,现在一变而为派遣人员近百之外国视察队"。

岩仓使节团的任务共有三项:(1) 访问缔约各国,向各国元首呈送国书,行聘问之礼;(2) 要求修改幕末以来与各国签订的不平等条约,进行修约的预备性交涉;(3) 调查和研究欧美各国的文物制度。但一到美国,使节团就发现,列强根本不愿意放弃不平等条约任何一项。总之,关于修改不平等条约收获甚微,而考察各国文物制度则收获极大。

使节团在出国前已作了充分的准备,无论政治、经济、军事、文教各方面都组织了对口的考察班子,拟出了详细的考察提纲,如教育考察包括教育法规、国民教育的方法、公私学校的设立、费用、招生方法、学科、学规等。法制的考察包括司法制度、法律的理论和实践、法院、涉外事务等。使团的主要领导人也各有不同的考察重点,如岩仓具视注意各国的帝室制度和贵族状况,木户孝允着目于各国的宪政,大久保利通则主要观察西方的产业状况等。从这些考察提纲和分工中可以看出,明治政府已有了导入西方文明的意志,但如何付诸实践,却希图通过考察来解决。

岩仓使节团的派遣是日本对外关系史上的一件壮举。古代日本为了吸收中国的先进文化,曾多次派遣唐使团访问中国,由位居政府核心的大批高级官员出访却是史无前例的。使节团遍访了美国、英国、法国、比利时、荷兰、德国、俄国、丹麦、瑞典、意大利、奥地利、瑞士等十二国,最后由马赛启航,经雅典、斯里兰卡、新加坡、西贡、香港、上海回国。绕地球一周,历时一年零十个月。使节团访问了当时世界上最发达的国家,所到之处,参观了包括议会、银行、博物馆、教会、商场、动物园、水族馆、医院、监狱、邮局、工场、学校、报社、兵营在内的一切设施,并作了详尽的记录。

十九世纪六七十年代正是自由资本主义发展的顶峰,物质文明和精神文明都达到空前的繁荣,明治政府的领导人们置身于欧美先进文明之中,切身感受了西方资本主义制度的优越性。正如当时随团的留学生中江兆民后来回忆及此时所谈的感受那样,"目睹彼邦数百年来收获蓄积之文明成果,粲然夺目,始惊,次醉,终狂"[1]。同时他们也痛感日本与西方各国之间所存在的巨大差距。此外,他们在要求修改不平等条约交涉中所遭到的无理对待,也使他们深深体验到一个弱小民族的可悲地位。这就从正反两个方面激发了他们移植西方先进文化,迎头赶上西方国家的决心。

岩仓使节团在这次对西方国家的"取经"游历中,也大体明确了学习西方应主要从如下数端入手。

(1) 大力发展工商业。在这方面英国给日本人留下的印象最为深刻。英国和日本一样,是一个不大的岛国,但却能富甲天下,势倾列国,完全有赖于"到处黑烟满天,无不设大小工厂"[2],以及"国民精神皆倾注于世界贸易"[3]。总之,日本人看出来,蕞尔小国的英国是以制造和贸易而称雄于世界的。大久保利通回国后提出《关于殖产兴业建议书》,看来与此行观感大有关系。大久保的部下渡边国武后来在谈到大久保的生涯时,曾以欧美考察为界,将大久保的生平分作前后两段,认为前一段他主要的理想是,统一全国的政权、兵权、利权,建立君主政治。而后一段的主要思想则是从殖产兴业入手,建立一个富国强兵的独立国家。[4] 可

---

[1] 见小西四郎,遠山茂樹编:《明治国家の権力と思想》,吉川弘文館1979年版,第158—159页。
[2] 大久保利通书信,见毛利敏彦《大久保利通》,中央公論社1987年版,第177页。
[3] 久米邦武:《特命全権大使米欧回覧実紀》第二编,宗高書房1975年版,第438页。
[4] 毛利敏彦:《大久保利通》,中央公論社1987年版,第178—179页。

见这次考察对大久保影响之大以及殖产兴业政策之所由来。

(2) 努力普及教育。使节团在考察中发现,西方国家尤其是美国的教育比较发达,认识到教育是导致民富国强的主要原因之一。此外,他们还发现西方的教育内容和方法也优越于东方。西方人注重实学,有利于国计民生;东方人崇尚空论,无补于实际。因而,日本不但要大力发展教育,还应改革教育的内容和方法。

(3) 改革政治体制与健全法制。使节团每每有感于西方国家普遍具有立宪政治和完善的法律制度。如木户孝允曾说,"各国事迹虽有大小文卑之差,然究其所以废兴存亡者,要之唯在于顾其政规典则之隆替得失如何"①。结合本国的具体情况,他们认为,英、法虽好,但难以适应。对于日本来说,"尤当取者,普国为第一"②。事实上,日本后来正是一直以普鲁士的政治模式为典范来改造自己的。

(4) 保护个人财产权。使节团还注意到,以国家法律保护个人的财产权是英国富强的原因之一,他们认识到,为了保全国权和国益,必须首先重视财产权。由在世界范围内的商业活动而集聚的个人财富最终会造成国力的强盛。

使节团在参观了西方国家的繁华之都后,刚好路经广州、上海回国,这时他们又一次感受到东方的落伍。他们看到上海的外国人居住地道路整洁、建筑宏伟,而中国人居住区则道路狭窄、屎尿遍地、拥挤不堪,犹如"蜂聚蚁屯",甚至连以前使人醉心的中国书画都显得"拙劣可厌"了。

总之,岩仓使节团的派遣是一件颇具重大意义的事件,牧野伸显③晚年在其《回顾录》中论及此事时曾评价说:"此次向欧美派遣使节团,是和废藩置县一样,为明治以后的日本奠定基础的重要事件。"确实,岩仓使

---

① 见大津淳一郎:《大日本宪政史》第一卷,原书房1969年复印本,第828页。
② 《回览实纪》第一编,第50页。
③ 牧野伸显:(1861—1949),日本著名政治家、外交官。大久保利通次子,过继牧野家。11岁时随其父参加岩仓使节团一行去美国留学。历任县知事、驻意大利和澳大利亚公使、文部大臣、枢密顾问官、外务大臣、贵族院议员、宫内大臣、内大臣等要职,被视为"准元老"。系吉田茂岳父。

节团通过一年零十个月全球性观摩活动,坚定了大规模输入西方先进文化的决心,并且也大体上找到了学习西方的途径。重要的是,如何将这一历史抉择付诸实践了。

二、外国专家的聘用

当日本决定要大规模吸收西方先进文化时,首先感到的是力不从心,它没有足够的专门人才去引进和应用西方的各种制度、技术和学问。1871(明治四)年8至9月,当时的所谓立法府左院提出,欧洲的文物制度以至一切实务并制度细目,无把握之处甚多,当今与万国交际,若有不妥则有失体统。欧洲学问各有专门,一人难以兼通,为备咨询顾问,可酌雇洋人五六名。① 随着引进范围的不断扩大,雇用的外国专家也越来越多。

外国专家有官雇(中央和地方政府所雇)和私雇(民间企事业所雇)两种(详情见表4-1和表4-2)。官雇的最盛期是1870(明治三)年至1890(明治二十三)年的二十年间。从职业来看,主要是教师和技术人员(包括工程师和技工)。前者受雇于文部省,后者受雇于工部省。从国籍来看,以来自英、法、美、德者居多。据估计,明治年间官雇外国专家的总人数在三千人左右。② 外国专家的待遇是很高的,当时太政大臣(相当于现在的总理大臣)三条实美的月薪为八百日元,而一英籍专家月薪达两千日元,为太政大臣月薪的两倍半。至于和一般日本公务人员的薪水相比,更是天壤之别,如1883(明治十六)年地方教员的工资多在10日元以下,最少者仅1元左右。在某些机关和单位中,外国专家的费用所占经费比例很高,如1874(明治七)年工部省各局支给外国技师的工资为766888日元,占该省总经费2271866日元的33.7%。又如1877(明治

---

① 《太政类典》第二编第六十五卷。
② 梅溪昇《お雇い外国人①概説》,鹿岛研究所出版会1968年版,第57页。本节在执笔时对该书多有参考。

十)年7月至次年6月的会计年度内,东京大学支给外籍教师的薪水为98279日元,占该大学总经费282035日元的三分之一强。尽管当时日本的财政是很困难的,但为了吸引西方人才到穷乡僻壤的日本来工作,也不得不作出极大的经济上的牺牲。

表4-1 官雇外国专家总数(职业别)　　　　(单位:人)

年次＼职业	学术教师	技术	事务	职工	杂	计	月薪(日元)
1872(明5)	102	127	43	46	51	369	83,805
1873(6)	127	204	72	35	69	507	109,004
1874(7)	151	213	68	27	65	524	116,211
1875(8)	144	205	69	36	73	527	115,288
1876(9)	129	170	60	26	84	469	97,712
1877(10)	109	146	55	13	58	381	81,528
1878(11)	101	118	51	7	44	321	70,497
1879(12)	84	111	35	9	22	261	61,898
1880(13)	76	103	40	6	12	237	57,986
1881(14)	52	62	29	8	15	166	45,479
1882(15)	53	51	43	6	4	157	43,421
1883(16)	44	29	46	8	5	132	38,042
1884(17)	52	40	44	8	7	151	38,997
1885(18)	61	38	49	—	7	155	41,720
1886(19)	59	48	53	—	9	169	47,163
1887(20)	81	56	52	—	6	195	53,885
1888(21)	105	44	61	—	5	215	55,451
1889(22)	109	42	64	—	5	220	55,337
1890(23)	92	35	68	—	5	200	43,446
1891(24)	87	33	43	—	7	170	36,283
1892(25)	66	18	40	—	6	130	29,601

续 表

职业 年次	学术教师	技术	事务	职工	杂	计	月薪 （日元）
1893(26)	67	14	23	—	—	104	25,209
1894(27)	59	10	16	—	—	85	21,295
1895(28)	55	8	16	—	—	79	21,250
1896(29)	53	8	16	—	—	77	19,076
1897(30)	69	7	16	—	—	92	23,878
1898(31)	78	7	15	—	—	100	27,357
人数计	2,265	1,947	1,187	235	559	6,193	

资料来源：梅溪昇《お雇い外国人の概说》，鹿岛研究所出版社，1968年，第52页。

表4-2 私雇外国专家总数（职业别） （单位：人）

职业 年次	学术教师	技术	事务	职工	杂	计	月薪 （日元）
1872(明5)	—	—	—	—	—	—	
1873(6)	43	16	2	9	3	73	12,662
1874(7)	44	44	5	9	24	126	19,494
1875(8)	52	75	29	7	162	325	36,272
1876(9)	54	163	37	19	180	453	32,613
1877(10)	62	169	32	46	148	457	33,602
1878(11)	54	237	20	8	180	499	42,632
1879(12)	44	212	15	11	227	509	37,498
1880(13)	59	199	20	13	197	488	37,203
1881(14)	43	137	92	10	190	472	34,927
1882(15)	44	215	29	6	199	493	34,965
1883(16)	50	215	22	12	188	487	34,501
1884(17)	64	234	28	5	169	501	41,520
1885(18)	69	181	54	14	79	397	40,908
1886(19)	74	135	39	—	5	253	32,537

续 表

年次\职业	学术教师	技术	事务	职工	杂	计	月薪（日元）
1887(20)	125	231	22	—	16	394	36,802
1888(21)	234	279	58	—	17	588	57,349
1889(22)	244	274	52	—	13	583	58,574
1890(23)	320	229	57	—	17	623	55,657
1891(24)	313	218	49	—	12	592	51,843
1892(25)	319	210	33	—	10	572	42,115
1893(26)	339	165	29	—	5	538	37,914
1894(27)	335	171	26	—	7	539	39,062
1895(28)	323	141	30	—	6	500	34,541
1896(29)	320	237	34	—	4	595	43,365
1897(30)	315	281	29	—	140	765	54,880
1898(31)	356	278	26	—	58	718	
人数计	4,299	4,946	869	169	2,256	12,540	

资料来源：梅溪昇《お雇い外国人①概说》，鹿岛研究所出版社，1968年，第53页。

外国专家的雇用，一般委托公使馆或可靠的外国人推荐，这样可以聘请到有真才实学的人。不通过这样的途径，则往往把一些无能者延入。如大学南校就混进一些没有专业修养的店员、造啤酒者、药剂师、农民、船员、马戏团演员等，致使该校被在日外国人讥讽为"流浪汉收容所"①。为了纠正这些偏差，政府特制定"雇用外国人须知"等，从严掌握。

雇入外国专家时要签订合同书，一般说，对受雇者的要求是相当严格的，如规定不许奸淫、打架、留宿外人、经商等等。另外，作为国家政策，不许雇用传教士。

由于幕末以来攘夷风潮流行，故对外国专家均采取保护措施，如配

---

① 参阅尾形裕康：《近代日本建设の父フルベッキ博士》，载早稻田大学社会科学研究所《社会科学探究》第七卷，第一号，1962年。

备专门的警卫人员等。

对于外国专家尤其是有地位的高级专家,除给予高额工资以外,还给予一定的荣誉和奖励,如对于新来者由宫内省安排天皇接见,赐以勉励敕语。对于因病辞职或解聘回国者,也由天皇接见并加以慰劳。在元旦参贺或其他重要庆典时,也邀请外国专家参加。另外,若有临时性的咨询或委托事项,则给以特别的报酬。对忠于职守有立功表现者,一般在合同期满时要给奖金或实物奖赏,个别还有授予勋章者。

一般说,外国专家都能忠于职守,热心工作。如一位叫艾雅顿的教师,合同期满回国时,直到去新桥车站前还在指导学生作试验。还有的外籍教师不但热心教知识,还教导学生不要为一己私利,而要为国强民富贡献力量。当然,也有少数专家如大阪造币寮的首长肯特,因瞧不起日本人并虐待职工而被解雇。

那么,外国专家在日本的近代化中究竟起了什么样的历史作用呢?我们知道,日本是为追求"富国强兵"的目的而以西方资本主义国家为模特进行近代化的。它要移植包括资本主义生产方式在内的各种制度以及学问和技术。而要使这全套的为日本人所不熟悉的东西尽快在日本"复制"出来,便不得不首先依靠精通它们的西方专家。换言之,西方专家是被日本看作"活的机器"而"购入"的。或者也可以说,西方专家是作为培育日本近代化的"保姆"而被日本政府雇用的。虽说对于政府的此项政策有些人颇多责难(如三宅雪岭等),但客观地说,没有他们,明治初年日本近代化还难以举步,至少说举步之后也不会那么迅速。德富苏峰在论及此事时曾说:"使现在的日本开动起来的是两千名外国人",语气或有夸张,但不无道理。

事实证明,这是一项成功的经验,以工业技术人才的培养为例,工学寮工学校(工部大学校)和东京大学理学部工学科,自1879(明治十二)年到1885(明治十八)年的七年间共培养出毕业生四百一十一名,多数可以充当技术领导人,而这一数目已与明治初年以来工部省所聘的外国专家的总数相距不远。余如聘请外国技师一度达到二十名的大阪造币局,

1889(明治二十二)年解聘了最后一名专家,完全由日本技术人员挑起全部造币工作。一般说,明治三十年代是日本教授取代外国教授登上讲坛的历史性时期。如在东京大学医学部工作二十五年之久的德国医学专家艾尔温·贝尔茨(Erwin Bälz),于1901(明治三十四)年11月在为他举行的在东大执教二十五周年的祝贺会上,发表了告别演说。他感慨地说:"这是我和帝国大学的银婚纪念,但大为不同的是,今后我和帝国大学不再能亲密相处,而是要永远分别。当然,这不是以三行半①的残酷形式而是以圆满的协商的方式进行的。但是,这对于医学部来说,相当于是他的成人式。"②这样,我们看到,日本在移植欧美先进产业技术时,虽然起初不得不完全依靠西方技术人员,但在短短的十五到二十年内,就培养出了自己的人才,达到了技术上的自立,这可以说是日本经济近代化尤其是工业近代化成功的主要原因之一。

在使用外国专家时,日本政府尽量重视充分发挥他们的专长,也听取他们的意见,但却始终掌握着决定政策的主导权,保持了日本的独立自主。

外国专家对日本的文化发展还作出了一些始料不及的贡献。英国人戈兰德于1872(明治五)年作为大阪造币寮聘请的技师来日,他在工作之余,着手研究大阪附近的古坟,并进行了发掘。他前后在日十七年,研究古坟的范围涉及整个日本,回国后出版《日本的支石墓和古坟》(1897年)、《日本的支石墓及其建造者》(1899年)两书,奠定了日本考古学的基础,为此后日本考古学的发展作出了很大贡献。美国人戈里菲斯于1870(明治三)年来日,先后在福井藩和东京大学前身南校执教,收集了很多史料,回国后出版了《皇国》(1876年)、《伯理》(1887年)、《日本国民的进化》(1907年)、《天皇制度与人格》(1915年)等著作,他在《皇国》中率先指出,应把《古事记》和《日本书记》中叙述的神话和历史区别开来,成为

---

① 三行半,日本的旧式休书,一般写成三行半的形式。
② 转引自平川祐弘:《和魂洋才の系譜》,河出書房新社1976年版,第111页。

以近代史学方法研究日本古代史的开拓者。他在《天皇：制度与人格》中,高度评价了天皇制度和天皇崇拜作为近代日本发展的原动力的作用,但同时又指出,明治宪法体制中包含着危险的因素,并警告说天皇崇拜有可能被军国主义或其他势力利用。美国人茵克1874(明治七)年被聘为弘前的东奥义塾教师,他不仅向日本人传授理化、数学、博物学等知识,还将西红柿、龙须菜、莴苣、卷心菜、醋栗等西方蔬菜和果物引入日本,特别是他第一个把苹果引进弘前,成为后来青森县首屈一指的特产。

不过,外国专家的雇用也带来一些不利的影响。比如,由于不同部门聘用了不同国籍的专家,便产生了很多方面的不协调。明治初年以来,陆军先是聘用法国教官,后来又聘用德国教官,而海军则聘用英国教官,这造成了陆海军之间门户对立和长期矛盾,直到第二次世界大战陆海军崩溃为止。陆军中亲德派较多,海军中亲英派较多,彼此明争暗斗,影响深远。由于技术上的母国不同,以致连螺丝的规格都很难统一。又如,日本近代化过程中所使用的学术和技术都是由外国专家作媒介自欧美传入,并且获得成功。这就使日本国民中崇拜外国文化,看重舶来品的观念非常强烈,形成所谓"利用外国成果第一主义"和"舶来主义"的倾向,以致今天技术水准已赶上外国的日本产业界,仍然存在着依赖外国技术的心理。正如日本学者东畑精一所指出的那样,"日本产业界每年所支付的庞大的技术引进费用就是变相地雇用外国专家"的做法。就是在人文和社会科学方面,也存在着很强的"舶来主义"和"利用外国成果第一主义"的倾向,为了使自己的论文加重分量常常引用欧美的研究成果和概念,而日本人自己独创的理论体系和概念却比较少。

三、留学生的派遣

为了吸收西方近代文化,明治政府向欧美派出了大批留学生。

1868(明治元)年,大久保利通率先提出,在公卿、诸侯、藩士之中选拔优秀人才,由政府提供费用,前往英国留学。1870(明治三)年12月,明治政府发布《海外留学规则》。据说,制定该规则的目的为"大兴遣欧学生之举,使之通晓其国体、政治、风俗、人情,研究其制度、文物、学术、技艺及其他百科,鼓舞日新之民,赞助开化之运,以资国家之兴盛"①。该文件规定,留学生选派无尊卑之别,从庶民到皇族均可为之。并提出品行、年龄、学力三条标准,即要求年龄在十六至二十五岁,诚实聪敏,对日汉典籍和洋学有一定基础,并通晓所去国语言。还规定留学生在出发前要参拜氏神,在神前立誓,不辱国体。留学期间必须谨言慎行,专心学业,万一有劣迹发生,则立即召回国内。

从此年开始,各个部门都纷纷派出留学生,如兵部省向法国派遣学生十名学习陆军,向英国派出东乡平八郎等十二名,向美国派出有马干太郎等四名学习海军。南校也先后向美、英等国派出目贺田种太郎、菊池大麓等人学习西方的学术和教育。为了北海道的开拓事业,开拓使向美、俄、法、德等国派出留学生二十多名,以学习西方的农学、工学和矿山学,值得注意的是,开拓使还首次派出了女子留学生五名,以图发展日本的女学和幼教事业。笔者想在此顺便指出,由各部门根据自己的需要选派留学生的方法,是日本最常使用也是最有效的方法,正如社会学家中根千枝所指出:"有趣得很,日本自现代化以来,出国留学一直采用这种方法。考察一百年来日本派出国学生的情况,可以发现,凡归国后在建国中有所作为的人,都是国家有意识派出去学习或由公司派出去学习的留学生。"②

除留学生外,政府还派遣地方的行政领导人出国考察。1870(明治三)年11月,通令金泽、鹿儿岛、静冈、名古屋、熊本、福冈、广岛等十五藩,指出"方今宇内之形势,五州如比邻、外国之治乱变故,关涉我国,至为重要,……了解彼情为今日之急务"③,要求上述各藩派两名领导人组团出访,考察欧美的政治、军事、社会和文化。

---

① 《遣欧学徒ヨ選挙スルの議》,载《大隈文书》。
② 中根千枝:《日本社会》,许真、宋峻岭译,天津人民出版社1982年版,第105页。
③ 见石附实:《近代日本の海外留学史》,ミネルウア书房1972年版,第141—142页。

为了培养新国家的领导阶层，明治政府对于华族的出洋和留学给予了特别的关心和期待。1871（明治四）年天皇发布敕谕，鼓励华族出国，并希望他们带上自己的妻女或姐妹一起去，了解西方的女子教育和"育儿之法"，以培养近代的国民。

皇族中人也纷纷出国，如东伏见宫嘉彰亲王，原本是仁和寺的和尚，为了出国而还俗，他一再向天皇表明心迹，要求出洋学习。终于在1870（明治三）年辞去兵部卿的要职，前往英国学习海军。华顶宫博经亲王也要求"奉还品位"，以一介"书生"的身份出国留学。他在上天皇的奏折中，表示他不愿意"尸位素餐"，而希望前往欧洲"刻苦向学，备尝艰辛，一洗纨绔之积习，而后归国，以报浩荡皇恩，得免所谓尸位素餐之责"。①满宫能久亲王也获准前往德国学习军事。当时的一位在日外国人布拉温曾对皇族的出国评论说，"此前从无皇族出国的先例，但是坚冰已经打破……其他人今后也将依例而行吧……这一动向是日本政策正确无误的进步的征兆"②。

在一些藩知事中也有辞官留学的，如大垣藩知事户田氏共上书天皇称，方今世界"并立雄视，富强是务之时，外交日开，文化益新，虚名坐食如臣，实趱趋于今日盛谟之甚也"，他要求准予辞去知事职务出国留学。③余如佐贺藩知事锅岛直大等也提出同样要求。政府高官和实力者也多把自己的子弟送往国外，同时也以随行人员的形式带出了不少优秀青年一同前往。商界如三井、小野各家也派出了自己的子弟出国留学，像从庆应义塾派往伦敦学习经济学的小泉信吉、中上川彦次郎等都是。出国留学热越来越升温，最后连佛教界也卷了进去，1872（明治五）年东本愿寺的住持率领四五名和尚前往欧美。同年，西本愿寺也派出岛地默雷等三人出国留学。随着留学者的日益增多，还有人筹划成立专门代理留学事务的公司。

---

①《太政官日志》明治三年，第二十八号。
②《S·Rブラウン書簡集》，第264页。
③《大垣市史》上卷，第878—879页。

关于留学对象国,由表4-3可知,去美国者最多,去英国者次之,其后依次为德、法、俄等国。出国最盛时期为1870—1871年。当时政府向留学生推荐的各国"所长学科"为:

英国:器械学、商业、地质金石学、炼铁、建筑学、造船学、畜牧业等。

法国:法学、交际学、卫生、动植物学、国势学、数学等。

德国:政治学、经济学、医学、教育制度等。

美国:邮政、工艺学、农业、畜牧学、商业、矿山学等。如在《导论》中所说,这种情况显示了日本在吸收外来文化中的选择意图。

表4-3 留学生年次、国别与地区统计表 （单位:人）

年\国	美国	英国	德国	法国	俄国	中国	奥地利	比利时	香港	意大利	荷兰	瑞士	计
明治元	3	6		3								1	13
2	5	5	2								1		13
3	69	55	32	25	4		2						187
4	80	71	34	17		7	2			2	1		218
5	44	18	7	15	1		1						86
6		10	6					4			1		23
7	6	3	1										10
计	209	168	82	60	9	7	5	4	2	2	1	1	550

资料来源:石附実著:《近代日本の海外留学史》,ミネルヴア書房,1972年,第154页。

在这样的出国热潮中,一方面使大批的优秀青年得以出国深造,掌握西方近代文化和科学技术;另一方面也暴露出不少问题,如留学前的准备教育不充分,留学生选拔中的不公正现象,以及雄藩所占比例过大等,从而造成了鱼龙混杂、耗费巨大,而难以达到预期成果的局面。诚然,多数留学生都能认真学习,成绩优良,甚而因使命感过强,思想负担过重而致精神错乱,或以劳累过度患结核病而抛命他乡,但也有一些留学生,如像东久世通晖那样"在普国留学中,浪荡而不学习"。有些人甚至"连ABC也读不来,只会掷金异域"。还有些人"不学无术,妄自尊大,受到外国人的嘲笑"。还有华族或实力人物,利用权势送自己的不合格子弟出洋镀金,以便回国当官,正如1874年出版的《东京繁昌志》所说,"贵公子携莫大之学费,出而游学西洋,但思快快学成归国,充任大官。或曰伦敦之'业平'①,或曰巴黎之'助六'②,毕竟一技不通,归国而堪任事者很少"。此外,出国前准备教育不充分也是当时存在的一大问题,这就造成出国后不得不花费相当的金钱和时间来补习基础课的现象。对此深有所感的一名留英学生曾告诫有志于出国留学的人,务必要在国内学好算术、会话、读书三门主科,否则"来到万里异邦学习此三科将是得不偿失的"。另外,留学过热,"留学生万能"也招致了国内外识者的批评,由于存在着上述种种问题,政府决定对留学制度进行整顿。

大体说,从明治元(1868)年至明治七(1874)年,可以看作明治留学史的第一期,这是一个过渡性的实验阶段,还没有把开放和能力作为主要原则。另外,就学习内容而言,一部分人固然是从事特殊领域技术的研修,但还有相当多的人只是接受普通教育。③ 从对西方文化的态度来看,也还限于表面的了解,并多采取直接的搬运和移植。

1873(明治六)年11月,政府的参议会议决定撤回全部官费留学生,也就是废止了官费留学制度。1875(明治八)年发布《文部省贷费留学生规则》,明确规定:(1)根据学力、品行、健康状况,经考试择优录取。(2)留学费用采取贷款制,即每人每年生活学习费一千元,旅费另给,其标准为:去纽约者四百八十元、去伦敦者六百一十元,另,出国和回国时合并支给预备费一百六十六元。上述贷款自毕业后第三年起开始归还,并须于二十年内还清。(3)留学年限原则上为五年。(4)学校和学科的选择须根据留学生监督的指示进行,不得变更。(5)获得毕业证书者,回国后

---

① 业平,指在原业平,平安初期诗人,美男子。助六,日本旧剧角色。所谓"业平""助六"此处皆泛指花花公子。
② 同上。
③ 参阅石附实:《近代日本の海外留学史》,ミネルウァ書房1972年版,第232、297页。另,本节在执笔时对该书多有参考和援引。

免予考试,其他均有接受考试的义务。①

这年对于申请留学者实行了新的考试方法,要求考生在开成学校修学九周作为预备观察期,然后再进行考试决定去留。结果绝大部分名额都被开成学校和东京大学的教员、学生所取得。新的方法贯彻了能力主义和平等原则,使不少德才兼备的优秀青年得以出国深造,后来涌现出了大批有作为的各方面的专家。贷款留学制度自1875(明治八)年持续到1882(明治十五)年,前后七年,是为明治留学史的第二期。本期的特点主要是以开成学校和东京大学为选拔主体,从该两校派遣留学生,当选者在国内都已受完普通教育,出国后均在高等院校或专门学校学习专门学问。在对西方文化的吸收上克服了浅薄的"直译"式做法,表现出了较强的选择性和主体意识。

贷款留学制虽收到很好的效益,但留学生学成回国后的工作却毕竟不能完全由政府决定,这也造成了很大的不便,为了强化国家对留学生的支配,1882(明治十五)年2月文部省制定《官费海外留学生规则》,翌年又发布《文部省外国留学生规程》。根据"规则",文部卿可在东京大学的毕业生中选择"将来有大成之望者",指定留学的对象国、学校、学科和年限,给以官费,使之出国留学,但在学成回国后必须接受文部卿分配的工作,服务年限则为留学年限的二倍。这种制度使国家能够更集中地吸收留学成果。官费留学制度以后虽有所调整,但基本精神变化不大,从明治十五(1882)年一直到明治末,可以看作留学史的第三期。其主要特点是,出国留学的目的已不再是为了接受外国教育,而主要是进行各种领域的专门研究工作,借以达到更高的学术目标。另外,由于政府确定了以德国为整个日本国家的学习样板,官费留学生的绝大多数也都派往德国。

明治维新后,留学生的及时派遣和不断整顿收到了很大的成效,使后进的日本可以借助于西方的先进教育为日本近代化培养出一批急需

---

① 《文部省第三年报》,其一,第14—15页。

的人才。1875(明治八)年文部省派出的贷款留学生于数年后学成回国,并大体在1882(明治十五)年前后逐渐取代了外国专家。1889(明治二十二)年,日本政府解雇外国专家二百七十五名,此后,完全依靠以归国留学生为主体的本国专家进行教育、科学研究和技术等方面的工作。

归国留学生们在国内组织起了各种专门的学会,如以服部一三等为首的日本地震学会,以箕作佳吉等为首的东京生物学会,余如日本矿业会、电气学会等,发行了各种学术刊物,如《学艺志林》《东洋学艺杂志》等。日本地震学会在其结会宗旨中表示,"关于地震的真理,欧美学士也未能尽其蕴奥,且日本从事此项研究最为适当"①,强调了日本人研究的独立性和在学术上要作出自己的贡献的意志。可以说,归国留学生为日本学术的独立和发展奠定了基石。

归国留学生还创办了不少私立学校或积极参与了这些学校的经营和教学,如英吉利法律学校(后扩充而为东京法学院)、明治义塾和法律学校等都是。

归国留学生还组织起一些颇有影响的社团,如小野梓、马场辰猪等组织的"共存同众"等,以西方的近代思想进行启蒙活动,对于日本人民近代意识的觉醒产生了积极的作用。

我们已举出过一些著名的留学生,这里再介绍几位,可能会使我们对留学生的作用有更深的了解:西园寺公望,留法,回国后先后任明治法律学校教员,《东洋自由新闻》社长、主笔,驻外公使,文部大臣,首相。青木周藏,留德,回国后任驻德、奥、荷、英公使,外相,贵族院议员。东乡平八郎,留英,后任海军元帅,是日俄战争中日本联合舰队司令官,打败俄国海军的主角。大山弥周,留法,后任陆军元帅,内大臣。岩崎弥之助,留美,后任三菱社长,日本银行总裁。小泉信吉,留英,后任庆应义塾长。山川健次郎,留美,后成著名物理学家,任开成学校、东大教授,东京大学、京都大学校长,贵族院议员。高峰让吉,留英、美,后成著名化学家,

---

① 《郵便報知》明治十四年一月二十二日,《編年史》第四卷,第492页。

于1901年提炼肾上腺素成功,这是以纯粹的形态首次获得的荷尔蒙,在研究和临床上广泛应用;1909年又成功地制造了糖化酵素高淀粉酶。津田梅子,九岁留美,后创办女子英学塾、《英文新报》,对日本的女子教育和英语教育贡献很大。等等。

日本留学政策的成功,连张之洞都赞不绝口,张曾在《劝学篇》中说:"出洋一年胜于读西书五年,此赵营平'百闻不如一见'之说也。入外国学堂一年,胜于中国学堂三年,此孟子'置之庄岳'之说也。……日本,小国耳,何兴之暴也。伊藤、山县、榎本、陆奥诸人,皆二十年前出洋之学生也。愤其国为西洋所胁,率其徒百余人。分诣德、法、英诸国,或学政治工商,或学水陆兵法,学成而归,用为将相,政事一变,雄视东方。"[①]张之洞之说未必确切,但不失为一种积极见解。

总之,近代派往西方国家的留学生是实现日本近代化的一支十分重要的推动力量,可以肯定地说,没有这支力量,日本将不可能有效地吸收西方的近代文化,并实现自身的近代化。

1884年,明治天皇在接见出国留学生时,尝亲作和歌嘉勉之,歌意为"取其善而舍其恶,当使我国不劣于外国",明白说明日本就是要通过派遣留学生学习西方国家的长处,使自己也步入近代国家的行列。

四、美法教育制度的移植

日本原本就是一个重视教育的国家,早在江户时代它的教育已相当发达。最高学府是幕府直辖的昌平黉(后改称昌平坂学问所),主要招收高级武士的子弟,教学内容以儒学为主。昌平黉在各地设有分校,如长崎的明伦堂、日光的学问所、骏府的明新馆等。各藩设有藩校,是昌平黉的具体而微,也只招收武士子弟,在乡村中设有乡学,就学者以平民为主。下层民众的教育机关则是到处可见的寺子屋,幕末明初,其总数约

---

① 张之洞:《劝学篇·游学第二》。

在一万所左右。此外尚有一定数量的私塾,和少量的洋学教育机构,如开成所、医学所等。据研究,江户末期日本人的识字率约为53%左右,和当时西方资本主义国家相比毫无逊色。这是江户时代留给明治日本最重要的具有积极意义的遗产之一。

明治维新的主要领导人之一木户孝允,在戊辰战争炮火未息的明治元(1868)年十二月,就向朝廷提出了《振兴普通教育实乃当务之急》的建议书,指出"国家富强之基在于人民之富强,而人民未脱愚弱之境界,则王政维新只能是徒具美名,与列强抗衡之目的也难以预期。因之,使人民知识进步,吸收文明诸国之制度,逐步振兴学校,广泛普及教育,乃为今日之急务"①。伊藤博文也在1869(明治二)年1月的《国事纲目》中指出,为了提高国民的知识水平,应在东西两京设立大学校,在府县和郡村设立小学,并应改变旧的学风。② 在此期间,西方教育制度和思想受到越来越多的关注。1869(明治二)年,内田正雄译著的《和兰学制》以官版发行,翌年又翻译出版了美国哥伦比亚大学的校则《西洋学校规范》。1871(明治四)年前后佐泽太郎、河津祐之也译出了《法国学制》(该书在1873年正式出版),虽然这些书大部分都译得错误百出,但毕竟窥见西方教育的轮廓。总之,改造和发展教育被早早地提上了明治新政府的议事日程。

1871(明治四)年新政府设立了文部省,大木乔任和江藤新平分别被任命为首任文部卿(部长)和文部大辅(副部长)。江藤新平在当年的12月,组织了一批对西方教育和法律等很有研究的学者箕作麟祥、辻新次、长谷川泰、内田正雄、瓜生寅等,负责研究和起草有关教育改革的事宜和文件。1872(明治五)年,发布了有关教育改革的根本性文件《学制》和太政官布告《关于奖励学事的指示》。这两个文件内容互相补充,可以说前者是有关教育制度的具体的政策性规定,后者则是有关教育思想的理论

---

① 岩波講座《現代教育学》5,1962年版,第27页。
② 岩波講座《現代教育学》5,1962年版,第27、28页。

性说明。

《关于奖励学事的指示》，从思想上讲，是一份出人意料的颇具进步色彩的文件，如它开宗明义地说，学校教育的目的是为了人人都能"自立其身，治其产，昌其业，而遂其生"。这种把教育和受教育者个人的生活、幸福等实际利益联系起来的理念，完全是一种英美式的功利主义教育观。这种思想很可能是受了当时大量发行的福泽谕吉的《劝学篇》的自由主义的影响。当时福泽主持的庆应义塾有"三田文部省"（按庆应义塾设于东京三田）之称，可见其思想对当时文部省决策影响之大。该文件还主张教育上的平等主义，批判历来把学问看作武士阶级专有而将农、工、商、妇排斥在外的做法，强调"自今以后，一般人民（华士族农工商及女子）必邑无不学之户，家无不学之人"。在学习内容上，反对虚学，提倡实学。认为"空理虚谈""其论虽似高尚"，但无济于实，而主张学习"包括日常言语、书算在内的士官农商百工技艺及法律、政治、天文、医疗等"。最后，文件委婉地说，以前士人受教育全赖官给，不给便不学，这种弊害此后应当革除。其实际涵义当然是说，今后学习是为了自己，所以应当自己承担学费，等等。总的来看，《关于奖励学事的指示》表达了近代的教育观点，在当时的情况下不失为一份进步的文件。当然，这些观念还不是在日本的土壤中长出来的，而是采自于西方。

《学制》（"学校制度"之意）主要内容包括学区、学校、教员、学生及考试、学费等。

法国中央集权的教育制度很适合明治国家的胃口，《学制》采用了法国的学区制，即把全国划分为八个大学区，每大学区设一大学。一个大学区又划分为三十二个中学区，每中学区设一中学，一个中学区再划分为二百一十个小学区，每小学区设一小学。根据这一计划，全国要设立八所大学、二百五十六所中学和五万三千七百六十所小学。其计划之庞大，目标之宏伟，即以今日观之也令人惊叹。

关于教育行政管理也主要采取法国制度，在文部省之下设立督学局，各大学区设督学，各中学区设学区监督。督学得与地方官协议督办区内的学校。学区监督负责管理和监督小学区的学务。

教学内容和教学法则主要参考和学自美国,如下等小学设置识字、习字、单词、会话、朗读、修身、尺牍、文法、算术、养生法、地学大意、理学大意、体操、唱歌等科目,上等小学除以上科目外,再增加史学大意、几何学大意、博物学大意、生理学大意、绘画等。此外,根据不同情况,还增设外语、簿记法、画学、天球学等。这些科目中所使用的课本,包括修身课本也多系翻译美国和欧洲的作品,如1873(明治六)年的日本小学读本几乎原封不动地翻译和采自美国。七十年代,美国波士顿的学校成为日本教室的样板。教学设备和教材也购自波士顿。

近代大学也在1877(明治十)年出现,这就是开成学校和医学校改组而成的东京大学,它具有法、理、文、医四个学部。它一直是为日本近代化培养技术官僚的基地。

师范学校在日本教育发展中占有重要地位。1872(明治五)年建立东京师范学校,聘请美国人斯考特(M. M. Scott)任教,传授美式教学法。后来又建立起高等师范学校,并在大阪、仙台、广岛、名古屋、长崎、新潟等地设立师范学校。1874(明治七)年还建立起东京女子师范学校。这些师范学校为教育的发展提供了急需的教师。

表4-4 "学制"期小学的学校、教员、学生数目

年度	学校数	教员数	学生数
1873(明治6)年	12,558	25,531	1,145,802
1874(明治7)年	20,017	36,866	1,714,768
1875(明治8)年	24,225	44,501	1,926,126
1876(明治9)年	24,947	52,262	2,067,801
1877(明治10)年	25,459	59,825	2,162,962
1878(明治11)年	26,584	65,612	2,273,324
1879(明治12)年	28,025	71,046	2,315,070

资料来源:王桂编著《日本教育史》,吉林教育出版社1987年版,第122页。

《学制》实施之后,小学教育有了较快的发展,由表4-4可知,到1879(明治十二)年,学校数量和学生人数增加了两倍多,教员人数也增加了将近三倍。但多数学校并非新建,只是把寺子屋改换名称而已。每校的规模也比较小,教师也多是原来寺子屋的"师匠",学龄儿童的就学率也不算很高。学校的兴建主要不是由政府拨款,而是靠民众筹款和摊派,这就造成人民负担的教育经费过重,力不能支。另外,大多数群众生活困苦,既无钱交纳学费,又需要幼小子女尽早参与生产劳动,不能送子女入学。加之教学内容生硬搬用外国事物,与日本民众的生活相距太远,难于接受。师资情况也很不理想,教师大多训练不足,对于新教科书不能掌握,如不习惯使用阿拉伯数字,不会教授新式算术和科学课程,甚至用故事传说来回答学生有关自然现象的提问。教学方法也自出心裁,作过神官的教员用念祝词的调子读教科书,而作过僧侣的教员则用诵经的调门朗读课文,等等。最后,政府在要求儿童受教育上手段也特别强硬,常常使用警察来监督学童上学,并处罚不送子女入学的家长。结果,新的学制遭到不少群众的抵制,甚至有些地方激起了捣毁学校的农民暴动。为了克服统制过死和耗资过大的弊端,以求得教育的进一步发展,明治政府乃于1879(明治十二)年废止《学制》,发布《教育令》,实施新的教育政策。

主持《教育令》制定的是文部大辅田中不二麿。田中是当时有名的崇美派,他在1871(明治四)年出任文部大丞,转年参加岩仓使节团游历欧美,回国后将对美、英、德、法、俄、荷等国教育的考察报告加以整理,写成《理事功程》一书出版。1876(明治九)年再度赴美,详细考察各州教育制度,写成《美国学校法》。他非常赞赏美国的自由主义,主张教育事业不应由中央过多干涉,而应实行美国式的地方分权的自由主义教育政策。同时也希图纠正义务教育实施中的强制性倾向。田中不二麿在文部省顾问美国专家马利(D. Murray)的参与下,制定了改革方案,并经参议兼法制局长伊藤博文修改后,交元老院审议通过。

《教育令》废除了学区制,对于学校的设立、学习年限、学习内容、教学方式等均不作刻板的要求,允许一定范围内的变通处理。但是,《教育令》的实施马上又造成了消极的后果,如校舍建筑中断,就学率低下,招致了教育的停滞。田中不二麿也被调离文部省,转做了司法卿。总之,美国色彩很浓的所谓自由《教育令》出台后不到两年就失败了。它之遭受失败,和《学制》一样,最根本的还是经济上的原因,即人民群众过于困苦,虽被赋予了受教育的权利,但却无力来享受这个权利。如果强制其享受,他们只好挺身反抗,如果不勉为其难,他们便乐得放弃权利。除此之外,还有一个政治上的原因,这就是这种自由主义教育政策的出现是和当时风起云涌的自由民权运动有某种关联的,伊藤博文等人试图以此获得与自由民权运动的妥协,但却遭到政府内保守势力的坚决反对。这也说明,美国教育制度和教育政策是产生于美国独特的地方自治权和个人中心主义的土壤之上的,社会文化背景迥然不同的日本难以直接移植它们。

1880年(明治十三)年河野敏镰被任命为文部卿,同年推出《修正教育令》。《修正教育令》强调政府对教育的控制,排除民间过问教育事业的可能性。强调国民义务教育,就学年限不得少于三年,学龄儿童不入学须经地方官批准。课程设置要根据文部省颁发的大纲进行。强调所谓德育,把"修身"放在首位。总之,教育上的自由主义被扫除殆尽。

1885(明治十八)年内阁制建立,伊藤博文出任总理大臣,任命森有礼为文部大臣。森有礼原本是一个激进的自由主义者和欧化主义者,后来复归于德国式国家主义。1886(明治十九)年,他在就任三个月之后,接连发布了《帝国大学令》《师范学校令》《中学校令》和《小学校令》。

在教育思想上,森有礼认为教育的目的不是为了国民个人,而是为了"国家"。他强调以封建的"爱国忠君"思想来教育学生。他的教育思想被评价为"国体教育主义"。

一系列的学校令对整套的教育体制和任务作了具体的规定。以东京大学为帝国大学,其中分设大学院(研究生院)和学部(有法、医、理、文四学部,后又增设农学部),是适应国家需要教授和研究学术与技术的最高学府。师范学校的目的则是培养出具有"应有的品德和学识"的教员，他们尤其要具备"顺良、信爱、威重的气质"。师范学校分普通师范和高等师范两种，后者从前者毕业生中招收学生，前者则从高等小学毕业生中招收学生。师范生享受公费，但毕业后须到国家指定的教学岗位上工作。中学校分普通中学和高等中学两种。普通中学学制五年，实施普通教育；高等中学学制两年，分科设置（如法科、工科、医科、文科、理科、农科、商科等），属大学预科性质。1894（明治二十七）年又把高等中学校改称"高等学校"。小学校有普通小学（初小）和高等小学，学制均为四年。四年制的普通小学是义务教育。1890（明治二十三）年又发布新的《小学校令》代替旧令，规定小学教育的目的在于注意儿童的身体发育、进行道德教育和传授国民应具备的基础知识及生活中所必须具备的普通技能。

在教育的改革和发展中，在有关国民教育的根本精神即所谓道德教育问题上，激烈的争论一直在进行着。1878（明治十八）年，明治天皇的侍讲元田永孚用天皇的名义写了《教学大旨》和《小学条例二则》，反对文明开化政策，指斥将来终会弄到"不知君臣父子大义的地步"，强调今后要"竭力宣明仁义忠孝"，同时策动天皇亲政。伊藤博文则指示井上毅写《教育议》，反驳元田永孚的指责，认为放弃文明开化政策是"保护旧时陋习"。后来一大批知名的教育界和思想界的代表人物都卷入到这场所谓德育论争中。

1890（明治二十三）年明治天皇发布《教育敕语》，为明治时代教育方针起了一锤定音的作用。

显而易见，《教育敕语》的根本精神在于强调"忠""孝"等儒家道德，其落脚点是要培养出天皇的"忠良臣民"，但也吸收和点缀了一些西方德目，如"博爱及众""启发智能"等。① 《教育敕语》发布的次日，文部大臣训令全国教师要在学校的各种仪式上带领学生朗读《教育敕语》，并体会其

---

① 美国著名日本研究家 W·霍尔认为，《教育敕語》表现出如下三种因素的融合，这就是：神道的国家万能主义、儒教伦理、教育臣民为国家服务方面的近代态度。见ジョン・W・ホール《日本の歴史》（下），講談社現代新書1970版，第89页。

精神实质。翌年,又公布了小学校节日庆典的仪式规程,要求在纪元节、天长节等节日庆典仪式上,必须向天皇和皇后的"御影"行礼,山呼万岁,敬诵"敕语"。① 然后再由校长训话、全体唱歌(后来规定《君之代》为必唱歌曲)等。总之,仪式具有强烈的宗教气息,以使学生体会到"国体尊严",培育其"忠君爱国"精神。为了加深小学生对仪式的印象,还规定在仪式结束后可向学生发放红白点心,并准许其带回家吃。② 教育当局在贯彻《教育敕语》方面可谓用心良苦! 笔者想顺便指出,《教育敕语》的意义实际上也远远超出教育的范围,它标志着明治初年开始的"饥不择食"地大规模吸收西方近代文化的时代已经结束。

是否可以这样认为,从1872年《学制》的实施到1890年《教育敕语》的发布,经过将近二十年的改革和选择,日本式的近代教育体制终于形成。这一体制的最大特色是具有鲜明的两面性,即一方面吸收了西方近代教育的学制和部分科学(尤其自然科学)内容,外在上具有近代教育的形式,而另一方面又保持了"忠君爱国"等非近代的教育理念,骨子里具有封建主义教育的精神实质。相应地,这种两面性又给日本近代的发展带来了积极和消极两种结果。即一方面全民教育的急行军式发展使日本在二十世纪初实现了国民教育的普及,成为世界上教育最发达的国家之一,从而造就了日本近代化所必需的劳动大军,使"富国强兵"的目的得以实现,跃入资本主义强国的行列。而且,这种丰厚的教育果实直到"二战"中列岛化为焦土后还能享用,使日本人以"国破教育在"的心理根据去面对战后的重建,并成为经济"高速成长"的重要原因之一。而另一方面,"忠君爱国"式的封建教育理念是一个致命的隐患,它后来为日益猖獗的军国主义所利用,毒害了广大的日本人民,使之成为侵略战争的

---

① 正如鲁思·本尼迪克特所指出,《教育敕语》和在此前颁布的《军人敕谕》是日本的"真正的圣典"。她叙述了捧读这些"圣典"的宗教性气氛:"宣读之时,神圣庄严,听众毕恭毕敬,鸦雀无声。其尊敬程度犹如对待摩西十诫和旧约五书,每当捧读时从安放处恭恭敬敬取出,听众散去后再恭恭敬敬送入安放处。负责捧读的人如果念错了一句,就要引咎自杀。"见《菊与刀》,吕万和等译,商务印书馆,1990年版,第145页。
② 参阅山住正己:《日本教育小史》,岩波新书1978年(黄版),第60—61页。

工具,并最终走上惨痛而可耻的失败道路。因而可以说,日本的教育也是其第二次世界大战中遭到毁灭性失败的深层原因之一。

同时,笔者还想指出,在日本教育中起着灵魂作用的"忠君爱国"观念,到近代以后,本来已是一种落后于时代潮流的传统意识,而日本统治阶级对此却滥施滥用,以致造成了严重后果。这一点是日本近代化过程中不适当地强调和恶用传统的最突出的实例之一。

五、西方近代学术与近代思想的流入

明治初年的日本社会刮起了强劲的"文明开化"之风,这风的源头来自明治政府学习西方的历史性决策,而充当其思想上的指导者的却是一个洋学家集团"明六社"。"明六社"以建于1873(明治六)年,故名。其主要成员有西村茂树、津田真道、西周、中村正直、加藤弘之、箕作秋坪、福泽谕吉、杉亨二、箕作麟祥、森有礼等。他们之中,或是幕末以来的归国留学生,或是原幕府的洋学机关开成所的教授,对西方的近代思想和学问具有渊博的知识。"明六社"在1874(明治七)年创办了《明六杂志》,并以此为阵地介绍西方的新知识新学问,议论范围涉及经济、政治、宗教、哲学、伦理、法律、教育、社会等各个方面,几乎无所不包。可以说,他们是日本的启蒙思想家。不过,他们不是以土生土长的独创的理论,而是以翻译和转述西方既有的理论去进行启蒙活动。当然,这也不意味着他们只是西方思想家的简单传声筒,因为在进行移植作业时他们有意无意地掺进了自己的理解和认识,甚至依据现实的需要加以改造也即日本化。

明治初年,经由日本启蒙思想家移植到日本的近代思想,主要是英法的功利主义、实证主义和天赋人权思想等。主要的思想家包括穆勒(John Stuart Mill,1806—1873)、孔德(Auguste Comte,1798—1857)、边沁(J. Bentham, 1748—1832)、斯迈尔斯(Samnel Smiles,1812—1904)、韦兰(F. Wayland,1796—1856)、巴克尔(H. T. Buckle,1821—

1862)、吉本(E. Gibbon,1737—1794)、孟德斯鸠(Montesguieu,1689—1775)等人,其中尤以英国功利主义思想家穆勒影响较大。正如麻生义辉在《近世日本哲学史》中谈到穆勒时所说,"无论在私塾还是在学校中,他的著作必有一两种被作为教科书使用"①。其著作被译成日文出版的有:《自由之理》(中村正直译,1871年),《代议政体》(永峰秀树译,1875年),《弥尔经济论》(林董、铃木重孝译,1875年),《利学》(西周译,1877年)等。其中中村正直所译《自由之理》最为普及,当时的年青知识分子几乎无人不读。

启蒙思想家们接受了功利主义的价值观并开始在日本宣扬,如福泽谕吉曾明确指出,"争利,固然为古人所讳言,但是,要知道争利就是争理"②。这种把"利"和"理"直接联系起来的逻辑,简单明了却是准确无误地表达了功利主义思想的真谛。津田真道也写了《情欲论》来论证人的欲望的合理性和积极性。另一位启蒙思想家西周,在批判封建主义道德观和树立功利主义道德观方面建树尤多。他在《译利学说》一书中批判封建道德观是"桎梏性情而求人道于穷苦贫寒之中"。与这种"存天理,灭人欲"的旧道德观针锋相对,他提出了"人世三宝说",指出健康、知识和财富是人世"三宝",而且,"三宝"是天赋予人的,追求"三宝"乃"理之当然"。他指出,"人欲修道德,则必始于尊重自己的三宝",而尊重"三宝"不仅是个人行动上及与他人交往上的道德之大本,而且也是社交(社会)及治人(政治)上的道德之大本。同时也是政府的目的。③ 显然,"人世三宝说"是吸收了英国功利主义的伦理思想和近代的幸福主义而形成的。它强调追求欲望和财富的正当性,有利于日本资本主义的发展。

日本启蒙思想家也宣传和移植了法国的"天赋人权"的政治思想。众所周知,福泽谕吉在《劝学篇》中开宗明义就说,"'天不生人上之人,也不生

---

① 转引自宫川透:《近代日本における西欧思想の受容過程の考察》,载《東洋文化研究所紀要》第14册,第211页。本节在执笔时对该文多有参考。
② 福泽谕吉:《文明论概论》,商务中译本,1982年版,第71页。
③ 西周:《人世三宝說》,载《明六雜誌》38—42号。

人下之人'。这就是说天生的人一律平等，不是生来就有贵贱上下之别的。人类作为万物之灵，本应以凭身心的活动，取得天地间一切物资，以满足衣食住的需要，彼此自由自在、互不妨害地安乐度日"①。他还指出，"人的出生是天之使然，而非由于人力。他们……都是同一人类，共戴一天，并同为天地间的造物。……我们不能不说人与人是平等的"②。他又说，"就这些人的基本权利而论，则是完全平等，毫无区别的。所谓基本权利，就是人人重视其生命、维护其财产和珍视名誉。因为天生人类，就赋予了身心的活动，使人们能够实现上述权利"③。福泽谕吉还以"天赋人权"为武器，无情地批判了封建专制主义下社会的不平等现象。他说："在亚洲各国称国君为民之父母，称人民为臣子或赤子，称政府的工作为牧民之职，在中国有时称地方官为某州之牧。这个牧字，若照饲养畜类的意思解释，便是把一州的人民当作牛羊看待。把这个名称公然标榜出来，真是无理已极。"④福泽谕吉宣传的这些思想对自由民权运动影响很大，尽管他不曾参加运动，但却被大久保利通指为"民权论者的魁首"。

另一位启蒙思想家加藤弘之，关于"天赋人权"也多有论述。他指出，"自由权乃天赋之求安宁幸福之最重要者"⑤。他强调所谓"人类天赋任意自在的权利"。关于天皇和人民的关系，他强调人民的人格，指出，"天皇是人，人民也是人，唯于同一人类中，只有尊卑上下之分，决无人畜之悬隔"⑥。不仅如此，他还把人民看作国家的主体："因为人民，才有君主，才有政府。"⑦他指出，君主政府的权力是有限制的，即"限于公共交际的事件，不得涉及于纯粹私事及灵魂心思之上"。超出这个范围去干涉人民应有的权利，人民便可"或述自己所见拒之，或全违之，又实万不

---

① 福泽谕吉：《劝学篇》，群力译，商务印书馆1984年版，第2页。
② 福泽谕吉：《劝学篇》，群力译，商务印书馆1984年版，第2页。
③ 福泽谕吉：《劝学篇》，群力译，商务印书馆1984年版，第9页。
④ 福泽谕吉：《劝学篇》，群力译，商务印书馆1984年版，第61页。
⑤ 《明治文化全集》改版第二卷，第118页。
⑥ 《明治文化全集》改版第二卷，第112页。
⑦ 《明治文化全集》改版第二卷，第115页。

得已,反抗之亦无不可,反而却合正道"①。

日本的启蒙思想家,尤其是福泽谕吉,特别强调个人的独立。他在《劝学篇》中反复地论证个人独立的重要意义。他认为,西方文明国家的人民都具有独立不羁、自由活泼的精神。所以他强调"人民的独立精神"才是"文明的精神"。他把个人能否独立提高到国家能否独立的高度来认识。他指出,"为了抵御外侮,保卫国家,必须使全国充满自由独立的风气"②。显然,在谈论这一问题时,他的着眼点不是人民而是国家,即只是把个人独立作为国家独立的手段加以强调而已。更值得注意的是,福泽谕吉还把人际的自由、平等和独立,扩展到国际的自由、平等和独立,即认为国与国之间应该是平等的、独立的。或者可以说,这是一种"天赋国权"的思想。

日本启蒙思想家们处在这样一个时代,即一方面要批判封建主义,推动日本的近代化,另一方面又要"富国强兵",实现日本民族的独立,加之,他们又宿命地站在东方传统文化尤其儒学的精神影响之下来接受近代西方思潮,便不能不表现出一些与"原装"思想不尽相同之处。比如,他们把西方自然法学派的"自然法"或"自然权利"翻译为"天赋人权",这"天"字就是从儒学那里借来的,它具有既是自然而又超越自然的品格,③因而"天赋人权"和"自然权利"还是稍异其趣的。又如,日本启蒙思想家由于特别强调日本国家和民族的独立,在他们的论述中往往不由自主地把"人权"的实现寄托于"国权",以致二者的关系在现实中变换成"天赋国权""国赋人权"的逻辑,④并造成了"人权"的空洞化。

启蒙思想家们广泛地介绍和宣传了近代西方的新思潮和新学问,对当时的日本社会影响极大,单以福泽谕吉的《劝学篇》而论,总计销售三百四十万册,读者之众,令人咋舌。井上毅在谈到福泽谕吉著作的影响力时,曾说过这样的话:"福泽谕吉的书一出,天下少年靡然相从,撼其胸

---

① 《明治文化全集》改版第二卷,第124页。
② 福泽谕吉:《劝学篇》群力译,商务印书馆1984年版,第15页。
③ 参阅崔世广:《近代启蒙思想与近代化》,北京航空航天大学出版社1989年版,第115页。
④ 参阅广田昌希:《福沢諭吉研究》,東京大学出版会1976年版。

膛,浸其肺腑,父不能制其子,兄不能禁其弟。"①当时的很多青少年,如植木枝盛、德富猪一郎、中村重右卫门等都是在福泽著作的影响和鼓舞之下,走上争取自由民权运动道路的。福泽谕吉被称作"日本的伏尔泰"而倍受尊敬。另如中村正直翻译的斯迈尔斯的《西国立志编》(Self Help)也被作为人生指南、"明治的圣书"而拥有众多的读者,尤其是成为实业家们的启蒙读物。他翻译的穆勒的《自由之理》(On Liberty),也是后来自由民权运动斗士们必读的经典著作,著名的自由党活动家河野广中据说就是在此书的影响之下而投身于民权运动的。中村正直被人们尊称为"江户川的圣人"。如前所述,西周在介绍西方哲学上作出了创造性的贡献,正是他把 Philosophy 译成"哲学",余如"先天""后天""演绎""归纳""主观""客观""理性""悟性"等哲学用语也都是经他翻译敲定,先在日本而后在中国使用普及的。

　　日本资本主义发展的后进性和资产阶级的不成熟性,造成启蒙思想家的不彻底性和动摇性,当专制的藩阀政府决定镇压自由民权运动时,他们的启蒙活动便偃旗息鼓"俶尔远逝"了。

　　明治一十年代,在《明六社》之后,对西方思潮的吸收有了明显的变化,如由吸收边沁、穆勒的思想转向吸收斯宾塞(H. Spencer, 1820—1903)的思想。从明治十(1877)年到明治三十年代初,斯宾塞的著作被译成日文者有三十种以上,其中有尾崎行雄译《权理提纲》、铃木义宗译《斯边撒氏代议政体论》、尺振八译《斯氏教育论》、松岛刚译《社会平权论》、外山正一与乘山孝太郎译《社会学之原理》、山口松五郎译《道德之原理》《哲学原理》等。斯宾塞的进化论哲学于十九世纪七十年代后,在欧美社会中得到了广泛的普及,进入明治一十年代,留美归来出任东京大学哲学教授的外山正一及外籍东大教授摩尔斯等人,以东京大学为中心,依据达尔文和斯宾塞的学说,鼓吹进化论哲学,被称为"大学进化论"。斯宾塞的进化论哲学有两个侧面,一方面强调人的自然权利,可与

---

① 井上毅:《進大臣書》,明治14年11月7日,转见《近代日本思想史》第1卷,第235页。

启蒙思想以来的自由主义思潮相连接，另一方面则依据适者生存的法则，企图把现实的社会秩序合理化，因而又可通向国家主义思想。当时，这两个侧面被两个不同的思想营垒强调，并作出有利于自己的解释：民权论者强调其自然权利，把斯宾塞的著作《社会平权论》作为"自由民权的教科书"；以加藤弘之（他已由启蒙思想家蜕变为保守的官僚）为首的专制主义官僚派思想家则把它作为"社会达尔文主义"的依据，并用以反对"天赋人权"说。对斯宾塞哲学的这种二义性解释，是明治一十年代日本思想界一个富有特征性的现象。

卢梭的思想虽然从幕末以来已有所介绍，但都是片断的，此时也被系统地引进了。1874（明治七）年中江兆民留法归来，开办"法学塾"，讲授西方学问，学生多至二千余人。1877（明治十）年服部德以《芦骚氏民约论》为题刊译了卢梭的《社会契约论》。1882（明治十五）年中江兆民又以《民约译解》将该书译为汉语并加注出版。此书为自由民权运动提供了理论武器，致使人民具有反抗权和革命权的思想深入人心，而中江兆民也以"东洋的卢梭"见称。

自由民权运动的高涨，使"好龙"的明治政府十分害怕，他们进一步认识到，英国系统的启蒙思想有可能连自己也埋葬掉，而德国的近代哲学却提供了既能造就强大国家而又不冒革命风险的诱人前景。日本的专制官僚们进一步坚定了采用德国的自上而下的近代化方式的决心。这样，明治二十（1887）年代以后，日本文化吸收的方向又转向以理想主义为中心的德意志近代哲学。同时，为了抵消那些招致民众造反的英法思潮，又强调恢复传统的儒学道德。

最早在日本系统讲授德国哲学的是美国学者菲诺洛萨，他于1878（明治十一）年来日，执教于东京大学，他讲授的黑格尔哲学吸引了很多日本青年，如后来成为有名学者的井上哲次郎、木场贞长、和田垣谦三、坪内逍遥等。在他之后，1887（明治二十）年东京大学哲学科聘请了德国学者布塞（L. Busse）来校执教，他主讲康德的《纯粹理性批判》，对日本思想界影响很大。1890（明治二十三）年，东京大学哲学科的首届毕业生井上哲次郎留德回国,在东大哲学科讲坛执教三十三年之久。他不仅系统地介绍德国哲学,而且劝学生到德国留学。井上哲次郎试图综合德国国家主义与日本传统文化,他的哲学观点表现出露骨的反启蒙主义性和国家至上主义的倾向,而与他同时活动的哲学家大西祝在移植德国近代哲学时却表现出很强的启蒙主义色彩。

从总的来看,明治二十年代至三十年代是日本吸收外来思想的"定位"期。从明治初年开始,日本先后吸收的西方思潮有边沁、穆勒的英国功利主义和自由主义,达尔文、赫胥黎、斯宾塞的进化论和实证主义,卢梭的法国自由主义人权说,斯泰因、比特曼的德国国家主义,黑格尔、哈特曼、康德等的德国观念论,奥伊肯、柏格森的理想主义哲学等,其中的一些思潮曾在日本汹涌奔腾,激起了如像自由民权那样广阔的社会运动,但几经选择,执政者终于在明治二三十年代把日本的思想基调定在德国国家主义和传统的儒学道德的结合上。凡英法系统的思想,如功利主义、自由主义、天赋人权说等都遭到排斥,而德国的国家主义思想则浸透了日本的上层建筑。当然,这种现象的发生不是偶然的,是由于作为欧洲后进国的德国的近代化模式更适应于日本的风土。

在社会科学方面,以历史学而论,最初受法国史学家魏苏的文明史影响较大,出现了福泽谕吉《文明论概略》、田口卯吉《日本开化小史》等著作。1886(明治十九)年东京大学改组为帝国大学,新建了史学科,聘请德国史学家路德维克·里斯(Ludwing Riess,1861—1928)来校执教。里斯自 1887 至 1902 年在该校教授了十七年世界史,把兰克的实证主义史学传入日本,其影响之大,至今不衰。

经济学方面,最初由福泽谕吉、神田孝平、田口卯吉等引进了英国古典自由主义经济学,明治二十年代又由金井延、山崎觉次郎、福田德三等引进了德国历史学派经济学。到明治三十年以后,马克思主义经济学也接踵传进了日本。

本章原载于《文化的抉择与发展》十,天津人民出版社 1993 年。

第五章　明治日本与西方近代文化（下）

一、近代科学的创立

日本科学史家村上阳一郎，在谈到日本人对待科学的态度时断言：
"日本人不正直。"①这里所说的"不正直"不具有道德观念上的价值判断意义，而是说，就人与自然的交接关系而论，日本人与西方人完全相反，他们从心底里不愿与自然对立，而宁愿融入自然，领略自然。比如对于四季的冷暖变化，宁可忍受而不愿使用取暖或制冷设备。尽管如此，他们却又随着时代的变迁而泰然自若地吸收外来的关于人与自然的交接方式（科学）和通过这种方式而驾驭自然的方法（技术）。确实，这种总能曲意对待有实用价值的外来之物的态度，使日本人获得了极大的实惠。

日本自德川时代就不断吸收西方近代科学，已如前述。进入明治时代后，通过聘请外国专家、兴办学校、派遣留学生等手段，更大规模地吸收和利用西方科学技术，以期军事、工业等领域的迅速近代化。

明治时代的自然科学研究，除数学稍有例外，几乎全部都是在外国

---

① 村上陽一郎：《日本近代科学の步み》新版，三省堂1977年版，第174页。

专家的指导下开始起步的。①

数学：江户时代关孝和发明的和算虽走向衰落，但它为西方近代数学的吸收培养了一定的消化能力。数学领域未聘入外国专家，主要经由日本人自己之手引进和发展起来。留学于英国剑桥大学的菊池大麓1877（明治十）年回国后在东京大学主讲数学，写出《初等几何学教科书》，发表了不少精辟论文，奠定了近代数学的基础。他还创立数学学会，致力于数学的提倡和普及。另一位著名数学家藤泽利喜太郎，1883（明治十六）年留学德国，回国后对于高等解析几何、一般函数论、特别函数论等进行教学和研究。他的学生坂井英太郎、最藤斧三郎等对于椭圆函数乘法等的研究也很有成就。

物理：1877（明治十）年东京大学创立，聘请美国专家门登霍尔（Thomas Corwin Mendenhall）来校指导物理学研究，他在重力测定和地球密度测定等方面多有建树，他还担任该大学气象台台长，指导气象观测。另一位著名专家是英国人尤因（James Alfred Ewing），他以研究磁带现象而闻名。门登霍尔和尤因的研究方向可以说是明治时代物理学研究的指针。由尤因指导的田中馆爱桔，最初即从事日本全国的重力和地磁要素的测定，明治二十年代他又趁浓尾地区地震的机会测定地磁力的变化。长冈半太郎、本多光太郎也都对磁作了持续的研究。而且，他们的业绩受到世界学术界的重视，如长冈半太郎关于镍线偏极的发现、岩石的弹性常数和原子构造论的研究而在1912（明治四十五）年被伦敦物理学会推选为名誉会员。本多光太郎关于磁石与钢铁的研究也为人所称道。

化学：1874（明治七）年招聘英国专家阿特金森（Robert William Atkinson）讲授分析化学、有机化学、理论化学、工艺化学和冶金学等课程，另一位英国专家戴弗斯（Edward Divers）则致力于无机化学的研究。阿

---

① 本节在执笔时对《図説日本文化史大系》Ⅱ、吉田光邦《日本科学史》（講談社学術文庫本）多有参考。

特金森在酿造化学方面颇有建树,其著作《日本酿造编》颇负盛名。他对于日本化学界的先驱平贺义美、高松丰吉、中泽岩太、石藤丰太、吉田彦六郎等均有指导和影响。曾在英国留学的樱井锭二和在美国留学的松井直吉也都是他的门下弟子。戴弗斯于1886(明治十九)年成为化学教授,并奠定了无机化学的基础。垪和为昌是他的后继者。高峰让吉、清水铁吉、下濑雅允、松井直吉等也都在不同的方面做出了科学贡献。

地质学:最早在日本从事地质学活动的是美国专家莱曼(Benjamin Smith Lyman),他曾在北海道进行地质调查。而使日本地质学走上轨道的则是德国专家纳乌曼(Edmund Naunyn),地质调查所就是根据他的建议成立的。继纳乌曼之后,布拉温斯(Ddvid Brauns)受聘来日指导东京大学的地质学教学和研究,并写出了《东京近傍地质编》和《概测常北地质编》等著作。此后,日本学者小藤文次郎、横山又次郎、菊地安等逐渐成长起来,对日本地质学的发展多有贡献。1879(明治十二)年,以北白川宫能久亲王为会长创立了东京地学协会,开展了学术活动。

医学:明治初年首先在日本传播近代医学的是英国医生威尔斯(William Wills)。接着,德国军医缪勒(Leopold Müller)、霍夫曼(Theodor Eduard)等受邀来日,指导日本的医科学生。这些学生中的田口和美、石黑忠惠、长谷川泰、长与专斋、三宅秀等都是早期医学界的佼佼者。日本医学受益于德国专家倍尔茨者尤多。倍尔茨于1876(明治九)年来日,被聘为东京医学校教员,后继续执教于东京帝国大学,精于内科和产科,对寄生虫病颇有研究。他在日二十九年,作为临床专家获得日本朝野人士的极大信赖。日本学者小金井良精,佐佐木政吉、青山胤通、高木兼宽、绪方正规等也为医学的进步作了极大的努力。特别值得一提的是北里柴三郎,他于1885(明治十八)年留学德国,获得了发现血清疗法、培养结核菌及破伤风菌成功等重大医学研究成果。于1892(明治二十五)年回国后创办传染病研究所,出任第一任所长,并发现了鼠疫细菌。此后,日本学者志贺洁(留德)发现赤痢杆菌,高峰让吉(留英)分离出荷尔蒙,铃木梅太郎发现维生素Z等,都是对世界医学的重大贡献。

博物学：所谓博物学是当时对动物、植物、矿物、地质等学科知识的总称。在大学中首先设置了生物学，后来，植物学、本草学、动物学先后从博物学中独立出来。在植物学的确立上，伊藤圭介、矢田部良吉起了很杰出的作用。伊藤圭介是幕末来日的德国博物学家西保尔德（Siebold）的弟子，著有《泰西本草名疏》《日本博物图说》等书，他可以说是从本草学过渡到真正的近代博物学的桥梁。矢田部良吉则构筑了植物标本的基础。美国学者摩尔斯（Edward Morse）对日本近代动物学科的创立贡献很大，他于1877（明治十）年来日，在东京大学教授动物学。他帮助建立了东京生物学会。此外，由于他发现和发掘了大森贝冢，对日本近代考古学的确立也有开创性贡献。摩尔斯在移植达尔文进化论方面也卓有成绩，他不仅在大学的课堂上讲授，还尝试在东京街头作通俗学术演讲，《动物进化论》一书就是他的学生石川千代松根据他的通俗演讲整理而成。继摩尔斯之后来日的美国专家惠特曼（Charlesotis Whitman），指导日本人开始用显微镜进行研究工作。

明治二十年代以后，日本的动物学和植物学都有较快的发展，植物学方面，白井光太郎、牧野富太郎、伊藤笃太郎、池野成一郎、平濑作五郎等一大批日本学者都有辉煌的研究成果出现，如白井的著作《日本博物学年表》、牧野的植物学"记述"和"分类"方法、伊藤的博物学的原形质研究、池野的苏铁精虫发现和平濑的银杏精虫发现等都是彪炳科学史册的业绩。动物学方面也蔚为可观，其中重要的可以举出箕作佳吉的发生学研究，饭岛魁的寄生虫学研究、岸上镰吉的水产动物研究、丘浅次郎的进化论研究和佐佐木忠次郎的昆虫学研究等。

及至明治三十年代以后，日本的自然科学研究已羽毛丰满，逐步脱离了外国专家的传授和指导走上了独立发展的道路。

二、近代产业和经济制度的移植

明治维新前，日本是一个封建的农业国家，资本主义发展比较微弱，幕府和各藩在开国以后虽然创办了一些新式工业，但其质量和数量都是微不足道的。明治政府体察到，要达到"富国强兵"的目的，必须"殖产兴业"，而作为一个后进国家，其有效手段便不能不是移植西方近代产业和经济制度。

明治政府首先关心的是军事工业的发展。和其他工业部门不同，军事工业完全是由政府垄断的。明治政府在接收旧幕藩主要军工厂的基础上，创立了近代的军事工业，其骨干是陆军的两大炮兵工厂（东京、大阪）和海军的两大兵工厂（筑地、横须贺）及其附属工厂。这些企业规模较大，在技术和设备上也占优势。如东京炮兵工厂曾聘请德国、法国和比利时的专家进行指导，从西方国家进口机器设备，不断扩充，到1875（明治八）年它已有五金、火药、鞍工、木工、锻冶、铸造六个车间，并于八十年代初制造出适合日本人使用的村田式步枪。又如大阪炮兵工厂，引进外国技术和设备，于1872（明治五）年造出法国式山炮，1882（明治十五）年又造出钢铜炮。再如横须贺海军兵工厂，在1871（明治四）年建成了炼钢、炼铁、蒸汽锅炉、铸造和船台等分厂，拥有机器设备一百一十六台，并于1880（明治十三）年自行设计和建造了"磐城"号军舰。

运输业和邮电业因为和军事关系密切，也在优先发展之列。明治政府兴建的第一条铁路是东京（新桥）—横滨线，它是通过英国东洋银行募集外债一百万英镑，并在英国技师毛莱鲁的指导下设计修筑的，1872（明治五）年正式通车。接着，神户—大阪线（1874年）、大阪—京都线（1879年）、东京—神户线（1885年）相继通车。与此同时也移植了近代邮政制度，废止了幕府时代的"飞脚"制度。1871（明治四）年在东京至大阪间实行了新式邮递，两年后实行了全国统一的邮资制。1869（明治二）年东京至横滨间电报开通，此后大约十五年间建成了全国的电报干线。电话是在1876年发明的，转年就传进日本，并首先在东京、横滨间试用。

海运业更是在政府的大力扶植下发展起来的。1869（明治二）年10月，政府布告奖励购买外国船只，翌年又制订了保护洋式船舶所有者和奖励海运的政策。先后创立了半官半民的回漕公司和日本国邮船公司，但都因经营不善而解体。最后干脆将十八艘汽船交给三菱公司,给以优厚补贴,支持它与美国太平洋邮船公司和英国半岛与东方航海公司竞争,并取得胜利,形成了"三菱海运王国"。

矿山业是基干产业。明治政府于1869(明治二)年公布《矿山司规则书》,宣布一切矿山归政府所有,并把幕府和诸藩的矿山收归政府经营。同时不承认外国人私有日本矿山和参与经营。矿山业也引进外国采矿设备和技术,聘请外国矿山技师指导开采。官办矿山主要有生野(水银)、佐渡(金、银)、三池(煤)、高岛(煤)、阿仁(铜)、院内(银)、釜石(银)、中小阪(铁)、大葛、真金(金、银、铜)等。其中高岛煤矿,原为佐贺藩所有,1864(元治元)年曾与英国格拉瓦公司合办,以西法开采,1870(明治三)年又改与荷兰波特因公司合办,1873(明治六)年收归新政府所有,1874(明治七)年又廉价处理给后藤象二郎,成为廉价处理官办企业的先例。

工部省在制造业方面也投入了大量的资本,尤其值得注目的是赤羽工作分局(1871年)、深川工作分局(1874年)和品川玻璃制造所(1876年)。赤羽工作分局是一个重要的机械制造厂,在民间尚无机械制造行业的时代起过十分重要的作用。深川工作分局是为发展化学工业而兴办,主要生产水泥和耐火砖等建筑材料。品川玻璃制造所主要生产含铅玻璃和平板玻璃。以上这些企业大都引进欧美技术和设备。

近代轻纺工业也多是由明治政府引进西方设备和技术建立起来的,主要企业有千住呢绒厂、新町纺纱所、富冈制丝所、堺纺纱所、爱知纺纱所和广岛纺纱所等。其中千住呢绒厂是出于制作军服的需要于1879(明治十二)年建成的。首任厂长井上省三曾留学德国学习毛纺及染织技术。建厂时聘请了五名德国技师,进口了毛纺机、毛织机、整纺机等全套毛纺织设备。制丝业方面,在政府奖励下,前桥藩于1870(明治三)年创办了制丝所,技师聘自瑞士,机器购自意大利。同年,小野组以同样方式在东京创建了筑地制丝所。当时以大藏省官僚伊藤博文、涩泽荣一为中心筹划建设一座官营的模范制丝厂,聘请法国工程师波尔·布留那以及一部分技术工人,并从法国进口了全部建筑材料和机器设备,在邻近养蚕地带的群马县富冈町建立富冈制丝所。该厂于 1872(明治五)年建成开工,工人多是士族妻女,学成之后向各地传播制丝技术。棉纺业方面,为了抵制外国棉纱的大量输入,明治政府决定大力发展机器棉纺工业,1878(明治十二)年从英国的曼彻斯特进口全套二千锭纺机设备两套(每套包括弹棉机一台、梳棉机五台、拼条机一台、粗纺机二台、缪尔精纺机四台、磨针机一台),以此开办爱知纺纱所和广岛纺织所。翌年,又进口同类设备十套,并以无息十年分期付款的办法出售给民间。根据民间的请求,内务省又以劝业贷款等方式购进机器,帮助民间兴办纱厂。这样,政府前后扶植建立起十四家棉纺厂。

在移植近代产业的同时,还不断地引进了资本主义经济制度。①

股份有限公司的移植——西方国家盛行股份有限公司制度,日本参照法、德等国有关制度并加移植,称作"株式会社"。1871(明治四)年,明治政府发行《立会略则》等有关株式会社的解说书,以求会社知识的普及。1872(明治五)年颁发《固定银行条例》,正式移植股份有限公司制度。1874(明治七)年颁行《股票交易条例》,1878 年颁行《股票交易所条例》,从法律上保护株式会社制度。在此前后出现了"国立银行""日本铁道会社"等影响较大的株式会社。到八十年代后期,株式会社制度已普及大部产业部门。

银行制度的移植——对西方近代银行制度的移植始于七十年代初。1870(明治三)年伊藤博文仔细地考察了美国的银行制度,认识到银行是"万国无比之良法""将来富国之基本",主张予以移植。当时的大藏大辅井上馨、纸币头(主管货币发行的长官)涩泽荣一接受了他的建议,于 1872(明治五)年颁布了《国立银行条例》。这里所说的"国立银行"指的是"National Bank",原意为与国际银行相对的"国家银行"或"国民银

---

① 我国学者万峰在《日本资本主义史研究》(湖南人民出版社 1984 年版)中对此问题有系统的叙述和研究,本节在执笔时对该书多有参考和援引。

行"，并不具有"国立"之意，但日本人理解不确，以致误译。1873（明治六）年三井组和小野组率先联合建立"第一国立银行"，至1879（明治十二）年已建立国立银行一百五十三家。除了一般银行之外，还出现了像横滨正金银行和日本银行那样的"国策银行"，前者从事外汇管理，后者负责发行货币。

近代货币制度的移植——明治初年正当新旧时代交替，货币制度比较混乱。1869（明治二）年明治政府设立了造币局。1871（明治四）年造币寮开业，以进口的英国机器制造统一货币。同年制定《新币条例》，使用金本位制，其币分为"元""钱""厘"三种，十进位。这是近代日本货币史上第一次金本位制。1872（明治五）年日本政府委托德国印制新纸币发行。1879（明治十二）年用新货币回收了所有旧纸币。1886（明治十九）年实施银兑换制，近代货币制度最终确定。

近代公债制度的移植——公债是一种信用手段，具有资本积累的职能。明治政府较快地采用了西方近代公债制度。1870（明治三）年明治政府的财政收入中，公债及借款占22.9%。公债有中央政府发行的"国债"和地方政府发行的"地方债"。对外借债也采用发行公债的方式，称"外国债"。当时，发行公债虽然有助长通货膨胀的副作用，但由于增长了投资，对资本主义产业的发展起了很大的促进作用。

近代保险事业的移植——日本人原不知保险为何物，明治维新前夕，福泽谕吉自美国回日，携带大批书籍渡洋，担心受损，便与一美国公司签订保险合同，他后来著书立说，宣传保险知识。1879（明治十二）年一个曾在美国学经济的日本人，移植了美国式的保险公司，首创"日本保生会社"。同年涩泽荣一也创办了"东京海上保险会社"。此后，保险公司不断出现，并在九十年代有了更大的发展。近代保险事业既是一种服务事业，又是一种金融事业，它一方面以保险为手段协助产业的发展，另一方面又通过保险公司的特殊储蓄方式活跃金融。

综上所述，无论是近代产业还是资本主义经济制度，都不是原来日本的土生土长之物，而是从西方移植过来的，通过政府政策的作用，使它们在日本生根开花。这中间,虽有生搬硬套不尽适合日本国情的地方,但经过不断的选择和吸收,终于得以发展和成长起来,促进了日本的近代化。

三、司法制度改革与德国式宪法的制定

明治政府自 1871(明治四)年开始,要求修改幕末以来与列强缔结的不平等条约,但是,这种合理的要求却遭到拒绝,而拒绝的主要口实则是:日本没有"泰西主义"的法典和健全的司法制度,因而不能考虑修改包含有领事裁判权在内的既成条约。另外,后进的日本既然要采用资本主义的生产方式,就必须从传统的社会关系中创造和规定出相应的新的社会关系。与外国的贸易以及国内的商品流通等也都需要近代的法典。① 这样一来,改革司法制度,尽快采用西方近代法律便成为与民族独立和发展资本主义有着密切关系的急迫任务。

1872(明治五)年4月,司法卿江藤新平向正院(由太政大臣和左、右大臣及参议组成的决策机关)提出了呈文,要求把原处于各府县地方官手中的审判权独立出来,由司法省统管全国的裁判所(法院)。这一要求立即得到正院的批准。同年8月发布《司法职务定制》,对裁判所的构成和审判制度作了规定,全国的裁判所、检事局(检察院)、明法寮(法律学校)都置于司法省的管辖之下。规定设立五种法院,即临时裁判所(特别法庭,审理有关国家大事的犯罪案件和法官的犯罪案件)、司法省裁判所及其出张裁判所(相当于最高法院及其分院)、府县裁判所、区裁判所。由司法卿兼任司法省裁判所所长。检事(检察官)有权监察各裁判所的判决是否正当,没有检事到厅不能进行判决。另外,一切上诉都必须经过检事,检事拥有包括非常上诉在内的广泛的上诉权限。因而,对于法官来说,司法行政权处于十分突出的优越地位。

---

① 参阅利谷信义:《近代法体系の形成》,见《岩波講座日本歴史》16,1976 年,第 108—109 页。在本节执笔时,对该文多有参考。

《司法职务定制》很快得到贯彻实施。1872(明治五)年8月,在神奈川、埼玉等县设立了县裁判所。仅三个月内,就在二府十三县建立了县、区裁判所。关于检察制度,在1873(明治六)年2月,向十一个县的裁判所派出了检事和检部。同时,《司法职务定制》中也规定了辩护制度。审判的公开制也付诸实行,1872(明治五)年5月,允许新闻记者旁听审判,接着允许户长、副户长、司法官员、法律学校学生旁听。1875(明治八)年以后,一般人均可旁听审判。

1875年设立大审院作为最高法院。1876(明治九)年形成了大审院——上等裁判所——地方裁判所——区裁判所这样一个规范完整的审判体制,两年后又进行了更大规模的完善调整。

关于西方近代法律的采用经历了一个漫长的过程。明治政府成立之后,暂时沿用了幕府时代的刑法典《公事方御定书》。1870(明治三)年以中国的明清律为蓝本,参考历史上的《大宝律令》(701年)和上述《公事方御定书》(1742年),制定《新律纲领》,其总的精神是量刑较宽。1873(明治六)年又颁布《改定律例》与《新律纲领》并行实施,且其量刑更宽。值得注意的地方是将原来的"以口供定罪"改为"依证据定罪"。不过,从整体上看,这些还不是近代的法律,有着很强的封建性。

引入西方法律的工作也一直在进行着。后来成为"明六社"主要成员的箕作麟祥,1869(明治二)年开始翻译法国刑法,转年又翻译民法。当时主持司法工作的江藤新平指示说,"译错也无妨,只求速译"。据说翻译工作是在既无法律注解参考书,又无字典和老师的"五里雾中"进行的。就这样,箕作麟祥完成了法国刑法、民法、宪法、诉讼法、商法、治罪法的翻译,1875(明治八)年由正院以《法兰西法律书》为题刊行。与此同时,1870(明治三)年10月,江藤新平在太政官制度局设民法会议,以箕作麟祥翻译的法国民法为基础开始编纂民法典,聘请法国专家吉奥尔久·布斯凯参与其事。但后因"征韩论"的对立,江藤退出政府。

在江藤新平之后,井上毅在法律的制定上起了相当的作用。井上毅留学巴黎学习法律,回国后成为司法省的少壮派官僚。他于1875(明治八)年3月批评法制建设迟迟不前说:"内而法制不立,拷问不废,一切因循武门旧习,为开国诸国嘲笑;外而我国法不行于我国土,以至于外人强奸我妇女而不能逮捕罪犯,独立之气象安在?此盖因习法之权不振所致。"他强调指出,"为了起草治罪法、刑法、诉讼法、民法、商法及万国公法中的私法,应分别设置专职官员,使之起草法案,并待案成之后付诸公议"①。这表现了当时不少日本人为改善国际地位而要求加快法制建设的急切心情。1876(明治九)年开始了包括宪法在内的各种法典的编纂。

近代法律的编纂是以外国专家为中心进行的。1875(明治八)年日本政府聘请巴黎大学副教授法国人保梭纳德(G. E. Boissonade)担任刑法的起草和法典编纂的指导。1880(明治十三)年由他主持起草的刑法和治罪法(刑事诉讼法)完成并公布,②1882(明治十五)年正式实施,此即所谓"旧刑法"。该刑法系以法国刑法典为蓝本,它确立了罪刑法定主义,即凡法律上未加禁止的行为不为犯罪。这部刑法比较宽松,据说保梭纳德原主张将废止死刑写进刑法,但遭到井上毅的反对,最后规定对进行叛乱和暴动的首谋者处以死刑。该刑法一直使用到1907年。

民法的正式编纂是1880年6月在元老院民法编纂局开始的。民法中的财产法即财产编也是由保梭纳德以1804年的法国法典为蓝本起草的,它以自由主义为基调,个人主义色彩甚浓。强调人无性别、身份之差,在法律面前一律平等。对等的人在权利义务的平等关系之上,构成物权和债权关系。总之,贯穿在民法典财产编的是个人意志自由、尊重个人所有权和过失责任主义等原则。但是民法典中的身份法即人事编,却是由日本人起草的。这部分与财产编大异其趣,一个家庭内部的人与人已不处在平等的权利义务关系之上,户主与其他家庭成员形成支配和服从的关系。这样,近代法和封建法的精神共栖于同一民法典中。这样

---

① 《井上毅傳・資料編第一》,第54页。
② 关于保梭纳德帮助日本起草法律,有过一些很有意思的传闻,据说某日他正在研究有关民权的法律草案,忽听楼下骚然有声,他一看,原来是司法省的官员正在地下室拷问嫌疑犯。他以辞职相威胁,才使1876(明治九)年规定拷问为非合法行为。

的法创造出了奇特的日本人,他们的上半身处在资产阶级市民社会中,而下半身却浸泡在封建的家庭关系之中。① 这部民法典在1890(明治二十三)年公布,决定自1893(明治二十六)年开始实施。但是出人意料,就是这样一部新旧杂陈的民法典却激起了轩然大波。明治二十年代正是对西洋文化吸收风潮进行反思和批判的时期,民法典财产编中洋溢的个人主义的自由主义思想遭到由东京大学法学部毕业生所组成的法学士会的强烈反对,围绕该法典应否尽快实施而形成了断行派和延期派的尖锐争论。延期派以穗积八束为代表,认为民法典充斥天赋人权说,破坏社会伦常,声言"民法出而忠孝亡"。断行派以梅谦次郎为代表。指出家长权乃封建遗物,未足保存。这就是日本近代史上有名的"民法典论争"。论争之后,在1892(明治二十五)年的议会上,终于决定延期到1896(明治二十九)年实施。为了完成民法典,特意组成了以总理大臣伊藤博文为总裁的法典制定委员会,并任命了一个三人起草委员会。有意思的是,这三位负责起草工作的法律学教授有着不同的学问背景:穗积陈重主要学英国法律,富井政章学法国法律,而梅谦次郎则兼学德、法法律,他们对民法典进行了修订。但整个的民法典受德国萨克森民法影响较大。这部民法典自1898(明治三十一)年起一直实行到第二次世界大战结束后不久。

商法的起草是由德国专家赫尔曼·罗斯勒(Hermann Roesler)担当的。它的蓝本是1861年的普通德国商法。罗斯勒于1884(明治十七)年完成了起草工作,几经周折和修改,终于在1890(明治二十三)年公布(是为旧商法),自1891(明治二十四)年1月1日起正式实施,但因遭到一部分学者和商界人士的反对而被搁置,直到1899(明治三十二)年才在多次审议、重修之后公布实施,是为明治商法。

民事诉讼法和刑事诉讼法也都是委托外国专家起草,在1890—1891年公布和实施的。

---

① 参阅石田一良:《日本思想史概論》,吉川弘文館1963年版,第262页。

应当指出,在制定和完善法律的过程中,固然采纳了欧洲国家的很多具体的法律条文,但最重要的还是近代欧洲某些法律原则的采用,如"权利"观念的引进。"权利"是和"义务"相对的,但在明治维新以前的日本社会,无论在法律上还是在习惯上,都只有"义务"观念,而无"权利"思想,因而所谓"个人权利"是日本人完全生疏的概念。作为法律用语"权利"一词是幕末派往荷兰留学的津田真道在《泰西国法论》中最早翻译和使用的,而在明治维新后制定的法典中才出现了"权利"概念,这包括对事物(inrem)和对人(inpersondm)的"权利"。① 又如罪行法定主义(即凡法律上未加禁止的行为不为犯罪)的采用,在德川时代法典是不公开的,它们只是给官员看的,一般百姓只能得知一些有关明令禁止的行为的简单条令。这样,官员在个人行为方面或在约束百姓的行为方面,便具有很强的随意性。而实行罪行法定主义,便要求让国民知道法律,知道哪些行为是法律所禁止的。罪行法定主义的原则来自法国人权宣言的第八条,是近代刑法典的主要精神,它的采用对于日本法制史来说,具有划时代的意义。

在近代法体系的创制中,宪法占有重要的位置。1876(明治九)年,元老院奉诏"广为参酌海外各国成法,以定国宪"。元老院在研究西方各国宪法(尤其是普鲁士和比利时的宪法)的基础上,1878(明治十一)年完成《日本国宪按》。经过修改之后,1880(明治十三)年题名《国宪草案》正式提出。但是它的某些条文很难为当时主张加强皇权的当政者所接受。如"皇帝行即位之礼时,应召集两院议员,宣誓遵守宪法"(第一编第二章第四条)。又如"皇帝、元老院及代议士院共同行使立法权"(第四编第一章第一条)。元老院的宪法草案遭到岩仓具视、伊藤博文等的指责,以"不合日本国体"而被废弃。

1881(明治十四)年,主张实行英国式议会内阁制的大隈重信被驱逐

---

① 参阅 G. B. サンソム:《西欧世界と日本》下卷,金井圆等日译本,筑摩書房 1966 年版,第 205 页。

出政府,明治政府正式决定以"钦定"的形式制定普鲁士式宪法,将起草事项委托给参议伊藤博文。伊藤博文于1882(明治十五)年3月出发前往德国,5月到达柏林,一方面就宪法问题就教于德国学者格奈斯特(Rudolf Gneist)和毛塞(Albert Mosse)(大体不外乎如何加强君权和削弱议会之类),一方面访问政府机关,考察议会制度、政府组织和地方制度等。此后,他又前往维也纳听取著名宪法学者斯泰因(Lorenzvon Stein)的指教。当时的德意志帝国在国家体制上有着鲜明的特征,如在议会制度方面,作为最高行政首脑的宰相不对议会负责而对君主负责,由普选产生的众议院权限极小。又如在军队的统帅权方面,无论政府和议会都无权过问,军人直接对皇帝效忠并接受其指挥。总之,其主旨是君权大,民权小。这和英国的君主立宪制度大相径庭。伊藤博文在听取了德国宪法学者面授机宜和收集了必要的资料之后,1883(明治十六)年8月回国。

1886(明治十九)年在伊藤的领导下,由井上毅、伊东己代治和金子坚太郎执笔,正式开始了宪法的起草工作。日本政府聘请的法律专家,先后任外务省顾问和内阁顾问的德国学者罗斯勒则充任这个起草班子的指导。起草工作在极端保密的状态下进行。1887(明治二十)年完成草案,经过审议修改,1888(明治二十一)年最终敲定上呈天皇。

1889(明治二十三)年2月11日举行了颁布《大日本帝国宪法》的大典,首先宣读了发布宪法的诏书,然后由枢密院议长伊藤博文将宪法捧呈天皇,天皇接过后授予内阁总理大臣黑田清隆,黑田则跪而受之——表明这是一部钦定和钦赐的宪法。

根据《大日本帝国宪法》,一切立法、外交、财政、军事等大权均集中于天皇手中。国务大臣"辅弼天皇",由天皇任命,并对天皇而不对议会负责。由贵族院和众议院组成的议会权力很小,只具有审议预算等非实质性权利。天皇可以"敕令"的形式不经议会而制定法律。

臣民有选举议员的权利,但妇女及每年纳税不及十五元者除外。据统计,在当时全日本的四千万人口中只有四十五万人也即1.1%的人有选举权。总之，普鲁士宪法抬高王权、压抑民权的精神悉被吸收。但不论怎么说，天皇毕竟要经由宪法来进行统治，人民的参政权和基本人权尽管加上了种种限制也还是得到承认。另外，它也是从来不知宪法为何物的亚洲国家中出现的第一部宪法，对邻国有着一定的积极影响。

日本人民群众表现出另外一种选择倾向，即希望移植英法式宪法，并在自由民权运动中草拟出了很多相当进步的宪法草案，但都被当权者拒绝。在《大日本帝国宪法》发布之日，一般国民不知其内容奥妙之所在，如醉如痴，狂热相庆，而自由民权运动的理论家中江兆民通读全文"只有苦笑而已"，他慨然叹道："我国民之愚而且狂，何至于此！"就是这部宪法，一直实施到第二次世界大战之后才被废止。

四、生活方式上的"文明开化"

明治初年在学习西方的热潮中，日本人的生活方式和风俗习惯也发生了很大的变化。其中有些是自上而下地模仿流行起来的，有些则是明令改易的。

在衣饰上，陆、海军、警官等首先采用西式军服。1871（明治四）年天皇易服，作为新时代的国家元首，模仿西方君主，着军装式洋服。与此相应，皇后也采用西方贵妇人的服装，戴法兰西式华丽宝冠。1872（明治五）年太政官令，制定官吏的大礼服和通常礼服制式，废止原来的"直垂""狩衣""上下"等日式服装。教员、学生、医生、律师、记者等采用洋服者较多，而一般民众和广大乡村地区则不甚风行。明治初年，日本人的服饰表现出一种东西杂陈、日洋纷呈的特色，如身着西装却足登木屐，或里穿西服却外罩羽织（和服外套），或上着和服却脚踏皮鞋等。当时，清朝有位叫李筱圃的人到日本游历，对此大加嘲讽，评为"西头东足，东头西足，不成东西"。西式手杖、阳伞（旧称"蝙蝠伞"）也多有使用。不少陋习也遭到禁止，如江户时代旧俗，女子结婚须染齿（把牙齿染成黑色）剃眉，1870（明治三）年政府明令禁止华族妇女沿袭此俗。1871（明治四）年政府下"散发废刀令",允许剪洋式发型,次年3月天皇率先剪发,命官员劝导人民群众改变发式。在某些地方,对剪新发型的理发馆免征税金,而对理旧式发型的店铺则课以税金。大体到1888年前后,全部革除了旧发型。当时的俚俗歌谣中有所谓"敲敲剪发头,发出文明开化声",可见剪发被视为文明开化的象征。

日本人受佛教戒杀生思想影响较深,历来少吃肉食,加之,屠夫多由贱民秽多担当,一般人便以为,经他们摆弄后肉不清洁,所以即使偶尔吃肉,也要关上拉门勉强入口。然而,明治四、五年文明之风一开,日本人被告知,日本人之所以矮小,体质不如西洋人,就是因为不吃肉,吃肉便也成为文明人的象征。1871(明治四)年天皇开始喝牛奶,1872(明治五)年正月二十四日,天皇正式进食牛肉。在这股吃肉风袭来后,不吃肉者被嘲笑为"顽固不化之徒"。据说明治初年,东京府每天平均宰牛一头多,而到明治五年末,每日平均宰牛猛增到二十头,若以每人吃半斤计,则吃者可达五千人,假名垣鲁文写的《牛店杂谈安愚乐锅》记载了时人争吃牛肉的盛况。根据1872(明治五)年的政府令,和尚也可以吃肉、娶妻和蓄发。历来只吃大米的日本人也开始吃起面包、饼干和洋式点心来,据记载,东京以制作出售洋点心著名的风月堂,1868(明治元)年曾接受萨摩藩军队的订货,提供了可供五千人食用的饼干。这个店还雇用外国师傅制作洋式点心。葡萄酒、啤酒、威士忌等酒和咖啡、冰激凌等饮料也渐为日本人所饮用。当然,这些多限于城市和上层社会。

洋式建筑江户时代已开始出现,但那时多是供外国人居住的公使馆、住宅和饭店。日本人自用的洋式建筑多在明治年间出现,主要者有1869(明治二)年建成的大藏省分析场。为英国工程师设计,其用砖也购自英国。1872(明治五)年建成的第一国立银行五层建筑、内务省和大藏省的官厅、1874(明治七)年建成的工部大学校等都是当时有名的洋式建筑。东京银座的红砖造洋式商店街,则系政府出资建造而租给商人作为店铺使用的。1874(明治七)年刊行的《东京新繁昌记》,对于该文明胜地特志文以记其盛,文中有"见地球仪初知世界圆,入银座渐觉石室美,……入此新街者复不能与尘坑雪院邻居也……有此筑造所以增都下繁昌而开人民智识之器械也"之句。接着,作者礼赞其"巍峨耸于苍空,……佳丽无不尽。……一车薪火不能烧,百转雷不能震。……街道幅广七间,两侧载数种树木。……全街粲然无一点尘。……石室则模英京伦动(伦敦),街道则拟佛(法)京巴黎。……自京桥连新桥,真都中都,而可称繁华中繁华也"。作者使用了蹩脚但却富于激情的汉文描绘了西式商店街所洋溢的开化之风。

在都市交通方面出现洋式马车和人力车。据报载,1872(明治五)年有人力车四万辆。人力车即后来传入中国的"东洋车"(或曰黄包车),以人拉人,本无"文明"可言,但比之于江户时代的"驾笼"(轿子)还是要先进多了,故也被看作文明新事。

1876(明治九)年,东京市内的通衢要道上安装了三百五十盏瓦斯灯,在暗夜中大放光华,象征性地显示了开化精神的光彩。

洋乐、洋舞也在上层流行。1883(明治十六)年修建的洋式建筑鹿鸣馆成为达官贵人与洋人交际的场所,在这里经常举办大规模舞会,但是,在长时期内一直成为热门话题的还是1887(明治二十)年4月20日晚在伊藤博文官邸内举行的化装舞会。达官贵妇,绅士淑女,参加者凡四百余人,饰古今内外人物,真可谓无奇不有。

其他,日本人在1872(明治五)年也采用了阳历,还实行了七曜制(七天为一星期的制度)等。报纸也逐渐发达起来,在社会政治生活中发挥作用。

在这股欧化风潮中也出现了一些极端性的意见,如认为日本式的传统生活应立即全部西化,日语也应放弃等。这些意见虽表现了日本人追赶西方国家的急切心情,但终不免失于浮浅和浮躁。

最后还须指出,即使在"文明开化"的大潮中,对于外来文化的吸收也呈现严重的不均衡性。一般说,社会的上层和城市地区吸收得快而多,而社会的下层和农村地区则吸收得慢而少。如以发型而论,1871(明治四)年政府下剪发令,次年三月天皇率先剪发,官僚及社会上层人物紧随其后,但东京的下层人民却在此后相当长时期内"面目依旧",所以1877(明治十)年清朝首任驻日副使张斯桂到东京时,看到的"东京男子"还是这样的形象:"男儿膏沐首如蓬,鬓发长留顶发空,得得数声高木屐,纤纤一握小烟筒……"①诗中的所谓"鬓发长留顶发空",指的便是江户时代男子的标准发式——自前额至头顶剃光(所谓"月代"),而脑后侧留着一个弯曲的长发髻(所谓"丁髻")。而"东京女子"也依旧是江户时代盛行的打扮:"归妹及期眉鞭豹,使君有妇齿涂鸦"②,即已婚女子把眉毛剃掉,牙齿染黑。可见剪发令颁布六七年之后,东京市内下层民众尚未"文明开化"。农村地区当会更慢,如政府明令实行阳历以后,不少农村还按阴历行事。至于在"享受"外来文明方面,上下城乡之差则更为悬殊,如我们在日本电影《啊,野麦岭》中所见,其一方,达官贵人与夫人小姐洋装翻飞,舞于豪华馆邸,而另一方,纺织女工在"血汗制度"的重压下,挣扎于机械之旁。这可以说是准确而形象地表现了"文明开化"的不同侧面和多种涵义。

本章原载于《文化的抉择与发展》十,天津人民出版社 1993 年。

---

① 张斯桂:《使东诗录·东京男子》,参阅武安隆、熊達雲:《中国人の日本研究史》,六兴出版株式会社 1989 年版,第 112—113 页。
② 张斯桂:《使东诗录·东京妇人》。

第六章　大正至昭和初年的日本大众文化

有如所知,明治时代日本吸收外来文化的主要对象是以英、法、德为中心的西欧文化,但大正时代以迄昭和初年,日本吸收外来的方向却有明显的改变,那就是美国文化的一些重要方面首次上升为主要的吸收对象。

大正时代的诗人兼作家萩原朔太郎曾写道:"新世界的美国,最近在物质上极尽繁华。随着生活的提高,人心也健康洋溢。而且直到最近以前,他们尚无任何艺术……但最近,渐渐地,美国人创造了一种独创性的文化:美国文化!虽然它还是一种模糊的概念不明的东西,但在有形无形之中,已能感到某种惊人的力量自大洋彼岸向此方迫近。"[1]

事实确如萩原所说,美国在不知不觉中强大起来了。美国于1917年宣布参加世界大战,并于战后的20年代迎来了经济上的繁荣,大批人口由农村移往城市,使城市化加速进行。而汽车业、电气业、电影和无线电广播等新产业的兴起,又促进了城市文化的发展,并使以小汽车、家用电器、电影等为主要"道具"的美国生活方式初具形态,也使以电影、广播、棒球、时装、商业报刊、流行歌曲、明星等为主要内容的大众文化初步形成。

---

[1]《萩原朔太郎集》(《日本现代文学全集》第60卷),讲谈社1980年版,第330页。

壮实有力、新鲜而有趣的美国文化深深地吸引了日本人。而战后日本资本主义的发展和城市化以及新中产阶级①的扩大，又为吸收这种文化提供了社会土壤和可能。

一、大众文化初具规模

从根本上说，大众文化的形成是文化和产业相结合的结果，或者说大众文化是文化产业制造出来供市民消费和享受的文化。大正时代，借助于西方传入的新技术（如转轮印刷机、通讯机械和照相、电影、录音等技术），使文化产业得以形成。文化的大量生产和商品化，使文化本身由相对封闭走向开放，也使更多的人能够享受文化。这和大正时代的德谟克拉西氛围、强调和注重"文化"②的风气都是相适应的。

以报纸而论，大正年间《朝日新闻》和《大阪每日新闻》都有较大扩张，发行量急剧增加。如《大阪每日新闻》1912（大正元）年发行量为28万份，1916（大正5）年为46万份，1921（大正10）年为71万份，1924（大正13）年突破百万而为111万份，1926（大正15）年则更增加到230万份。③在印刷技术上，该社于1922（大正11）年自美国购入高速转轮印刷机，一张四版的报纸每小时可印刷7.2万份。这一时期杂志也出现林立局面（最著名者为《中央公论》），其中大众杂志尤盛，如讲谈社的《雄辩》《讲谈俱乐部》《趣味俱乐部》《现代》《国王》，博文馆的《新青年》，石川武美主持的《主妇之友》等均属此类。曾风靡一时的大众娱乐杂志《国王》，1925年创刊，两年后的1927年销售量即达数百万份。这一时期的大众传播媒体对美国的情况和现代时尚多有报道，如《中央公论》杂志，昭和四（1929）年11月号和12月号连续刊登了清泽洌的两篇"美国通信"：《速度之国亚美利

---

① 新中产阶级，即所谓"中流生活者"，或直接使用外来语称之为"撒拉里曼"。这一称呼始于并盛于大正时代，主要是指具有中等以上学历的中层管理人员、专业技术人员和公务员等。
② 大正时代"文化"一词成为摩登语，如有所谓文化住宅、文化村、文化桌、文化灶、文化碗、文化炊帚、文化馒头等，不一而足。
③ 南博等：《大正文化》，劲草书房1965年版，第121页。

加》和《跨越两栖怪物》。翌年4月号上又刊登了柳泽健的《亚美利加发现》等。这无疑加深了日本民众对美国文化的了解。《主妇之友》和《女性》对介绍和引进美国现代时尚和生活方式也发挥了很大作用。

再说电影。电影是1896年发明的,翌年即传入日本。日本最早的电影院是1903(明治36)年在东京浅草开设的"电气馆"。从1908(明治41)年到1910(明治43)年的三年间,出现了四个制片厂,即吉泽商店的东京目黑摄影所和M百代商社在东京大久保,横田商会在京都法华堂,福宝堂在东京花见寺分别设立的制片厂。1912(大正元)年,四厂合并而成"日本活动照相股份有限公司"(简称"日活"),并开始在东京和京都两地大量制作电影。① 早期的电影不过是些奇物异事,供人观赏娱乐,或以固定不动的摄影机拍摄舞台戏剧而已。1915年,美国著名电影导演格里菲斯拍成历史性巨片《国民之创生》,并完成蒙太奇技术,奠定了现代电影艺术的基础。而卓别林电影对平凡生活的自然表现和他特有的幽默风格等,都对大正年间的日本电影带来很大的影响。

日本最早的电影导演和制片人是牧野省三,他被称为"日本电影之父"。最早出现的电影明星是尾上松之助,他一生主演的电影在千部以上,内容多为忠臣义士、侠客义盗之类。1918(大正7)年归山教正归自美国,开始在日本电影界推行革新,倡导"纯电影剧运动"。他力求使电影摆脱戏剧,成为独立的艺术形式,主张废止幕后台词,使用字幕和采用女演员,并首次把电影剧本引进日本。在他的努力下,"日活"制作出了《生之光辉》和《深山少女》两部新型电影。大正中期,由于几位在好莱坞学习电影的日本青年的归国,使日本的电影也更上一层楼。其中有栗原托马斯(导演,在日本第一个采用分镜头剧本)、小谷亨利(摄影师)、阿部丰以及田口樱村等。他们把美国电影的新观念和新技术带回日本,使日本电影开始在现代电影技术的天空中自由飞翔。此外,应当一提的还有早川雪州,由于他在好莱坞的卓有成效的活动,使日本在美学习电影的青年人才辈出。

---

① 参阅岩崎昶:《日本电影史》,钟理译,中国电影出版社1981年版,第11—14页。

由于电影主要是一种视觉的艺术，直观易懂，所以最具有大众性。它在传播美国文化方面起着十分重要的作用，如大正时代的评论家柳泽健曾经指出："就对社会人心的文化影响而言，这种（美国）电影的流行远比威尔逊关于自由与人类的堂堂宣言……更加能强烈、深刻和广泛地震荡、改变和醒悟人心……其中不仅有外在的'西方'，还有内在的'西方'……使一般民众在笑声中就能很好地理解了西方。在日本文化史上，电影可说是摄影的'开港'。"①

大正至昭和初年，摄影也开始成为新兴媒体。摄影在幕末已传入日本，明治二十（1887）年前后进入商业照相时代。由于战争（甲午及日俄战争）的需要，新闻摄影大有发展，如博文馆1904（明治37）年创办的《日俄战争实纪》，每期发行10万份以上。日俄战争以后，除新闻摄影外，艺术摄影也开始盛行，这主要是有产阶级玩赏趣味和文化修养的提高所造成。进入大正以后，摄影才出现普遍化倾向。第一次大战前后，由于购进美国伊特曼公司生产的廉价相机，加上战后的景气，出现了民间的照相热。同时由于德国是交战国，大战期间德国产照相器材断绝了进口，使日本不得不努力振兴照相工业。1917（大正6）年"日本光学"，1919（大正8）年"高千穗光学""旭光学""东洋干板""奥里恩塔尔"等公司相继出现，使日本的照相产业正式形成，不过其技术水平很低，还不能与外国产品相提并论。而摄影作为新兴媒体的出现，则大体是大正末年到昭和初年的事情。

早在明治时代，在商业性开业摄影师之外，已存在有业余的摄影家群体，如1889（明治22）年成立的"日本写真会"，由榎本武扬子爵任会长，东京帝国大学教授威廉·巴顿为副会长，成员多为富商、学者等上流社会人士。及至大正末年和昭和初年，由于技术的进步和照相器材的国产化，新兴的中产阶级也可以问津摄影，从而使业余摄影爱好者的队伍迅速扩大。1926（大正15）年关东地区有业余摄影家团体201个，而关西

---

① 见《中央公論》第33卷第9号，第69—70页。

则有219个。① 这些团体于此年共同筹建了"全日本写真联盟"。而且，大正年间也出现了一些摄影杂志，如《照相机》（阿尔斯，1921年）、《朝日画报》（朝日新闻社，1923年）、《国际写真时报》（世界画报，1924年）、《摄影时报》（奥里恩塔尔写真工业，1924年）和《朝日摄影》（朝日新闻社，1926年）等。业余摄影家的后援团体原来多是照相器材的产销商，但后来逐渐被报社或新闻社等大众传播媒体取代。

据说明治时代，日本人对照相一事多心存恐慌，总不能坦然面对镜头，而到大正时代则已习以为常。故论者以为，从幕末司马江汉和佐竹曙山引进西洋画以来，日本人至此才完成"视觉的近代化"。②

大正末年至昭和初年是所谓"新兴写真"运动的蓬勃发展时代。所谓"新兴写真"，其一是指快照的产生，它以德国产"莱卡"小型照相机（使用35毫米胶卷）的应用为标志，摄影家可以轻松地背着它随意活动去捕捉拍摄对象，极大地扩大了摄影家的活动空间。同时，由于新镜头的使用，也扩大了拍摄物的范围，如运动体、夜景等也可以清楚地以摄影加以表现了。"新兴写真"的另一个内容是由于新写实主义理论传入的影响，新的摄影表现技法比之于原来的绘画主义的艺术写真，更注重作品的几何学的构成。又由于这种"构成"艺术的深化，使广告摄影的技术日臻进步。1930（昭和5）年朝日新闻社主办"第一届国际广告摄影展"，进一步推动了广告摄影的兴盛。不言而喻，广告摄影的兴盛又扩大了摄影作为新的社会媒体的作用。

大正时代另一项值得注目的产业是留声机。蜡管留声机系美国发明家爱迪生1877年所发明，翌年便传入日本。日本最早经营留声机的专业商店是位于东京浅草并木町的三光堂（片山潜是经营者之一）。三光堂灌制日本音乐，以耳管（类似于听诊器的听管）饷客，在明治三十年代，每支耳管每客收5至10钱，后降至2钱。1897年德国人培尔里那发明唱片，其技术为很多工业先进国家所掌握。其后，各国唱片公司纷纷

---

① 钣泽耕太郎《作为近代思潮和时尚的"新兴写真"》，载南博编《日本近代思潮和时尚的研究》，布莱恩出版1982年版，第211页。本节在执笔时对该书多有参考。
② 南博等：《大正文化》，劲草书房1965年版，第212页。

来日录音，回国印制，再向日本出口。日本唱片公司的出现是 1904（明治 37）年日美唱片公司成立以后的事情。1909（明治 42）年，该公司为日本留声机商会（简称"日蓄"，即现在的日本哥伦比亚公司的前身）所合并，开始较大规模地生产唱片。进入大正时代后，出现了很多唱片公司，但后来几乎全部被"日蓄"并吞，形成托拉斯，因而大正时代的唱片产业是以"日蓄"为中心发展的。1915（大正 4）年，由饰演《复活》女主角而走红的松井须磨子灌唱的《卡秋莎之歌》（岛村抱月、相马御风词，中山晋平曲）唱片发售时，一举卖出两万张。1917（大正 6）年同为松井须磨子灌唱的《流浪之歌》（北原白秋词，中山晋平曲）在该年五、六两月间甚至卖出了 27 万张（按，当时唱片的月产量为 10 万张）。随着日本经济趋于景气，购买力提高，虽价格有所增长，但唱片销路一直很好。到 1929（昭和 4）年，由佐藤千夜子灌唱的《东京进行曲》①（西条八十词，中山晋平曲）发售时，也销售到 25 万张左右。至于 1931（昭和 6）年发售的《酒是眼泪还是叹息》则更高达百万张左右。同时，引进到日本的外国流行歌曲，如《我的蓝天》《阿拉伯之歌》等经译制后，1928（昭和 3）年其唱片售量也高达 20 万张以上。总之，唱片作为新兴媒体已日臻成熟。由于唱片业的烘托，大众文化不可或缺的景观——歌星也在此一时代冉冉升起。

无线电广播这一新型媒体也是在大正年间发展起来的。1920 年美国开始无线电实播。两年后的 1922（大正 11）年，日本开始无线电播音的实用化研究。新闻机构对此表示了极大的兴趣，如《东京日日新闻》和《东京朝日新闻》都在此年进行了实验。1924（大正 13）年 4 月，《大阪每日新闻》自位于堂岛的报社内向大阪市内的三越、大丸、十合、高岛屋等商场传播新闻、行情和选举速报等，引起行人在速报板前围观，电车为之不通。1925（大正 14）年 3 月 1 日，东京广播电台 TOAK 开始播音。据说当时全国仅有收音机 3500 台，翌年则迅速发展到 24.5 万台。因当时

---

① 论者以为，《东京进行曲》是一首颇具时代特征的代表性流行歌曲，如歌词中出现有"爵士乐""地铁""电影""洋酒""舞女""巴士""咖啡""郊外私营电车""百货商店""马克思男孩"等摩登词汇。

除唱片外尚无其他录音设备,所以全部节目均为直播。如3月1日,上午9时半以海军军乐队的管弦乐开始,下午继之以正在东京演出的意大利歌剧团演唱的《蝴蝶夫人》和《茶花女》的咏叹调,晚上则为外山国彦独唱、山田耕作钢琴伴奏的歌曲等。为了播音的需要,1925(大正14)年正式成立了以山田耕作为核心的日本交响乐协会(现NHK交响乐团的前身)。除西洋的声乐、管弦乐和爵士乐外,日本音乐也占有相当地位,如以筝、笙、尺八、三弦等日本乐器演奏的音乐和伴奏的歌曲等。所谓"歌谣曲"(即现在所说的流行歌曲)也是随着电台的播音活动而兴盛起来的。在早期的广播音乐节目中,"和洋合奏"和口琴曲也占有一定的地位。所谓"和洋合奏"是指将日本的三弦曲加以改编而由管弦乐团进行演奏,它原来多用于日本电影的配乐,而口琴曲也主要用于美国电影的配乐,但现在均直接作为独立的音乐作品用于电台播放。广播剧也开始在节目中出现。广播剧是由英国广播电台BBC首创的,翌年由小山内薰翻译介绍到日本并自导自演。这出名为《煤矿井下》的广播剧遂成为日本广播剧的滥觞。由于电台以500日元的高稿酬征集剧本,昭和初年产生了一批优秀广播剧,如里见弴的《有一对夫妇》、小山内薰的《珍客》、久保田万太郎的《浮世床小屋》和山本有三的《雾中》等都是这种被称为"500日元广播剧"的作品。1928(昭和3)年冈崎重太郎所作《看不见的山顶》更被认为是这一时期广播剧的极品。

当时曾有这样的标语来赞扬无线电广播:"天线如山映都市,无线林结文化实"。东京广播电台的总裁后藤新平,曾经以以下四点来概括无线电广播的职能:(一)提供文化上的机会均等。(二)家庭生活革新。可以以收音机为中心,体会全家团圆的乐趣。(三)教育社会化。(四)经济机能的灵活。这一归纳似较全面地说明了广播这一大众媒体给社会生活各方面带来的新变化。

另外,在各种媒体长足发展的基础上,还出现了媒体连锁化的现象,即在一个媒体上出现的信息,会不胫而走地跨越到其他媒体上,如以《东京进行曲》为例,在1929(昭和4)年由佐藤千夜子演唱,一炮打响之后,各媒体以不同的形式纷纷炒作：作家菊池宽将唱词中的朦胧"情节"演绎成言之凿凿的通俗小说在大众刊物《国王》上连载，广得好评；导演沟口健二则又加改编移植，由"日活"公司制成同名电影；而日本比库达将歌曲制成唱片，又由电台不断向全国播出。这样，在出版、电影、唱片、广播的协作下，由"机械"这样的新媒体所制造和传送出来的活字、映像、音声、音乐等相互联系，相互渗透，并以其联合的效力，把大众文化广泛而深入地传送到人群中去。和明治及大正初期相比较，信息的传播已不再是以报纸为主体的平面性传播，而是由无线电、报纸、杂志、电影、唱片等多面地立体性传播。情报量也以前所未有的规模扩大了。所谓情报文化社会也就在大正末到昭和初拉开了序幕。①

综上所述，在日本经济发展的基础上，由于受到美国大众文化的刺激和影响，日本的文化产业开始形成，大众文化初具面目，可以说，它就是我们今天所看到的日本大众文化的雏形。

二、新东京人及其生活方式

大正年间以迄昭和初年，日本人的生活文化也在一定程度上受到美国文化的影响而有较大变化。

从根本上说，这一时期对美国生活方式能进行某种程度的采纳，是事有凑巧，1923年（大正12年）东京发生的毁灭性大震灾也为此起了一定的促进作用。大地震震塌和烧毁了12.7万户房屋，使帝都东京的七成化为焦土，旧江户的面目从此不可复识。在重建东京时，坚固的钢筋混凝土便成为首选的建筑材料。如在丸之内一带便出现了内外大厦、东京会馆、有乐馆、丸大厦、邮船大厦等被称为"铁与混凝土的怪物"的大建筑群。震灾不但变换了东京街市的面貌，也在相当的程度上变换了东京的人。死于震灾者9.1万人，而劫后余生者也有很多因失去财产和生计

---

① 参阅平井正、保坂一夫、川本三郎、山田孝延、伊藤俊治：《都市大衆文化の形成》，有斐閣1983年版，第195—197页。

而不得不离开东京。与这种流动方向相反,不少地方人却乘机涌入了东京。在这种人员交换中,不仅旧时的"江户仔"几近绝灭,就是"东京人"也元气大伤,在新舞台上活动的是一种非其族类的"新东京人"。新东京人有新的爱好和派头,如喜欢西餐和中华料理,热衷于买唱片,醉心于美国女电影演员,并容易接受新知识的影响。就是这些被江户仔看不起的乡巴佬,大批涌进东京并站稳了脚跟,用他们"粗野"的生活和情趣压倒了旧东京人的"高雅"文化。① 以致作家梦野久作在震灾一年多后采访东京时指出,东京已变成"培植一切不良政治家、不良事业家、不良学者、不良老年、不良少男少女的堆肥场"②;新东京人以外国文化和大众媒体使东京为之一变。他们创造出了一种与前不同的生活方式。

首先,作为生活洋化的一大景观,银座街头出现了美式打扮的"摩登女"和"摩登仔",并很快向全国波及。关于"摩登仔"的形象,有一首流行歌曲是这样唱的:

> 咱是村里的一号摩登仔,
> 得意扬扬,
> 东京银座来逛街。
> 这一身打扮真叫派:
> 身穿蓝衬衣,
> 颈系红领带,
> 下着肥肥的水兵裤,
> 头上圆顶礼帽戴,
> 再架上个宽边眼镜真够帅!③

---

① 参阅平井正、保坂一夫、川本三郎、山田孝延、伊藤俊治:《都市大众文化の形成》,有斐阁1983年版,第178—179页。
② 转引自平井正、保坂一夫、川本三郎、山田孝延、伊藤俊治:《都市大众文化の形成》,有斐阁1983年版,第180页。
③ 见市川孝一:《流行歌曲中所见的摩登的性爱、怪异、荒诞不经》,载南博编《日本近代思潮与时尚的研究》,布莱恩出版1982年版,第269页。

关于这位"摩登仔"的出身,歌中交代说是当村长的地主的独生子。这样看来,这种时髦不仅流行于城市,而且也波及到农村的上层——尽管歌中有点城里人嘲笑乡巴佬赶时髦的味道。当时男子的时髦发型是一种长发,起初流行于美术家、演员和文人间,而从事社会运动的男士也多留此类发式,所以留长发往往被疑为有危险思想的人。背头也是当时的时髦发型。

至于"摩登女"可说是当时最引人注目的社会群体。她们的外在特征是"断发洋装",即剪西式偏分发型(因头发分开遮盖两耳故此发型被称为"耳隐")和着美式服饰。她们的出现引起了报刊上的不少笔墨官司,如有的论者认为,"摩登女"是不良少女的别称,说"支配她们行动的完全是反复无常,她们不过是托身于瞬间的、燃烧的、刹那的感情而已。唯其如此,比之于精神的其为肉体的,比之于纯情的其为享乐的,比之于奉献的其为交易的,比之于制欲的其为野心的。总之,那些物质性的印象不能不决定她们大体上的特色"。所以干脆称她们为"洋基女"(美国女郎)。① 但是,也有论者认为,"摩登女是作为男性专制道德的对立物而出现的,是以其行为诉说女子的不平",②即和女性的近代意识自觉联系起来。当时已实行了"断发洋装"的女作家望月百合子和吉屋信子等,也公开著文答客难,指出无论是美国的还是其他外国的事物,只要适应自己的生活和便利可行,就可以模仿和学习。女性是独立的社会人,不是玩物,不必从头到脚都去迎合男人的趣味。③ 还有一个事实应当指出,即"摩登女"多是职业妇女,所以她们是以经济的自立为存在条件的。因而,她们的出现有其客观的时代的合理性,并非这部分女士突发奇想要潇洒一回不可。

这一时期是西服普及的时代。大正伊始,正遇上国家的几件"红""白"大事,如1912年(大正元年)9月明治天皇大葬,1915年(大正3)4

---

① 植田康夫:《女性杂志所见的近代思潮与时尚》,见南博编前引书,第136—137页。
② 植田康夫:《女性杂志所见的近代思潮与时尚》,见南博编前引书,第138—139页。
③ 植田康夫:《女性杂志所见的近代思潮与时尚》,见南博编前引书,第138—139页。

月昭宪皇太后大葬和同年11月大正天皇的即位仪式。这使日本全国不同程度地卷入穿着大礼服、燕尾服、西装和晚礼服等西式服装的浪潮中来,也大大提高了民众对洋装的关心度。大正时代西装普及的原因还有如下一些要素:(一)"帝国人绢"开发化纤国产化成功,日本进入化纤时代;(二)洋裁教育形成和发展,如出现了文化裁缝女学校、杉野道勒斯麦卡女学院等服装专业学校,也把西服裁剪制作列入女校课程;(三)广泛举行时装展览;(四)女性杂志对时装的介绍。① 一般认为,女性的自由职业者,如女医生、女教师、女作家、女记者、女演员、女模特等,是时装潮流的引领者。儿童服装也迅速洋化,据报道,仅银座一地即有儿童西服店三十余家。② 一般说,凡官员、教员、公司职员等工薪阶层必须着用西服。在大城市里,在大正德谟克拉西风潮中,西服由新的中产阶级逐渐普及到一般民众。工作服也逐渐西服化,如女护士和电车、公共汽车的女售票员是较早穿着西装制服的。女校也开始采用西装校服,从那时起,水手服便成为日本女学生的代表性服装。昭和初年开始流行连衣裙,并逐渐着用短裤。总之,在城市中西服已趋于日常化。③ 但在农村中,多数地区的衣饰仍处在江户时代的延长线上。④

食生活的西化,明治末年已有相当的发展,如1906年东京已有西餐馆1000多家。大正后半期以后,随着工薪阶层人数的增加,普及化的大众餐馆大增。这些小餐馆一般出售份饭,一碗米饭加上一份"和洋折中"的菜,所费不多。咖喱饭、炸肉饼和炸猪排已成为普及于家庭中的西式家常菜。中国的荞麦面条和馄饨经过风味上的调整也被广为食用。这

---

① 柳洋子:《大正与昭和初期的时装》,见南博编前引书,第204—205页。
② 柳洋子:《大正与昭和初期的时装》,见南博编前引书,第197页。
③ 大正时代究竟有多少人穿西装,当然是一个无从考据的问题,但也有一些"大而化之"的模糊估计,如1924(大正13)年东京有一位叫藤井吉的先生去出席《女性》杂志关于服装问题的座谈会,他在会上即席发言说,"上午九时乘车时,发现有八成人穿西装,我们这些穿和服出门的倒成了被人观望的对象。看来东京人在外出时大多数人是穿西服的。见南博编前引书,第132页。
④ 参阅小西四郎等:《生活史》(《体系日本史丛书》17),山川出版社1974年版,第383—388页。本节在执笔时对该书多有参考。

一时期,面包的食用量大增。尤其历经第一次世界大战、米骚动和关东大地震,米价腾贵,爱吃大米的日本人也不得不多吃些面包之类的面食品。制作面包的技术也大有进步,尤其是酵母的使用,使面包的食用得以普及。明治时代的面包是欧式,味咸,而大正时代的面包是美式,味甜。在点心糖果方面,森永制果公司在大正博览会上推出的牛奶焦糖大受欢迎,很快得以普及。罐头食品的生产和销售也日益增加。在东京和大阪等大城市中,有女招待的咖啡馆和酒吧多有设立。店面装饰也日趋美国化,并取西式店名,每于店堂内大放留声机以招徕青年男女。

在住居生活中,值得注意的是所谓"文化住宅"的出现。当时,在德谟克拉西风潮中,贵族式、封建式的生活遭到批判,文化式生活为人所崇尚。在东京都内拥有大规模邸宅的贵族和富豪,多把邸宅分让出售,而由建筑公司兴建所谓"文化住宅"。这是一种在美国家庭观和建筑观指导下设计出来的仿西式建筑,如在设计思想上比较重视妇女和儿童的家庭存在以及全家的团聚。多以红瓦作顶,大门旁设会客室,内置西式桌椅。住宅采用玻璃窗户,通风和采光均有较大改善。随着煤气的普及,厨房也变得明亮和清洁。当然,能住上这样住宅的是中产阶级以上的人。但总的来看,大正以后日本的住宅不论城市和农村都更趋合理化。

城市交通也有较大发展。由于长距离高压送电技术的具备,20年代连接东京和郊区间的电车线路不断增加,1925(大正14)年还建成了环状运行的小省线电车线(即后来的"国电")。在此之前的1919(大正8)年,东京市街汽车公司已开始营业,公共汽车可通行主要街道和到达繁华市区。

西式的大百货商场此时多有所见,如1919年建成的白木屋、松屋、高岛屋,1920年建成的丸物、大丸和1923年建成的伊势丹等均是。逛商场和逛闹市也成为市民的一种休闲活动方式。当时现了两个新词,一曰"银布拉",一曰"道布拉";所谓"银布拉"是指东京人逛银座,所谓"道布拉"是指大阪人逛道顿堀。

颇能说明20年代东京人生活与精神风貌的,还有以浅草和银座为中心的东京享乐文化。这里有电影院、剧场、商店、餐馆、咖啡馆和各种娱乐场所，只要付出相同的费用就能得到相同的服务。当时最具代表性的城市大众艺术形式是绚丽多姿的音乐舞剧。音乐舞剧于第一次世界大战后流行于西方国家并很快传入日本。音乐舞剧主要追求视觉与听觉的节奏变化，并在混迷与交错的变化中给人一种感官刺激。这种丰富多彩的感觉，被认为酿制出了"20年代快感"的不可或缺的新感觉。音乐舞剧也被认为是20年代东京最尖端的享乐思想的发现。日本最早上演的西式音乐舞剧是，新屋歌剧团1919年（大正8年）演出的《卡尼瓦尔》。但造成最大轰动效应的则是，岸田辰弥创作由宝塚少女歌剧团于1927年（昭和2年）上演的《门巴黎》。该剧共16场，演出阵容270人，场景跨度宏大，由日本的新温泉前、神户码头、香取丸船上到苏州寒山寺、埃及宫殿及巴黎歌剧院等，再加上舞蹈、音乐、服装的变化，舞台设计、灯光的多彩多姿，达到眼花缭乱，如梦如幻，目不暇接的效果。同时，舞台也成了世界各地人种和风情的展览场。与宝塚的法国式音乐舞剧相对抗，松竹乐剧部也推出了"豪华版"美国式音乐舞剧，如《开国文化》《东京之舞》《女性王国万岁》等均是，演出阵容更达700人之多，演员的服饰美、舞姿美、肉体美交相辉映，融入绚丽多变的布景和音乐之中，可谓极尽声色！

这一时期，在生活"道具"方面，也引进并在一定程度上普及了不少新事物，如电冰箱、电扇、电熨斗、照相机、收音机、留声机等。

在休闲生活方面，除了上述的购物、逛闹市、观剧之外，还有游园、打棒球、跳交谊舞、打高尔夫球、打克郎球、看赛马、唱民谣、看电影、喝咖啡、旅游等。总之，在城市生活中，旧的传统的生活方式开始让位于一种新的更富于多样性、更具有经济合理性和文化内容的生活方式。

有关"新东京人"的新生活方式的具象描写，最集中最典型者莫过于谷崎润一郎的小说《痴人之爱》，在此我们不妨粗略地观察一下主人公的日常生活，以弥补以上叙述的不足。

小说中的"我"——河合让治，出身于栃木县宇都宫的一个地主家庭，初中毕业后去东京考入藏前的工业技校。毕业后便进入公司当了技师,月薪150元,后有增加,算上奖金之类,平均月工资400元。这是一个标准的由地方进入东京并置身于新中产阶级的新东京人。

河合让治因崇拜西方文化,尤其崇拜美国当红女影星玛丽·皮克弗德(1893—1979)而寻找了一个长得颇有西洋味的美人,15岁的咖啡馆见习女招待纳奥米做"后补太太"。为了使纳奥米成为一个有资格出现在西人面前的淑女,不惜花大钱进行培养,让她学习英语和钢琴。这对先是朋友后是夫妻的伙伴,住在大森一带的"文化住宅"里,家中摆设西式家具。按小说中所说,他们经常去银座逛街,去常常满员的电影院里看电影,有时还"豁出钱来去趟帝国剧院"。他们几乎每个星期天都去三越或白木屋百货商店,也经常去西餐馆。据说,纳奥米的服装式样多是从美国电影中学来的。他们自置照相机拍照。周一和周五的下午五点以后则去圣坂跟一位白俄的伯爵夫人学跳舞。其后便穿着西服出入舞厅,在乐队的爵士乐伴奏下,与国人同好或外国人一起跳舞。舞间休息时,或喝威士忌,或喝鲜柠檬汁,或喝鸡尾酒。夏天则去海滨游泳、划船,兴之所至,纳奥米引吭高歌《桑塔露西亚》。后来因为纳奥米嫌生活洋化的档次还不够,便干脆搬到横滨的洋人馆去住。总之,河合让治与纳奥米夫妇,可以说是尽情地享受了大正时代新式生活的大众文化。除了物质生活之外,也可以看出,他们的生活理念也发生了一些变化。如纳奥米和两三个大学生以及后来和两个外国人之间的男女关系,论者有用"堕落"和"淫乱"论之的,这固属不错,但却有失简单,因为纳奥米的行为不是单用这两个词就可以涵盖和论定得了的。似乎应当更多地看到大正时代相对开放的气氛和性观念的松动。所谓"东京人堕落"也好,所谓"世风日下"也好,显然不只是某个个人的品德问题,而是某种社会文化作用的后果之一。而这一点我们也是可以清清楚楚地从小说中读出来的。

最后,应当指出,这一时期生活文化的演变,明显地表现出个人主义、家庭中心主义、享乐主义和女性解放意识的发展。

由以上论述可知,早在大正至昭和初年,日本的大众文化已经形成,生活方式也达到了一定程度的西化。明乎此才能理解,为什么战争一结束,美军一进驻,日本似乎就轻而易举地接受了新的生活文化——因为他们对此并不十分陌生。

本章原载于南开大学日本研究中心编《日本研究论集》4,南开大学出版社 1999 年。

第七章　来华日本教习与严修赴日考察

一、新见日本教习
——对汪向荣先生所列《日本教习分布表》名单的补充

日本教习是甲午战争之后,中国人日益迫切地向日本寻求近代化经验思潮中出现的历史现象,也是对明治维新后日本人为学习西方而聘任西方国家教师经验的直接借鉴。尽管在当时,日本政府甚或某些教习个人的指导思想上不无问题,但总的说来,日本教习在中国教育的近代化过程中起过积极作用,在近代中日文化交流史上占有一定的地位,具有相当的研究价值。中日两国的学者,如实藤惠秀、汪向荣、阿部洋①等先生都对此做过深入的研究,并有不少论著问世,尤其汪向荣先生于1988年出版专著《日本教习》②,引起了学术界的注目。书中所载《日本教习分布表》,系汪先生在中岛半次郎、实藤惠秀研究的基础上,根据其他资料增补而成。汪先生反复指出,该表所列教习不可能没有漏误,并希望能不断加以补充和修正。笔者在读书过程中,偶有所获,共得新见教习88人,现加以整理,列成表7-1,作为对汪先生所列《日本教习分布表》名单

---

① 阿部洋先生近著《中国的近代教育和明治日本》,对日本教习有相当翔实而有趣的研究和描述。
②《日本教习》日译本书名《清国お雇い日本人》,由竹内实先生监译。

的补充。当然,此表也不免漏误,敬希补充修正。

表 7-1 日本教习分布表

地区		校名	教习姓名	纪要	资料来源	备注
北京	北京	京师同文馆	杉几太郎	教日语,1898年到馆	《同文馆题名录》	
		京师第一蒙养院	木村	教舞蹈	《严修日记》	
		北京八旗高等学堂	佐伯新太郎		《严修日记》、《东方杂志》1905年第12期	
		豫教女子学堂	佐伯园子		《东方杂志》1905年第12期	疑为八旗高等学堂教习佐伯新太郎之妻
			加羊田操子		同上	
直隶	保定	直隶农务学堂	木原金一	教农学,1904年到校	苏润之《我国最早的农科大学——直隶农务学堂》	
			山崎隆一	同上	同上	
			檀上谦尔	1912年改为公立农业专门学校后到校	同上	
		陆军速成学堂	多贺长雄	步科总教习,中国名贺忠良	杜如松《保定陆军速成学堂的回忆》	
		直隶师范学堂	铃木米次郎	教音乐,东京高等师范学校助教兼教谕	《严修日记》	1904年严修访日时,由直隶学务处顾问渡边龙圣代聘

188

续 表

地区		校名	教习姓名	纪要	资料来源	备注
直隶	保定	直隶学校司编译处	松平康国	主笔	《严修日记》	
			小林鹤藏	译员	同上	
		直隶保定商业学堂	村木谦吉	教商务学,理财学士	《学部官报》第二十一期京外学务报告第145—146页	
			金井宽三	教商务学,法学士	同上	
	天津	南开学校	驹形		《天津南开学校同学录·退职员司》	
			佐野		同上	
			松长		同上	
			平原		同上	
			内田		同上	
			山口		同上	疑为日本租界内的日本小学校教员,此人在《严修日记》中经常出现。
		教养局	门田锁一郎	可能教日语、体操,原陆军中尉,精通汉语	《严修日记》	在赈抚局兼课。按,门田任教养局教习,《严修日记》并无明记。但据前后行文分析,应是在该局任教。

189

续 表

地区		校名	教习姓名	纪要	资料来源	备注
直隶	天津	北洋师范学堂	斋藤保次	教历史、地理	同上	
		北洋女子师范学堂	佐口美都子	教教育学	《直隶教育杂志》第二年第九期、《顺天时报》光绪三十四年一月十二日	
		公立女学堂	丰冈梅	教音乐	同上	1908年任北洋女子师范学堂音乐教习
		严氏保姆讲习所	大野铃子	1905年到所，1908年回国	严仁清《祖父严修在天津创办幼儿教育》	
		严氏女学	川本	教日语、音乐	齐植璐《天津近代著名教育家严修》	
			山口	教手工	同上	疑为南开学校教习山口之妻
			野崎	教纺织	同上	
	山东	山东优级师范学堂	南儿道	教地理	王祝晨《清末山东优级师范学堂杂记》	
			马场	教天文、气象	同上	
			土佐林	教博物	同上	
			丰田孤寒	教教育学	同上	

续　表

地区		校名	教习姓名	纪要	资料来源	备注
江西	南昌	江西省城高等学堂	冈崎平三郎	教物理、化学,工科大学工学士,1905年8月到校,1907年2月为江西铁路公司借调	《学务官报》第三十五期京外学务报告第306页	
浙江	杭州	浙江两级师范学堂	铃木克己	教西洋学	《浙江两级师范和第一师范校史志要》	
		杭州蚕学馆	西原德太郎	教蚕学	朱新予《蚕学馆——中国第一所纺织学校》	
		浙江武备学堂（1906年停办，改设陆军小学堂）	斋藤季次郎	总教习	《清朝续文献通考》	
		杭州开导学堂	伊藤贤道		高平叔编《蔡元培全集》卷一	与蔡元培有交往
	绍兴	绍兴中西学堂（1899年改为绍兴府学堂）	中川外雄	教日语、体操,1899年到校	《浙江省立绍兴中学五十周年纪念册》	
			藤乡秀树	教测绘、日语、体操,1900年到校	同上	
		宁波府中学堂	石井旭溪	教体操	商务《教育杂志》宣统元年第五期	

续　表

地区		校名	教习姓名	纪要	资料来源	备注
江苏	南京	两江师范学堂	平田德太郎	教理化，理学士	《两江师范学堂同学录》	
			须田哲三	教农学，农学士	同上	
			小野孝太郎	教博物，理学士	同上	
			早濑完二	教法制，法学士	同上	
			松田茂	教日语，东京国语传习所修业生	同上	
	苏州	江苏师范学堂	冈真三	教生物	《罗振玉遗稿·集蓼编》《江苏师范学堂现行章程》	
			村井黑之辅	教图画	同上	
	上海	上海务本女学堂	冈岛		吴若安《回忆上海务本女塾》	
		上海东文学社	田冈云岭	教日语	《罗振玉遗稿·集蓼编》	
			诸井六郎	教日语	同上	
		私立中国公学	稻盛荣市郎	教博物	《中国公学第一次报告书》	
			毛利教定	教图画	同上	
		南洋公学译书院	稻村新六	军事著作翻译顾问，陆军大尉	《交通大学四十周年纪念刊》、夏东元《盛宣怀传》	
			细田谦藏	译员、汉文学家	同上	

续 表

地区		校名	教习姓名	纪要	资料来源	备注
江苏	上海	商务印书馆	长尾槙太郎	编教科书,汉文学家	陆费逵《论中国教科书史》、章锡琛《漫谈商务印书馆》	
			加藤驹二郎	编教科书	同上	
			木本胜太郎	编教科书	同上	
	无锡	竣实学堂	松本	教日语	《无锡教育三年》	
	南通	南通民立师范学堂	木造高俊	教日语	《啬翁自订年谱》《南通张秀直先生传记》	
		私立农学校	照井喜三郎	教农学	「日」驹井德三《张謇关系事业调查报告书》	
		女子师范学校	森田政子	教算术、体操、唱歌、图画、手工	《南通女子师范十周年概况》	
	松江	清华女学	冈崎千代	教体操	商务《教育杂志》宣统元年第六期	
湖北	武昌	农务学堂	野尻贞一	林学士	《严修日记》	
		陆军学堂	中村重臣		商务《教育杂志》宣统元年第十三期	
			相羽恒三		同上	
			伊东真经		同上	
		讲武堂	远藤保雄		同上	
		法政学堂	玉本熏正		同上	
			野村浩一		同上	

193

续 表

地区		校名	教习姓名	纪要	资料来源	备注
湖北	武昌	铁路学堂	近藤益人		同上	
		湖北农务工艺学堂	峰村喜藏	教蚕学	《农学报》第149册	
			中西留应		同上	
		湖北自强学堂	吉山荣三郎	教普通学兼体兵操	程颂万《十发盦丛书类稿》	
			根岸福弥	同上	同上	
湖南	长沙	明德学堂	永江正直	教博物	《辛亥革命回忆录》二	
四川	成都	高等学堂	野村茂	教数学	陆殿与《四川高等学堂记略》	
			平野	教数学	同上	
			志贺	教物理	同上	
陕西		宏道高等学堂	小山田淑助	小山田、早崎两教习主教外语、图画、格致、博物、体操等新式学堂的大部课程	《政艺丛书·政书通缉五》	
			早崎梗吉		同上	
甘肃	兰州	甘肃文高等学堂	高桥吉造	教理化	赵元贞等《清末甘肃文高等学堂的片断回忆》	
广东		广东商务学堂	坂田定	教日文,法学士	《湖北商务报》第65册	姓名原文为版田定,疑为坂田定之误
		广东同文馆	长谷川雄太郎	教日文,1897年到馆	《京师同文馆学友会第一次报告书》	

续　表

地区		校名	教习姓名	纪要	资料来源	备注
广东		两广优级师范学堂	津久井德次郎	教理科	沈琼楼《清末广州科举与学堂过渡时期状况》	
贵州	贵阳	贵州公立师范学堂	本藤武彦	一期教习	直隶学务处《教育杂志》1904年第二期	
			冈山源六	三期教习	同上	
			上野竹之助	三期教习	同上	
奉天		东三省讲武堂	浦澄江	兵学教官、大佐	李传玺《东北讲武堂》	

原载于《日本学刊》1992年06期。

二、两度瀛山采药归——20世纪初头严修考察日本教育述略

何以把赴日考察教育比喻为"瀛山采药"

20世纪初头，1902年8月至11月和1904年5月至8月，严修曾两次赴日考察教育，关于此事，他在诗作中曾这样写道①：

其一

无恙扶桑海上帆，神山毕竟地非凡。
归袋满载长生药，好佐熊丸寿阿咸。

其二

两度瀛山采药归，渔竿初志竟乖违。
不渐高位腾官谤，可有微长适时机？
推毂徒贻知己累，滥竽敢恃赏音稀。
百年分半匆匆去，差向人前忏昨非。

---

① "其一""其二"标题系笔者所加。

以上两首诗的"其一"写于1902年首次赴日考察期间,是写给其侄儿严智惺①贺其二十岁生日的。"其二"写于1909年学部左侍郎任上,是诗人《五十述怀》四首中的一首。两诗中诸多含义于此不论,但说一点,即,在提及赴日考察教育时,他用了"瀛山采药"的典故以为比喻。我们知道,近代国人游日,在赋诗作文时,或出于修辞上的考虑,常把日本称做"东瀛"或"瀛洲""扶桑"的,这样,从字面或辞的色彩上看虽然更具美感,但终究不过是"日本"这一地名的换个说法而已。而严修在诗中的用法却有微妙的不同,即他突出了"瀛山采药"的"事实",表明赴日是为了"求药"。或者说,在他的思想深处赴日"求药"具有非同一般的意义。

有如所知,1840年的鸦片战争使老大的清帝国受了重创,但它并没有意识到需要做出一些重大的改变,以适应新的世界形势和潮流,倒是东邻的日本敏感地从中看破玄机,起而大规模引进西方先进文化,进行维新变革运动。三十年后,这个长期崇拜与吸收中国文化的"蕞尔小国"居然也像西方列强一样,在甲午战争中,一举打败清帝国并迫使其割地赔款,订立城下之盟。随之而来的1900年八国联军攻陷京津,"两宫"西逃,使大清帝国几乎国将不国。世事至此,大凡有头脑的人都明白,不做出较大的改变已属不可能,"变法""兴学"乃成口号。

此时的严修因奏设经济特科,开罪于自己的座师翰林院掌院学士徐桐,于贵州学政任满后,在京已无实事可干,乃于1898年回到故里天津。是年冬,在宅设立家馆,聘请北洋水师学堂毕业的张伯苓为塾师,教授子侄5人并陶孟和,半日读经书,半日学西学(如英文、数学、理化等)。1900年义和团起,在天津反洋教,杀洋人并株及"二毛子"(指洋教徒或与洋人关系密切者)。严修因主张经济特科被愚昧的团民目为"康党",甚而指为"二毛子",幸得邻里力保方免于难。接踵而来的是八国联军天津陷城并实施占领,严家未及逃走,乃杜门避难,亲友趋而附之者数十家,幸以张伯苓擅英语,应付洋兵,得以保全。庚子事变中,严修饱尝国破家

---

① 严智惺(1883—1913),字约敏,严修之侄。曾任教于南开学校。1913年病逝。

危的痛苦,也看清了大清帝国的沉疴日重,不求药于外则必然不保,而学官出身的他,很自然地认定非"兴学"不足以救中国。① 这一思想在他先后出任直隶省学校司督办和学部侍郎后,有了进一步的发展。如1904年11月他在致金少泉信中说:"处今之世,而望有一线之生机,舍学问无他术矣。"② 这里所说的"学问",泛指新式教育和学问。又如1907年7月致吴子修信中说:"弟学殖荒落,任重力绵,每念立宪根基,系于教育,以全国土地之广,人民之众,而州县小学设者寥寥,欲图普及,不知从何着手。彷徨中夜,刻不自安。"③ 在这里他不仅视教育为"立宪根基",还以推动中国教育之发展为己任。从政府方面说,经过"庚子之变",顽固如慈禧也不得不改弦更张,表示要"变法",推行新政。"戊戌政变"中已被停止的经济特科也于1901年6月重开。9月更下诏各省设立学堂。可见到严修赴日的1902年,创办新式学校在政策层面上已无问题,重要的是如何付诸实施。而当时的日本国民教育已相当发达,它是亚洲后进国家中引进西方教育最成功的国家,并积累有丰富的相关经验。中国的士大夫也已普遍认识到,向日本学习发展新式教育将事半而功倍,严修正是在这些认识前提之下,踏上赴日考察教育的征途。

1902年8月10日,严修乘日轮"立神丸"赴日。他面对大海,豪情满怀地吟咏道:

海上风吹一叶舟,
酒酣长啸按吴钩。
壮怀易尽吾衰矣,
尚欲乘槎向斗牛。④

字里行间充满壮怀激烈之慨,显示出他此行的使命感和抱负:要尽

---

① 参阅《张伯苓教育言论选集》,南开大学出版社1984年版,第243页。
② 严修自订、高凌雯补、严仁曾增编、王承礼辑注、张平宇参校:《严修年谱》,文鲁书社1990年版,第165页。
③ 《严修年谱》,第203页。
④ 见本书《严修东游日记点注·壬寅东游日记》(以下简称"壬寅东游")七月初七日条。

一己之力为国"采药"。

一上船就进入角色

在严修的心目中,兴办新式教育之于中国,简直如救水火,时不我待。首次访日时,在他上船的第三天(8月12日),便与船上的事务员福士德太郎笔谈教育与东西方文化。第四天(8月13日),则与同船的日本早稻田大学教授青柳笃恒谈论师范教育。船过马关时,上来一位14岁的日本学童,他也上前与之攀谈。这天,他还在船上结识了一位叫松永祐的人,想必是他的态度异常诚恳,以致松永为他书写了从小学到大学的"日本学校课程大略"。8月16日,他记录了唐秀丰(时任驻长崎领事馆翻译)所谈弘文学院学费及王应珍(时任驻神户领事馆翻译)所谈神户华侨学校学生及教员人数等情况。①

除了教育之外,举凡一切新知识,他都注意学习,即使语言不通,也未能影响他的情绪。如他详细记录了日船"立神丸"上船长、轮机长、舵手甚至服务员、木工等人员名单,还从船员口中了解到日船"立神丸"和"相模丸"的排水量。他通过与木工、船员的笔谈,了解到中日木工同行报酬的悬殊,并多有感慨。船泊马关附近加煤时,他打听到日本苦工一日的工资几何。船过淡路岛时,可能是出于他的请求,轮机手渡部以粉笔为他图示了姬路至神户诸城市。船到终点神户港时,则了解了该港进口中国货和出口日本货的情况、外国在此设立领事馆情况、华侨情况以及收回治外法权情况,等等。② 他就是这样一上船就一刻不停地开始了考察活动。

如何考察——听取教育家的意见

严修是个有能力有魄力的人,同时也是个很谦逊的人。尽管他已任过贵州学政,主管一省文教,且第二次赴日时也已出任直隶省学校司督办,但他一踏上赴日的轮船后就不耻下问,抵日后更以小学生姿态出现,

---

① 壬寅游七月初七条、七月初九条、七月初十条、七月十二日条、七月十三日条。
② 壬寅游七月初七条、七月初九条、七月初十条、七月十二日条、七月十三日条。

虚心求教，表现出谦谦君子的形象。他对新式教育毕竟陌生，所以对于如何考察为好，非常愿意听取日本教育家的意见。

1902年9月10日，严修访问了通过吴汝纶介绍认识的巖谷孙藏。巖谷为京都大学教授，著名法学家，又被聘为京师大学堂仕学馆总教习。巖谷认为，考察时"宜求详，不宜贪多"，学校中好的、一般的、差的，都应看一些，町村私立的更应一看。这种意见显然是非常中肯和切合实际的。接着，他又访问了曾任东京高等师范学校校长的伊泽修二。伊泽除了对巖谷的意见"深以为然"外，还具体地为其选择了"适中者"的东京府寻常师范学校、"最精者"的富士见小学校和类似于村塾的渡边小学校。从严修两次考察实践来看，他基本上是按照"宜详不宜多"的意见行事的，不过由于他的勤奋，考察的学校在绝对数量上也还是不少的，尤其是1904年第二次赴日时，曾十一次前往东京高等师范附属小学校考察，更是详中求详。应当说，由于考察方法得当，获得了较大的收获。

考察的一般情况

严修首次考察日本，时在1902年8月15日—10月28日，历时74天。同时，率长子严智崇、次子严智怡前往日本求学。此次考察为自费。

严修第二次考察日本，时在1904年5月30日—8月11日，历时73天。张伯苓偕同考察。此时，严修已出任直隶省学校司督办，系奉直隶总督袁世凯之命考察，故为公费。

两次共考察各级各类学校（包括幼稚园）43所。从学校类别看，有男校，也有女校；有普通学校，也有师范学校，职业和实业学校，还有音乐、美术、体育学校；有公立学校，也有私立学校；有平民学校，也有贵族学校。自不待言，这些学校多数是供日本学生学习的，但也有专供中国留学生学习的，或专供华侨子弟学习的。还有从事特殊教育的盲哑学校等。总之，各种学校都在严修和张伯苓考察的视野之内。

从地域上看，考察的对象校大都在东京，但其他城市如大阪、横滨也所在多有。

那么，这些考察的对象校是如何确定的呢？研究可知，1902年第一次考察时对象校的选择比较被动和随意。大体说有如下几种情况：

（一）日本教育家推荐。如前所述,伊泽修二曾推荐了东京府寻常师范学校、富士见小学校和渡边小学校等。

（二）日本外务省招待参观。1902年在严修访问东京过程中,9月17日突有外务省知照,外务省负责接待严修和双寿(湖北学务处委员)参观校名单。

（三）故知新交辗转介绍。我们在日记中看到,严修在大阪访问清水谷学校时,曾向校方"投斋藤介绍书"①。而在会见警视厅第三部部长山根正次时,"投平贺、井上两君信"②,此后,山根正次即为严修一行导游,访问了富士见小学校、体操学校以及警视厅、印刷局等处。严修在船上认识的早稻田大学教授青柳笃恒则介绍他访问了该校,并结识了前后两任校长大隈重信与高田早苗。

1904年严修第二次考察时,情况则大有改变。首先,考察学校的数目大为减少,如1902年共考察学校(包括幼稚园)31所,而1904年则仅为12所。其中考察量最大的小学,由1902年的7所减为1904年的2所。但考察的次数却由1902年的7次上升为1904年的12次。而这12次中,竟有11次是集中在同一所学校。可见第二次考察是异乎寻常地集中和深入。无怪乎后来严修在谈到这两次访日时说,"第一次可云漫游,第二次可谓考察"③。

考察的一般形式是,在日本友人或中国留学生的向导下访问某校,该校负责人往往会出面接待,介绍学校简况(包括学校简史、师生人数、经费、学费、课程或专业设置、学制等),然后导观校舍、课堂、图书馆或标本室等设施,或者观摩教学,旁听课程,参观成绩展览、实习车间、乐队排

---

① 壬寅游八月初二日条。笔者推测,写介绍信的斋藤可能是当时正在天津北洋师范学堂任教习的斋藤保次。
② 壬寅游八月初十日条。至于写介绍信的平贺、井上,由种种情况判断,可能是时任天津北洋军医学堂总教习的平贺精次郎和时任天津日租界井上医院负责人的井上勇之丞。
③ 严修:《壬子日记》八月初一日条。

练、歌舞表演、游戏体操、讲演比赛、写字画图、裁剪缝纫、烹饪操作,甚或人体解剖。有时还参加父兄恳谈会(家长会)和毕业典礼等活动。

由于严修和张伯苓不甚精通日语,所以访问时都有翻译同行。第一次访日时,任译员的主要是严修的长子严智崇,日友清水芳吉(大阪清语学校校长)、和田纯以及在日留学生黎渊等。第二次访日时,主要译员除严智崇之外,还有一位留学生高旷生——日记中虽不曾明说,但从一些记载可以看出,高似是严修聘请的半专职的译员。

每参观一所学校,他都要努力地摄取和记忆所见所闻,然后加以整理写入日记。他对某些课堂教学记述之精详令人吃惊。笔者估计,他可能在参观过程中心摹手追随时作笔记,也可能令随行的儿子在旁记录,然后自己再归纳整理成文。如果当日行程太促,他会在次日或数日内补记。我们可以看到,他有时清晨四点半或五点半起床补写日记。① 两次东游期间,他的日记一天也不曾间断过。

考察的重点:小学教育与教育行政

虽然严修认为他1902年那次游日只是"漫游",但从日程上可以看出,他的主要精力还是花费在教育方面,只不过在学校的考察上略有全面铺开之感,缺乏事前的周密思考。但在1904年第二次赴日考察时,却表现出鲜明的自觉性。一望可知,他把考察的重点放在以下两个方面,即小学教育与教育行政。

关于小学教育。中国刚试办新式教育,必然是从最基础的小学教育抓起,故而严修对日本小学教育的考察着力最多。1904年游日时,严修只考察过两所小学,这就是东京高等师范附属小学校(包括它的一、二、三部)和东京府师范学校附属小学校。而且后者只去过一次,而前者却去过十一次。

严修和张伯苓不但观摩了小学的大部分课堂教学(包括习字、读书、

---

① 见本书《严修东游日记点注·第二次东游日记》(以下简称"二次游")五月十四日条、六月十二日条。

作文、算术、手工、图画、唱歌等），还出席观看了学生的课外活动——学艺会以及家长会，并听取了教科书编纂法，参观了博物室。这样，他们基本上了解了日本小学的教学和一些重要的课外活动情况。

关于教育行政。我们知道，严修在1904年4月赴日时，已就任了直隶省学校司督办（相当于省教育厅长）。他虽出任过贵州学政，但毕竟缺乏兴办和管理新式教育以及领导和推行教育改革的经验。为弥补这一缺陷，第二次赴日时，从6月20日—7月9日，他与张伯苓曾先后十二次访问日本文部省，会晤过文部大臣久保田让及次官松浦镇次郎等人。可能是根据他的请求，文部省参事官松本①特意为他和张伯苓开了一个专题讲座，分十次为严张二人讲解了文部省建制、地方各级相关机构、各级各类学校的学生、教员、校舍等内容。当然，这些都是从教育行政的角度论述的。

严修借赴日考察之机，主动去日本文部省听讲座，学习与掌握作为一名教育官员应具备的知识，实为难能可贵之举，表现出他从事教育制度改革的高度自觉和使命感，这对于他后来主持学部的日常工作，推动全国的教育改革有着相当积极的影响。

除小学教育和教育行政为1904年东游考察的两大重点外，工业学校的教育实践也被放在较为重要的位置。从东游日记中可以看到，严修与张伯苓曾前后五次往访高等工业学校，两次与校长手岛精一晤谈，仔细地参观了课堂教学和实习工场，还了解了该校经费情况，出席观礼了该校毕业典礼。严修为什么对工业学校有如此浓厚的兴趣呢？原来在1903年他与毛庆蕃（实君）在天津创办了工艺学堂，并一直在孜孜不倦地谋求该校的充实和提高。故严修到东京后，一方面多次去高等工业学校考察，寻求办学经验，另一方面则力劝即将从该校应用化学科毕业的王

---

① 笔者根据《严修东游日记》前后行文的推断，松本参事官的全名应是松本顺吉。顺便一提，有些文章中指其为松本龟次郎实为误会。松本龟次郎系弘文学院教师，而松本顺吉系文部省官员；此松本非彼松本也。

守善(稚虹)①来天津工艺学堂任教。但王本人已答应广东方面的邀请,拟往广东办工厂,而不愿来天津做教员,虽经严修多次劝请并未见允,所谓"意在粤而不在津也"②。后来王守善与严修同船回国,每日聚谈,可能是严修的诚意最后感动了王,上海分手一个多月后的8月29日,严修《甲辰日记》中出现了这样的记载:"到工艺学堂晤□绿、稚虹",也就是说,王守善的身影终于出现在天津工艺学堂里了。这样,严修此次考察高等工业学校兼聘毕业留学生来津工作的努力初见成效。

对教育界与学界名流的访问

除了访问和考察学校之外,严修还十分重视对教育界和学界名流的访问,听取他们所发表的种种意见和看法。这些人物中有:

大隈重信。通过早稻田大学教授、汉学家青柳笃恒的介绍,严修在1902年10月6日和1904年6月23日两次往访大隈重信。1902年往访,他们谈论了小学教育,大隈强调德智体的全面教育。严修还听取了他"取人之文明则己之文明自进"的观点,并赞"其言简括得体"。大隈留给严修的印象是,"朴僿如村妪,而其生平所为乃若彼,贤者固不可测"!1904年第二次晤谈,大隈"谈教育事及维新前日本女学之大略",还介绍他们参观女子大学。③ 此次访问早稻田大学还会见了已卸任的校长高田早苗。由日记可知,高田不仅出面"陪话",还"导观"了图书馆,但所谈内容阙如。

井上哲次郎。1904年7月14日,严修往访著名哲学家、东京大学教授井上哲次郎。井上谈到德川时代日本教育的历史地位称,"日本教育得力在德川最后三百年,既重儒学又发明武士道,不遗余力,近三十年,复采西洋之所长,故益觉完全"④。看来他认为,在德川三百年发展教育

---

① 王守善是本年该校应用化学科毕业的仅有的中国两名留学生之一。见《严修东游日记》第200页。王后来曾出任过驻横滨总领事,驻首尔总领事和驻神户总领事等职。
② 二次游四月初七日条、五月初七日条、五月初十日条。
③ 壬寅游九月初五日条、二次游五月初十日条。
④ 二次游六月初二日条。

的基础上,又经过明治维新后三十年来引进西方教育才形成了目前"益觉完全"的教育现状,从学术上看,这是一个非常有价值的观点。他们还谈到明治维新的推动者以及宗教诸问题。

田尻稻次郎。1904年7月14日,严修访问了曾任东京大学教授、贵族院议员和会计检查院长的田尻稻次郎,听他"论日本明治初年学制大略"等问题。①

户水宽人。1904年7月27日,严修访问了东京大学教授、著名法学家户水宽人,听他"论中学校科目宜备而程度不必过高"的办学见解。②

梅谦次郎。1904年7月30日,严修访问了法政大学校长、热心于帮助中国留学生的著名法学家梅谦次郎,他们作了简短的晤谈后,严修听他讲解民法。③

穗积八束。1904年7月31日,严修访问了东京大学教授、贵族院议员、著名法学家穗积八束,听他"谈日本昔年立法律学校之大概",并得到了他的赠书。穗积给严修的印象是"有道气,庄而和"④。

宫岛诚一郎。1904年8月2日,严修访问了著名汉学家、贵族院议员宫岛诚一郎,席间"论及球案及三韩事",主人还出示了当年与驻日公使何如璋、副使张斯桂以及后任公使黎庶昌等人的笔谈字迹。⑤

伊泽修二。由于根津一的介绍,严修于1902年9月12日结识了曾任东京高等师范学校、东京音乐学校校长的伊泽修二,并于九十月间六次与其会晤,1904年访日期间亦与伊泽会晤五次。伊泽通汉语,是与严修过从最密的日本教育家。二人谈论较多的话题是教育、音乐及合作编书等。⑥

---

① 二次游六月初二日条。
② 二次游六月十五日条。
③ 二次游六月十八日条。
④ 二次游六月十九日条。
⑤ 二次游六月二十一日条。
⑥ 伊泽修二是泰东同文局顾问,该书局试图向中国扩展业务,希望得到严修的帮助和合作。见壬寅游八月十一日条、八月十三日条、八月十七日条、二次游四月二十三日条。

辻新次。经伊泽修二介绍，1904年7月26日，严修访问了曾任文部次官的帝国教育会会长辻新次。辻表示愿意接纳200名中国青年来此留学。①

镰田荣吉。1904年10月10日，严修随吴挚甫参观庆应义塾，塾长镰田荣吉接待并导观，所谈不详。

嘉纳治五郎。1904年6月至8月间，严修多次与嘉纳治五郎晤谈。嘉纳时任东京高等师范学校校长，又创办专门接收中国留学生的弘文学院，也是最热心向严修介绍教育工作经验的日本教育家。他先后谈到过"建设小学校之大意"、"小学、中学并举，不必候小学校毕业再立中学"、"师范学堂先立寻常者……师范学堂中可附设教员养成所及补习所之类"、"外国语学校当立，然必选本国之文也，通者人之"、"留学日本者除速成外必须在本国预备日语五年"、"视学最要，教科书最要"。② 嘉纳的这些经验之谈多属教育行政中的规律和要领，对严修以后所从事的教育指导工作具有重要意义。

此外，严修还访问过文部大臣久保田让、文相秘书官松浦镇次郎、第一高等学校校长狩野亨吉、女子大学校长成濑仁藏、枢密顾问官兼华族女学校校长细川润次郎、实践女学校校长下田歌子、东京美术学校校长正木直彦等教育界人士，所谈自然不外教育。

遴选与聘请日本教习

1904年严修访日还负有遴选与聘请日本教习的任务。当他在东京的访问日程即将结束时，有志于来华执教者接踵出没于他在贵临馆的寓所，如8月4日这一天就有四人前来应聘。

与两次访日所聘教习相关的日本人士共有十一人，以下略述之。

门田锒一郎。1902年严修首次访日时就有一位门田锒一郎者随他来华，其后便常在严修日记中出现。他任教的单位应是天津民立第一小

---

① 二次游六月十四日条。
② 二次游四月二十四日条、六月十八日条。

学堂、教养局和普通学社(严修创办的师资培训单位——武注),所教课程为卫生学、体操、日语等。① 1904年2月转往北京,任职单位不详。

三角锡子。1904年8月2日日记载,"伊藤伊吉君所介绍之三角锡子女史来访,谈约两小时。三角君曾毕业于高等女子师范学校,继为师范学校教习,今在芝区高等女学校为教头(日本中小学的教务主任——武注),与小川银次郎同事。科学犹深于理化。父母俱老终身不嫁。两弟在工科大学皆有声誉,学为众冠,得力于姊教为多。明年两弟卒业,三角君一身无系恋,拟赴吾国助兴女学云"②。按,三角锡子(1872—1921)是明治和大正年间著名的女子教育家,曾任教于东京女学馆、横滨女学校和东京高等女学校,晚年还创办了常盘松女学校。遗憾的是,她最终未能来华任教。

小川银次郎。1904年8月1日日记载,"伊藤伊吉君所介绍之文学士小川银次郎〔芝区三田町四丁目二十九番〕来访。初至时旷生未起,两人以笔谈,计谈三小时之久。君以明治二十四年大学毕业,曾为仙台第二高等学校教习,继而辞职来东京,于各私立学校为教授及管理财政。又于芝区私立净土宗教大学院教西国史及最近世界史。又于芝区私立高等女学校为干事。又在海军大学校教近世世界外交史,其学盖深于历史,其持论谓私立学校胜于官立。颇有意至吾国襄助私立学校云。汉文极通畅"③。小川银次郎和他的同事三角锡子一样,最后也未能获聘。

木崎盛政。1904年7月25日日记载,"木崎盛政君精测绘舆地之学,曾在参谋本部,今为政教图阁之主干。是日持伊泽君名刺为介来访,携所著地图若干种"④。以后也未见木崎来华。

---

① 严修:《癸卯日记》二月十六日条,十月十六日条,十月三十日条;《甲辰日记》正月二十五日条,二月五日条。
② 二次游六月二十一日条。
③ 二次游六月二十日条。
④ 二次游六月十三日条。

伊藤允美。1904年7月27日日记载,"晚饭后,伊泽君所介绍之伊藤允美来谈,先索纸笔书挨拶(日语,寒暄之辞——武注)语,汉文颇条畅,旋嘱智怡传译。大意谓志在学汉文语,拟赴吾国而不得机缘,恳余为之留意,且言北村、牧野田(在华日本人士——武注)皆其挚友。余言欲赴清必须俟有相当适宜之事项,否则如岩村、大野(在津日本人士——武注)诸君殊困难,且君抱上等学问,在本国何患无所事郁郁居异国耶。容吾归后留意代谋之。伊藤文学士也,[明治]三十四年大学毕业,曾在帝国图书馆司书,现在泰东同文局为局员,学清语"①。伊藤允美后果来华当教习,但不在直隶,而是去了广州的两广优级师范学堂。②

岩间德也。据1904年7月28日和7月31日日记载,根津一曾向严修推荐上海同文书院毕业的岩间德也,谓"可渡清襄赞学务",严修与岩间也曾一度晤谈,③但其后未见来华。

山松鹤吉。1904年8月6日日记载,"渡边所介绍□人来。一为山松鹤吉[原籍三重县一志郡川合村],现为滋贺县师范学校教谕[教育学]主事,著有《实用教育学》(赠余书二部,一即此书,一即前所购《小学校事稿》也)"。又载,"渡边言,山松鹤吉学问极优,惟性情是否躁急尚需考察。又言,如欲订山松为保定东文单级教习,薪水必须照中谷、关本之数"。④ 不过这位山松先生最后也未成行。

芝本为一良。芝本系渡边龙圣所介绍,据1904年8月5日日记载,芝本为一良"现在东京府立第三高等女学校教国语,曾在和歌(山)师范学校教手工,著有《手工教育论》。又自创画圆规尺,赠余一支"。严修虽与之晤谈,但对他能否应聘并无把握。⑤ 不过从严修《甲辰日记》九月十二日条中终于看到了这样的记载"关本、中谷偕新到之教习儿崎、

---

① 二次游六月十五日条。
② 汪向荣:《日本教习》,中国青年出版社2000年版,第102页。此书将伊藤允美误作伊藤充美。
③ 二次游六月十六日条、六月十九日条。
④ 二次游六月二十五日条。
⑤ 二次游六月二十五日条。

芝本来见"可知,1904年秋,芝本终于到了保定就任直隶师范学堂的教习。①

永井勇助。永井为渡边龙圣介绍,1904年8月6日严修日记是这样记载的:永井勇助"博物教习也,深目(稍有野气)〔三十四年卒业〕"②。不久他即出任直隶师范学堂教习。③

关于音乐教习的遴选最有意思。1904年8月5日的日记是这样记载的:"音乐教习,渡边意中有三人,最上者多田梅雄(明治二十五年卒业,现为音乐学校教授)。次为吉田信太(二十八年卒业,现为广岛高等师范学校助教)。次为铃木米次郎(二十一年卒业,东京高等师范学校助教兼教谕)。多田风琴、钢琴皆长,余二人则风琴胜。渡边云。"次日日记又载,"多田梅雄,音乐教习也,口吃"。因为多田口吃,严修和渡边在遴选上便产生了歧见,"渡边盛称多田梅雄之耳音,而余嫌其口吃不便于教人。余意属铃木米次郎,渡边谓其耳音弗善"④。最后的结局是,按照严修的意见,聘请了铃木米次郎为师范学堂教习。⑤

上述有志来华做教习的日本人士共十一人,但最终成功应聘的只有三分之一,即四人。应该说,遴选是严格的。

在前来应聘的十一人中,门田锳一郎是1902年严修访日时,毛遂自荐并由严修自聘的。其他十人则是1904年访日时经熟人推荐的,其中三角锡子、小川银次郎是伊藤伊吉(严修长子和次子在东京的房东——武注)推荐的。木崎盛政、伊藤允美是伊泽修二推荐的。岩间德也是根津一推荐的。而其余六人即山松鹤吉、芝本为一良、永井勇助、多田梅雄、吉田信太和铃木米次郎都是渡边龙圣推荐的。渡边龙圣是袁世凯聘请的直隶总督府学务顾问,又是直隶师范学堂的总教习。从最后的结果

---

① 芝本为一良又称芝本为一郎。1905年后转而高就京师大学堂师范馆教习(日语),同时在京师第一师范学堂教日语。见汪向荣:《日本教习》,第75、77页。
② 二次游六月二十五日条。
③ 汪向荣:《日本教习》,第79页。
④ 二次游六月二十四日条、六月二十五日条。
⑤ 汪向荣:《日本教习》,第80页。

看,人选的三人均出自他的推荐(尽管伊藤伊吉推荐的三角钖子、小川银次郎也是很强,甚至更有名气的人选,但均未能获聘),说明严修还是很尊重渡边意见的。但是,在严与渡边之间产生意见分歧时,严修又把握着最后的决定权。

游日感触(一):"神山毕竟地非凡"

日本是先进国,中国是后进国,在20世纪初,二者之间的差距是相当显著的。作为后进国的国民,严修看到了日本从物质层面到精神层面的优越之处,并在东游日记中有着较为客观的反映。

1902年严修首次访日时,上船伊始,他接触到日轮"立神丸"上的两位乘务人员,颇使他感到意外。一是事务员福士德太郎,虽非大学毕业,居然能和他头头是道地笔谈东西方文化。当时正是日俄战争的酝酿期,此人很注意向严修宣传俄人"冥顽粗野不知礼者多",揭露"泰西之蓄意吞噬黄种人云云"。严修想,福士德太郎的地位只不过相当于中国的招商局船买办的副手而已,"而留心世务,言之成理如此"。另一位是船上的木工岩城。其人虽为木工,也能与严修笔谈,议论中日两国木工工钱的贵贱。"岩城识字颇多,且通浅近算法,吾津木工盖不多见。价之贵贱仍视其巧拙为差耳。欲富国者盖可忽乎哉"①。大概是看惯了灰头灰脸胖手胝足的中国木匠,想不到还有这样一种有文士味的木工。这些人都是轮船上的一般工作人员,其素养如此,令严修刮目相看。

严修赴日考察,同时要购买教具。1904年7月26日,他去横滨参观了西川风琴制造所并定购风琴两架。他对在那里的所见所闻感触颇深,作了详细的记载:"铃木君约赴横滨观风琴制造所。……该所临河,主人曰西川氏,少时能制三弦,闻西乐而美之,乃学制风琴之法。又因制西琴,为通西乐乃学西乐,且学且制。始明治十年,至今二十余年矣,遂为日本全国业此者之巨擘,西人无不知有西川某者。其子某又往美洲学之,三年而归。该所所雇工匠大都听西川父子之指挥。ピアノ(钢琴)之

---

① 壬寅游七月初九日条、七月初十日条。

内容买诸西洋而自装纳,オルガン(风琴)则皆自制。不但不借资于西洋,且所制者恒运往西洋销售。铃木君云,西川君,日本一奇人也。信然。"①严修捕捉到的这个西川父子创立与发展钢琴与风琴制造的故事,可以说就是日本近代发展新式工业的一个典型,学诸西洋而又返销到西洋。其实,战后的很多产业,如引人注目的家电业也仍是这一模式的进一步发展罢了。严修对于西川父子的好学与自强精神虽并无字面上的啧啧称赞,但在字里行间却洋溢着对这种精神的向往与感佩。

日本人不仅勇于学习新事物,还善于保持旧事物,甚至对中国传入的旧物也能加以继承,这使严修也深有所感。1904年8月4日,在严修即将离开东京回国之时,伊泽修二为他在精养轩举行了一个送别会,出席人士中有长原春田者,长崎人,"音乐家,能奏明乐,携有乐谱一册,名《魏氏乐谱》,据云传自明末逸民云。……食前,长原君以自制之风琴依魏谱中所载奏三阕[一为《昭夏乐》,一为《关雎》,其一余忘之]而自歌以偕之。旋又奏某曲,铃木君以西洋琴偕之。长原君所歌皆汉音,余依谱寻之,约略可辨。谱中每字之旁注日本假名,并注'工'、'尺'、'上'、'合'等字,节有长短[朱圈识之],音有高下[如'尺'之高者作'尺'之类],一览可知(严修通音律,喜吹箫自娱——武注)。吾华人解此者鲜矣,不图异国之人,且当维新数十年之后犹有研究及此者。长原君又携抄本乐器图一册,如胡琴、月琴、云锣之类,种类甚多。惜余未尝肄业及之,不能与之考证也"②。从上述可约略推知,某位中国音乐家,在明清交替之际,东渡日本,落脚长崎,便有日本人从其学,这无疑是江户时代的事。不知传几代至长原春田,虽历代久远(中国已由明至于清末,日本已由江户至于明治),而其乐铮铮然。连国人都不解的音乐,日本人居然还能演奏,这又使严修浩叹不已。

严修在归国前夕,于1904年7月22日前往日光,游览了奉祀江户幕

---

① 二次游六月十四日条。
② 二次游六月二十三日条。

府第一代将军德川家康的东照宫。严修日记中载云,"案内记中所云华表、五重塔、石灯笼、三代将军手植之槙、御厩、鸟居、钟鼓楼、朝鲜钟、阳明门、唐门、拜殿、本殿、奥院等皆一一周览。……某殿之古有贮宝物室,所藏皆家康生平用物,自舆服、刀剑、杂佩,乃至乐器,无一不备。所见有牙笏及编钟等,皆华制也。奥院特藏家康生平文札……老树皆数百年前旧物,五人仅可合抱"。看到这些历经沧桑的文物保存得如此之好,严修不禁称赞道:"日人保守之善亦足称矣!"①日本历史上没有遭到过外族的成功入侵(二战时美军的占领除外),也没有像我国那种典型意义的接连不断的"易姓革命",并且不盛行因政治原因而损毁先代旧物,加之日本人多有"历史癖",所以古物都能得到较好的保存。根据笔者旅日一年半的实际生活体验来看,严修对日本人的这一称赞可以说是十分公允和准确的。

还有一件不大的事应该一提。严修1902年首次访日时,经堺市一寺院,见僧众诵经顿有所悟。他在日记中作了这样的记述:"过一寺,有僧众踽步讽经。讲学问不必废辞章,讲教化不必废僧道——吾观于日本而有所悟。所谓不废者待其自废也,自废者其势顺,虽迟无大损,因本已立也。人强废之,其势逆,欲速反害。并其大者急者亦因好。所持此义,俟质高明。"②读到这里,不能不佩服日记主人的观察力和感悟力,他又从"僧众踽步讽经"这件小事解读了日本文化的另一种特性,这就是日本文化的包容性:新与旧可以兼容。他进而感悟到,处理过时的事物不必采取"人强废之"的激烈手段,而应因势利导"待其自废",这样对于革除那些具有主导意义的旧事物的"大者急者"将更为有利。

东游日记中记载的某些事物,今日看来也许平淡无奇,但在当时却使严修及其一行心灵震颤。此事发生在1904年6月29日严修一行参观东京高师附小时:"〈又〉观高等各女生舞蹈,往来变换节之音乐,真运动

---

① 二次游六月初十日条。
② 壬寅游七月十六日条。

之妙法！旷生大感动至泣下，盖为吾国女子悲也。"①说的是，在参观东京高师附属小学时，严修的年轻译员高旷生，看到日本女学生在音乐的伴奏下翩翩起舞，触景生情，想必是念及自己的女同胞还在缠足闭居，不禁悲从中来，泪洒当场。严修细心地观察并记录了这一事实，想必也是心有同感吧，何况他在1902年就开办了严氏女塾，写了《放足歌》，此次东京之行回国后，一口气又参与创立了女子师范学堂、高等女学堂及官立女子小学堂等女校。

严修在考察过程中也注意到日本人的一些优良作风，并在日记中时有所记。如说"搬夫为客运行李，谨而敏，无喧竞者"。"日本罕有争者，譬如途间此人误伤彼人，此人急惶恐谢过，彼人逊谢相酬。"旅馆女使"稳慎勤敏，事事有纪律，不烦絮语也"。日光之"米屋旅馆精洁之至，女中（女仆，女服务员之谓——武注）皆恂谨"。列车上"给仕（乘务员——武注）极谦和殷恳"。他特别称赞实践女学学生为来宾打扇是日本女性独到的礼貌："旁立数生为客挥扇，余谓旷生此日本所独，东西妇女殆不屑为。"又赞日本妇女勤劳，一分钟都不肯浪费：去幼稚园"接送幼童之女仆，皆聚待于一室，两行对坐而操女工，其不肯须臾废时如此！"②

总之，严修参观过不少的日本工厂、政府机关、监狱、博物馆、军营等，也去过不少银行、商店、餐馆、旅馆、民家和观光地等处，对那里的工作效率、服务态度、清洁卫生等都留有深刻的印象。但如上所述，他更多地注意到日本人在文化、教育和国民素质等方面的长处。作为学官和教育家的他，自然知道这些都和国民教育的发展息息相关。当他在记游诗中说"神山毕竟地非凡"时，无疑是对日本先进的一面深为赞叹和嘉许。

游日感触（二）："恨来天地莫能载"

但是，作为日本侵略扩张受害国的国民，严修在日本还有另一方面

---

① 二次游五月十六日条。
② 壬寅游七月十二日条、七月十七日条、七月十三日条、二次游六月初九日条、壬寅游九月二十四日条、二次游六月初四日条、壬寅游八月二十九日条。

的感触,这便是由所见所闻而引起的对侵略者的满腔愤慨之情。

　　严修初到东京,游览所至,经常看到日本侵略者大肆鼓噪其在甲午战争中取得胜利的场面。如1902年9月14日游浅草时所见,"十二重楼下数重,列西洋镜(我乡叫西洋景或洋片,笔者幼时尝见——武注)甚多,其中写真之景多半台澎一带山水之胜与官署之形,否则与吾国战争之场也。皆该国人得意之举。熊慕蘧曾言,彼国之教童子也,必先告以日清之战,日之何以胜,清之何以挫,故人人脑筋皆刻入此事,自幼已然。余游览才数处,琴平寺有北清战争图,而浅草园又有之,十二重楼则有照相镜矣。大凡繁胜之区,无不以此为点缀。伤哉,吾国之人其何以为心乎!"①读了这段文字,不难想见严修在异国街头目睹此情此景时的悲愤之情。

　　1902年10月26日严修游马关,路过引接寺,寺前立牌有字曰"清国请和大使李鸿章旅馆",严修遂不入其门。他于该日写下如下诗句:

　　　　莫过引接寺,
　　　　莫登春帆楼,
　　　　恨来天地莫能载,
　　　　藐尔东海焉容收!②

　　这里是日本强迫中国签下割地赔款条约的伤心地,严修触景生恨,且其恨之大虽天地莫能载,虽东海不容收!

　　作为被侵略民族的知识分子,严修对于本国的领土主权和民族尊严,有着高度的自觉和敏感。有一件事可以为证。

　　我们在东游日记中能够看到,1904年严修、张伯苓一行在日考察时,最热情给予协助的日本团体是东亚同文会,该会的会长、贵族院议长近卫笃麿接见过严修,该会的副会长长冈护美在家宴请过严修,还为严修介绍了学术和教育界的著名人物如井上哲次郎、田尻稻次郎、山川健次

---
① 壬寅游八月十三日条。
② 壬寅游九月二十五日条。

郎等,至于该会的干事长根津一给予的具体帮助更多。我们知道,东亚同文会虽口头上主张"日清同盟""保全中国领土",但骨子里无非是想排斥俄国等西方列强,谋求日本在华的垄断地位。严修对此看来也是心中有数的。

1904年8月5日,严修向长冈护美辞行,长冈的言谈使他颇感不快,他在日记中这样写道:"访长冈子爵,送所属书之诗幅并辞行。长冈絮言东三省后来事刺刺不休,余漫应之而已。又言同文书院事,余谓约束宜严。"①我们知道,此时日俄战争正在进行,两国为抢夺中国东北领土和权益而进行殊死搏斗。因日记所记简略,我们无由得知那天"长冈絮言东三省后来事"具体内容如何,但想来无非是日本的"盗理",这对忧国日深、民族自尊心很强的严修来说,当然是令人不快的。他对于东亚同文会在中国设立的同文书院,也只表示了一个"约束宜严"的意见,看来是反感多于好感。

前文曾提及,严修1902年游日时,上船后曾与"立神丸"的船员福士德太郎笔谈东西方文化。在笔谈中福士对"泰西之蓄意吞噬黄种人"表示了极大的义愤。严修对此的回应则是当日写下的一首律诗:

> 百万星球地居一,
> 四分且让水三分。
> 棕黄黑白总同种,
> 南北东西何足云。
> 儒墨卮言原破碎,
> 佛耶界说更呶纷。
> 生存物竟有时定,
> 至竟终须合大群。

在此诗之后,他又写下了一段跋语:"昨日福士笔谈,愤西人之虐黄

---

① 二次游六月二十四日条。

种,戏作此示之。虽是戏言,将来必出于此,特今日非所宣言耳。"我们知道,当时的日本出现了一种"兴亚论"的主义,甲午之战后更是广为宣传,其中心内容为,以日本为盟主,"扶助"中朝,对抗西方的入侵,振兴亚洲。显而易见,这位船员的见解来自于"兴亚论"。严修不仅没有附和这种"套近乎"的意见,而且反其意提出了自己阳春白雪式的见解:我们所居的地球是很小的,地球上的居民虽有棕、黄、黑、白不同肤色之分,但同为人类,只是分居于东西南北罢了。虽持有不同的学说,信仰不同的宗教,现在还进行着不断的争夺,但终有一天会会合到一起的。不难看出,严修的这种观点,上承中国古贤关于"世界大同"的美好愿望,但又不止于此:他强调地球甚小,人类须得合作,并最终走上"合群"。这岂非和方今之世人类智慧新出的关于"地球村"的观念略有相通之处? 由此可见,严修思想境界之高不是一般士大夫可比的。至于"兴亚论"那样的欺人之谈,他根本不屑一顾,只能作为揶揄的对象。

从日记中可以看到,严修悲愤所指是日本国家的政策和行为,而对于普通的日本人,尤其是那些热情帮助考察的日本人士则满怀友好之情乃至心存感激。

结语

20世纪初头,中华民族的生存危机进一步深刻化,引进和兴办西方新式教育已成为救亡图存的重要手段之一。但是如何将这一目标付诸实践,国内并无现成经验。这时,严修以极高的自觉和巨大的热情两度前往日本考察教育。由于采取了正确的考察方法,广泛听取了日本教育界和学界的经验之谈,遂使考察活动卓有收获。而这些收获又屡屡为他在天津和直隶省的办学和教育改革实践所证实。1905年12月,当他走上学部的指导岗位后,这些收获和经验更进而具有全国性意义。就南开学校而言,这两次考察无疑是南开"前史"的重要一页。

原载于南开大学日本研究院编《日本研究论集》,天津人民出版社2005年。

三、严修东游日记点注(增订版)

一位近代教育先驱者的日本考察实录
——《严修东游日记》序

八九年前,我以研究上的需要,开始系统地阅读清末中国人的访日游记,有幸读到珍藏于天津图书馆的严范孙先生所撰《壬寅东游日记》、《第二次东游日记》和《第三次东游日记》的稿本,并立即被作者笔底展开的历史世界所吸引。依我看,这些日记至少有如下特点:一、由往及返,一日未断,完整性强。二、记录系统翔实,内容十分丰富。三、最重要的一点,记人言事,常关重要,史料价值较高——前两种尤其如此。当我读到这些珍贵的稿本时,一种冲动和责任感油然而生,这就是希望着有朝一日能把它们整理出版,以飨未能一见的读者。现蒙天津图书馆惠允,将《壬寅东游日记》和《第二次东游日记》辑为一册,点注付梓,敬献于学术界,同时也了却自己多年来的一桩心愿。

这里,简单地介绍一下日记的主人和日记的背景也许是必要的。

严修(1860—1929),字范孙,天津人。光绪癸未(1883)进士(二十四岁),选庶吉士。后授翰林院编修、国史馆协修、会典馆详校官、各直省乡试试卷磨勘官。1894年(光绪二十年),被任命为贵州学政(三十五岁)。此年正值甲午战争爆发,在他走马上任的途中,战争失利的消息犹如鸦噪马头似的,一直跟随着他,而战争的严酷结局又不啻春日惊雷,震撼了包括他在内的一批头脑清晰的知识分子。在贵州学政任上,三十八岁的严修上书光绪皇帝,奏请开设"经济特科"。即凡于内政、外交、算学、译学、格致、测绘等方面学有专长者,经推荐保送,不问身份、资历,均可参加考试,择优录用,等同于"正途出身"。此奏虽经光绪皇帝批准实行,又有张之洞、李端棻等廷臣疆吏广荐人才的响应,但未及考试,就发生了戊戌政变。慈禧下谕,"经济特科易滋流弊,并着即行停罢"。经济特科虽然失败了,但其历史意义有如梁启超所说,乃是戊戌维新"变化之原点"(《戊戌政变记》)。

严修的行动惹恼了不少顽固派人士,包括他的座师翰林院掌院学士徐桐,不仅断绝了师生关系,还勾销了他的职务,只挂编修虚名。待到贵州学政任满回京时,他发现自己在翰林院已是无事可干了,遂请假回津。回津两年后,又经历八国联军攻陷京津之乱,严修所受刺激益深,认定非兴学不足以图存,遂坚定了走"教育救国"道路的决心。

为了借鉴日本发展教育的经验,遂于1902年率两子自费游日。此次游日历时两月余,以行草小字密密麻麻地写下了《壬寅东游日记》。

回国后的严修,联合同志,殚精竭虑,如救水火般地致力于改良旧式教育和创办新式学堂。在他的主导和积极推动下,至1904年3月,已在天津兴办学堂十余所。严修在天津兴办新式教育的成就,引起了直隶总督、参与政务大臣袁世凯的注意。应当说,当时的袁世凯虽然名声欠佳,却还是一个颇有作为的官僚,他致力于西学的引进,使直隶省在兴办新式教育、科技、实业、军事诸方面都走在全国的前列。1904年5月,袁世凯任命严修为直隶学校司(后改学务处)督办,负责全省的教育改革事宜。

严修本意,先赴日考察而后就职,袁世凯则坚持先就职而后考察。于是,5月9日就职,5月21日便偕张伯苓等匆匆扬帆出海了。严修再一次地参观日本各级各类学校,尤其留意于研修教育行政。此次考察先后也历时两月余,又以行草小字密密麻麻地写下了《第二次东游日记》。

上述即为两种东游日记的背景。

此后,严修在直隶学务处任上不足两年,于1905年12月学部成立时,即被调任为学部右侍郎,翌年转任左侍郎。1910年(宣统二年),以不见容于摄政王载沣而奏请开缺,不复出,但矢志教育终其生不渝。严修一生对中国教育的近代化多所贡献;今日犹荣的南开大学、南开中学和第二南开中学(原南开女中),既是他和张伯苓心血浇灌的不败花朵,又是他们献身教育事业的永恒纪念碑。

《严修东游日记》具有多方面的史料价值。

以日本史而言，它比较翔实地记录了明治三十年代日本教育的实况，包括学校的学制、定员、经费、课程设置、教学法、教学设备等各个方面情况。其中有关课堂教学的记述可能最有意义，因为，其他方面的资料在他所记述的各个学校的档案中有可能查知，但他对九十多年前的某些学校课堂教学的生动场面所作的摄像式描绘却未必能为今人所尽知。其次，严修在日本接触到不少名人，如大隈重信、近卫笃麿、长冈护美、井上哲次郎、根津一、伊泽修二、高田早苗、镰田荣吉、鸟尾小弥太、千家尊福、内藤虎次郎、高木兼宽、手岛精一、正木直彦、狩野亨吉、冈本监辅、细川润次郎、下田歌子、嘉纳治五郎、成濑仁藏、久保田让、松浦镇次郎、辻新次、户水宽人、梅谦次郎、穗积八束、田尻稻次郎、宫岛诚一郎、青柳笃恒、藤泽南岳、河村善益、阿部房次郎、春木义彰等等，并对其中的一些人记录了言行和印象，这些也都是有用的资料。此外，东游日记中对日本人士以"兴亚论"为号召对中国人进行"民间外交"，也有一定的涉及，值得关注和研究。

以中国史（尤其中国近代教育史）而言，其史料价值也较高，如我们在日记中可以看到，严修如何系统地观摩日本的教学，又如何系统地听讲教育行政，并如何考虑将这些加以引进的具体过程。不妨说，直隶省新式教育的不少制度和举措源自日本，当严修后来主持学部日常工作时，又使其大而广之，推向全国。

以中日文化交流而言，有两方面的资料值得注意，一是中国在日留学生的情况，一是聘请日本教习的情况。日记中涉及的留学生，其后成为有名人物者不在少数，如范源濂、陈独秀、陈宝泉、陶孟和、章宗祥、曹汝霖、杨度、张孝栘、何燏时、金邦平、钱稻孙、权量、邢赞廷、李士伟、张一鹏、江翊云、王桐龄、蒋伯器、陈哲甫、张良弼、高步瀛等等。书中有关留学生的学习、活动、言论、费用等方面均有所反映。关于聘请日本教习的资料更属不可多得，如严修与直隶省学校司顾问渡边龙圣数次研究教习人选、月薪、旅费以及推荐、应聘等情况，都有着相当具体的记载。

再有，本书对日本和日本人发表了不少观感，所以也是研究清末中国人的日本观和日本人观的好资料。

最后,本书更是研究严范孙其人及其教育思想发展的珍贵史料。点注者在研读本书的过程中,看到他有时四点半起床,一天奔波数处参观、听讲,最后在日记上写着"余体不适""余疲惫不能支"时,每每潸然泪下。这位中国近代教育先驱者的筚路蓝缕之功,作为后人,我们应予发扬光大。

《严修日记》稿本(计八十四册,十三函)现珍藏于天津图书馆。收入本书的《壬寅东游日记》独立成册,而《第二次东游日记》则含于《甲辰日记》之中。

点注过程中,参考了不少中日有关近代人物的著述和辞书,兹不一一列举。

因水平所限,点注难免有不妥、错误与疏漏之处,敬请批评指正。

目 录

凡例 …………………………………………………	227
壬寅东游日记 ……………………………………………	228
中日友人送行者众 …………………………………	229
过威海诗吊李文忠 …………………………………	232
与福士德太郎笔谈东西文化 ……………………	233
青柳笃恒说教育 ……………………………………	233
船中赋诗 ……………………………………………	235
濑户内海"直谓之湖可也" ………………………	237
竹中清来访 …………………………………………	240
晤内藤虎次郎于朝日新闻社 ……………………	243
山田镗子与淇澳小学 ……………………………	245
见日僧讽经而有所悟 ……………………………	247
晤阿部房次郎 ………………………………………	249
天津戏法在大阪演出 ……………………………	253
与大阪清语学校师生合影 ………………………	254
藤泽南岳赠书 ………………………………………	255
大野铃子来访 ………………………………………	256
与河村善益晤谈 ……………………………………	258
在清语学校演说 ……………………………………	259
求书者众 ……………………………………………	261
大野铃子同赴爱珠幼稚园 ………………………	262
在清水谷女学校讲演 ……………………………	263
小村俊三郎迎于新桥车站 ………………………	263

第七章 来华日本教习与严修赴日考察

从吴汝纶参观麦酒会社 …… 264
晤春木义彰并参观控诉院 …… 265
初识巖谷孙藏及杉荣三郎 …… 268
高木兼宽论日、中衣食短长 …… 268
同文书院与清华学校 …… 269
晤根津一 …… 270
参观议院 …… 271
贵族院议长近卫笃麿接见 …… 272
初遇陈独秀 …… 272
访东京府知事千家尊福 …… 273
伊泽修二论教育 …… 274
消防署与养育院 …… 275
甲午战图触目伤心 …… 278
伊泽修二来访 …… 279
山崎彦八与富士见小学校 …… 279
外务省正式接待 …… 282
"神山毕竟地非凡" …… 282
高等师范学校及女子高等师范学校 …… 284
关本幸太郎将赴保定任教习 …… 285
东京美术学校校长正木直彦导观各部 …… 287
晤东京高等工业学校校长手岛精一 …… 289
狩野亨吉"庄雅可敬爱" …… 289
帝国大学印象(一):工科大学 …… 290
帝国大学印象(二):理科大学与医科大学 …… 292
帝国大学印象(三):农科大学 …… 294
冒雨访渡边小学校 …… 296
体操学校与学习院 …… 297
访冈本监辅一谈 …… 299

参观华族女学校晤细川润次郎与下田歌子	299
东京盲哑学校见闻	301
东京音乐学校听洋乐	302
大久保君导观弘文学院	303
大同学校与关帝庙	303
同文学院观体操	304
大隈伯论文明	304
早稻田大学"呜呼盛矣!"	305
参观印刷局	306
东京高等商业学校与常盘小学校附属幼稚园	307
吴汝纶来访	309
参观庆应义塾,鎌田荣吉招待	310
访鸟尾小弥太子爵	314
诗赠伊泽修二	315
辞别东京	315
京都印象:朴素浑坚	316
参观第九师团驻兵处	317
西天满小学教学法	318
发大阪至广岛	320
游泉邸	320
严岛景色"悠然意远"	321
马关遗恨	321
"西京丸"发长崎	322
清水、门田同来中国	323
晤汪凤藻、李叔同	325
与汪康年、熊希龄等聚会一品香	326
参观澄衷中学	326
陪清水君赴市买物	328

晤孙宝琦、张元济 …… 328

离沪回津 …… 329

返家 …… 331

第二次东游日记 …… 332

辞家 …… 333

抵上海 …… 335

王柳生叔侄设宴款待 …… 336

王培孙导观育才书塾与务本女学堂 …… 337

晤汤蛰仙、吴昌硕于聚丰园 …… 337

"永生"船发上海 …… 338

船至长崎 …… 339

寓贵临馆 …… 339

参观宏文外塾,再晤伊泽修二 …… 340

伊泽修二欲合办编译印刷 …… 342

嘉纳讲说小学校建设要旨 …… 342

棚桥源太郎论手工课 …… 344

与杨公使同访高等师范与宏文外塾 …… 346

清华学校的人事与课程 …… 347

一桥附属小学看习字和游戏 …… 348

小学校父兄恳话会 …… 350

幼儿之教"真可法也" …… 351

高等工业学校实习工厂见闻 …… 352

听松浦和平与神保小虎讲演 …… 353

答拜青柳笃恒及钱稻孙等 …… 354

访长冈护美子爵 …… 354

晤文部大臣久保田让 …… 356

力说王守善来津办工业 …… 356

女子职业学校印象 …… 357

文部省听讲(一) ································· 358
听讲教科书编纂法 ······························ 358
再晤大隈伯与高田早苗 ························ 359
文部省听讲(二) ································· 360
文部省听讲(三) ································· 361
参观女子大学并晤成濑仁藏 ···················· 361
青柳笃恒偕牧野谦次郎来访 ···················· 362
长冈护美宴请于邸 ······························ 362
高师附属小学校教学观摩(一) ················· 363
高师附属小学校教学观摩(二) ················· 364
文部省听讲(四) ································· 366
高师附属小学校教学观摩(三) ················· 366
高师附属小学校教学观摩(四) ················· 367
文部省听讲(五) ································· 368
文部省听讲(六) ································· 368
高师附属小学校教学观摩(五) ················· 369
杨公使招饮 ······································· 370
高师附属小学校教学观摩(六) ················· 372
文部省听讲(七) ································· 373
高师附属小学校教学观摩(七) ················· 373
文部省听讲(八) ································· 375
随宏文外塾学生参观天文台 ···················· 375
文部省听讲(九) ································· 376
文部省听讲(十) ································· 376
高等工业学校毕业典礼 ························ 376
参观文部省并晤松浦镇次郎 ···················· 378
同乡会 ··· 378
出席贵州省留学生欢迎会 ······················· 379

第七章　来华日本教习与严修赴日考察

寻常师范学校与三省堂印刷所 ································· 380
井上哲次郎论东西文化 ······································· 381
早稻田大学毕业典礼 ··· 383
实践女学校清国留学生毕业典礼 ······························· 384
依田雄甫赠所著《地理指掌图》 ······························· 385
赴亚雅音乐送别会 ··· 385
外务大臣持刺来拜 ··· 386
写赠手岛精一诗幅 ··· 386
日光行 ··· 387
"生平胜游以今日为最" ······································· 387
"日人保守之善亦足称" ······································· 388
木崎盛政携地图若干种来访 ··································· 389
西川风琴制造所定购风琴 ····································· 390
辻新次的选派留学生建议 ····································· 391
户水宽人论中学校教育要旨 ··································· 392
伊藤允美请代谋教习职位 ····································· 392
与渡边龙圣议聘教习与派留学生事 ····························· 393
根津一谓法国律例不宜于中国 ································· 394
晤梅谦次郎并听讲民法 ······································· 395
讲道馆看横山、富田柔道 ····································· 395
嘉纳治五郎详论学校行政 ····································· 396
穗积八束谈日本立法律学校之大概 ····························· 396
小川银次郎有意赴清为教习 ··································· 397
三角锡子拟赴清助兴女学 ····································· 398
访宫岛诚一郎 ··· 398
日本教习薪水种种 ··· 399
伊泽修二主持精养轩送别会 ··································· 400
长原春田琴歌送行 ··· 401

再与渡边龙圣议聘教习 …………………………………… 401

留学生议如何改良国之政法 …………………………… 402

"长冈絮言东三省后来事刺刺不休" …………………… 403

聘音乐教习事与渡边之歧见 …………………………… 403

东洋社购教具 …………………………………………… 404

横滨登归舟 ……………………………………………… 405

水田竹圃船中赠画 ……………………………………… 406

留学生用费数例 ………………………………………… 408

上海怡和码头靠岸 ……………………………………… 408

船发上海 ………………………………………………… 410

返津 ……………………………………………………… 411

人名索引 ……………………………………………… 413

凡　例

1. 本"东游日记"由《壬寅东游日记》和《第二次东游日记》构成,前者系1902年(光绪二十八年),后者系1904年(光绪三十年)。

2. 日记所系月日统为阴历,而其后括号中的月日则为阳历;阳历月日系点注者补加。

3. 日记中标题系由点注者所拟,但《第二次东游日记》自四月二十四日起自有部分标题,点注时保持原貌不变,然仍另拟标题置于文首。

4. 日记所出重要人物均在第一次出现时作注,以后再现即不再注。人物作注的取舍标准是,太著者(如李鸿章、袁世凯、张之洞、陈独秀、明治帝、伊藤博文、山县有朋、大隈重信等)不注。

5. 日记中人名用字比较随意,常取谐音,如"伯苓"亦作"柏龄","墨青"亦作"墨卿","陆宾"亦作"鹭宾","止欺"亦作"止歧","渔珊"亦作"渔三",等等,注释时并未一一改正。

6. 日记中字体原有大小二种,大者为正文,小者为注释,现统为一体,而将原小体字以[ ]号括之。

7. 日记中的( )号均系原有,今仍其旧。

8. 日记中字迹难辨之字均以□号表示其部位。

9. 日记中脱落文字或不增补不足以表达其意者以〈　〉号括之,补于适当部位。

壬寅东游日记

(光绪二十八年壬寅,1902年)

七月初七日（8月10日）

中日友人送行者众

早八时，率智崇①、智怡②由家行，送者子诚、小泉、恕明、赓廷及家辅叔③。九时至停车场，送者柘表叔④、莲溪、荫清⑤、庸清、诵裳⑥、孟和⑦、问泉⑧、次和⑨、佩明、幼臣⑩、约敏⑪。其先至车站相候者，体丈⑫、

---

① 智崇：指严智崇(1879—1918)，字约冲，直隶天津人，严修长子。留学日本，入读东京高等师范学校。曾任民政部主事、驻日公使馆秘书等职务。1918年病卒于东京。
② 智怡：指严智怡(1882—1935)，字慈约，直隶天津人，严修次子。毕业于东京高等工业学校。1915年曾任农商部司长，1917—1922年任直隶省实业厅厅长。1928年任河北省政府委员兼教育厅厅长。
③ 家辅叔：指严修族叔严辅臣。
④ 柘表叔：指陈哲甫(1867—1948)，一作柘甫，名恩荣，以字行。直隶天津人。清季举人。后受聘于严氏家塾。1903年赴日，入弘文学院速成师范班。归国后任直隶学务处视学。1912年后，先后任北京高等师范教授、燕京大学国文系主任兼教授、北京艺专国文教授等。工诗词，精草书，擅昆曲。著有《学易刍言》《天津丧礼说略》等。著名演员陈道明系其后人（陈晖先生见告）。
⑤ 荫清：指邓召棠，字荫卿，一作荫清。后为私立中学堂（南开学校前身）高级师范班学生。
⑥ 诵裳：指韩振华(1885—1963)，字诵裳。直隶天津人。私立中学堂高级师范班学生。1905年赴日，留学于东京高等工业学校电气化学科。归国后，授工科进士。曾任北京高等师范学校（北京师范大学前身）附属中学主任等职。系中华职业教育社发起人。
⑦ 孟和：指陶孟和(1888—1960)，名履恭，字孟和，以字行。直隶天津人。天津宿儒陶仲明之子。曾就学于严氏家塾、私立中学堂高级师范班，毕业后由南开学校资助留学日本，入读高等师范学校。后又留学英国伦敦大学。历任商务印书馆编辑、北京大学教授、文学院院长及教务长、中央研究院社会科学研究所所长、国民参政员。1949年后任中国科学院副院长。著有《社会与教育》《社会问题》《孟和文存》等。
⑧ 问泉：指武潏源，字问泉。直隶天津人。私立中学堂高级师范班学生。1903年留学日本，毕业于东京高等工业学校应用化学科。曾任直隶工业专门学校校长。1918年任南京造币厂厂长。
⑨ 次和：指林涵。直隶天津人。林墨青之子。私立中学堂高级师范班学生。1903年赴日留学，经第二开成中学校入读东京高等工业学校。
⑩ 幼臣：指张幼臣。擅音乐。1908年曾任教于天津音乐体操传习所，培养小学音乐教师。尝与胡玉孙合作，为《劝放足》谱曲，传唱甚广。
⑪ 约敏：指严智惺(1883—1913)，字约敏。直隶天津人。严修之侄。任南开学校数学教员。1913年5月病逝。
⑫ 体丈：指赵元礼(1868—1939)，字体仁、幼梅，号藏斋。直隶天津人。早年做塾师。1902年任天津工艺学堂董理、庶务长。曾赴日本考察实业。1909年任滦州矿地公司经理。1918年任国会参议员。后曾任直隶省银行监理官，天津造胰公司经理等职务。晚年与严修、林墨青等组织城南诗社。工诗，擅书法，代表作为《藏斋居士临观海帖》。著有《藏斋集》十三卷等。

润丈①、秉权、怀孙、敬韩②、绪臣也。日友则足立③、佐藤、藤井④、楠、吉田⑤、平川、井上⑥、岩熊⑦、日高诸氏也。路遇者高勤轩之尊翁及其友闽人吴德远[寓福康里]、黄君某(曾居日本)。日友则伊集院⑧、高尾、白须、财部、驹井⑨、成田、铃木、崛部、辻幸吉诸氏也。

九时十五分车发,十一时半到塘沽,送者寅皆⑩、鹤筹、伯龄⑪三君子也。木村旅馆饭遇岩熊,拉之同席。

一时登小火轮。行李壅塞,无插足之地。王、张三君子不及待船开

---

① 润丈:指凌福彭(1859—1931),字仲桓,号润台。广东番禺人。光绪进士。历任户部主事兼军机章京、天津府知府兼天津工艺局及习艺所督办、保定知府、天津道长芦盐运使、顺天府尹代理、直隶布政使等职务。他是清末直隶"新政"的重要推动者之一。1912年后,曾任北洋政界约法会议议员等职务。精辞章,善绘画,曾与齐白石,陈衡恪等著名画家组织"北京画会"。身兼作家与画家,有"民国才女"之称的凌叔华系其女。
② 敬韩:疑指马家桐,字景韩。直隶天津人。时天津著名画家,工山水、花卉。
③ 足立:指足立传一郎。1901年左右曾在天津生活,疑工作于《北洋日报》社,并在严氏家馆教授日文。
④ 藤井:疑指藤井恒久,工学士。时任直隶高等工业学堂(天津工艺学堂)总教习,并于此年9月出任日租界行政委员会委员。曾任大阪府立商品陈列所所长。
⑤ 吉田:疑指吉田实,时任直隶初级师范学堂教习。
⑥ 井上:指井上勇之丞。曾任天津都统衙门检疫医生。时在天津日租界开业行医,设立共立井上医院并任院长。系天津日本图书馆创立的发起人之一。与日本同仁会有一定的关系。
⑦ 岩熊:指岩熊金吾,在津日本摄影师,与严修友善。1901年严曾写《赠日本写真师岩熊金吾》诗以赠。
⑧ 伊集院:指伊集院彦吉(1864—1923)。萨摩(今鹿儿岛)人,毕业于东京大学。时任日本驻天津领事馆总领事,后任驻华特命全权公使,1923年出任山本权兵卫内阁外相。
⑨ 驹井:疑指驹井於菟,时任直隶高等工业学堂(天津工艺学堂)教习。
⑩ 寅皆:指王寅皆,名春瀛。直隶天津人。丁酉拔贡。擅书法。时经营开文书局,编印掌故时务等书籍,并致力于新式学堂的兴办。著有《思冈斋诗文草》等。
⑪ 伯龄:指张伯苓(1876—1951),字伯苓,名寿春,以字行。直隶天津人。1895年毕业于北洋水师学堂。1898年入严修家馆为塾师。1904年随严修赴日考察教育。回国后与严修共同创办私立中学堂,不久更名敬业学堂,1906年迁新址,再更名为南开中学堂,任校长。1917年赴美留学,入哥伦比亚师范学院研究大学教育。1918年冬回国,1919年与严修共同创办南开大学,任校长。1923年又成立南开女子中学。1928年成立南开小学。1929年赴日参加太平洋国交讨论会。1936年在重庆成立南渝中学。抗战期间,南开大学与北京大学、清华大学在昆明合组为西南联大,被选为校务委员会常委。1939年当选为第一届国民参政会副议长,1941,1942,1945年分别当选为第二、三、四届国民参政会主席团主席。1946年南开大学复员天津改为国立后,再次出任校长。同年冬赴美接受哥伦比亚大学名誉博士学位。1948年出任考试院院长,1951年病逝于天津。

而去。

同舟者锅仓直、青柳笃恒①[日高绍介]、塚谷孝二郎、和田捨私(立神丸事务长,伊集院、川本绍介)、会田[井上〈绍〉介]。

二时船开,五时至立神丸泊处,六时半开行。

识船长荒川次郎,事务员福士德太郎、给仕人饭塚氏[予给四元]。又识机关长理上道太郎、一等机关士渡部敬治、二等机关士安村弥吉、三等机关士小柳津尧作、一等运转士栩引繁之助、三等运转士森田磐次郎、三等运转士吉谷外次郎。此外,事务部有秋叶、高桥、近田、小山、吉田诸氏。又,木工岩城和三郎。

福士君以李提督添顺②所书诗幅示余,且索余诗,因次其韵云:

> 海上风吹一叶舟,
> 酒酣长啸按吴钩。
> 壮怀易尽吾衰矣,
> 尚欲乘槎向斗牛。

[理上君谓予似五十许人,故第三句云然。]

七月初八日(8月11日)

每日五时半电灯熄③,六时备盥水,盥讫,七时进咖啡④茶一杯、糕一枚。八时早餐[别有膳室,西洋食,日三次,皆同]。十二时午餐,三时后

---

① 青柳笃恒(1877—1951):中文名柳士廉。山形人。早年师从宫岛大八和张浍(张裕钊之子,时任驻日公使馆随员)学习汉学。毕业于早稻田大学政治经济学部,留校任教。曾任早大教授和理事、清国留学生部主事,并任校长大隈重信的秘书。1913年来华,出任时任大总统袁世凯顾问的有贺长雄的助理。近年有学者研究,疑其在1913—1914年间,被袁世凯重金收买,成为袁的高级间谍和密探,负责刺探革命党人在日活动,破坏革命党与日本财界的联系,制造有利于袁的舆论宣传等。著有《支那近世产业发达史》《东亚外交史论》等。
② 李添顺:湖南平江人。湘军将领。官至记名提督,诰授正一品建威将军。1902年大体与严修同时前往日本游历考察。
③ 熄:原字作"息"。
④ 咖啡:原字作"加非",以下同。

进咖啡,六时晚餐,电灯燃①。

福士君告予避眩晕法,日静坐纳凉风,时时逍遥,甚妙。余从其教,终日散步船面。

一时到烟台泊焉[英人来验病,手持一纸核人数,和田君一一指告之。数既符,乃去。船又前行,又少顷乃泊]。

锅仓乘木船之舢板登岸,招余三人共载。赴荣升栈梳发并买茧绸三匹。

福士索书,应之。由是索者踵至。

由大沽至烟台,凡行十九时顷[福士云,百九十一哩半]。

七月初九日(8月12日)

过威海诗吊李文忠

晨至舱面观装货者,遇一华人,吉冈洋行之司事也。谈片刻,闻此地出口货为丝、乌鱼、桐木[日人制屐用之]。青柳君言,制屐亦有用他木者,但桐为贵耳。又闻,出口货有甘草、鸡卵、草帽辫。

福士言,此地山皆秃,曾有日本地质学家言,北清之地非不可植树,人自不植耳。

理上君言,"相模丸"容一千六百吨,"立神丸"容二千七百零三吨,故"相模"不如此船之稳。

十二时船开行。福士云,芝罘、门司间五百七十六里。

福士又索诗,口占一绝应之:

>海风拂拂海云高,
>赤日中天射碧涛。
>与子当风迎日坐,
>大东奇气属吾曹。

四时过刘公岛,见英舰七艘。以远镜窥见威海卫,口占一绝:

---

① 燃:原字作"然"。

风号威海岸边树,

泉咽刘公山下石。

终古天青海水碧,

不见老臣心血赤。①

与福士德太郎笔谈东西文化

与福士笔谈。福士问吾国教育之方针,予言,各省方遣人赴日本考察。近顷,吴京卿②亦奉朝旨东游,待其归国当有建白。福士言,采他人之长固善矣,然必各有其立国之本,故不得尽与人同。又言,泰西极盛难继,今虽虎视东亚,要未可以长恃。吾两国唇齿相拯,宜采泰西文明之利器,开我富源以与之竞。云云。事务部长所职,与招商局船买办略同,福士乃其副耳,而留心世务言之成理如此[福士毕普通学后习商]!

七月初十日(8月13日)船中

青柳笃恒说教育

风平浪静。

青柳君操北京语甚工,与余谈日本学校大略,且言,师范学校之程度与中学校相若,但入师范学校者较庄重老成,因此校专为养成教育家,故有特别之美德。

英文假设词同过时字,殆与华文"向使"二字合。

予问福士,俄人亦有乘日船者乎[福士示余一诗,有"欲向鲁夷③竞国威"之句,故余问及之]? 曰:然冥顽粗野不知礼者多,船员大困。曩者,一女子当食顷发怒,将挥刀斩给仕,其横暴如此。又言,接人以平等,遇

---

① 《严范孙先生古近体诗存稿》卷三收有此诗,标题为《东渡过威海卫怀李文忠师》,可见所凭吊者为李鸿章。

② 吴京卿:指吴汝纶(1840—1903),字挚甫。安徽桐城人。同治进士。官冀州知府。曾师事曾国藩,与张裕钊、黎庶昌、薛福成并称为"曾门四弟子"。为晚期桐城派中影响最大的作家。1902年被任命为京师大学堂总教习,时正在日本考察教育。其思想开放,新旧并包。著有《东游丛录》《诗说》等。后人辑其著为《桐城吴先生全书》。

③ 鲁夷:对俄国的蔑称。

人以一视同仁。人生之大道,亦国际之通义。我与鲁素无恩仇之可言,接吾以道,吾亦以道遇彼耳。吾人之所期,蹈正而不畏也;生死于我何有哉!复推论泰西之蓄意吞噬黄种人云云。

午后东北遥见有山四段,在南者两段。

二时过梅花岛,距船甚近,似不足一里。山凡五峰,最大者如覆釜,一小者在其南,又三极小者在其北,皆较最大者为锐。自过梅花岛后,岛渐多,在右者如丘如阜,以数百计,断者多,连者少。在左者则蜿蜒连亘,层峦复嶂,断者绝少。船长谓是朝鲜南部诸岛。

五时见一帆船。

午后水复变浅碧,向夕色又深,岂因日光有浓淡欤?俟质知者。

昨夕木工岩城氏与余笔谈,问吾国木工日得钱几何。余曰,以天津论,大约三角有奇。岩城甚廉之,曰,日本最廉者七八角,多者乃至一元有半云。西书尝论,工价之贵贱与国之贫富有关系。吾津今之工价,较庚子乱前已增一倍矣,然视日本犹不及其半,况与西国较乎?岩城识字颇多,且通浅近算法,吾津木工盖不多见。价之贵贱仍视其巧拙为差耳。欲富国者盖可忽乎哉?

日本邮船航天津者三:"立神丸"也,"高砂丸"也,"相模丸"也。皆不道高丽,其之高丽者二:"玄①海丸"与"日东丸"也。"高砂""立神""相模"或由天津而神户,或由上海而长崎,轮流相间[此说再考]。

"仙台丸"之触礁也,即在高丽近处,今夕所见多岛屿处也,其地甚险。

以上二条皆青柳君言。

八时后过一山,在船之左,上有明灯,疑是灯塔之类。

十时过太郎岛[在船右],山足有灯光十余处,或曰渔舟也。

自发烟台皆向东南行,闻自此以后即直向正东矣。

船楼之前两隅各悬一灯,左红而右绿,为皆夜中辨船之去来,以防误

---

① "玄"字原作"之",即少最后一点,当系避康熙皇帝玄烨之讳而故意略去。以下同。

触也。

七月十一日①（8月14日）

船中赋诗

　　五时半起，盥漱后登船面。天阴，激风，浪有白花。船觉摇荡。荒川、福士皆问余眩晕否，而余殊无所苦，盖遵福士纳凉风之教之效也。青柳君及智怡皆高卧不出。

　　发天津之前一日，井上君给药粉若干裹，备防晕船。余上船之后，服之数次矣。一日与会田谈及之，会田曰：殊不济事，不晕时毋庸服药，晕时服亦无益，遂止不服。

　　八时过对马岛，在船之左，山色葱绿。渡部敬治②君指正南谓余曰：彼，长崎也，与此岛正对。

　　水色深蓝，船长云，此处已入玄海矣。

　　八时饱食讫，散步观涛，白浪奔腾，声势壮阔。

　　西南有远山，以图考之，当是壹岐岛。渡部君以为九州之边境。

　　　　朝试测远镜，
　　　　万里清如洗。
　　　　借令地非圆③，
　　　　吾家指顾耳。　［初十日黄海舟中］

　　　　百万星球地居一，
　　　　四分且让水三分。
　　　　棕黄黑白总同种，
　　　　南北东西何足云。
　　　　儒墨卮言原破碎，

---

① 此处原文为："十一日七月"。
② 渡部敬治：原文作"渡部敬所"，显系7月7日出现的渡部敬治之误。
③ 圆：原字作"员"。

佛耶界说更呶纷。

争存①物竞有时定，

至竟终须合大群。　［昨日福士笔谈，愤西人之虐黄种，戏作此示之。虽是戏言，将来必出于此，特今日非所宜言耳。］

对马岛之前有一小山，山上有灯塔。

南有壹岐北对马，

洋洋玄海贯当中。

未知徐福回舟日，

行到何山道遇风。　［漫成］

船面上系一悬榻，试卧其上，甚适。船虽摇不觉也。

四时过白岛，山色葱秀，两山之间，一石如人立形。

远见灯塔二，一红一白，问之福士，福士以笔答曰：白者白洲灯台也，红者大文字也。

红灯塔于水中洲筑成，以砖为之，其旁近又一小洲，空无所有。

过红灯塔后，岛屿益密。有所谓"六连岛"者，因六岛相连接也。

自午后南岸山迤逦不断，重重复复。北岸则将至马关时，山势始连接也。

四时半停舟六连岛下，山麓系一小火轮，盖检疫官之所乘也。山上有检疫所，少顷医官来船，验讫，船复行。左右皆山，迤逦萦拂，左折而入港口。六时半下碇。右岸为门司，左为马关；左远而右近。

六连岛有灯塔、炮台，有医官住所。海水环抱，风景绝佳。惜格于禁例，不得摄影（凡有炮台之地皆不许，违者罚三十元，器没入官。今年有德国妇人于马关摄影受罚如例）。

民船以白布为帆，一船有多至十数者，纵横相间。

船泊时来小火轮三艘，又有舢板揽客者，凡客欲下船，则有冠红者为

---

① 争存：《严范孙先生古近体诗存稿》三卷收此诗时，将"争存"改为"生存"。

之运行李。或登小火轮,或登舢板,须臾事毕,寂然无声。

马关、门司两岸灯火之多殆可相垺,而门司以近船故,尤觉光彩夺目。暮山苍然,维以烛龙。海波清澈,凉月倒影。潮声淙淙,时闻鸣汽。此境真画所不到。福士督予为诗,强凑二十八字:

> 万顷烟波满轮月,
>
> 两行灯火四围山。
>
> 他年编订东游集,
>
> 第一佳题泊马关。

门司电灯多于马关,倒影入海如灯柱,然排列极匀,亦奇观也。

> 生小狎风涛,
>
> 家风吁已远。
>
> 三千童男女,
>
> 知历几重险!

七月十二日(8月15日)

濑户内海"直谓之湖可也"

五时半起,观装煤者。船之左右各傍煤船两艘,船肋缒吊①梯,人夫自煤船舷梯鱼贯相接,直至船面,近入煤之圆孔而止。人持一贮煤柳筐,自下而上,传相授受。船面则三五妇人,承其筐而倾入于孔内。别有人敛其倾讫之空筐,还掷诸煤船之上,以备后贮。循环不已,起运甚速。每一煤船用夫约三四十人。

日本苦工每日资金七八角至一元不等。

福士言,马关至东京之汽车②因时疫盛行,停止不开,故日内来乘③船者甚多。

---

① 吊:原字作"钓"。
② 汽车:指火车。
③ 乘:原字作"趁"。

观运搬夫为客运行李,谨而敏,无喧竞者。

马关山上,凡炮台十二处。

香山唐秀丰(宝锷)①即与戢元成②同撰《东语正规》者也,充长崎领事馆翻译。今因公使电召赴东京,由此登舟,余遇之于二等室,谈良久(秀丰即酉石之兄,后于闲话中得之)。

一童子冠学生冠,冠之前嵌一"高"字,问其名,〈曰〉久贺雪太郎。年十四,高等学校四年生也。从其父兄,将省友于东京。

闻朱伯渝在闽,戢元成在沪,唯冯孔怀③尚在东京使馆。

午前□④时行。

周防洋中山色苍茫,波文骀荡。帆船渔艇,络绎往来。不必谓之海,直谓之湖可也。

四时过祝岛,大小各一,在船左甚近。五时半过平郡岛〔在南,其对面为上ノ关岛,——两山之间通上ノ关。又,大岛在北〕。六时后过伊豫国⑤边境,云雾中望见之。

暮,风力颇壮,偶见白浪,然舟行甚稳,帆船来往自若也。舟稳时,目视船之横栏与水边之接天处为平行线,摆时则乍离乍合矣。

今晨,煤船苦工衣多褴褛。同舟有法人之从者通州宋某谓予曰,日本何尝无苦人,其来吾国者皆富于财者耳。

晚,风力益大。携酒就福士室共饮。福士索诗留别,因书一律于其

---

① 唐宝锷(1878—1953):字秀丰。广东香山人。1896年官费留学日本,毕业于早稻田大学政治经济科。曾任驻日本使领馆随员。1905年授进士出身。后历任洋务局总办、直隶都督府顾问、归绥警务处处长、众议院议员等职务。1924年退出政界,长居天津做开业律师。
② 戢元成:指戢翼翚(1878—1907),字元丞。湖北房县人。留学日本,毕业于东京专门学校。在日留学期间创办《译书汇编》,加入兴中会,宣传奔走推翻清朝。归国后,授进士出身,任外务部主事,曾随五大臣出洋考察宪政。1907年被捕,旋被毒死于武昌(一说忧愤而死),时年29岁。译著甚丰,有《东语正规》《万国宪法比较》《俄国情史》等。
③ 冯孔怀:指冯加勋(1875—?)。广东番禺人。毕业于日本陆军士官学校骑兵科。历任驻日使馆随员、考察各国宪政大臣参赞、金陵税关监督、塞北税务监督、浙江省政府秘书长等职务。
④ 此处无字。
⑤ 伊豫国:爱媛县旧称。

日记册上云：

> 与君海上初相识，
> 不道君情海样深。
> 航路风涛频劳问，
> 旅人甘苦剧关心。
> 时倾佳酿供予醉，
> 强索诗肠为子吟。
> 临别黯然欲何语，
> 访君他日到青森。

青柳绍介二人，一武富邦鼎①，一大野丰四②。
同时又识二人，一井本庆四郎，一松永祐。
松永君为余书日本学校课程大略：

正派 小学校四年

习字［アイウエオ等］ 　　　　作文［造句］

读书［读本］ 　　　　修身［忠孝勇爱国等］

体操 　　　　地理［日本、万国］

唱歌 　　　　历史［日本］

算术［加减乘除四则、珠算、笔算］ 　　　　理科［格致］

　　高等小学校［二年或四年，四年者得入师范学校］课程同前，其深浅再考。

　　中学校五年

　　高等学校三年

　　大学校三年［法学则四年，医则五年］

---

① 武富邦鼎(1852—1931)：佐贺人。海军军人。甲午战争后曾任台湾总督府参谋。日俄战争时任第三舰队司令官。时任海军军务局长。按，虽经青柳笃恒介绍，严修并未造访。武富后以海军中将退役。
② 大野丰四：陆军军官。曾任职台湾总督府陆军幕僚参谋，军衔为陆军步兵大尉。按，虽经青柳笃恒介绍，严修并未造访。

法科[法律、政治]　　　　　工科[机械、土木、电气]
农科[牧畜、山林、农]　　　医[医、药]
文科　　　　　　　　　　　理科

七月十三日(8月16日)

竹中清来访

八时后过淡路岛,在右。其迎面偏左山势蜿蜒者,渡部君以粉画壁相示如下:

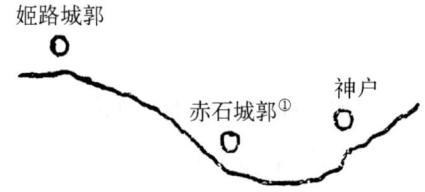

一路帆船不绝。

弘文学院①,月入二十五元,饮食、衣服、医药皆取给焉,仍还付三元为零费。——秀丰云。

九时三十分轮停候检疫者。验讫复行。十时二十分至神户港。将行李交西村旅馆人夫,唐君为照料。交付讫,乃同登小轮船至码头。与和田、青柳诸君作别。

同唐君至税关。中设长案二,凡手荷物②有人一一检视,不论其为何国人也。唐君物受验讫,余父子三人之行李已尽交旅馆人,手中一无所持。因约唐君至旅馆,茶话少顷,旅馆人已将行李运至。税关来请,一人持钥往,智怡往而唐君与之俱,唐君悉认为己物,遂竟不开扃。留唐君同

---

① 弘文学院:初名亦乐书院。为嘉纳治五郎1902年创办,专门接收中国留学生。为避乾隆皇帝"弘历"之讳,1903年改称弘文学院。原校址在牛込区五轩町,后以学生激增,又在趜町、真岛、猿乐町和巢鸭等处设了分校。以普通学科为主,兼有速成科。1909年关闭。

② 手荷物:行李。

240

饮。《神户新闻》记者竹中清①来叙话,唐君略告以予之行踪及来意。

饭讫,唐君约同至领事馆,晤西文译官王应珍[绍贤,亦香山人,曾在香港书院就学]。谈许久,余三人借地理发面。

闻华商居此者有一千三四百人,粤人为最多。此间进口货由我国来者,牛庄豆饼为大宗,出口则火柴为大宗。曩年,领事馆时有讯鞫之案,自日本收回治外法权,署中遂清闲无事[东京使署及长崎、横滨领事署皆然。他国亦然]。王君言,当日本之初收法权也,有西人某犯事,将致之狱,其人曰:尔国之狱非人所居,吾不能堪也。曰:如何乃可?曰:必如我国之狱,如何如何乃可。则鸠工兴造之,工讫,卒致其人于狱,法遂信行[案,此说与后来在东京所闻不尽同耳,年月亦似未符,俟再考]。

又言,日本自去年议抽取身工税[案,似即营业税也]。一人一年所入工资若干分而取一,他国寄居者同例。各国领事会议拒之,而日本卒不听其言,曰:各国之人既得内地杂居矣,吾国一律保护矣,今吾国人通行之例而他国人独违抗,非义也。有违抗者则依法封禁其产业。他国人无如之何,法亦信行[后闻黎伯颜②云,此后尚恐大有争论]。

唐君言,日本自开内地杂居例,各国人得随处游览[后闻周庆钟云,伊五年前偕陈瀛洲游西京,甫下汽车,警察者问所之,则姑诡应之。警察人则告人力车夫曰,送某至某处,待其事毕仍折回,乃竟不得纵游。其拘如此,今则大不然矣]。

王君又言,从前各国人居神户者,以海岸近傍为租界。自有杂居例,遂废租界之名,随处可居,计地付租?与本国人同。

又言,于神户设领事者凡十四国:英、法、美、俄、德、奥、瑞典、挪威③、

---

① 竹中清:号翠村,《大阪每日新闻》记者,时任神户支局长。1908年曾受该社派遣前来中国游历,自海上入长江下游一带活动,再由汉口北上,经北京入大戈壁沙漠至蒙古国,进入西伯利亚,乘火车至中国东北。回国后著《蒙古横断录》。
② 黎伯颜:指黎渊(1882—1935),贵州遵义人。光绪举人。留学日本,毕业于中央大学法科。曾任北洋法政专门学校第一任校长。后历任北洋大臣文案、直隶总督署宪政筹备厅参议、京师国立法政专门学校教习、大总统府秘书、约法会议议员、国务院法制局参事等职务。
③ 挪威:原字作"哪威"。

荷兰、巴西、西班牙、比利时,合之中国凡十三,其一则或意或葡,予今记忆不真矣。

又言,神户有吾国人私立学校,专教华商子弟。学生百余人,自七岁至十五六岁皆有之。教习华人三,日人一。今方在暑假中,未开学也。

理发人黄姓,黄县人。言,月可得资二十余元,食宿费其半。中国业此者有二十余人。又言,自中东战①后,百物昂贵,价倍于前。

理发毕辞王、唐二君回旅馆。馆人发电话致大阪中ノ岛花屋,便遣人至车站迎,而西村之人送予等至三ノ宫车站,行李皆伊代运。买二等客票三张。馆人言,二等例得携六十斤,核计恰符其数。王、唐二君来送行[送行者买送行票,乃得过桥至车前,返时缴票如乘车例]。三时四十六分车到,登者纷忙,迫不已待。坐初定,车已开矣。车站乘客坐待之处曰"待合室",一二等同一室,三等别一室,皆精洁。中设长案,置新闻②数种供客。待合室之外有木栅,车将到,人由此栅出,出者必持票,一人剪票放行,乃登大桥,桥制与吾津老龙头车站所设略同,唯自始登以至降尽,其上皆有屋顶,盖由待合室直至汽车之前,虽遇雨无庸张盖也。车到时,行客木屐之声清脆杂沓,颇觉聒耳。待合室内外,各市廛牌号点列甚多,五光十色,绚烂之至。开车后,历住吉、西ノ宫、神崎诸站。四时四十分到大阪梅田车站。花屋之人已来迎候,乘人力车往焉。花屋在中ノ岛三丁目渡边桥之南,临河,东向,登其楼,窗临堂岛川,岸边垂杨数株,清秀可怡,楼舍精洁。执役者皆女使,稳慎勤敏,事事有纪律,不烦絮语也。浴毕晚餐。晚餐讫,乘人力车赴西区幸町一町目十二番地访清水芳吉③君,君适他出,晤其夫人,兼见其尊堂。候二刻许,君归,智怡与其叙话良久,固留宿其家,余固辞,乃约步游道顿堀、心斋桥通、美术馆诸处。在惠美须桥下与清水君别。九时归旅馆,十时就寐,衾褥衽洁且设蚊帐。

---

① 中东战:指甲午战争。
② 新闻:报纸。
③ 清水芳吉:大阪清语学校校长。与严修友善,后曾随严修来华访问。

西村领收证①录后：

四人车代六十钱

荷物车代七十二钱

四人昼饭［三等］三元六十钱

三ノ宫四人车代二十八钱

三ノ宫荷物车代四十二钱

大阪电话料一通二十五钱

付价讫，盖小印加印花焉。又付茶代三角，亦付书证一纸。

七月十四日（8月17日）　日曜日　花屋宿

晤内藤虎次郎于朝日新闻社

六时起，七时朝食。八时半，三人乘人〈力〉车赴东区瓦町二丁目三十九番，访田岛正直君［门外署"田岛公证役场"木牌］。先见其夫人及渡边、门奈、宇治三君，又田岛君义子。茶话片刻，出写真册视客。田岛君归，又谈片刻。因亟欲访孙实甫②，遂别去。到川口町三十二番地益源号访实甫晤谈，兼晤何、袁二君。实甫谈公使③与留学生龃龉事甚悉，余未及细问。十一时半归寓。一时，清水君来。为谋移居事，因居花屋费太重也。俄，大阪清语学校师西岛良尔④偕其友林达道俱来。西岛君居汉口、上海数年，通吾国语言，所著清语书数种，日本人颇争购之，即其家设清语学校，学生三十人，林君其一也。日课二小时。林君乃佛弟子，其名

---

① 领收证：收据，发票。
② 孙实甫：指孙淦，字实甫。浙江人（一说上海人）。旅日华侨，在大阪经商，为益源号店主。曾出任浙江留日学生监督。1898年曾通过驻日公使裕庚向总理衙门呈请"仿行外国善举，创设红十字会，以赞军政"。被认为是中国倡导红十字会的第一人。
③ 公使：指蔡钧，字和甫。浙江仁和（今杭州）人。曾任苏松太道。1901年以四品候补京堂任出使日本大臣。1903年，以防止留学生受民主思想影响，建议清政府停派留日学生，并阻止中国留学生进入日本陆军学校学习，遭国内进步舆论指责，旋被清廷召回。
④ 西岛良尔：大陆浪人。毕业于上海日清贸易研究所。甲午战争时曾任陆军翻译官。后在大阪创立清语学校。所编汉语教材甚丰，先后出版有《清语会话案内》(1900)、《对译六十日毕业支那语会话》(1902)、《日清会话问答》(1903)、《日清会话助词动词详解》(1904)、《日清会话入门》(1905)、《日清英三国会话》(1906)等。

刺前署曰"大讲义前一位"。西岛君有事先辞去。林君、清水君陪余三人游大阪商品陈列所。门外每人纳金二钱,买票持入。人给一图,图中有陈列所照相,有各国货币表,有汽车开行时刻表。先入其外国品见本①室,所列如织品、陶器、服饰、金类、角类、纸类,不可殚述。或立柜,或横几,皆镶以玻璃②。其式或纵或横,或平或立,或方或长,琳琅璀璨③,光彩夺目。某国送附,某地出产,某地购得,某价本几何,各书于纸牌,或粘之,或系之。就中货品,以英国为极多,触目皆是。次则美、德两国亦颇多颐。吾国之产,就吾所见,纸类则广东制贝岭纸、长江草纸、色付口洋绿纸、上南机纸、色付切腊年纸、黄信纸、机器黄粉纸、原垂桶纸。色付类,月双笺、连县棉笺、玉和笺。髹器④类则湖南栗色颜洗⑤、螺钿笔入⑥、汉口描金盒子、描金八角盘、铜油涂革笺盒、沙市赤涂颜洗、寄木盘、广东金花篮、金色瓜篮、贵州帽立(黑地描金甚精)、果子盘、鸦片具立之类。其但注"支那"二字未详某省者,如线香、金茄香、丹桂香、花瓶、小茶壶桶、牙章、金镯、象牙烟卷入⑦、漆描金茶箱、正青皮衣箱、朱红帽筒等物。崇、怡二人所见,有天津之磁油盒(甚粗),上海瓷盘、瓷碗等物。楼上亦外国见本品,大率皆西洋之制,支那恐不可得矣(楼上有图书部,仓促未得入览)。下楼入内国见本室("内国"犹言"本国"也),甫览一室已至闭门之时限(每日八时半开,四时半闭),遂出。

将归寓,路过一门,署名曰"广濑长康",即岩村君之挚友,去年导崇、怡二人赴神户观军舰者也。此次有岩村君托寄信,又余拟赠以纸笔诸品而未详其居址,适无心遇之,甚喜。投刺入门,茶话片刻而出。其地即花屋之对岸,登桥可彼此望见也。

---

① 见本:样品。
② 玻璃:原字作"颇黎"。
③ 琳琅璀璨:原字作琳郎璀灿。
④ 髹器:漆器。
⑤ 颜洗:脸盆。
⑥ 笔入:笔筒。
⑦ 烟卷入:纸烟盒。

同清水君至朝日新闻社（即在花屋南），主笔者内藤虎次郎①，即撰《燕山楚水》者也。叙话，导观其印字工场。有制纸模者，有镕铅者，有印纸者。其法先以纸料搅成稠浆，倾于半剖之圆罫内[如竹半剖]，以预先排好铅字之半圆模轧之，上以水由孔灌之[此处未辨明]，下以火炙，炙干遂成一纸模。字形毕凹，极其清朗。乃以纸模入筒内，灌以流质之铅，又成一铅模，始发印字处。印字机凡四台。每台有缠纸之轴，粗如辘轳。彼端有铁枑，纸过机轮有刃切断之，铁枑则扇使平放于案，一人随手捡②之。内藤云，每一机器一小时可印一万五千张，多可至二万张。日印三次，销报约十五万张云。

邀清水君至旅馆晚饭，饭后同访西岛君。谈次，清水君、林君为商旁近之旅馆大长方未谐，又约予三人同访中川旅馆。中川之少主人即清语学校中三十人之一也。登楼叙话，商议允谐，定于来朝徙居。

是日孙实甫来电话，欲见访，电话复之，约明早至彼处。

晚乘船归[清水、堀井、中川三君偕]，十一时回寓。

七月十五日（8月18日）

山田锽子与淇澳小学

滨田磐吉来访；昨晚途遇之，嘱今晨相候。九时来，十时去。辞花屋出，智怡携行李出赴西岛家，余率智崇至川口访孙实甫。因访张冠三于三十二番，访张凤斋于六十六番，遇吕祉堂、尹子庚。访陈瀛洲于七十番，遇郝君仙坡。皆津人。皆匆匆一谈。于张冠三处知阎小山东京寓所。

十一时到清语学校略坐，西岛君陪往中川旅屋。

午饭后写寄筱山信与商宿所。

---

① 内藤虎次郎(1866—1934)：号湖南。陆奥(今秋田县属)人。系历史学者和汉学家。毕业于秋田师范学校高等师范科。早年曾任《三河新闻》《日本人》《大阪朝日新闻》等报刊记者。1907年后任京都大学教授，著有《读史丛录》《支那史学史》《日本文化史研究》等著作。其中国史研究卓有影响。工汉诗与书法。

② 捡：原字作"检"。

西岛君约赴大阪每日新闻社,至则社有火灾,方扑灭。救火者、望火者肩摩趾错于门外,未得见其主笔人,但各投一刺而归。火灭后,主人当门设几,几上设盘,以纸书"受付"二字粘于几之外边。凡来慰问者皆投刺于盘内,一人候而领谢之。顷刻间凡数十起。捄①火时情事未及亲见,唯见有人拖水龙之皮袋过门而去。

西岛君别去,余三人访山田锽子。锽子者,山田某之妻而大野捨吉②君之姪也。去年,大野君偕两儿来③游,寄宿于田岛君家。山田与田岛兄弟也,故田岛君使锽子照应。大野君行踪无定也,又以两人托之于锽子,锽子尽心照料,出入必偕。设两人不白而出,则必穷究其所之而迹至之,或遣人访求之,盖不异约束其幼弟也。凡一月之久,家人至今感念之。今次相见,情意真挚,视予如尊长,闻庸儿④之死,泣下者数次,余亦心酸,若不自持,含泪欲下矣。谆谆留晚饭,不忍却,饭后归。当山田治庖时,余三人步至街前一览。行者居者见异国人,皆来聚观,盖大阪虽为各国商民辐辏之所,然悉在川口町一带,他处绝鲜。川口町亦以吾国人为多,西洋人绝鲜。

锽子为淇澳小学校教习。设馔之所即校舍也。今暑假中未理课。录其壁间所揭课程如下:

	第一时	第二时	第三时	第四时	第五时
月⑤	修身	读书	算术	作文	习字
火	作	读	图画	算	习字
水	读	习	算	作	
木	算	作	读	画	习字

---

① 捄:同"救"。
② 大野捨吉:其事迹不详。系大野铃子之叔伯。1901 年左右曾生活于天津,并教授日文于严氏家馆。尝偕严智崇与严智怡兄弟前往日本。由严修称其"行踪不定"和"岩村、大野诸君(在清生活)殊困难"等语来看,在津似无固定工作,或属"大陆浪人"一类。
③ 两儿:指长子严智崇、次子严智怡兄弟。
④ 庸儿:指三子严智庸,死于 1902 年,时年 18 岁。
⑤ 月:"月曜日"即星期一之略写,以下火、水、木、金、土相应为星期二、三、四、五、六之略。

| 金 | 修 | 算 | 唱歌 | 习 | 读 |
| 土 | 习 | 读 | 体操 | | |

月	修	读	习
火	算	作	图
水	体	读	唱
木	修	算	图
金	算	读	习
土	修	算	作

九时归寓,倦极即睡。

清水君①约明日游和歌山兼赴堺市访铃木君。

七月十六日(8月19日)

见日僧讽经而有所悟

八时,同清水君赴难波停车场。士女如云,皆赴南海道游览者也。自七月十四日起至十七日止,凡南海铁道线内车价皆减半,为盂兰会期曲体游人之意也。实则,以减价故游人增多不止一倍,约取而实广收也。且于商务大有裨益,此等作用皆犁然有当于人心。

待合室遇每日新闻社记者安东不二雄,略叙数语,其人稍解华语,财部有名刺为介绍,清水君亦与相识。

八时半车开,历天下茶屋、住吉、堺、滨寺、天津岸、和田贝塚[有给仕童子送茶,唯一、二等客位有之]、佐野桥、井尾崎、箱作、深日[将至和歌〈山〉时,过隧道三处,其一甚长,约行二分钟],诸站毕停片时。十时五十分至和歌〈山〉下车[车票界为两段,一印"往"字,一印"复"字,将交票时析去往者之半,交还复者之半收执,凡不出三日内者皆可执以乘车]。

---

① "清水君"三字之后,尚有一"君"字,当系重写,今略去。

晨在车中遇中井一马①君,泛爱幼稚园长,崇、怡二人去年旧识也。携一少子,年十五,中学校一年生也。中井君凡五子,长者大学已卒业,此其最少者也。中井君温厚可亲,使长稚园可谓得人。

车中悬铁道线地图,悬乘客章程。每过一站,其停车场前竖粉牌,标列名胜之区,某处距此几何远,自若干丁②,乃至若干里,爽若列眉。每站必有"荷物引渡所"③、"荷物取扱所"④。如自此站登车,即将行李交取扱所。其重不逾限者不取金。领铜牌一[牌凡二,其一系于行李之上],到彼站时持牌取物无误,亦不取值。

山本登君候于车站,盖清水君之戚居和歌〈山〉者也。先一日,清水君函托其照护,故来此相候,导余等至角清旅馆支店小憩。是日游人极多,求人力车不可得,山本君遣人招雇良久乃足数。山本君遂别去。

过一长桥[桥旁立柱凡一百四十余,每柱相距七八尺]。过一长街,约数里远,道路平坦,廛舍整齐。街尽,见一石城,环城而行,所经仍为市街。街又尽,入松林,皆百年外老树,夹路交柯,凉风习习。行许久乃尽,去和歌山不远矣。

鹤鸣馆午饭[兼和洋两式,价颇廉]。晤长坂云在⑤君,清水君之友也。长髯苍白,类六十许,人问其年才四十六耳。工书画,曾游上海、苏、杭,知张子祥⑥、胡公寿⑦之名,亦略解华语,谈片刻去。长坂君借居某寺,饭后便道访之。出示所画松梅等屏及明光浦画卷,神韵超逸,题字尤佳。

---

① 中井一马:号玉凤。大阪医生。尝学汉学于藤泽南岳。历任大阪府会议员及府参事会员等职务。
② 丁:也写作"町",日本距离单位,每丁长度约合19米多。
③ 荷物引渡所:行李提交处。
④ 荷物取扱所:行李房。
⑤ 长坂云在(1848—1906):伊势(今三重县属)人。南画家。擅长山水。曾于明治十五、六年(1882—1883)来华游历。
⑥ 张子祥:指张熊(1803—1886),又名熊祥,字寿甫,号子祥。浙江秀水人。沪上画家。工花鸟,尤其大幅牡丹。精篆刻。
⑦ 胡公寿(1823—1886):号瘦鹤,别号横云山民。江苏华亭人。海派代表画家之一。精山水,兰竹,花卉。工书善诗。传世作品有《桂树图》《香满蒲塘图》等。

至海滨一亭下暂息,复还至停车场。五时二十分车行[车经海岸见落日,向来乘汽车未见此景],七时三十分至堺市。出访铃木君,设茶馔。锽子先在焉。因天晚不得久谈,八时后别去、铃木君送至车场,九时车行。

堺市街衢亦整洁,停车场尤空阔。水月电灯,照地如水。过一寺,有僧众踽步讽经。讲学问不必废辞章,讲教化不必废僧道——吾观于日本而有所悟。所谓不废者待其自废也,自废者其势顺,虽迟无大损,因本已立也。人强废之,其势逆,欲速反害。并其大者急者亦因好。所持此义,俟质高明。九时二十五分至难波,又十五分回寓。堺市车中遇清水君之友荒木和一①君,通英语,与智崇谈,其人曾在法国大学校三年,又通法语,尝三至美洲,著有《英和俗语活用》,赠智崇一册。是日,失候川口津友五人。

补记:昨午访田岛君,留话甚久,约十七日往观电话交换局。又出法律诸书见示,内有《法规大全》一书,厚二寸许,巨制也。田岛言,有此一书则诸类悉备。略如吾国之会典及《大清律例》。田岛君又言,日本之改商法也,凡采用十五国之律,荟萃而成,故今日日本商法为世界第一。又言,现今法律书以意大利②为最新亦最善[庚子年始出书]。又言,日本法律多取之他国,惟"亲族编""相续编"他国又取之日本[他国旧所无也]。又言,商业学校大阪胜于东京。

七月十七日(8月20日)

晤阿部房次郎

日本之大米价三倍于吾国,鸡卵价四倍于吾国,然米精凿而卵肥硕,吾国乡邑不及也。余谓吾国亟当讲求种稻之法,使米产愈多而舂愈精,以之输运于东国,亦商战之一事也。不此之务,而仅恃争执米之不出口非本计,非长策,亦非公理也。且吾见神户报关税册中,从吾国输入者固有大米一类,姑无论其多寡,亦足见禁令之不行矣。不早为计,吾恐"不

---

① 荒木和一(1872—1957):毕业于文部省直属的大学分校(大阪)英文专科。曾任职于大阪商品陈列所。后留学美国。回国时将爱迪生发明的电影机及X光机械带回日本。后经营杂货输入。任大阪商业会议所议员等职务。
② 意大利:原作意大里。

出境"之说徒成虚设,而米价且将倍增不止,又何以善其后耶?牧畜之事亦然。

昨夜写一函寄谕福士君,附短句云:

神户停轮际,

匆匆过别船。

临行未交语,

祇恐两泫然。

八时后,三人访田岛君,践前日之约也。笔谈良久,言纪州伊都郡有高野山,往昔弘法大师①之开山也。师距今千二百年,游学中国,讲释迦教,大布教于全国。余因问日本近来释教存亡,君言,日本人口四千五百万,基督教〈徒〉五六万之外,皆佛教信徒也。然似非真实之信徒。余又问,宗教与政治有无密接关系。君言,政教分立。有司之德义多从儒教。有司依佛教,下民依佛教。此论创闻。

电话局距田岛家仅隔两巷,步而往。先至事务室,晤其庶务课长冈本先治君[明法学士],笔舌相济谈片刻。

本局始创于明治二十六年,凡官吏八十人,交换手②二百七十人(女子)又八十人(男子)。岁出费约十九万六千元,岁入约四十七万九千四百八十元。女工日十八钱至四十钱,男夜工自二十二钱乃至四十钱,以巧拙为差等。每人约作工六时,每时休息十五分。自早六时半至夜八时半皆女工,余时皆男工。架设之家日多,故今日又于西区设分局。合两局计之,已架设者五千六百家,已愿架设而未架设者三千五百家。合全国计之,本局十九所,支局四所,分局五所。东京有邮便电信学校。

又言,近有日人川畑笃雄渡清,劝袁制军③兴办电话事。又,袁制军

---

① 弘法大师:指平安初期的高僧空海(774—835),他曾于804—806年入唐学习密教,归国后在高野山开创金刚峰寺,传真言宗,又是著名书法家,谥"弘法大师"。
② 交换手:即接线员。
③ 袁制军:指袁世凯。时任直隶总督。按,明清两代总督也称制军。

招聘工学士藤井恒久。又，警务学堂川岛浪速①。又，金子弥平②皆冈本之友也。

冈本君导至楼上向职事员某君先容，某君遂一一导视，并向智怡讲解［且讲且问］。升阶一级，设长案，引长至彼端，曲如磬折形，平□可坐七十人，每人司九十号［九十号指发电言，若来电则号数全备］。来电之机在上层方格，格中又划分小格，每小格为一号（约不足一方寸），其木帘能启闭。发电之格在下层，每号一圆孔，每百孔为一格。上下层之间有一小横楣。有圆玻璃大如榆钱者二，每电至则其一发白光。亟观上层某号启帘，乃发话问明，欲问某号交语，即取电梭③（此余杜撰之名）一枚插入某号之孔。其两家交语毕，则其一玻璃发红光，即知交话已毕，电梭可拔出矣。其大略如此，至其所以然，则余于电学机器学一无所知，莫名其妙矣。楼上有生风之圆机。冈本君又导至机器室一览，晤机关长古川直英君，亦为讲画详尽。架设之家岁出费六十六元。

田岛君携便当④同赴西区西野下ノ町阿部制纸会社参观。先已致电话与寺田精义君约，至则寺田君适他出，晤其职事人松本行政君，又晤其理事人阿部房次郎⑤。坐谈片刻，借其旁近空房用便当，路遇寺田乃同往。食讫，寺田导至社内纵览。先见造蓝色纸者［作包皮用］，少进则见造白纸者。其机器如方池，段段相接。初入时稀如水，过一池则稍稠，递进递灿，遂成纸质［有轴卷之］。盖明明动荡之流质，一转瞬而缠束于轴

---

① 川岛浪速(1865—1945)：大陆浪人。长野人。曾就学于东京外国语学校学习中文，后退学，去上海并至各地游历。甲午战争时从军做翻译官。后受聘为高等巡警学堂（北京）教习和监督。结识肃亲王和蒙古喀喇沁王。1914年收肃亲王女金璧辉为养女，改名川岛芳子（日本侵华时期著名女间谍），多次策划满蒙独立。
② 金子弥平：大陆浪人。1876—1879年曾来华，居北京。擅汉语汉文。归国后在庆应义塾教授汉学。与严修有交，严曾写《和日本金子弥平原韵》诗与之唱酬。
③ 电梭：当是电话线插头。
④ 便当：盒饭。
⑤ 阿部房次郎(1868—1937)：近江（今滋贺县属）人。毕业于庆应义塾，主要从事于纺织业，曾任"东洋纺""昭和人绢""裕丰纺"等公司经理和"上毛电力""王子制纸"等公司董事，贵族院议员、大阪商工会议所顾问、大日本纺织联合会会长等职务。

上矣。其纸料为槁，为筬，为败絮，为废纸，各因其材，秽者可使极洁，浣者可使极莹。人巧如此，不可方物。约一分钟时，可成纸二百尺［阔如吾邑所卖机器粉连］。制纸合资会社本金六十五万元，岁出七十万元，岁入七十七万二千元，职事员四百人。晤二见昇君，本社之支配人也。

寺田君又导至金巾纺织株式会社，其支配人八木小三郎，寺田之友也。八木之弟作川导游各处。先澄棉，次轧，次卷，次断，次条，其次则成纱。次排纱，次织，次卷，次折叠，次包裹，次压紧，凡历数十室，目不暇接。纺织社始设于明治二十一年，资本二百万元，执事员一千人。其粗丝以支那棉为之，细丝以美洲棉为之。闻支那棉输自通州，俟考。

予欲问大阪会社之都数，八木君以书一巨册见示，名曰《日本全国会社役员录》［明治三十五年本也，是书每年改正一次］。

览毕五时矣。别诸君出，田岛君亦别去。是日天气极热，寒暑表至九十一度，诸君导观诸室，蒸气炙人，挥汗不止，甚可感也。

到川口町六十六番晤张冠三、吕祉堂、王渭占、王锦波、尹子庚诸君。借其地薙发。留晚饭，汤饺秫酒，乡味宜人，醉饱而归。

冠三言日本法制之善，其助藏银行，儿童点心钱自三四分以上皆可代存，其不惮烦如此。又言，金二钱抵银元十，银一元当百钱。银钱自半钱、一钱乃至十钱、二十钱、五十钱，大小相抵无折扣之说。设如行人携银一元而适有一钱之需，随地可交易，付回九十九钱，无费与者也。造币局，如有人持真金赴该局者，或用金元，或用银元，或用币，皆可照数还付，但原金必须入炉化验，每千元付工价二元［千元〈抑或〉百元再考］。

又言，日本罕有争者，譬如途间此人误伤彼人，此人急惶恐谢过，彼人逊谢相酬。

唯言支那领事太无权，假若华商批定日人货物已付定银矣，而日人或失信，不交货亦不退定，华商即无如之何，领事亦无如之何也。言之慨然。

薙工言，"内地杂居"自明治三十二年始。

晚，清水君偕其友武田君来。武田君有意渡清而未决。

寄智惺姪信。

正金汇项由神户汇到。

七月十八日（8月21日）

天津戏法在大阪演出

六时醒，七时乃起。因崇儿清瘦，见者皆劝及早调治，余因不欲其先睡也。八时后，智怡随清水君赴银行取款，并为余定印小名片，十时归。

三人往访手贺君，未遇。手贺偕津人之善戏法者来，每日在道顿堀开演。

父子饭于一阳亭。饭毕，访田岛君，约田岛之夫人及山田锽子游博物场。买票如陈列所例。先至美术室，有泥塑、肖像等类，而画幅尤多，诸体具备，妙不可言［有卖品，有非卖品］。览毕出，遍历卖货之室，由第二室而三，而四，而五，而六，由第六室出。庭间多设铁栅，栏鸟兽于其中。鸟则鸠、鸽、鸡、鹳、鹭、鹰、鹮、鹤、孔雀之类。另有一栅，中蟠树柯，有小鸟多种，或翔或集，或饮或啄，其名不能徧悉。兽则狸、鹿、猪［极大］、绵羊等，而最大者为熊。介类，止见有龟。将出大门，始见所谓第一室，入而周览乃出。约锽、菊两君，并往邀清水种子样，饭于魁阳亭。饭后，复观吾国人戏法。吾国人三，韩人二。韩人高皆不满三尺，其中艺最高者为韩凤山。是日观者约千人。

失候津友郝仙坡、曹瀛洲、陈瀛洲。

小山来信言，已托小村①代订麹町区平河町三桥旅馆。

七月十九日（8月22日）

八时乃起。清水之夫人来小坐即去。崇、怡二人赴清野医院；清野大阪名医。田嶋君因崇儿瘦削劝其就诊。余休息半日。崛井、中川二生来谈。以日、清语互相质问。

---

① 小村：指小村俊三郎（1870—1933），日向（今宫崎县属）人。曾就学于东京高等师范学校，后留学北京，学习中文。曾为袁世凯做过翻译官，后入北京日本公使馆任译员。一度赴英，归国后再入北京公使馆任一等通译生。退休后为各报撰写有关中国的评论。

晨阅《大阪每日新闻》，言天津日本居留地将设商品陈列馆。又，《大阪新闻》言，土京君斯坦丁〈堡〉亦建商品陈列馆。

崇、怡二人十一时归。清野言，崇儿病尚不重，然最防传染，不宜居城市，宜居海滨之地。须磨、舞子皆好，然须磨之地患肺〈病〉者皆往焉，故尤莫宜于舞子。

午后水原源次郎、林达道、西岛良尔三君先后来谈，水原君约二十一日赴安土町浪花桥北礒谷写真馆摄影，盖清语学校师生有成约也。

孙实甫来谈许久。晚饭后约同堀井仁往观水族馆，所见不能悉知名。最创见者一巨龟大如猪，海驴大如犬，嗥亦如之。投以饵则扑入水而逐之，嗥声甚巨。又有海豹，亦饶意态。又有伊势虾，大几如猬，色鲜红。余不悉记。馆中有事务室、机关室、电灯、自来水。楼上有药浸水族物。水族所居，皆镶玻璃窗，其中列山石。上有引水之机，终日激射不少停。海驴居一圆池，旁设铁栏。海豹卧一巨石上。

阅毕至河心料理屋小饮。九时三刻归。

七月二十日（8月23日）

八时半乃起。九时，西岛君偕其友松云堂主人石塚君来言，约余游滨寺，就其地乞余作字，诺之。十一时半，汽车行，历天下茶屋、住吉、堺、大河诸站，午至滨寺。饭于一力楼。楼临海岸，对岸则淡路、舞子、神户诸岸也。作字十余笺。五时四十分汽车归。

陈瀛洲来，两次不遇，今日留字属余明早候之。余因明日有写真之约，属智怡借近邻电话告以故。瀛洲答云，有《朝日新闻》馆主津田君欲与予相见。

大阪人口九十五万。

版权之例，每书一册取税十元。

七月二十一日（8月24日）

与大阪清语学校师生合影

同堀井、中川二生访西岛君，适瀛洲偕津田及周君庆锺过西岛之门，因邀入叙谈。同至礒谷写真馆摄影,共二十六人。华人周、陈及余父子三人,日人津田寅治郎①,皆客也。余皆清语学校中人:评议员石塚猪男②、校长清水芳吉、讲师西岛良尔[及其幼子],余皆校中弟子。余所识者水原君、武田君、林君、堀井君、中山君、伊良子君,此外又十人。写真毕,访石塚君于松云堂。

津田招饮大阪俱乐部。午后同西岛、清水两君访藤泽南岳③不遇。清水君约游天王寺,路经仁德皇帝庙、官币神社[一名生国魂神社]。天王寺可记者:输器铸钟,围坐讽梵,投饵饲龟。

游寺毕迁道观明年博览会选定场地。至茶臼山下清水荣次郎别邸,主人备饭。又晤此木林宗太郎,主人之友也。其地据水面竹树之胜,浓翠鲜郁,清风送爽。

饭毕,乘汽车归。汽车设警报机,设车有警则掣之,前车立停。若无故掣动罚五十元。清水君遗车票于他车[初登一车,后言此车将洒扫,请移他车,仓促遂下],方检觅间,人已追至送还。

接河内一郎信,赠铜印一方,又诗一首慰余丧子。武田来小坐。

七月二十二日(8月25日)

藤泽南岳赠书

赴川口町九十六番拜张星舫,北帮董事也。兼访何君俊卿、李君某,皆山左人。至七十番与周君镜泉谈片刻。写家信托瀛洲寄津。庆锺、瀛洲招饮丰乐园,支那人所开设也。同坐西岛、清水、津田、张星舫及辩护士佐藤(□□字方堂)。饭后写字数十纸。同西岛君再访藤泽君,笔谈片

---

① 津田寅治郎:大阪《朝日新闻》社干部。
② 石塚猪男:指石塚猪男藏,即松云堂(出版社)店主,时任大阪书籍杂志商组合(出版业商会)评议员,系大阪出版界的重要人物。松云堂曾出版过西岛良尔所著《新编清语教程》等书。
③ 藤泽南岳(1842—1920):名恒,字君成,号盘桥,南岳系高松藩主赐名。赞岐(今香川县属)人。系幕末儒学者藤泽东畡之子,幼从父学,1873年重建其父创办的泊园书院。1887年组建大成教会,发行个人杂志《弘道新书》。

刻,并晤其嗣君元造①。南岳君以其所著《和陶诗探奇·小识》二种见赠,又承假观所撰《日本通史》。

大野铃子来访

晚,大野锽子、铃子②来。武田、清水二君来。

星舫言,《马关之约》太草草,故商约中我国受损实多。譬如同一货品,自西洋输入者税五元,自我国输入者或七八元。同一货品自西洋输入者有定价,自我国输入者则随时作价。诸如此类。

酒税甚重。瀛洲言,自我国来者每值十元税十三元。

巡捕升包探。

庆锺言,日本度支颇不充裕,但善于运转耳。又言,国中楮币③无抵著者千数百万[次日星舫言之尤详]。

内地杂居之后,巡捕可以出入人家,于外国人亦然,故近来吾国商人之吸洋烟④者,掩匿甚难。——星舫云。又言,往年吾国人有因吸烟被拘而自戕者。

---

① 藤泽元造(1874—1924):号黄鹄,大阪人。藤泽南岳长子。汉学家。毕业于东京共立学校(今开成高校)。1899—1901年来华留学。后继承父业主持泊园书院(私塾)。1908年当选为众议院议员。
② 大野铃子:身世不详。但知其父姓大野,系大野捨吉之姪,大野(山田)锽子之妹。1905年严修创办保姆讲习所时,特聘为主持者,该所遂成为中国北方最早的幼教师资培训中心之一。1908年归国。按,注者于1994—1995年访日时,曾根据两条线索查询其事迹:一、据本日记八月初一日载,"遇大野铃子,约至爱珠幼稚园一看"。故首先考虑,大野铃子可能是爱珠幼稚园老师。于是,注者给大阪爱珠幼稚园园长渡边恭子先生写信,询问明治三十五(1902)年可曾有过一位大野铃子先生在园任教。渡边恭子先生查阅资料后,回答说,该园教职员中从无此老师。二、注者在《明治妇人录》中查到大野铃子其人。现全文照录如下:"大野铃子 庆应三年正月七日生。武官大野保宜氏夫人(豊多摩郡大久保村大字东大久保四二五)。士族稻野直二养母"。经查,其夫大野保宜、其养子稻野直二均不可考。其所居地豊多摩郡大久保村大字东大久保,据《角川地名大字典》卷13可知,当时还是东京都西北郊区的农村,其位置大体在现在的新宿区户山公园及其以东一带。于是,注者随即走访了户山派出所和新宿区役所。是日,大雪纷飞,注者虽受到客气的接待,但终以所历年代久远且经沧桑之变,不得要领而归。另外,来天津的大野铃子系因其父姓大野而姓大野,而《明治妇人录》中的大野铃子则因其夫为大野保宜而姓大野,故是否为一人也很难说。
③ 楮币:纸币。
④ 洋烟:此处指鸦片。

七月二十三日（8月26日）

终日未出门。

晨，张星舫来谈，论伊藤侯①富国之策。谈日本取士法、募兵法、操兵法。谈明治帝之降尊勤事，日本尊官无我国之排场。伊藤侯明治七、八年时知兵库县[再考]②，条陈开港通商及设银行、铸铜圆、造纸币诸法是为日本富强之基。铜圆一倍收两倍之利，纸币一倍得百倍之用，公家利而民亦称便，乃以其赢造船制械兴举百废，故以日强。

冈本君两次来访不遇，今日以电话招之，十一时来，畅谈至夕乃去。谈教育之法，谈交通之利，谈风俗改良会。民家生子女必报役所③，至入学之年则察之，不入学者罚，不能者使习一业。电话交换所，若架设三千家，每家均费三百元之谱。冈本有纂记电话办法之专书。铁路私设者，官不干预，但一英里之路价不得逾二钱。日本初拟设电话所三十处，集款二百五十万元，今甫立十九处而款已尽，盖地价物价随时增长不能予定也。

不由学校出身而所学之程度与之等，亦可应试（文部试验），授博士。大学校有汉学科，然不甚重，备格耳。然以授生徒者亦不少（藤泽南岳所学乃古学，今不用）。

西岛、佐藤、林达道三君来访，谈片刻。写字十余笺。清水、武田、西岛、渭占、冠三、祉堂诸君来。渭占三君约明日晚饭。

公证人略如官代书及经纪之类，亦近律师，——冠三云。

接桥本贯山信。发寄河内一郎信，以横幅一纸答其铜印之馈，附一诗次其韵：

　　　　中年衰感不禁秋，
　　　　欲借瀛涛暂洗愁。

---

① ② 伊藤侯：指伊藤博文。文中说，伊藤"明治七、八年时知兵库县"，不确，其任兵库县知事当为明治元年。

③ 役所：指政府或官府。

才过马关神户港,

已将此恨付东流。

七月二十四日(8月27日)

与河村善益晤谈

写致桥本信、致寅皆信。写字数纸。

清水、西岛君来,同赴裁判所。先晤其所长河村善益①君[年四十余,曾居法国一年余],茶话片刻。

裁判所始建于明治八、九年,其先之断狱法与我国大同小异,自改良后,罢除一切酷虐之刑(罪人无施敲扑者,警察拘罪人若私用鞭挞,裁判所查知必予之罚)。余问河村君②:闻贵国自变刑律以后罪人日益少,信乎?曰:多寡同耳。昔者法重而巧避者多,今法轻而人无所逃,故不见加少。

西岛君导观控诉院。一室方讯狱,有兵士守门。台上坐七人:最中为裁判长,其右为判事,又右亦然,又右为检事。其左为判事,又左亦然,又左为书记。各衣法服(冠服皆缁冠,如古纱帽,有带垂之)。台之下居中一长方几[几上列酒瓶一束],其前偏右又一几,罪人立其前。与罪人平列一几,一人立其前,衣法服,向上滔滔辩论者即辩护士也[台下偏左坐一人,未知谓谁]。台上唯居中一人执简驳难,然不见有急言遽色,其左右诸人俱无言。台下唯辩护士申辩,罪人亦无言,偶有问一应答耳。余等坐高台遥对之长凳上[凡六排],听之许久莫能得其原委。闻西岛君言,似是因造酒不如法者,乃出。

又入地方裁判所之一室,兵士三人监守,禁人交谈,恐淆听也。台上只五人,盖较控诉院少判事两人也。台下之左有短木栏,罪人六、七人坐

---

① 河村善益(1858—1924):加贺(今石川县属)人。1884年毕业于司法省法学校。历任京都地方裁判所部长、福井地方裁判所长、大阪控诉院部长、大审院判事、大阪地方裁判所长、大审院检事、贵族院议员等职务。

② 河村:原字作"河内",因上文明确写明裁判所长为"河村善益",故"河内"的"内"字当系"村"字之误。

其中［内有一妇一童］。台上居中之人一一讯鞫而定其罪。西岛君译告，某为窃盗，某为拐带，某为诈欺取财。最后一人喋喋不休，而堂上摘其旧案诘之。清水君言，是蕞绔者也。已定罪者加锁于腕，牵以去，殆将送入监牢也。又有两辩护士各据一案。清水君言，一原告一被告也。堂上与一人絮语；其人证人也。

出至留置所一看，内有木栅甚长，盖罪人之未经讯断者暂寄其中——西岛云。又见一马车，左右凡四室，罪人送入监狱署者乘之。回廊周复，层楼升降，其方向位置不能确辨。其门额题字有民事第一室、第二室，刑事第一室、第二室，等等。

日本全国控诉院六，地方裁判所每县各一，大审院唯东京一处。

访佐藤。设茶馔，其太夫人鼓琴一阕。

约佐藤、清水、西岛三君饭于河干船上。

到松云堂书坊。又过青木处［多故书］。又过丸善堂。又过水原处。

在清语学校演说

晚饭后至清语学校。有学生四人以清语演说。又，石塚、林达道、山本三人各以日语演说。余亦勉励学生数语，西岛君为传译。观水原君为戏法。十一时归。

七月二十五日（8月28日）

清水君来，同至松云堂。又同至佐藤方堂家，同往监狱署。西岛君已先至。先晤典狱田中君，以册籍数纸讲说许久，有罪人名数表，有作业表等等。讲毕，田中君亲持钥导观各所：男子控所、女子控所［罪人之家人、亲戚来候问者立待于此］、作书讱处［罪人写信之处，一司事坐于中，以簿记收发之信。罪犯人环坐写信，有栏障其面，如已不能写，中坐之人可代书］、暂候之监［名未详，凡未定罪名者皆于栅内安坐地板之席上，栅外有纸箱］。又有已定罪罪人之监，有外国人之监［人各一室，有沐具、痰具、便具、有案有凳。一英人犯盗者，一华人犯鸦片者］。前后周览作工之所，所见者织布、纺线、捣麦、裁衣、编笠、制木器、制纸函、制砚、制竹器、制提灯、制席、制火柴人①、制镜框、制笔筒、雕刻。其他,理发者、炊饭者、蒸汽者、洒扫者、搬运者,记不胜记。田中言,此所见止其半耳。

罪人行于庭皆戴草笠,形如尖锥,面貌不可见。雨衣亦以草为之。会食皆至栅外纸窗下坐食,食毕解带,验有无怀挟,然后入栅作工。皆衣赭。工毕亦检验一次,始易己衣。

初犯以至多次犯,其作工之劳逸不同:犯少者轻而易,犯多者重而难。

工巧者衣上别以白小方,自一方至三方为差等。

见织布者,其身旁之柱悬纸标识,有红黄绿白四色。工最良者色红,余以次为差。

凡罪人所制之物,易钱后分给原制之人,初犯再犯者所得多,多次犯者递减。

期已满而无家可归者,仍留作工两三月,着蓝色服〔此义未详,因译语不能达意也〕。

有照相所,有讲习所,有和尚训诫所,有病监。高楼可以四望,且传梆击钟。

一时半阅毕。田中君挥汗如雨,余深感之,然才见其半耳。昨日河村君言,阅监狱署非两日不为功,信然。与西岛君饭于鸡楼。

赴张星舫游天宝山之约。乘小火轮,同行者十余人:周庆锺、陈瀛洲,其余皆山东友也。约一小时许到新筑之海港,登岸一览,观筑"塞们土"②工场。每土一块高五尺,阔四尺,长六尺,重万余斤。机器凡五具,利用者有四。每具日可成十二块,计共得四十八块。三日后,自模中倾出,三月后始干足云。

天宝山港工由大阪市合资创办,以十年为期,今已四年矣。

晚,星舫招饮古川俱乐部。九时后归。

---

① 火柴人:火柴盒。
② 塞们土:水泥的音译。

失候山本喜之助,留字数行并小山手书一纸,催予赴东京也。写致小山函。

七月二十六日(8月29日)

孙雁清来,谈日本邮便局之诚恳,谈我国欲正元法必须一律用银圆。滕兰田来。陈瀛洲来,约崇儿赴石神病院。西岛、清水君来。候内藤君不至。写字多纸。堀井仁是日返神户。夕答拜滕君[十番],兼至百三十番拜林君。晚赴六十六番诸君之约于古川俱乐部,主客十人:孙雁清、张冠三、王渭占、吕祉堂、张凤亭[其一人忘之],日友寺田君及余父子三人也。十时归。

七月二十七日(8月30日)　终日未出门　晚雨

清水君偕其友林学士野尻贞一①君来谈。野尻将赴武昌农务学堂之聘。

日本山产林木有属皇帝者,有属政府者,有属民间者。属皇帝者岁入可百万元。

林学附农学内,唯大学校内有之。农学分林学、兽医学。山与水皆与林学有关系。

晚两清水君同来。

写扇联。午假寐。

七月二十八日(8月31日)

求书者众

智崇兄弟赴石神病院,并访田岛君及锽子。午后一时归。

余到川口补拜三番地之山东帮。访滕兰田,交所求书屏对。访冠三,还日报。访瀛洲,交所求书件。十一时归。杨金轩[九十六番]来访,求书对联、职名,即书予之。

---

① 野尻贞一(1864—1944):林学家。曾任武昌农务学堂教习。大正至昭和年间长期担任日莲宗总本山久远寺山林部主事。

清水君来。锽子来。议赴东京之期，清水君将同行也。接小山信，言小村君速余赴东京。留锽子饭。

七月二十九日（9月1日）

　　藤泽元造①君来，笔谈许久。言支那之讲新学者多趋形迹，宜以正人心为主，正人心宜从师弟授受入手，师所讲者必实践之，云云。又言，人知日本维新之益，而不知实基于德川氏百年间崇儒之功也。

　　清水、西岛两君来。寄小山信。

　　清水君来约至其家午饭。

　　晚同清水君赴心斋桥买物。

八月初一日（9月2日）

大野铃子同赴爱珠幼稚园

　　七时半同清水君赴汎爱幼稚园（东区安土町一目），晤保姆山口政子。大野春子在焉。观幼童唱歌环走，步伐齐整（额设百六十人，本日到者百二十余人，分六班）。调大野铃子，约至爱珠幼稚园②一看（东区今桥三丁目），乃辞山口而出。爱珠幼稚园始设于明治十三年六月一日。额设百八十人，建筑等费八万六千余元，岁需经费三千五百六十元。学生分六班，其课程列于表有唱歌、游嬉、内游、外游、积木、画方、缝取、箸排、环排、板排、摺纸、贴纸、系方、豆细工、黏土、说话等目。余所见者板排、系方、摺纸、画方、箸排、积木、环排。课之难易各视其年之长幼。每班一人授之，每头二班有一人襄教。

　　访增木有吉君不遇。

---

① 藤泽元造：原写作"藤泽元"，当系前文（7月22日）所提藤泽南岳之子藤泽元造之误。
② 爱珠幼稚园：全称大阪市立爱珠幼稚园。成立于1880年，其历史悠久仅次于东京御茶水大学附属幼稚园。园址位于大阪市中央区今桥三丁目。其和式木结构建筑的园舍被指定为"国家重要文化财"。据说园名"爱珠"的由来，系受启白居易的诗句"掌珠一颗儿三岁"和元人袁世元的诗句"主人爱花如爱珠"。20世纪初年，这家幼稚园接待了一批又一批的中国参观者。据奈良大学菅野正教授的研究，自1902—1905年的4年间，在参观簿上留下姓名的中国参观者即有83人之多。

门田鍈一郎①君来访多次不遇，今午访之，寓其友辻保造君家。门田君曾学清语于孟春湖，其意将赴吾国也。旧为第九联队第二中队陆军中尉。

八月初二日（9月3日）

在清水谷女学校讲演

藤川、清水两君偕往育英高等女学校，校长导观体操、图画、读书、唱歌各室。学生额八百人，年岁自十一至十四。

又同往清水谷女学校，校长大村忠次郎②也。投斋藤介绍书，延入，并晤东京女子大学校学监麻生正藏③君，又加岛银行之女东广冈氏。大村导观各室。有授理科者，有授英文者，有授数学者，有授图画者，有教裁缝者。看毕，至一总汇之处，众生雁行坐。大村请麻生君登台演说，又强余演说，余敷衍数语，清水君译之。大村赠章程一本。

众人饭于一阳亭。

藤川君来寓，与智崇久谈。增本有吉君来，医士也，足立传一郎之友，余昨夕访之不遇。

西岛、武田及清水夫人，又冠三、渭占、雁清、凤斋、张立菴、庆锺、瀛洲俱来送行。六十六番馈公物四事，七十番馈酒四瓶。

八月初三日（9月4日）

小村俊三郎迎于新桥车站

六时由旅馆出，遇清水君于门外，遂同赴停车场。中川君父子、广濑君、西岛君、锃子皆送行。六时五十分车开行，大野铃子同赴东京。

---

① 门田鍈一郎：曾任陆军中尉。后经严修聘请来华，任天津民立第一小学堂和天津教务局教习。
② 大村忠次郎(1862—1921)：即大村忠二郎。津山（今冈山县属）人。毕业于东京师范学校。历任山口师范学校和兵库县师范学校教谕，大阪第二高等女学校校长。1901年任大阪第一高等女学校（清水谷高等女学校）首任校长。
③ 麻生正藏(1864—1949)，丰后（今大分县属）人。幼习汉学。同志社大学毕业。后应成濑仁藏之请，参与日本女子大学校的创建。1901年该校成立时即任学监，1931年之后任校长。主张男女平等，提倡女子应有高度教养以实现自我。著有《家庭教育の原理と实际》等。

〈停车场有〉荷物配达所①。汽车内有食堂[一、二等客皆可入,计所食付价,多少随意,每案上有价目]。过隧道时电灯即燃。卖茶者碗壶俱精致。停车场之最名者有洗面处,乘客随意下车就而洗面。至静冈时发电报(驿长可以代发)致三桥旅馆,告以今晚到着。

十时三十分到新桥,小村俊三郎在焉,面谈数语。旅馆主人三桥常吉来迎,十一时后至旅馆。小山先候于此,谈片刻别去。

八月初四日(9月5日)

从吴汝纶参观麦酒会社

泽势直太郎同小山来。同泽势、小山及崇、怡往谒吴挚甫先生。先晤世兄辟疆②,少顷挚师归,谈许久,留早饭。小村亦至,小村陪挚老往观麦酒会社,因邀余往。小山、泽势、崇、怡皆从。社员一一导观。有磨麦者,有造曲者,有造冰者,最后至最高一层,〈有〉装瓶者、裹箔者、裹商标者、抹糨糊者、罩草具者。但就此层而论,纵十六楹,横七楹,每楹之间方广约十五六尺,即全社之大可知矣。社中职事者凡四百五十人,每日可出酒三万五千瓶,资本三百五十万元云。

社友、留友乞挚老书遂及于余,为书□扇。

访花板垣、郑永昌③、和田纯④三君,唯和田延入晤谈,余皆因有座客立谈数语而别。

小宫山卯三郎⑤与孟春湖同来。小宫山者,外务省派充挚老译人者

---

① 荷物配达所:行李运送处。
② 辟疆:指吴闿生(1879—1950),又名启孙,字辟疆,号北江。安徽桐城人。吴汝纶之子。诸生出身,后补知县。留学日本,入读早稻田大学。民国初任总统府秘书,教育部代部长。后主持沈阳萃升书院。书院停办后,回北京教授文学。家学渊源,诗文造诣甚高。行世著述有《孟子大义》《诗文会通》《文史征微》《北江文集》《画苑秘籍》等。
③ 郑永昌(1856—1931):肥前长崎人。明治—大正时代外交官。曾在外务省汉语学校学习汉语。后留学美国。历任北京公使馆书记官,驻天津领事等,与直隶总督袁世凯相善。
④ 和田纯(1876—?):东京人。1902年毕业于早稻田大学行政科。曾任朝鲜平壤控诉院判事,海州地方法院部长,庆尚南道知事等职务。在日本国内历任高知县及和歌山县警察部长,爱媛县和新潟县内务部长等职务。1928年退休后做执业律师。
⑤ 小宫山卯三郎:外务省中文译员,后任陆军翻译官,死于两年后爆发的日俄战争中。

也。孟春湖者,奉天人,居日本七年矣,在西京为清语教师,门田鍈一郎尝从之学。

八月初五日（9月6日）

晤春木义彰并参观控诉院

六时起。同小山访小村,谈片刻,同赴挚师处。九时同赴控诉院,先晤院长春木义彰①,与挚师谈论许久,叙述控诉院设立之由及现行规制,小村为传译。

书记长某君导观法庭两处,与大阪所见略同。又至大审院（与控诉院同在一署内）,先晤书记长中村君,又引谒其部长长谷川君,部长以案卷一册视客。

案为岐阜地强盗杀人,主犯名井田六郎。始而山林间有尸（卷中粘图状其地）,警察报闻,积日查访得情,缘有一铺家一学僮,携洋九元有余而行,为其同伴杀死,夺银去（有死者之照相粘册内）。由是追究,知为井田所为。官派辩护士（罪重则不能自延辩护士,必由官派）,于是文牍重重,有医士检验之据,有裁判所判断之据,自区而府,而控诉院,而大审院,积牍厚数寸,可谓精详矣。初,裁判所坐以无期徒刑,而犯人不服,上控,及经大审院推鞫,则原坐之刑尚失之轻,罪应死也。但定例,原审官所科罪虽失之轻,而上官不能改令加重,故仍坐如初。挚师谓如此则开罪人侥幸之风,余谓不如此则罪人虽有冤将不敢上诉,恐其反改加重也。是此例亦具有深意,未可厚非。

十二时归。

大桥秋水就大审院事而余不知也。当余周览时,大桥遥望见之而不敢确认,既而于中村政房君之室见余名刺,始知不误,而余已归矣。乃以电话来约时相见,复以今日下午四时后,果来相见,欢甚,遂留之宿。

---

① 春木义彰（1846—1964）:一名雄吉。大和（今奈良县属）人。早年参加倒幕运动。明治维新后历任东京上等裁判所判事,长崎控诉裁判所检事长,大审院检事,东京控诉院院长,贵族院议员等职务。

晚吴先生偕李光炯[德膏]①、杜显阁[之堂]②同来。高旷生[逸]、章仲和[宗祥]③来访。

八月初六日（9月7日）

和田君来。午后和田约余游博物馆动物园，大桥偕焉。博物馆内创见之物甚多，矿质及动物尤备（蚖蛇、蜥蜴之巨殊可惊）。所列吾国及朝鲜物产皆粗恶，吾国尤甚，盖烟具④居其半也（又，泥肖诸品人甚多）。

动物园中狮为创见。象虽习见然食草之妙亦初见也。

五时后同归。大桥再宿，和田夜去。

黎伯颜[渊]及其弟仲苏[迈]⑤、毛子龙[邦伟]⑥来，皆余门下士也。同来者有蹇季常[念锱]⑦，亦遵义人。

---

① 李光炯：指李德膏(1870—1941)，字光炯。安徽桐城人。时随吴汝纶在日视察教育。后历任湖惠道署文案，安徽都督府秘书长，安徽第一师范学校校长，安徽省政府委员。曾参与创办旅湘公学、芜湖私立职业学校。著有《陶谢诗笺》等。

② 杜显阁：指杜之堂(1869—1928)，字宪阁，直隶广宗人。光绪拔贡。吴汝纶弟子。时随吴汝纶考察日本教育。后常居天津作执业律师。工书法。有《瀚华斋诗文稿》《书法讲义》等著作行世。

③ 章仲和：指章宗祥(1879—1962)，字仲和。浙江吴兴(今湖州)人。留学日本第一高等学校、东京帝国大学，毕业于明治大学法科。回国后授进士。曾任袁世凯总统府秘书、北洋政府司法总长、驻日公使等职。五四运动中，被学生指为"卖国贼"。后转入实业界，任中华汇业银行(中日合办)总理、北京通商银行总理。1942年曾任伪华北政务委员会咨询委员，抗战胜利后一度被捕入狱。

④ 烟具：吸食鸦片之用具。

⑤ 黎仲苏：指黎迈，字仲苏，以字行。贵州遵义人。黎渊之弟。严修任贵州学政时的门生。留学日本，入读东京高等工业学校。回国后授七品京官分部补用。其后事迹不详，但长期居住在唐山，并与1913年前后居住在营口的赵元礼过从较密，由此推测，其供职之所应与赵大体相同，即多半是周学熙创办的开滦矿务局或华新纱厂。另据贵州学者研究，黎迈曾任四川兵工厂副厂长，然时间不详。

⑥ 毛子龙：指毛邦伟(1873—1928)，字子龙。贵州遵义人。光绪举人。严修任贵州学政时的门生。后公费留日，入读东京高等师范学校。曾任清政府学部佥事。1912年后任北京女子高等师范学校校长等职务。著有《中国教育史》等。

⑦ 蹇季常：指蹇念锱(1876—1930)，字季常。贵州遵义人。光绪举人。留学日本，入早稻田大学学习政法。曾任在日留学生总会干事。与在日创办《新民丛报》的梁启超交往密切。回国后先后在清政府度支部和河南财政监理任职。1912年后任国会议员，与梁启超共同主持进步党。后与蔡锷等一起成为反对袁世凯复辟帝制的中坚人物之一。1930年因偏瘫自杀死于北京。

唐秀丰来电话,将以晚间来访,已而复告改期。

湖北刘豫生[成禺]①、广西周弢甫[家彦]②皆成城学校学生,午后来访未遇。

郭虞飏[锺韶]③,〈就读于〉熊本医学校。今夕来访,述吴先生言,命余明日陪客午饭。郭,深州人,吴先生弟子也。学于熊本,已一年有半。

午后有清水君友阿波松之助④君来,笔谈多时。阿波盖基督信徒也。

八月初七日(9月8日)

大桥君晨去。

八时偕小山、泽势同访中西正树⑤君,不遇。后同访唐秀丰,值其小病,略谈数语辞出。遂冒雨至成城学校,答拜刘、周二君。方上堂理课,先晤其教习官陆军步兵少佐曾我千三郎君(曾至辽东),谈片时,周、刘二君出见(有学〈生〉应接所)。周由四川派送——三年前李仁宇太守送之来。刘则自费生也,今春始来。二君皆开爽。

到吴先生寓,先生已出。晤辟疆及杜显阁略谈。

---

① 刘豫生:指刘成禺(1876—1953),本名向尧,字禺生。湖北武昌人。早年入兴中会,留学日美。历任参议院议员、广州大元帅府顾问及总统府宣传局主任、武昌高等师范学校教授、两广监察使、国史馆总编修、湖北省人民委员会参事室参事、中南军政委员会文教委员会委员。著有《太平天国战史》等。
② 周弢甫:指周家彦(1879—1940),字韬甫。广西桂林人。留学日本,毕业于东京帝国大学法学部政治科。曾任驻日使馆随员。1911年回国后,历任北京临时政府实业部参事、农商部次长、北京大学法科教授、全国烟酒事务处第二厅厅长、京兆烟酒事务局局长、青岛市政府参事等职务。
③ 郭锺韶:字虞飏。直隶深州人。吴汝纶弟子。留学日本,学医于熊本医学校。回国后授举人,分部补用。后供职于营口县厅。民国初年在营口任日文译员。后入京兆尹刘梦庚幕。
④ 阿波松之助:大阪实业家。基督徒慈善家。曾以屋宇捐助儿童福利机构博爱社。
⑤ 中西正树(? —1923):大陆浪人。旧藩士家庭出身,通汉语。以《东京日日新闻》通讯员及留学生身份来华,遍游中国各地。后与荒尾精相识,参与成立日军谍报机构日清贸易研究所,并任该所教员。1897年曾任日本威海卫驻屯军翻译,不久辞职。参与同文会和东亚同文会的创立,并任东亚同文会北京支部主任。后至山东活动,对山东护国军之反袁斗争有所支援。曾在济南创立中文《济南新闻报》。

初识巖谷孙藏及杉荣三郎

午刻至富士见轩,赴吴先生之招。客为法学博士巖谷孙藏①及其友杉荣三郎②,皆应京师大学堂之聘欲为仕学院③教习者也。陪客则小村及余,之外有吴止欺[振麟]④,张星五[奎]⑤。

高木兼宽论日、中衣食短长

小村约余随吴先生往观慈惠院(芝区)。院长导视讲解,小村通译。已而又至医学校一观。其规模与在津所设医院大致略同,但此特闳敞而周备耳。室之容积,窗之光线,皆有定限。医学校内,标本甚多,皆由解剖而来。院长姓名曰高木兼宽⑥,曾学于英医八年,又居英五年,深讲卫生之学。自言昔之初自英归也,以卫生教人人皆笑之,且曰:子不有三男一女乎?待其长大果健康也,则子之说信矣。今男女已长成,皆壮健。其次子才十九岁,游历外洋多处,胆气尤壮,此明效大验矣。吴先生问所以致效之故,曰:不外饮食、衣服、居室三者。以衣论,日本之旧制甚不良:袖太肥,风易入,且不便作事;前胸敞露亦非宜。又,常人不着裙袴。女子防襟之开也,行步则两足前敛亦非善也。故论燕居之服,日本不如支那之良。以食论,食麦胜食稻。吴先生曰:是也,吾国南人食稻,北人食麦,北人差健于南人。院长

---

① 巖谷孙藏(1867—1918):法学博士。佐贺人。毕业于东京外国语学校。留学德国学习法律。曾任京都大学教授。时受聘为京师大学堂仕学馆总教习,并曾参与1912年中华民国法典的编制。
② 杉荣三郎(1873—1965):冈山人。毕业于东京大学法科。受聘为京师大学堂仕学馆教习。后出任帝室博物馆馆长,曾参与东方文化学院的创设。
③ 仕学院:应为仕学馆。
④ 吴止欺:指吴振麟,字止欺。浙江嘉兴人。1898年官派自费留日,二年后改为官费。经日华学堂,入读第一高等学校,毕业于东京帝国大学法科。留学期间参与编辑《译书汇编》。后与伊泽修二之女结婚。归国后任农工商部主事等职。曾任驻日公使馆参赞、驻日公使。民国初年曾出任驻秘鲁代办等外交职务。有《局外中立国法则》等著述行世。
⑤ 张星五:指张奎(1879—1976),字星五。江苏上海人。留学日本,毕业于东京帝国大学工科大学。曾任农工商部主事,京师大学堂进士馆兼任教习。1912年后,历任工商部参事、代理工商次长等职务。有《学庸新义》《三极论》等著述行世。
⑥ 高木兼宽(1849—1920):幼名藤四郎,日向(今宫崎县属)人。留学英国,毕业于托马斯病院医学校。历任东京海军医院院长、成医会讲习所(东京慈惠会医大)所长、海军省医务局长、海军军医总监等职务。以通过改善饮食而有效防止海军士兵患脚气病的卓越贡献而享有盛誉,获日本首批医学博士称号,授男爵,任贵族院议员。

喜曰:"吾素持此论,人恒不信,今又得一左证矣!以居室论,宜通空气,而日本之屋太低(医院之例,每一人必得容积立方千尺)。凡此之类皆当变革。"又曰,日本人屈脚坐,故下体恒短于上体,而长人绝少。

六时半回寓。

上海项莲生[文瑞]①,广东连州直刺以礼去官者也。来访不遇。

总办直隶农务局、奉派考察农务、河南候补道黄小宋[璟]②及其友保定王砺臣[金成],晤于慈惠院中。

晚和田君来言,根津一③君已代先容(原有成田绍介函),约初九日早八时往访之,又约明朝偕崇儿访男爵桥本④君于赤十字社,求诊肺病。

和田宿。

八月初八日(9月9日)雨止

同文书院与清华学校

张棣生[孝栘]⑤,廉卿⑥先生之孙也,来访留饭。

杜显阁、吴辟疆来访。

---

① 项莲生:指项文瑞。江苏上海人。精于算学。因守母丧而弃官不就。后赴日考察学务,尤重研习师范教育。归国后曾任上海师范传习所总监、上海县视学等职务。著有《日本游学记》。
② 黄小宋:指黄璟,字小宋。广东南海人。时任直隶农务局总办,受袁世凯之命赴日考察农业。归国后在保定创办农务学堂,后又在天津开办北洋烟草公司及农事试验场等。擅治画。著有《游历日本考察农务日记》《壮游图记》等。
③ 根津一(1860—1927):号山洲。甲斐(今山梨县属)人。大陆浪人。毕业于陆军士官学校,精通汉语。毕业后曾入陆军大学校和参谋本部出任军职,军衔为陆军少佐。长期从事对华谍报活动。曾伙同荒尾精经营在华间谍机构日清贸易研究所。1898年近卫笃麿建立东亚同文会,并于1890年在上海创立同文书院,委之为书院院长,同年又任东亚同文会干事长。
④ 桥本:当指桥本纲常(1845—1909),越前(今福井县属)人。医学博士。曾留学德国,历任东京大学教授,陆军军医本部长,陆军省医务局长,贵族院议员,宫中顾问官,日本红十字会监督,陆军军医总监,学士院会员等。1895年被授予男爵爵位,1906年晋升为子爵。
⑤ 张棣生:指张孝栘(1881—?),字棣生。湖北武昌人。张裕钊之孙。毕业于早稻田大学法科。回国后任进士馆翻译,京师法政学堂教习等职。民国年间任总检察厅首席检察官,北京大学教授等职务。
⑥ 张廉卿:指张裕钊(1823—1894),字廉卿。湖北武昌人。咸丰元年举人,考授内阁中书。曾国藩门生,文名甚高,亦擅书法。曾主持江宁、湖北、直隶、陕西各书院,弟子甚众。著有《濂亭文集》等。

同棣生往同文书院,晤其干事员田锅安之助①,监督水谷君。棣生导观讲堂、学舍,规模稍隘。

　　同棣生访伯颜不遇。至留学生会馆一观,伯颜亦继至。棣生劝余移居,与伯颜同寓,乃往相度,其地甚轩豁,唯室稍狭耳。遂与商定,余居其旅人宿,崇、怡二人居下宿。是为神田区骏河台袋町九番地贵临馆也。

　　伯颜陪往清华学校②一观,晤陈乐书[槐]③。陈与何燮侯[燏时]④、范静生[源濂]⑤,众学生所推绩学之士无异词者也。余至东京时,范已归国,何亦未在,唯见乐书耳。乐书为清华学校理科讲师。

　　归已上灯。闻巌谷博士电话招饮于松叶馆,时已晏且路远,电辞之。

　　高旷生来久谈,颇有辩难。

八月初九日（9月10日）

晤根津一

　　晨同和田、清水两君及智怡先到挚师处[有日本人求师写字]小坐。

---

① 田锅安之助(1863—1946):福冈人。大陆浪人。长期在华从事情报收集。曾任日清贸易研究所院长代理和监督。时任东亚同文会常务干事。1925年以62岁高龄只身前往阿富汗探险游历,受到阿富汗国王阿马奴拉汗的接见。有《阿富汗斯坦》《西南亚细亚视察谈》《欧美人的支那观》等编著行世。

② 清华学校:其前身为1899年梁启超在横滨旅日华侨支持下所创办的东京大同学校(一名高等大同学校),校址在东京牛込区东五轩町。后移小石川区,易名东亚商业学校。二年后改由驻日公使蔡钧接办,改名为清华学校。

③ 陈乐书:指陈榥(1872—1931),字乐书。浙江义乌人。1898年官费留日,入读东京帝国大学工科大学造兵科。毕业后在日编撰和印有数学、物理学(如《物理易解》)等教科书,为国内广泛采用。先后加入光复会和同盟会,进行反清革命活动。1907年归国,曾任清政府陆军部科长等职务。民国后,以陆军少将出任上海制造局总理,后任北京大学教授。曾参加护国军的讨袁战争。其后曾任商务印书馆编辑、全国工程师学会会长等职。1922年回归故乡义乌,潜心研究物理哲学,写出《成心论》一书,惜未及出版而毁于日本侵略军战火。

④ 何燮侯:指何燏时(1877—1961),字燮侯,一作锡侯。浙江诸暨人。毕业于东京帝国大学工科。历任学部专门司主事兼京师大学堂教习、工商部矿政司司长、北京大学校长等职。1949年后,历任中央监察委员会委员、全国人大代表、浙江省政协副主席、民革浙江省委员会主任等职务。

⑤ 范静生:指范源濂(1876—1927),字静生。湖南湘阴人。留学日本,先后就读于大同学校和东京高等师范学校。曾与曹汝霖等在日创办速成法政师范。历任学部主事、清华学校总办、中华书局总编辑部长、南开大学董事长、中华教育文化基金委员会董事长、北京图书馆代馆长,并曾三次出任教育总长。

遂到东亚同文会①晤根津一君,译谈甚久。为介绍一人曰伊泽修二②,旧为高等师范学校长,日本名教育家也。根津氏又为电询近卫公爵③见客之期,答以明日下午自一时至三时。根津赠章程三册一纸。

拜黄小宋、王砺臣,小坐。

拜巌谷博士,久谈。为余论考察学校之法,谓宜求详,不宜贪多。以小学校论,最优者、最劣者、中等者皆须一看,町村私立者尤须寓目,为其与初创之程度合也。其言皆亲切扼要。

访夏棣山④世兄[偕复],子松师⑤哲嗣也。随木斋公使⑥来,已满三年期,仍在弘文学院听讲,家眷僦屋而居,其女公子在华族学校就学。

参观议院

归寓午饭后,清水君约至议院一看。先观众议院,守卫者一一导观。次至贵族议院。

众议院议员额三百五十人,贵族院三百八十人。

贵族议院正中楼上有皇帝御座,御座下列坐三,居中为议长,左右为大臣。又,前一案设垂堂阶者为演说之立处。其前有书记四人之位。阶

---

① 东亚同文会:成立于1898年11月,会长为近卫笃麿。甲午战争之后,为了与欧美列强相对抗,近卫提倡"东亚大同团结"和"日清同盟"论,于1898年6月组织同文会,又在上海设立同文会馆。后同文会与东亚会合并为东亚同文会。1900年8月又改组为国民同盟会。

② 伊泽修二(1851—1917):号乐石。信浓(今长野县属)人。大学南校毕业,曾留学美国,历任爱知师范学校校长、东京师范学校校长、东京音乐学校校长、东京高等师范学校校长等职。长于音乐教育。对口吃教育卓有研究。著有《东亚普通读本》《同文新字典》等。其弟伊泽多喜男系台湾第十任总督。

③ 近卫公爵:指近卫笃麿(1863—1904),号霞山。京都人。近卫文麿之父。早年留学奥、德。后任贵族院议员。主张对俄执行强硬政策。创建东亚同文会,任会长,倡导"日清同盟"。时任贵族院议长、枢密顾问官和学习院长。

④ 夏棣山:指夏偕复(1875—?),字棣三、地三。浙江杭县(今属余杭)人。时任日本留学总监督。曾任驻纽约领事、天津造币厂总办、驻美国兼古巴公使、汉冶萍煤铁矿公司董事等职务。

⑤ 子松师:指夏同善(1831—1880),字舜乐,号子松。浙江仁和人。咸丰进士。曾任少詹事,兵部右侍郎等官职。以审理杨乃武与小白菜案而闻名。文名甚高,与内阁学士翁同龢直毓庆宫授读。

⑥ 木斋公使:指李盛铎(1859—1937),号木斋,字椒微。江西德化人。光绪进士。时任驻日公使。曾任江南道监察御史、山西按察使山西布政使兼署理巡抚。戊戌变法时期曾一度与康有为发起保国会,后又出卖保国会,依附荣禄,破坏变法。晚年寓居天津。

下层层环抱者,皆议员坐位也。对〈面〉楼上有皇后之室、皇族之室,左右楼上则皆旁听人之位也。左楼上有新闻记者之位,又有外国官旁听室(不记方向)。由楼上曲折而出,有便殿,有皇族之室,有总理大臣及各大臣之室,有外国贵官之室,盖皆休息处也。别有谈话室、藏书室不能悉记。

览毕到新桥访津田重胤①君,订刻图章。

至新桥入帝国博品馆,买巾带。

晚同泽势并乘一车,游新桥、京桥等处,路经琴平神社,适今日为俗所谓"缘日"②,士女云集。进内略一看急出。

八月初十日(9月11日)

贵族院议长近卫笃麿接见

午前未出门。小村、和田两君来。午后小村偕余至外务省,访山座圆次郎③未遇,投伊集院所寄介绍书。

同和田及两儿至贵族院官舍,坐客甚多,以来之先后次第入见〈近卫公爵〉④。候三刻许,延略谈数语而出。伊集院所寄函,昨已由根津君代交矣。和田别去。

初遇陈独秀

余三人访熊慕蹇[正瑗]⑤,投方守六⑥君介绍书,未遇,晤其同寓怀宁陈乾生[重辅]⑦。

---

① 津田重胤:字曼生,号竹堂。出身播磨(今兵库县属)藩士。时日本著名篆刻家。亦为著名俳人。其名中的"胤"字日记主人写作"肙",当系避雍正皇帝"胤禛"之讳而故意略去"乚"。
② 缘日:因某神佛的诞辰、显灵或誓愿等关系而举行祭祀或供养的日子。
③ 山座圆次郎(1866—1914):筑前(今福冈县属)人。毕业于帝国大学法科大学。后入外务省,主要从事对中国外交工作,曾任驻清公使,1914年底猝死于北京任上。
④〈近卫公爵〉,按,此处虽未明言系受贵族院议长近卫笃麿公爵接见,但由八月初九日日记中所写"根津氏又为电询近卫公爵见客之期,答以明日下午一时至三时"之句可知,此时乃系依昨日之约受到接见。
⑤ 熊正瑗(1880—1939):字慕蹇。江西南昌人。留日期间结识梁启超。梁任段祺瑞政府财政总长时,担任梁的秘书,曾任第二届国会众议院议员。
⑥ 方守六:安徽人。基督徒。时为新创立的《大公报》主笔。系当时据俄运动的中坚人物之一。
⑦ 陈乾生:指陈独秀,时留学于东京高等师范学校速成科。

到外国语学校访吉田义静①君未遇，投斋藤介绍书。

答拜项莲生不遇，晤其同寓鹤山冯鸿若[博]②。答拜章仲和不遇，其同寓有沈朗斋[琨，静海人]、夏爽夫③[□，子松师之孙]，祝砚溪[惺元④，大兴人]，悉投刺焉。

访晤山根正次⑤君，投平贺、井上两君信，极亲切，许他日导观各处。

到平贺⑥家，见其二老及妻女。又到石坂维宽家一谈，致平贺君介绍书。

晚张执中[瑛绪]⑦、黎伯颜、毛子龙先后来。

大桥秋水来。

八月十一日（9月12日）

访东京府知事千家尊福

八时过挚师处，见新诗综一册，日人选近人诗也。间有华人诗一两

---

① 吉田义静：明治时代教育家。曾任山梨县典徽馆（山梨学校）校长和山梨师范学校校长。时任东京外国语学校教授。

② 冯鸿若：名博，一名茂才。以字行。为广东派往日本的官费留学生，入读弘文学院速成科。按，疑冯博与九月十二日所见之冯茂才为同一人，因二者皆字鸿若，又同为广东所派出者，故作一人待之。

③ 夏爽夫：指夏循凯（1879—1952），字爽夫。浙江杭县人。留学日本，入读东京法学院。归国后曾任农工商部主事，兼任京师大学堂进士馆教习。民国后，曾任农商部商标登记局筹备处长、四川实业厅厅长等职务。

④ 祝砚溪：指祝惺元（1880—？）。顺天府大兴人。毕业于日本中央大学。回国后，曾任外务部丞参厅参事。1912年后历任驻美国使馆一等秘书、北洋政府外交部金事、特派直隶交涉员、北平市政府专员、国民政府外交部参事和顾问、伪华北政务委员会委员等职务。

⑤ 山根正次（1875—1925）：山口人。东京大学毕业。曾受司法省派遣赴欧考察卫生行政制度，后曾任警察医长、医务局长、警察厅第三部长、内务省临时检疫事务官、众议院议员、日本医学校长等职务。著有《梅毒蔓延论》《日本体育论》等。

⑥ 平贺：指平贺精次郎，原军医三等正，曾任天津日本病院院长，时任北洋军医学堂总教习。著有《简明法医学》。

⑦ 张执中：指张瑛绪（1877—？）。直隶天津人。北洋水师学堂肄业。1899年官费留日，毕业于东京帝国大学工科大学。1902年回国，先后任平江金矿总工程师、直隶师范学堂监督等职。1905年授进士，任商务部主事。曾经在京津等地监理工程，并曾任农工商部中初两等工业学堂监督、考试东西洋留学生襄校官、学部二等谘议官、度量衡制造所所长等。1912年后，曾任农商部金事、工商访问处处长、商品陈列所所长等职。其著作《建筑新法》被认为是中国第一部现代建筑学专著。

首［有仲午王荣先及陆君某］。日人《汨罗吊屈大夫》诗中一联云："神鬼苍茫呵壁问,山河破碎蕫桑盟",挚师亟赞之。又示余日人安井小太郎①答书一册,谢师赠《古文尚书》之书也。后附驳辩,其说皆新,余不能定其是非,然其称引繁博,于吾国国朝诸家说经之书靡所不窥,吾国今日求此才正恐不多得也。

随挚师、小宋同赴小村处,偕小村往观东京府,晤府知事男爵千家尊福君②及视学官冈五郎③。

府内治事之处凡分四课,每课又分细目,所见有司学务者、司税务者、司簿籍者、司路政者、检定度量衡者。府知事以书数种分赠同人,余所得悉让诸小宋,因小宋以不得为憾,且彼得之可为吾省开风气也。

后观市役所,所司与府大同小异,所见土木课较多,有道路改良图、东京湾筑港图、东京市设电车图,皆经画已定,将次施行者也。

至自来水厂观试水龙。

晤湖北学务处委员双松如太守(寿)④及其译官木野村政德⑤。

伊泽修二论教育

午后小睡片刻。率两儿赴小石川区小日向第六天町五十二番地访伊泽君。谈两小时许,设馔焉。自述其二十年前学师范于美洲,其时日

---

① 安井小太郎(1858—1938):名朝康,号扑堂。江户人。著名儒学者安井息轩后人。先后就学于双桂精舍、草场塾、二松学舍等学塾。后执教于学习院、(北京)京师大学堂、第一高等学校、文理科大学、大东文化学院等校。著述有《论语讲义》《日本儒学史》等。

② 千家尊福(1845—1918):出云(今岛根县属)人。明治时代的宗教家、政治家。历任出云大社大宫司、神道西部管长、元老院议官、贵族院议员、东京府知事、司法大臣等职。1885年叙男爵。

③ 冈五郎(1855—1928):越前(今福井县属)人。先后毕业于爱知师范学校和东京师范学校。历任千叶县舞鹤小学校校长、德岛师范学校教谕、德岛中学校教谕、东京高等师范学校助教谕、东京女子高等师范学校教谕、宫城师范学校校长、文部省视学官等职务。著有《小学校教授法》(合著)。

④ 双松如:指双寿(1862—?),汉军正红旗人。光绪举人。时任湖北学务处委员。民国后改名王嵩儒,曾任湖北财政厅厅长、北京政府农商次长和内务次长等职。

⑤ 木野村政德(1861—1927):陆军军人。早年由参谋本部派来中国留学,回国后任陆军士官学校助教。甲午战争时从军做译员。后应湖广总督张之洞之聘任顾问。归国后任陆军士官学校教授,后转任关东都督府翻译官,并到满蒙各地活动。晚年任东亚同文书院和东京外国语学校教授。著有《日清会话——附军用语》《骑兵操典》等书。

本教育之法尚不足道,近渐完备矣。余问:美洲学制已止于至善乎,抑犹随时进步乎?曰:焉有不进之理,盖随时有更张也。回问余所欲观,以巖谷博士之说告之,深以为然。为余酌选三处,曰,当详看之。一、东京府寻常师范学校,在赤坂区青山北町五丁目,其校长泷泽菊太郎①,伊泽君之弟子也。一、富士见小学校,在麹町富士见町五丁目二番地。一、渡边学校,在小石川区音羽町九丁目,师范学校适中者也。富士见,最精者也。渡边,规模稍狭者也。

又言,现时别有义塾,但课习字及珠算者,寒家力不能读书者多就学焉。有一老儒授读,每生徒一人日奉文六钱一枚为修金,即其俭陋可知矣。

伊泽君为泰东同文局顾问员,赠余同文局章程及名簿,又所出书数种。

出门遇吴止欺,吴即寓是家。归途遇山根君,约明早十时往观警察厅。晚,井上正光来。白须之戚也。名刺署"千代田商会主"。

邢赞廷[之襄]②,南宫人,挚师之弟子也。幼曾读全经通鉴,阅一周,十九岁始从挚师学于莲池书院,用力于古文之学。去年同吴辟疆来游学,入同文学院。年才二十二,甚开敏。

八月十二日(9月13日)

消防署与养育院

晨,伯颜偕祝砚溪、夏爽夫来访,三人皆学于法学院。

十时赴警视厅,山根君已候于门内。延入其理事之室,先以册籍讲解良久,又赠余空白日表、年表若干纸,又卫生会报两本。阅诸表之子目,可以知警察医长之所事,阅会报可以知卫生之大要。又导观各室,有

---

① 泷泽菊太郎(1854—1933):信浓(今长野县属)人。毕业于东京高等师范学校。历任秋田师范学校、群马师范学校、佐贺县师范学校及东京师范学校校长。
② 邢赞廷:指邢之襄(1881—?)。直隶南宫人。日本东京帝国大学法科毕业。历任直隶优级师范学堂校长、北洋政府司法部参事、天津市政府秘书长、冀察政务委员会法制委员等职。1949年后任国务院文史馆副馆长。为著名藏书家,曾将其所藏图书捐赠北京图书馆。

三人各守一提包静坐,问此何意,曰:有患急症者,电话一至,提包即行。有一室专为验流行病者,器具甚多,不能举其名。司事者导余视显微镜,有物蠕蠕如断线之端,盖即微生虫也。又有已干枯者,色红如脂,密如哥窑之磁纹。有一室专验食物之有无妨卫生者,如冰,如乳汁,如荷兰水①之类,皆须经考验之后始许出售。谈次,适有携乳瓶来者,司事以玻璃瓶试验许久:先倾乳于瓶内,另以有度数之玻管入之,量其沉浮之高度,又以细管以乳倾于他管之内,和之以药水,又和之以火酒,挥摇多次,又入于温水器内,则见黄油渐浮起。据云,油足百分之三方为适宜,又试以贮水之铁壶:以壶中热水入玻璃瓶内,和以药水,以火炙之,又以凉水冰之,视其色黄。据言,于卫生有妨,不可用。

警视厅凡分四部,山根君第三部长也。本部阅毕,意欲导至他部,适他部长皆有事未暇也,乃引至消防署一观。课长宝田君延入略谈,先导致电机室。凡他处有警,电铃振动,有纸吐出,如电报之号,而以墨线之长短别方向。既知方向立派人往救。司机者将试令余观派遣之速也:先以时辰表看准某分某秒,乃发电机,则见八人者向水车之室奔入,牵马者、挽车者,驾者须臾而毕,登车扬鞭而去,距发机时才一分七秒耳。

东京市有消防署一,分署六,消防派出所七,警察署十②六,巡察派出所二百余,非常报知机四百二十二所,冬季六个月加派遣所一百零③二,其各处水龙由自来水可汲④取者三千八百余处云。

山根室内晤一人曰矶部检三⑤,山根言其能汉文,曾至北清,惜匆匆未得叙话。又,警视属黑柳重昌。十二时归旅馆。

---

① 荷兰水:一种红色酒类饮料。
② 十:原字作"拾"。
③ 零:原字作"〇"。
④ 汲:原字作"激"。
⑤ 矶部检三(1872—?):山口人。残右腿,少随其父习医。后外出游学,曾学医于山根正次和加藤时次郎门下。同时任《千代田日报》记者。

午后,和田君约观养育院[小石川区大塚町]。其干事安达宪忠①导观各室,有养病室,有健康室,有医室,有孩童室。健康室多老人,一老妇年百岁矣,姓小林。孩童室分学龄以上、以下。有女子翦绥室,有炊室,有食堂(大人小儿分)。最后观孩童唱歌,一②如幼稚园之例(小山步之,室长约二丈六尺,广约二丈四尺)。又观女师授聋哑人读,一哑女学四年矣,名秋木スツ,试令讲书,则以手寻行而上下指挥,作讲解模拟之状,如见"腹"字,则自指其腹,遇"目"字则自指其眼,"留守"字则外拨其手,象外出之意,诸如此类,敏而且速。又试使认字,亦能发声,虽不十分精确而大致不差。安达君以粉画板曰:"御前は何年生か。姓名は何を申しますか。"则书曰:"四年生秋木すずと申します。"③其他诸哑童或学两年或一年,功候尚浅,然师试使书字亦能不误。师先持一泥制小狗,招一童使粉书于板,则书曰:"イヌ。"又持一鹿,一童书曰"しか"。又持一虎,一童误书,又一童正之。众皆奖赞,师乃象奖赞之形,以示之彼,亦喜形于色。

体操场有盘旋于横杠者,有试秋千者。

别有空房一所,曰家庭教场。每日学生十人往习居家仪式,如迎送宾客,应对进退,烹茶奉食之类。盖因院中人自幼寄居,不见此等礼式,他日诸多不习也——其思虑精密如此!

养育院共寄留八百十五人。小儿食乳者寄乳他家,月给费三元,并给衣食被褥,满三岁为期。其不食乳者聚居一室,每十人派一妇看护之。稍长者不须人,每室止用一妇照料。合计院中照料之妇才二十余人。

和田约明日游靖国神社兼至浅草公园。

晚熊慕蘧来谈。

是日失候塚谷孝二郎、平贺如恒、伊藤稻子。

---

① 安达宪忠(1857—1930):幼名林吉。备前(今冈山县属)人。社会事业家。曾在涩泽荣一任院长的东京养育院任干事,致力于贫苦儿童的救助与教育工作。后任上宫教会专务理事,曾建造自由工人住宿所。1930年死于交通事故。
② 一:原字作"壹"。
③ 以上日语问答为:"你是几年级学生?叫什么名字?""我是四年级学生,叫秋木铃。"

八月十三日（9月14日）

甲午战图触目伤心

清水君归大阪，送之新桥。六时二十分车开行。至停车场二重阶早饭（泽势、小山皆至，和田以太早不肯来），是处最便于候汽车者。菜品皆西洋料理，有价目在案上，多少听客自便。壁间悬汽车时刻表，候车者一览可知。

东京专向横滨之车日有十七次，其路经横滨而暂停者尚不在此数。日人行旅之便可想而知。

余父子同泽势君乘铁道马车至京桥，访张执中于长春馆，晤湖南游历同知黔阳黄成斋［忠绩］①，茶话片刻出。又登马车赴浅草寺，游水族馆、"珍世界"，观杂观。鸡屋早饭，饭毕登十二重楼，游动物园，又登五重楼，乘船归（先乘船至永代桥，换小船至新桥，由新桥易人力车归）。

水族馆诸品不如大阪之备，所未见者唯鱼类数种耳。"珍世界"亦有动物，皆已死而药浸制者，有极大之鳄，极大之蟹，极大之犀角。"珍世界"有铜铸像，有大踰人身，古衣冠，无须，题曰"大圣人孔子像"，宋徽宗时铸，未知何据。

十二重楼其下数重，列西洋镜甚多，其中写真之景多半台澎一带山水之胜与官署之形，否则与吾国战争之场也。皆该国人得意之举。熊慕蘧曾言，彼国之教童子也，必先告以日清之战，日之何以胜，清之何以挫，故人人脑筋皆刻入此事，自幼已然。余游览才数处，琴平寺有北清战争图，而浅草园又有之，十二重楼则有照相镜矣。大凡繁盛之区，无不以此为点缀。伤哉，吾国之人其何以为心乎！

隅田川载客之舟，其中座位与汽车二等位相仿。凡坐二十四排，每排可坐四人，高约六尺余，可直倚也。前有汽船拖②带。永代桥换乘之小船太偏仄，因水入内河河渐仄，故船亦渐小也（席地坐，甚拥挤。其汽船在客船后）。

---

① 黄成斋：指黄忠绩（1868—?），字诚斋，一作澄斋。湖南黔阳人。光绪廪贡生。时任湖南候补道。1901年奉湖南巡抚俞廉三之命，作为游学官前往日本，成为弘文书院速成师范科的旁听生。1912年后，曾任湘西招抚使、湖南矿物局总办、湖南省国民代表等职务。
② 拖：原字作"扥"。

伊泽修二来访

晚有同寓之前田正隆来谈。陆军工兵大尉也。驻仙台,将渡清。

伊泽君来谈甚久,为余书介绍之名刺四纸,又论于吾国设泰东同文分局事。

八月十四日(9月15日)

晨至午候阿波氏不至,晡时①来电话,约晚间见访,以率两儿访佐藤藤太郎②,小坐归。

午前唐秀丰来访,言弘文学院每日讲课,伊须通译两小时,并许如遇讲至切要,当预来通知往听之。

黄成斋、张执中、章仲和、金伯屏[邦屏]③先后来。执中言,有弘文学院监大久保高明④,拟为余介绍一见。

金君,黟县人。在早稻田大学,极俊爽。

晚,阿波君来。

八月十五日(9月16日)

山崎彦八与富士见小学校

七时后山根君来电话,约往观富士见小学校。九时往,晤其校长山崎彦八⑤君。先延入其所居室,题曰"成绩陈列室"。四壁悬册簿,皆本校学生所交功课,或为字,或为画,或为纸粘诸花样,择其优异者而存之也。装订整齐,注明某年生某某。

满四岁入幼稚园,满六岁入寻常小学校,四年毕业。入高等小学校,

---

① 晡时:即申时,下午三至五时。
② 佐藤藤太郎:毕业于札幌农学校。系私立小学武藏野学园的创立者。
③ 金伯屏:指金邦平(1882—?),字伯平。安徽黟县人。早稻田大学英语政治科毕业。归国后在留学生朝考中获第一名,授进士出身,翰林院检讨。曾任天津自治局督理、资政院秘书长等职。辛亥后,历任北洋政府农商部次长、总长等职。1927年后长期居天津,任启新洋灰公司经理、耀华学校校长。
④ 大久保高明(? —1936):时任弘文学院学监。孙中山在日时曾与之有接触。行世著作有《奥村五百子详传》。
⑤ 山崎彦八:东京富士见小学校校长,著作家。有《新编家政学》(1894),《日本式日读本》(1891),《教授的秘诀》(1899),《现今小学校之缺点》(1903),《东京府史读》(1894),《日本贤女百人传》(1894),和《日本道德方案》(1889)等书行世。

四年毕业。入中学校；总计在本校须历十年之久（本校附属幼稚园）。

山崎君导观览，从楼下之一面起，看毕登楼，复降一次，复登一次而毕。其次第课程据所见如下①：

一室　寻常三年男生　女师讲修身书

一室　二年男生　女师提背课本中唱歌

一室　一年女生　女师率诸生立而唱歌，盖依时限，本应出外游戏，因阻雨而变通也

一室　三年男生　男师按风琴令诸生唱歌而正其音

一室　四年男生　读书

一室　二年男生　读书　男师讲寻常国语读本择友条

一室　高等一年女生　裁缝　女师授算计尺寸而录于册

一室　高等四年女生　○②师授习字

一室　高等二年男生　习字

一室　又③三年○生　读方④

一室　又四年男生　化学　男师以化学器讲轻气

一室　又二年○生　读方

一室　又三年男生　英文法　男师讲 comparison⑤

一室　又二年男生　算术　男师讲六分之五加六分之一，圆盖中铺六瓣之纸

一室　又一年男生　手纸文⑥男师书题于漆板，题为《约友观月》而将命意之次第列出，命一生讲说以告众人

---

① 下，原文为"左"。
② "○"，表示未知的记号。从后文得知，严先生等所参观仅十三室，而此处共列十六室，可见有三室并未入内，故不知其授课者为"男师"抑或"女师"，故以"○师"表示。以下又以"○生"表示不知学生为男生或女生，同此。
③ 又，表示同上"高等"。
④ 读方，指语文课。
⑤ comparison：比较，比喻。
⑥ 手纸文：即尺牍课，教书信写法。

一室　又二年男生　理科　男师讲水族贝属

生徒凡分二十三组,此所见仅十三组,盖其中有适值出外唱歌、体操者,有过门而未入者。

病室　卧病者止一人

器械标本室　有化学等器

图书室　专备教员之用(学生书亦由本校给发,学生出价)

至旁近楼上之幼稚园(因地形为之,在高阜之上),生徒百五十人,女师五人。时已将散学,仅见其唱歌旅退而已。

山崎君为此校长已十五年,当时生徒今于大学卒业者甚多。

学中章程时时修改,虽由文部颁令,而校长资深有所经验者亦有自主之权。

此校女生多瘦衣,盖濡染于山根君之教。山根君居距此甚近,其幼女即此校寻常一年生也。平贺精次郎之女亦在此校。

入校生徒家在本区界内者每年随意捐资,自不足一元以至累万者皆有之。山根君每年捐资不足五元。幼稚园每生每月均费七角五分,寻常小学校每生均四角,高等均八角。

校中教员三十六人,生徒一千三百余人(别有专书可检查)。

日本之初改良也,先立小学校,渐增女学生,次立幼稚园,次立女学校——山崎云。

又云,小学校必须私立,乃广政府之力,万不能偏,东京小学校三百余,官立者才八十余耳。

十二时归。与小山饮酒以酹佳节。午号接家书并新闻等,又陈柘叔信、严幼陵①先生信、陈瀛洲信。

---

① 严幼陵:指严复(1854—1921),字几道、又陵。福建侯官(今闽侯)人。福州船政学堂毕业,留学英国格林尼次海军大学。历任福州船政学堂教习、北洋水师学堂总教习与总办、京师大学堂编译局总办、复旦公学校长、京师大学堂校长等职。甲午战后参与创办《时务报》《国闻报》,鼓吹变法,传播西方文化与民主思想。晚年趋向保守。译有《天演论》等名著。其所译所著由商务印书馆辑印为《严译名著丛刊》和《侯官严氏丛刊》。

同小山、泽势访白须贞①君于海军省,时公事毕,人已散去,白须君独留候余(预有电话)。导观诸理事室,海军大臣室内陈美国制造军舰之雏形多具,闻每具值七千余元。

晚邀小村、白须、泽势、和田、井口诸君痛饮,泽势、小村皆醉。

八月十六日(9月17日)

外务省正式接待

晨结算食宿费讫,十时后迁神田区贵临馆。午小村送一单来,小林光太郎托其转交者也。外务省知照,由十八日起,请双太守寿及余参观各学校,小村特来面告,且言,伊不得陪观。双君有译人木野村,小村属余预往拜之。

张执中招饮偕乐园(吾国厨人治庖,日本桥区龟岛町),同坐有大久保高明(弘文学院干事)、增田芳郎(瓦斯会社员)。大久保畅谈学事,力劝智崇兄弟入弘文学院。增田君有意赴吾国。

八月十七日(9月18日)

"神山毕竟地非凡"

晨赴三桥店,偕小山同诣山根君,往观巢鸭监狱署(东京市监狱署凡四处。警视厅医长应兼理其卫生消毒事宜。警视厅所应管者三处皆轻犯也,他一处皆重罪犯),晤典狱神野君。

此署经始于二十五年②,落成于二十八年③,费四十万元。山根君云,若在今时需百万。神野君云,百万犹恐不足。凡占地七万坪。

署中工场有不如大阪之整饬者。

十六岁以下之犯有师教之,师系本愿寺僧,曾在学堂卒业者。其教

---

① 白须贞(1871—1938):字季鑑,号心华。大分人。系江户末期儒者白须梧园之子。时任职于海军省军令部。后辞官学画,师事于日本画家甲斐虎山,任256委员。曾在东京小石川创立南画塾授徒。晚年居住别府。工山水,画风近田能村竹田。
②③ 二十五年,二十八年:指明治二十五年(1892)和明治二十八年(1895)。

室在楼上,神野君导入。僧立台上,粉书漆板,画一大圆,又系说一段,大约言地球向日背日及朝暮间日所在之方向。讲毕质问,解者举手。其他课程有习字、唱歌、算术、读书、体操等等,大略与学校同。学生有衣赭者,有衣蓝者。赭者罪犯也,蓝者但惩戒之也。

工场中有制旱伞者、擘竹者、织布者、制铳者、锻冶者(有刀、错、烙铁等物)、制木匣者、制洋靴者、雕刻者、磨麦者、拆洗邮便布袋者,不能悉记。另有作业日表备检。

至病院一观,看护夫亦罪人为之。山根云,病者日见少,患肺病者止一人,他病二十余人,其余微病服药者三百余人(署中本日合计一千七百二十九人)。

至制品陈列室一观,皆罪人所制之物定价待售者,铜器最多且最精,价亦甚廉。神野云,价廉者因工钱轻也。

十六岁以上二十岁以下者亦有教育,但课程较宽。特别庆典有大赦,寻常庆典有减刑,工作优良者特赦。巢鸭皆男犯,其在市谷者有女犯。

深川印刷局斋藤、木户两君来访,约十九日到彼处参观。二君皆与伊泽君善,泰东①同文局书籍皆彼社印刷也。

访双松如并拜木野村君,约定每日参观学校时刻早九时、午一时。访和田不遇。

约敏姪二十初度(八月二十四日)寄诗寿之:

　　　无恙扶桑海上帆,
　　　神山毕竟地非凡。
　　　归袋满载长生药,
　　　好佐熊丸寿阿咸。

---

① 东:原文作"文",当系"东"之误。

八月十八日(9月19日)

高等师范学校及女子高等师范学校

今日原与和田君约观学习院,而小林单中今日应观高等师范学校①,学习院则列在二十九日下,因与和田君商定改期。余率二子即赴本乡汤岛二丁目高等师范学校,松如已前至。其校长嘉纳治五郎②游吾国未归,有一人导引周览。

校中分四科:本科、研究科、专修课、选③科。

物理机械室:物理本科二年生,师以两轮之器试声之疾徐。

化学室:化学试验室、化学书器室。

图书纵览室(楼上)。

一室授英文史。

以上太略,因彼时未暇笔记,今不能追补矣。崇儿已入此校之附属中学校,他日当令详考之。

午后观女子高等师范学校④。伯颜从。

录智崇所记:

女子高等师范学校生徒本科二百八十人,年龄十七以上二十二以下,四年毕业(三年半学,半年实地实验)。

学生俱有寄宿舍,非日曜日不许外出。每日五时起,洒扫盥洗,六时早食,八时至四时半理课,五时浴,五时半夕食,夜自习,十时休息。本校

---

① 高等师范学校:指东京高等师范学校。其前身为1872年设立的师范学校,翌年改称东京师范,1886年再改组为高等师范,1902年正式称为东京高等师范学校,战后改组为东京教育大学,1973年改称筑波大学。

② 嘉纳治五郎(1860—1938):播磨(今兵库县属)人。东京帝国大学毕业。历任"五高"(熊本)、"一高"、东京高等师范校长。讲道馆柔道创始人。日本首任国际奥林匹克委员和体育协会会长。贵族院议员。曾创办招收中国留学生的亦乐书院和弘文学院,对中国留日学生的教育卓有贡献。

③ 选:原字作"撰"。以下同。

④ 女子高等师范学校:其前身为1874年设立的女子师范学校,1885年与东京师范合并,成为该校的女子部,1890年改组为女子高等师范学校,1908年改称东京女子高等师范学校,战后改组为御茶水女子大学。

毕业后,五年内不得就他职业,前二年依文部指定,至某处任教务,后三年教某处可任已意。

是日所见:英文二年生(教师曾出洋)、家政(女教师)、技艺四年生(师不在)、裁缝一年生(女师)、习字三年生(男师)、裁缝二年生(第一年制布衣,二三年制上等衣)、地理国史专修科(男师)、国语本科一年生(男师讲汉文)、地理标本室、历史标本室、物理(试空气压力)、化学、图画(男师)、博物室、图书室、家庭礼仪教室(附料理室)、自习室(容二百八十人,每案俱有电灯)、体操场(击球)、舍监室、寄宿舍(七人一室,室外俱设风琴)(楼窗内设大绳若干,备失火时缒而下)、医局(每日有两医到局)、病室(无一病者)、谈话室(共七间)、食堂。

附记:各学校以师范学校用款为最多。町村所立小学校约费千五六百元。奈良人人学者最多,约百人得九十五;冲绳最少,百人只六十人耳。以上皆干事言,干事町田则文①也。

自习室聚二百八十人于一室,闳敞而精洁。电灯累累如联珠,最为出色。干事云,此唯女子才可耳。若男子聚多人于一室,则嚣然不靖矣。女子性格较娴静也。

八月十九日(9月20日)

关本幸太郎将赴保定任教习

访伊泽君,同至东京府师范学校。校长泷泽菊太郎导观。

录智崇所记:

东京府师范学校本科约百六十人,合专修科两科共三百七十五人。

是日所见:二年二组　汉文(中等汉文读本卷五)、三年生化学(试验铜养)(生徒散后教师特为余等试验养气②数事。师名小林晋吉)。

---

① 町田则文(1856—1929):号波山。常陆(今茨城县属)人。1878年毕业于东京高等师范学校。历任爱媛县寻常师范学校校长、埼玉县寻常师范学校校长。1899年任女子高等师范学校教授。后任东京盲学校校长。

② 养气:氧气。

晤关本幸太郎①，东京高等师范学校教谕也，化学最精，现受袁少保②聘将至保定。是日来此考察化学教室桌椅之尺寸，因此校所制最为合宜也。

图画教室（模真形作画，教师示以张良像）。

二年一组　国语（"と"字之讲义）、会议室（校中议事之所）、木工金工室（三年生作木工）、动物植物标本室（见木制人之全体形，可以拆卸）、寄宿舍（室广十四坪，容九人）、自修室（容十二人）、附属小学校（已散）。

学生之几案以本校为最新最宜。窗之上眉开闭法甚便于冬令。

斋藤、木户两君约至偕乐园饭，饭毕同至深川印刷会社。

录智崇所记：

深川印刷会社（东京印刷会社之分社，另有深川印刷株式会社）

切纸（美国器械）、画格器械、装订、印书面字（书面上贴金纸，入夹板中，夹板中预排铅字，有汽压之即成凹形，再拭去外面之金）、印号数（女子一人司之，极速）、折书叶（女子二人司之）、装订（以纸一叠③入机械中，外有轴缠铜丝，摇机数次而铜钉三俱绾成矣。又，穿线装订亦极速）、印书机（美国物也，价最昂而最牢固）。又，印书机下面有纳空气处，使运转无声。印纸片者、写真板（德国制，一时间④可印五百枚）、活板（一时间可印千三百张）。有一杂色写真板，凡印十六次乃能成工。上石（观其毕工，印出两笺，社长举以相赠。石俱德产，他国所无。石价每磅十仙或八仙，每方三百六十磅需三十六元）、汽机⑤（日本造，汽机室内有铁管通工作室，冬令送蒸汽于各室，夏则通风）。登楼，〈有〉写真（为纪念写真者缩小十倍之机）、雕铜板者、印各切符⑥者、电镀铜于铅两面、铸铅字者（日可成四万）。

---

① 关本幸太郎：东京高等师范学校教员，曾受聘为直隶师范学堂教习，后任朝鲜釜山中学校长。
② 袁少保：指袁世凯。按，袁加太子少保衔，故有此称。
③ 叠：原字作"迭"。
④ 一时间：一小时。
⑤ 汽机：锅炉。
⑥ 切符：票，券，票证。

每日工作七时起五时止，中停三十分午食。忙时晚加三时，日曜日休。工价：至精细之工日一元二十钱，童子十仙或十二仙。一台列几案，可览楼下之全，便于查工人勤惰，且司校勘。

社长星野锡①居美多年。私立印刷局此为第一社，立于明治六年，先为制纸局，规模极小，至明治二十九年始改今名，建筑等费十五万元，使在今时倍其价犹不止。其本局在日本桥，横滨有支局。

八月二十日（9月21日） 日曜日

晨至三桥旅馆理发。至公使馆投刺于蔡公使，并拜冯君孔怀皆不遇。同和田、泽势、小山、崇怡二人饭于红叶馆。饭后，和田君约游向岛百花园。由赤坂乘人力车至新桥，登铁道马车至涉船，乘船至向岛。

游览毕，由向岛乘船至浅草，〈由〉浅草易人力车回寓。

晚，旷生、伯颜、铸生②、项莲生先后来谈。

旷生论立学堂事。余又同伯颜至铸生舍一谈，伯颜论王肖航③省笔字之妙。

八月二十一日（9月22日）

东京美术学校校长正木直彦导观各部

同和田、小山、崇怡兄弟冒雨至上野公园之东京美术学校④，先晤其

---

① 星野锡（1854—1938）：播磨（今兵库县属）人。早年留学美国，专攻印刷技术。1896年创办东京印刷株式会社并先后任专务、社长。1912年当选众议员。

② 洪铸生：指洪熔（1877—1968），字铸生，一写竹孙。安徽芜湖人。留学日本，入读高等工业学校。归国后首任国立北京高等工业专门学校校长，曾在家乡办有私立芜湖工业专门学校。1949年后任中央文史馆馆员。1961年，将其所藏珍贵古籍、名人字画、汉唐碑帖等，捐赠予芜湖图书馆。

③ 王肖航：指王照（1859—1933），号小航，又号水东。直隶宁河人。光绪进士。曾任礼部主事。因参与变法逃亡日本。后隐居天津，创制官话拼音字母，并在东京印刷发行。因文字改革活动而被判刑。但获释后继续从事拼音官话的推广。著有《水东集》。顺便一提，严修此后对王小航"合声"字母的创制多有帮助，不仅提供参考书，还大力宣传提倡，并首先在自己家里推广使用。

④ 东京美术学校：创立于1887年，1889年正式招生。位于东京都台东区上野公园。设有日本画、木雕、金属雕各科，后陆续增设西洋画科、图案科、图画师范科等。冈仓天心、高岭秀夫、久保田鼎、正木直彦等先后出任校长。1949年与东京音乐学校合并为东京艺术大学。

庶务挂①羽田祯之进，继晤其校长正木直彦②，导观各室。先至绘画室，有临画者（一年生。置画幅于旁而临之。先植物后动物，因植物较易也），有写生者（置一药浸死鹰于旁，两人各摹其所对之形），有名曰"新按"者（于摹肖之中自出新意也。一生画古人即所谓"新按"者），有临山水者（二年生）。其三年生皆赴校外写生，四年生皆修学旅行，俱未得见。

入雕刻室，见有以泥像人正塑之者（一人坐，一人对而塑之），有雕刻植物于木者（临画幅），有以木雕为人形者。又见一人坐于圆台之上而四人环向之，各以泥肖而塑之：有正面者，有旁面者，有侧面者。据云，今日初塑，须七日乃毕工，然其中已有得其神气者。有大理石刻动植物（一年生。室中陈列石刻之器甚多），有泥制植物（预备科，有牙雕植物）。

又入一室曰图案③科，司事者出图若干示客。室中又列内外国古今之器，然今在屉内未索观也（是谓历史学）。

雕金室（一版镶三品金若干条，以纯杂为序，如第一为纯金，第二为金一割④，第三为金二割之类。铅亦如之。铜亦如之）。雕器铜为多。室中所列植物、动物、人物无不备（有伊势虾，有蟹，其足皆活动如生。又以一大块整铜刻为兔三头，俱绝工。所见学生作课者唯植物耳）。

漆工室。以木傅漆，凡三十三次，而后极光。以漆傅金，凡十次，而后告成，可谓繁难矣。又有以古画一轴画古器物刀箭之属，一人于数尺漆板上描金临之。据校长云，须一年乃毕工。盖为博览会中陈列之品也。又见以泥塑高丈余之人，系堺市水族馆定制之品，为激水用也。又有锻金者，未及见其作法。校长言，先用蜡肖原形，以泥为模，熔铁入之。

漆工室教师某言，日本漆工最佳，近德国人延日本人往教之，湖北亦延两人往焉。日本所用之木材大半由支那来，支那若讲求此工至易至

---

① 庶务挂：总务长。
② 正木直彦（1862—1940）：号"十三松堂"。和泉（今大阪府属）人。东京大学毕业，先后任奈良寻常中学校校长、文部省视学官、东京美术学校校长、帝国美术院长。著有《回顾七十年》《十三松堂闲话记》。
③ 案：原字作"按"。
④ 一割：即一成，以下"二割"同。

便云。

校长赠"学校一览"等书,按人遍给。

八人同饭于精养轩。伯颜饭后辞去。

晤东京高等工业学校校长手岛精一

两时同赴东京高等工业学校①,晤其校长手岛精一②君。导观各室:染者、漂者、织者(有自动机,有脚踏机)、试验物理者、塼者、照相印于瓷器漆器者。

器械甚多而所见学生作工者甚少,盖时限正过也。

四时校内停工,所观不及一半。校长云,请异日再来,赠学校一览。

归途答拜塚谷孝二郎。

晚塚谷来。王荃士③来谈,始知育材书塾即其尊人所立。

八月二十二日(9月23日)

狩野亨吉"庄雅可敬爱"

和田来,同赴第一高等学校④。校长狩野亨吉⑤庄雅可敬爱,导游尤不惮烦。问余等所欲观,双君曰,讲堂所讲余等断不能解也,能于各陈列室一览足矣。

过一讲堂,系二部三年生一组,师方讲重学⑥。学生不全着制服,校

---

① 东京高等工业学校:现东京工业大学前身,创立于1901年。
② 手岛精一(1849—1918):沼津(今静冈县属)人。1870年留学美国,曾跟随岩仓使节团游历美欧。归国后历任东京开成学校(东京大学前身)监事、东京职工学校(东京工大前身)校长、文部省实业教育局长、东京工业学校校长等职,一生致力于实业教育事业。
③ 王荃士:名宰善。江苏上海人。王柳生之子。首届育才书塾学生。留学于日本商业学校。1905年经清政府归国留学生考试,授举人出身,以知县分省补用。曾任交通银行副经理、中日合办本溪湖煤铁公司总办。参与创立黑龙江戊通航运公司。以1933年参与发起集资修复南翔著名园林古猗园而广为后人所知。留日时期曾译著《学校管理法问答》(1902),《普通经济学教科书》(1903)等著作。
④ 第一高等学校:成立于1886年,原称第一高等中学校,1894年改称第一高等学校。陆续设置大学予科和高等科(文科、理科)。1949年并入东京大学。
⑤ 狩野亨吉(1866—1942):号君山。久保田(今秋田县属)人。1891年毕业于东京大学哲学科。对日本自然科学史和江户时代的思想家、儒学者富有研究。历任"四高""五高"教授,"一高"校长,京都大学文科大学(文学院)长。著有《狩野亨吉遗文集》。
⑥ 重学:力学。

长云,校中规制,唯伦理、体操两课必着制服,他则不拘,观教务知之。

图书馆书凡三万部,其类分:哲学、法律、政治、历史地理、文学、数学、理学、工艺产业、辞书、丛书类书、挂图、新闻杂志。

藏书之架高约六尺,广少杀,凡六层,书皆立插,汉文书亦如洋书式,盖皆有木函也。图有架,如中国架箭者然。阅书有凭票,有赁金,若在功课中所应查考之书则不付赁金。书皆编号,每年晒晾一次。

专门常用之书不在图书室内,各藏于其本科室中,因随时须翻阅也。

物理教室　头骨二具[一为日人,颧高;一为西人,脑骨巨]

地质矿物标本室(分内外国)〈有〉宝石见本　动植物标本室[〈有〉叶形小蝶,张则为蝶,合则与树叶无别,以便藏身也,出小笠原岛]　以显微镜视豆根寄生之微生虫　蜗牛无雌雄,自能生育　(物理用意室)透光电机　微生物有二十二度热乃生　试光线之暗室　电车雏形　碳酸瓦斯七球相触动　一人以玻管试碳酸瓦斯,初有水不满管之半,以手握而温之,良久水化至尽,徐凉之,水复如初　一人以大玻管试铁片与纸坠落之迟速,空气拽尽则二者同时坠,稍入空气则铁速纸迟矣　时计兼地球过一讲堂方讲地学

校长备午饭,照章付价,每人八分。饭后观体操。一时后辞去。

帝国大学印象(一):工科大学

饭后往观帝国大学①,从工科始。

电气工学:电灯　寒暖计　静电器械流电器械　磁气学器械　电话机　电信学标本　音响学器械　□□及电铃　电力传送标本　热学器械　光学器械　气学器械　流电计

建筑学列品室:雏形器具　匠具标本　名材标本　日本有用木材标本

土木工学图书室

土木工学画图室

---

① 帝国大学:指东京大学,系 1877 年合并东京开成学校和东京医学校而成。

造船学列品室:有大小全船雏形,有拆卸形,有中央横断形,有各种机关形。〈有〉商船、军船、官制船、民船、铜水雷一。其旁有画图室,木板之上刻半面船形,悬之壁间。取便摹绘也。

土木工品陈列所:转车台　挏门　测量器　暗渠　石拱　隧道横形　斜架拱　楼房　桥梁灯塔　极高极长之铁桥形　铁桥横形(中有如盘江桥者,上有火车铁轨)　闸　船坞

机器工学制图室:过门未入。

机器工学列品室:多拆卸之机器,备讲解时用也。火车机、起火机,有屋覆之。

采矿冶金学科:坑道切面,空中索道(为运搬用,一抽一送甚便利)。电气发火器,□□□。各种卷扬器于深穴卷物而上　秤类　罐类　唧筒类　各种试锥　各种索　各种写真　各种矿质

应用化学图书室

定量分析室

应用化学列品室

官立瓷器制造所　陶器窑雏形　盐田图解及雏形　陶　染金工　漆工　脂肪油　纸　无机化合　有机化合　燃料　硝纤料　食盐　硝制物丝细与棉同(案,硝即玻璃)　硝制带(阔寸许,如席纹)　造麦酒机雏形　石蜡制品

工学实验所:未见学生。试物强弱机,譬如欲试铁环,或压之或离之或屈之,以□□□□试其能受几何力?(其二)机器多巨者。

四时归寓。

八月二十三日(9月24日)

是日日本皇灵祭①[九月二十四日②],学校皆休课。

---

① 皇灵祭:皇灵系指历代天皇的神灵。据说,在每年的春分和秋分,居于彼岸的皇灵将去皇灵殿,此日即成为全民性节日。战后则成为只在皇宫中举行的天皇家节日。

② 九月二十四日:系指阳历。

访大久保、中西正树，俱未遇。父子三人饭于九段坂下明治轩。访山根君久谈，兼晤矶部君。

归，步游神田猿乐町，阅书肆十余处，买书数种。旷生来，匆匆去。因前度归时太晏，门已扃也。凡休息之前一日晚可十时归，平日皆八时为度。

八月二十四日（9月25日）

帝国大学印象（二）：理科大学与医科大学

和田来，同至大学，先阅理科①。

动物标本陈列室：海中产如珊瑚之类甚多，其他贝类、蛤类、蛎类尤多。

真动物类：鳄长七、八尺　海驴　狐　袋鼠［前足短于后足，前半身瘦于后半身，尾如鼠，耳如兔，其大如驴驹］　鳖类　大虾　大蟹　爬虫类　鱼类　虾蟹类　皆装瓶内

骨架极多，不可胜记。蜂巢　鸟巢　蚁塔　脊椎动物肠子以蜡肖之。人全身可拆卸之模型　蚕发育自一龄到五龄标本　鸡卵变化形凡九等　鱼卵变相自一至二十五　海中小虫变化形　带壳珍珠

第四实验室

讲义室

地质学教室：悬一地质学图。

文库

讲义室

实验室

地质陈列馆：略图　硫　铜　铁　铁养　水晶　玛瑙　本邦鲸化石　熔岩钟乳　水晶双晶　铅　铜　铁　黄玉　锑　黑晶　孔雀石　紫晶　各种骨化鱼化石［有全形，有贴于石上半面形］　树叶化石　纸制富士山及箱根

---

① 理科：指帝国大学之理科大学（今之东大理学部前身）。

地质学教室

图书馆

物理实验室：一人试镜照见背面，显微镜　视物镜　升降而物色屡变

化学实验室

电气及热化学实验室

化学图书室

理化学讲室

数学物理化学教室

大学校长室

人类学仓库：本邦诸地方石器时代遗物，皆三千年前物也（其时人食蛤类，故出土之物多为蛤类）。支那种类现用品　各国古物器

人类学教室：诸人种头盖　诸人种肤色图　猪、牛、兔、人进步图　各种人发

研究室

又一室：日本诸地方古迹内外发见品　陶棺土偶等类，有模形，有原形。

地震学教室：适欧人往观，其讲师与欧人英语，又与吾等日语，极诚恳。内一室特为防地震而造者，极坚牢。

在大学午饭，即诸教习用膳之所也。晤佐藤、内山、青山三君，将平贺、井上二君介绍信面交。

午后阅医科[①]

解剖室：陈一人于案，剖肠腹而出之，其人结发为辫，下垂及地。予乍见惊为吾国人，已而见两乳突如，乃知为妇人。询之盖孕妇人。一人手掬腑脏诸物，且掬且报，医师旁立监视之，学生亦旁立。予与松如皆掩鼻急出［其旁卧一人亦待剖者］。

---

① 医科：指帝国大学之医科大学（今之东大医学部前身）。

闻凡人大学就医者,类多寒苦。无医药资,故来求诊而预发愿心,脱不能活,愿听解剖。闻中江笃介①君亦发愿请解剖,其脑重于常人。

旁一室列已剖诸标本。

眼科:镜之种类甚多。

妇科

儿科

皮肤梅毒病科

产科

第一讲义室:过而未入。

病院:有男有女未细看。治外科处,四面列层阶,高者及屋顶,众学生环坐,视其下施手术。

晚惫甚,早睡

矶部来与崇、怡谈,予未见也。

八月二十五日(9月26日)

帝国大学印象(三):农科大学

冒雨访和田,同赴农科大学②。其书记武部直松③导观。

兽医学教室

标本器械室:寄生动物　马腹虫　马腹内圆石(病也),径约四寸,甚重。一人言,马食料有沙石诸物,久则结成此物。胆石(马胆内结)　毛毯(牛肠内,轻)　石儿(马胎变为石)　牛肾石

一纸牛画着色,而色各不同,某处肥某处瘠某处肉美,各以色别之。头、尾、蹄皆无肉。附记,东京每日屠牛约百,下午三时悉售尽。

---

① 中江笃介:又名中江兆民(1847—1901),别号秋水。土佐(今高知县属)人。幼学汉学,后留学法国,归国后曾任外国语学校校长。继设佛兰西学舍,传播法国民权思想。翻译卢梭《社会契约论》为《民约译解》。系明治时代最具盛名的自由民权思想家。著有《三醉人经论问答》《一年有半》等著作。

② 农科大学:指帝国大学之农科大学(今之东大农学部前身)。

③ 武部直松:原加贺藩士。曾任长崎县师范学校校长、石川县专门学校校长。后任职于东京帝国大学。其子武部六藏曾任伪满洲国总务长官。

剪马毛机器　厩模　牛胎　牛胎模型　目模(人兽同)　脑筋模型(神经)　牛肺二[一无病,一有病]。

家畜解剖室:兼组织实习。

教官室:鼻喉头镜,从鼻穿入而视喉。

病理实验室:微生物　种兔身。

药室

蹄铁场:大小轻重其式不可胜记

家畜病室:有病犬在笼内。

各科手术室:厩内一马一牛二羊。

农艺化学

教授分析室:搅和机[斜着水面而机旋转]

学生称量室

挥发物取扱①室

脂油浸出室

燃烧室

淘汰分析室

水及亚尔加里②分析室

显微镜室

日光附近有足尾山铜矿在焉,洗铜者于河,河水灌民田,民以为不便,历有年矣。近者农学科乃以铜水磨,试诸植物,考其果有损否。

器械药品度室

讲义室

暗室

图书室

稻试土宜,盆种之。架承之,下安铁轨,晴则露置于外,雨则推入玻

---

① 取扱:管理,处理。
② 亚尔加里:碱。

璃房内。

  雄雌蕊传种改良:印墨笺试麦豆发芽　瓶贮瓜菜诸种　果窳诸标本农具陈列　二百八年前之陈米　一百九十年前之陈米

  动物学教室

  养虫室:蝗图

  林学讲义室:地质学标本　测量诸器

  林学标本陈列场

  树体解剖图

  养蜂[因路太滑未得至其地]

  植物学实验室

  试种地:一十八万坪,内外国树　畜舍[牛马皆有之,皆代耕者]猪栅

  制茶室

  冒雨归,过挚师处小坐。三桥店小坐。

  晚,泽势君来。

八月二十六日(9月27日)

冒雨访渡边小学校

  访伊泽君。冒雨往观渡边小学校。学生七十余人。皆一师授之,所谓单级学校也。分五组,室才二十一坪,立观一小时。师先画一旗于板,注假名于其旁,令最幼者照写。又于板之彼端书一"游"字为题,使稍长者命意。一童曰:"将游上野",师则曰"好！与谁共乎?"又一童曰:"与友人",师又称善,"在何时乎?"或对曰:"八时半。"如是者数次。乃命一人板上连缀之,成一书翰文。师先读之,又赞之,徐指出其未好者,先解明而后涂改之,如是者数处。遂成一段妥帖①文字。

  其女子之长者已能属文。

  壁上悬历年生徒卒业姓名表,卒业后谋食者多。入中学校者不过数

---

① 帖:原字作"贴"。

人,此即村塾之类也。闻渡边教授法,甚有名于时,文部大臣曾往观焉。

又□益进

两学校皆已休课

回寓午饭后,至留学生会馆阅报。读《经莲珊文集》,终一卷乃归。

泽势君夕来,晚归。

八月二十七日(9月28日)

夜,风起。晓,益猛。兼之骤雨,终日不止。楼震撼有声。终日看书。午前伯颜来谈,午后接家信及新闻报甚多,稍解愁闷。

东京附近是日风灾甚剧。

八月二十八日(9月29日)

体操学校与学习院

山根君约赴体育会观卒业式。八时半往,挚师、松如皆至。卒业式从九时起。会中有印成顺序,细目录后。

日本体育会体操学校卒业〈式〉顺序:

一、敕语捧读。此间一同起立,最敬礼。终于生徒一同君之代ヲ唱ス

二、卒业证书授与引キ続キ校长报告

三、校长ノ告词(校长高桥君执证书,学生趋之座前受之,甚恭整。一人在校长座后唱名)

四、本会长ノ告词(会长男爵嘉纳①君演说)

五、来宾之演说(男爵石黑②君演说许久)

六、卒业生总代ノ答词(有两生执简宣诵,皆逾万言)

七、学科讲演并卒业生及一般学生诸运动

---

① 嘉纳:原字作加纳,当为嘉纳(即嘉纳治五郎)之笔误。
② 石黑:当是石黑忠悳(1845—1941),男爵。明治时代著名军医。曾任陆军军医本部长、贵族院议员、中央卫生会长、日本红十字会长等职务。曾因为李鸿章在日被刺疗伤而获清廷授予宝星勋章。

运动顺序

一、棍棒体操(有盘铁杠者、有立顶者、超距者)

二、柔软体操

三、器械体操

四、射的(即洋枪打靶也,四人同射之。时有人在地穴内举旗,未详其用)

五、游戏(随音乐之节奏,穿插进退,极有态度)

阅毕,留茶点。十一时半,余同二儿入明治轩午饭,而车遇和田君,午后同往学习院①。松如已前至,书记高桥定吉导观。

一室五年生:授几何

一室高等三年生:汉文

一室高等二年:欧文

一室高等一年:欧文

一室中等六年:代数

一室中等一年:本国文

图书馆(藏六万部)

博物室

佛独文②教室

理化学教室

以上皆草草一观,盖午后课程时限甚促也。

阅体操场,一少佐教兵式步伐。其他有攀高木而登者(高过肩),有扶两栏立顶者。其中贵胄居多,且有王子数人(张南皮③之文孙即在此院学习)。

---

① 学习院:创立于1877年,系皇族和华族子弟学校,第二次世界大战后改为不问学生出身的私立学校。
② 佛独文:即法文、德文。
③ 张南皮:指张之洞,因张籍贯直隶(今河北)南皮县,故有此称。

访冈本监辅一谈

访岛田俊□不遇。

访冈本监辅①一谈,年六十余矣,坐书丛中终日著述。

八月二十九日(9月30日)

参观华族女学校晤细川润次郎与下田歌子

八时半访和田,同往华族女学校②。松如已至,佐野君导观。

中学一年生:唱歌

中学四年生:理科矿务

中学六年生:本国文(下田歌子③教)

中学二年生:英文

一室虚无人,生徒皆他往学画。其桌椅式特适宜。佐野君言,生徒读书时,目去书以一尺二寸为度。故桌椅之高不及桌之斜面度,必视生徒身材之长短为准。故椅背各注七八九十字为识别(椅与桌连),桌之合叶扇撑起时,须与平面得四十五度角。

桌制,平面凡三段,合叶起前一段,便于出入,且为读书时立书册之适宜处。再起第二段,其下为安放书物处,为扁箱形而其右端缺数寸,别有小屉,自右面插入(内置砚),桌面之左右两边皆有置铅笔之凹(各学校桌多有之,纵横不同)。

理科教室于人体模型外。另有以皮为全身形者,此为女学校所独有。为生徒习绷带法而设,盖男生即于本人之身试练,女子则不便也。

---

① 冈本监辅(1839—1904):阿波(今德岛县属)人。系第一个探查库页岛的日本人。后游历中国,倡导"日中提携论"。发行《东洋新报》。曾任"一高"讲师,台湾总督府国语学校教授,北京警务学堂教习。精汉语,以汉文著述。著有《万国通典》等。

② 华族女学校:其前身为学习院的女子教育科,收华族女子入学。1885年11月独立建校,称华族女学校。1906年重回学习院,成为学习院女学部。1918年再度独立为女子学习院,设初等、中等和高等科及附属幼稚园。1947年男女两学习院合并,成为私立学校。

③ 下田歌子(1854—1936):本名平尾せき,"歌子"之名系因富于歌才而由皇后所赐。美浓(今岐阜县属)人。早年供职宫中,后创办桃夭女塾。曾任华族女学校校长,帝国妇人协会会长。后又创办实践女学校和女子工艺学校,担任实践学园校长和爱国妇人会会长等职务。

小学一年生：修身（女师）

小学二年：修身（女师）

观运动场

观击球场（设网于中为界，左右相向而击球，此平日所习见也。今日又见一式，植杆于地，高约丈许，竿之上端系绳，绳系球，去地约数尺，左右各立数人击之，使绳于竿者胜）。

又一处，一丈许长板安于木架上，可左右抑扬，两端各四人蹴之。

观附属之幼稚园，方值游戏，保姆两三监之。

浅冈君导观。

高等小学二年生：唱歌舞扇

中学三年生：图画、写生，两人各临一相片，神情皆通肖。

刺绣科：于木匡绷纱面绣花朵形

博物标本

运动场：手扶两栏悬两足而前行，以两足抵栏之一杆，卧置肩于此栏之杆而首下垂。

观毕小憩，下田歌子、细川校长①俱陪话。话毕又导观哑铃操及普通体操。

观幼稚园食堂。堂中列矮几十数，每几坐二人或三人。豫列其所自携之食物于几上（皆彩布包裹，五色相映甚绚烂），至食时，诸儿童入。保姆立据正中之案，宣口号，诸童皆立，向保姆为礼，然后就座。各解其裹或开小木盒取箸取饭，或手持糕饵徐徐嚼食，从容而有条理。以四、五岁童子又多出贵戚之家（王子、大臣子甚多），而能就范围，去依傍如此。甚矣，幼稚园之为益大也。

凡接送幼童之女仆，皆聚待于一室，两行对坐而操女工，其不肯须臾

---

① 细川校长：指细川润次郎（1834—1923），名元，号十州。土佐藩士。幕末曾致力于土佐藩的藩政改革。维新后曾任职于开成学校，后作为工部省官员赴美留学。后任元老院议官，1890年任贵族院议员。1892年以枢密顾问官兼华族学校校长。后又任《古事类苑》编纂总裁等职务。

废时如此,亦愈见学校之计划周密也。

约木野村、和田、松如饭于红叶馆,外务省单开各处,至今日参观已毕。午后往访小林、小村两氏,俱不遇。答拜伊藤稻子于下田歌子家,不遇。下田亦适将出门,立叙数语而别。

八月三十日(10月1日)

东京盲哑学校见闻

早赴东京盲哑学校,和田犹未至,投伊泽绍介名刺于其校长小西信八①。延入,先以概览数笺见示,又引至理科教室(标本甚多),其中有大小地球各一。大者浑铜为之,小者纸制,皆依山川之高下面凹凸之。盖为盲者可以摸索而学也。

又见字母机器两具。一为日文字母,一为英文字母。一教师以所印日文一纸见赠,校长又特印英文一纸见赠。其法,圆排字母成一匝皆斜聚于圆心点,各有机连之。机之端一平圆之顶,其上粘纸,注某某字(每圆两字叠写)。印字时先铺纸于下,以铜界之。欲印某字则按某字,其机每按一次自能下移一字之地位,故无字上压字之虑。每一字叠两字,一字按本机一字兼按左边之小圆,则自能推开此字面印彼字也。

一传声之皮袋,一端如小乳头形,一端为喇叭形。对此端发声而彼端插入聋者之耳。余试之,其声震耳。

门前小立片刻,见男女哑生指天画地,来往纷驰。有喧争者,有被击而号诉于人者。

哑生之教室以诸色旗为识别,将理课时,执旗之人摇向诸生。各辨己室之色追随而至,室门各插一旗。

第四室二年生:教算浅近乘法。

第五室

---

① 小西信八(1854—1938):越后(今新潟县属)人。毕业于东京师范学校。历经千叶县中学校和女子师范学校,入东京女子师范学校,研究幼稚园教育和国外的幼儿保育。1886年任文部省直属筑地训盲哑院专务,其后出任东京盲哑学校校长。1909年盲哑分离后,任东京聋哑学校校长至退休。有《小西信八先生存稿集》行世。

第六室四年生:粉板书和文一段,一哑生指画传神。

楼上裁缝教室:六、七人,男子止一人。

盲师教盲生琴:一盲生摸字抄书(摸从左起抄从右起)。

一室列外国盲生制品、外国痴儿教具制品

哑生图画教室:(画极精,传真者逼肖)

第一教室:最幼之哑生

第二教室:二年生

约和田君来寓午饭。筱山来谈至夕。

写家信。

九月初一日(10月2日)

东京音乐学校听洋乐

和田来,同步至万石桥,乘马车赴上野。又乘人力车至音乐学校①。校长渡边②氏已赴北京,代者大岛君导至奏乐室。正中一高台,如吾国戏台。然其下,层层列坐,渐次而高,闻可容千人。台上外国教师二,日人男女十七人合乐,外国师一人以箸指画,抑扬以为节。

听歌两阕,登楼略观数室。每室或一人或虚无人,皆置极大之风琴,皆自习室也。所见,四十一室、四十室、三十九室、三十八室。

晤柏树巖,略知清语,亦学生也。

大野铃子托寄信物。

饭于不忍池之虾楼(杜撰名,凡称鸡楼,鸡屋之类同此例)。

饭毕,赴山根约,往观造自来水场(由牛込区乘汽车至新宿站,即相

---

① 音乐学校:指东京音乐学校,其前身为音乐取调挂(位于今东京大学校址内),1887年更名为官立东京音乐学校。伊泽修二为首任校长。1893年一度附属于东京高等师范学校,1899年再次独立出来。系现东京艺术大学音乐部的前身。
② 渡边:指渡边龙圣(1865—1944),号乾甫。越后(今新潟县属)人。文学博士。毕业于东京专门学校。后留学美国康奈尔大学,获哲学博士学位。时任东京音乐学校校长兼东京高等师范学校教授。1902年应直隶总督袁世凯之聘,任直隶学校司顾问兼直隶师范学堂总教习,并任天津日租界行政委员会委员。1908年又被聘为北洋大学教习。后历任小樽高等商业学校及名古屋高等商业学校校长。著述甚丰,有《普通实践伦理》《伦理学教科书》等。

去不远,有山根之友矢野君陪往)。

观沉澄池、洗沙场、给水渠、机器室,携图而归。

晚山根君招饭富士见轩,和田君与焉。

九月初二日(10月3日)

大久保君导观弘文学院

高阳馆访秀丰,同至弘文学院。同大久保君叙话片刻,先至讲堂听葛冈君讲法律。唐君译之,听一小时,别有笔记。

大久保君导观各讲堂

一室,教日本历史。

一室,教日语入门。

一室,教文法。

后听山路讲小学教育,唐君译。

晤戴遂庵①庶常,又湖北派习警察者□佰先、石芷舫。唐君招饮凤乐园,以上三君皆同坐。

冒雨归寓。

九月初三日(10月4日)

大同学校与关帝庙

九时半同伯颜步至万石桥,乘马车至新桥,乘汽车赴横滨(车行五十五分)。步行至山下町,饭于永乐轩。新民社买书数种。至大同学校②,先至其旁之关帝庙一观,所陈列皆广东物也。学校校长林君奎③,南海人也。时已将休课矣,略一周览。

一室学英文

一室学英文、地理书

---

① 戴遂庵:指戴展诚(1867—1931)。湖南武陵人。光绪进士。自费留日,入弘文学院速成师范科。曾任湖南全省师范学堂监督,清政府学部丞参等职务,主编过《学部官报》。
② 大同学校:指1897年在横滨成立的华侨子弟学校,首任校长为徐勤。1923年关东大震灾后停办。
③ 林奎:广东南海人。自费留日,曾学习于早稻田大学校外班。

五时归。

九月初四日（10月5日）

同文学院观体操

青柳君来访，谈次为介绍之名刺，致高田早苗①。

会馆秋季大会，余九时至[锦辉馆]。

章君演说

会计王君璟芳②报告

招待高君报告

余不悉记。

选举干事，用投票法。有主三十票者，有主二十〈票〉者，有主十票者，卒从二十票之议。凡三选，恰得十二人。立食。

饭后到同文书院③观体操。夕偕旷生、润甫来寓。留晚饭，食精肉。八时散。

九月初五日（10月6日）

大隈伯论文明

是日，和田君约往见大隈伯④，并约唐秀丰为通译。九时半往访秀丰于弘文学院，待其课毕同至大隈邸。和田先至，延见，谈一时有余。余略问小学教育法，伯言，德育、智育、体育云云，亦所习问。最后，余问："人

---

① 高田早苗(1860—1938)，号半峰，江户(今东京)人。毕业于东京大学文学部。曾参与创办和经营东京专门学校(早稻田大学前身)，并在该校讲授英国宪法史及莎士比亚。曾任《读卖新闻》主编。1890年后先后六次当选众议院议员。后被敕选为贵族院议员。曾出任过松方内阁外务省通商局长，大隈内阁文部省参与官兼专门学务局长、文部大臣等职。1921—1931年任早稻田大学校长。

② 王璟芳(1877—1920)：字小宋。湖北恩施人。1899年官费留日，毕业于东京高等商业学校。1904年归国，曾任度支部会计司主事、资政院译员、钱币司帮办等职。1912年后，曾任广东省财政整理特派员、山东省财政厅长、财政部次长等职务。其妻王莲(1876—1940)随同留学日本，是中国较早的留日女生。

③ 同文书院：指东京同文学院，1899年为东亚同文会所创办。设普通科和特别科，后又增设速成科。首任院长杉浦重刚。是接收中国留学生的主要学校之一。1922年停办。

④ 大隈伯：指大隈重信。因其有伯爵爵位，故有此称。

304

言,智日进则德日退,然乎?"(日人作此论者甚多。)伯曰:"是大不然。是固兼进无退之理。"与余私意极合。一美国新闻记者在坐,与伯问答,一日本人译之。余问唐君,所言伊何?唐君言,但闻记者问:"日本之文明但取诸欧美乎,抑兼用本国乎?"伯曰:"取人之文明则己之文明自进。"其言简括、得体。伯朴僿如村妪,而其生平所为乃若彼。贤者固不可测!

早稻田大学"呜呼盛矣!"

约和田、唐君饭于凤乐园。饭毕,和田辞去,同唐君至早稻田大学①,大隈伯所私立也,旧名专门学校,今年始易今名。时高田君已归,田中唯一郎②导观各讲堂。

　　一讲堂　　讲法律

　　一讲堂　　教英文、地理

　　一讲堂　　教政治

　　一讲堂　　讲大学且粉书于板:曰"骨"、曰"切象"、曰"磋玉"、曰"琢石"、曰"磨","朱注不合尔雅"云云。又其旁黑板有漫书字迹:"胡克家何义门嘉庆十四年"等字。

图书出版部,书纵横地上未安插,因藏书楼尚未毕工也。钱念劬③捐助书五千册。

早稻田大学学生三千人,附属之中学一千人。呜呼盛矣!

论宫室之美、器具之精,视帝国大学弗如远甚,盖私立与官立往往不

---

① 早稻田大学:其前身为1882年大隈重信所创建的东京专门学校,1920年改称早稻田大学。该校自清末以来便以接受众多的中国留学生为一特色。现为日本规模宏大颇负盛名的私立综合性大学。本部在东京新宿区户塚。顺便一提,20世纪80和90年代,注者曾以交换研究员身份两度留学该校,而本书的部分注释正是在该校图书馆完成的。特志以为念。
② 田中唯一郎(1867—1921):毕业于东京专门学校,留校任教,历任干事及评议员。该校改称早稻田大学后,参与校务,任干事及理事,并致力于早稻田中学及早稻田实业学校的创立。后入实业界,成为日清印刷、日华窑业等公司的主要领导人。
③ 钱念劬:指钱恂(1853—1927)。浙江吴兴人。薛福成门人。钱稻孙之父。1890年以直隶后补县丞随薛福成出使欧洲。后又去日本。1899年前后任湖广总督洋务委员。1907—1908年任出使荷兰、意大利大臣。后秘密加入光复会,辛亥革命后任参政院参政和民国政府顾问。

能同,亦财力致然也。

前观帝国大学详于标本诸室,于讲堂全未寓目,今日所参观则讲堂为多。

晚率崇儿访伊泽君,商保送师范中学校事,伊泽君许诺。又谈编书事。吴止欺通译。

九月初六日(10月7日)

参观印刷局

熊慕蘧、夏爽夫自德文学校来,谈一小时。

贵州蹇君季常及其侄方叔、经叔、桓驹、赵君孟刚、毛君子龙、黎君伯颜、仲苏约余父子三人同赴万石桥写真,复约至富士见轩午饭。

饭后赴印刷局参观,山根君约也。

雕刻铜板者(有自动之机,自成文理者,系美国最新之法)、石印纸币者(阅纸币见本,有湖北、山东嘱托者)。递信省封筒公债券 炙印花纸背之胶水,其室热气扑人(闻热 百二十五度)刻花缩小机(铜像仿然,盖用西洋法也)石印小机[值七八十元,每日印四、五百张,大者可印四千张] 明信片[铜板、铅板]

一铜板先濡水筒中,取出则色变白,又置一水盆复黄。闻此系秘法专利者。

印明信片者 以机刺印花纸边小孔者 挂糊者(机器损,暂以人工代) 刺小孔之机,美国制者,纵横分两次。德国制者,一次则纵横皆具。

圆机印纸币番号,其字凡五位,可印九万九千九百九十九号。

活版部 制颜料 制银朱 制印泥 铸铅字 镕铅板[纸模 印官报 一时可印二万张]刮削铅字者

女工数电信纸者,旁置海沫小盒,为抹指之用,恐其有毒不宜粘唇也。

与局长略谈。辞山根、和田而归。吴止欺、大久保先后来。伊泽来函论编书事,即复之。

九月初七日(10月8日)

东京高等商业学校与常盘小学校附属幼稚园

和田君来,同赴东京高等商业学校①[讲堂凡二十三,未遍阅。]

一讲堂讲经济学(其师从德法学三年,去年始归国)

三号室(学生阅览室)

二号室(事务室).

六号〈室〉(本科一年生)

五号室(预科生)

实践室(中设连柜,如廛市当门者。然三面相接如磬折形)。当心有仓库等,是为习社会之形,两旁又设为店铺之式。向例每周间皆习实践,近因经济加课,故实践暂停。

楼上有商品陈列所(湖南漆、贵州草、北京之磁)

又列输出品各注国名,大抵皆投其所好者。

遇湖北留学生:江夏权量字谨堂②、咸宁张鸿藻字子鱼③。

因讲堂大同小异,遂不遍观,别去。

和田君因时尚早约赴日本桥区常盘小学校一观。

常盘[寻常高等]小学校附属幼稚园

教员二十八人,男女各半

教室二十一(裁缝、唱歌室不计列)

小学校男女生共千人

---

① 东京高等商业学校:其前身为森有礼创办的私塾性质的商法讲习所,1884年改为公立东京商业学校,后与东京外国语学校合并。1902年正式冠名为东京高等商业学校。校址在东京神田区一桥通町。其后屡经改制,后身校即为现今的一桥大学。

② 权量(1875—?):字谨堂。湖北武昌人。留学日本,毕业于东京高等商业学校。曾任京师商科大学监督、工商部秘书。1912年后,历任交通部代次长、次长、交通部总长,吉会铁路督办等职。

③ 张鸿藻:字子鱼。湖北咸宁人。留学日本,毕业于东京高等商业学校。归国后事迹不详,由其著述《中国铁路七年统计汇表》(与李道同合著,1915)、《中国铁路现势纪要》(1918)等来看,民国后应是工作在铁路系统。工书法。

幼稚园百五十人

观幼稚园

最长者一班:唱歌,师谐以乐

次长者一班;织纸为各花样

最幼者一班:方木排,师涂黑板上方格为朱为黑,令其仿肖。

皆在楼下。

寻常男一年生:[楼下]物算　以木排又架悬球教识数

二年[全]:背九九歌

三年、四年俱未见。

高等男一年生:[楼上]分两班[一班师以鼹鼠标本讲物理,一班方出外唱歌]

　　　　二年:同　　分两班　　俱讲国语读本

　　　　三年:同　　　　同

　　　　四年:同　　　　同第七

寻常女一年生:[楼下]

二年生、三年生:[俱楼下]未见

　　　　四年生:[楼上]未见

高等女一年生:[楼上]女师授历史

　　　　二年〈生〉:同　　对册习唱歌,男师琴谐之,屡正其音。

　　　　三年、四年:俱楼上,俱未见

　　　敷地九百七十一坪建筑三百三十一坪

　　　运动场三百七十一坪附属五十七坪

　　　廊下四十三坪有奇

经始费六万余元,发费万二千元。

观体操器械陈列室及儿童便所,皆校长所深费经营洋人所略者也。

阅毕,至旁近处西洋料理屋午饭,饭后往观日本银行。先至应接室小坐,执事某君导观。

观销毁纸币机,叠旧币厚寸许置圆机下(机如竹筒形而刃极锐),穿三巨孔焉。

又一室有女子二百人,各探案按号簿捡废币之某号,而以戳记盖之。吾津所谓销号是也,手眼敏速且准。

又见焚纸币之炉。

生电机器供电灯之用。

导入深径,循壁设电线及水管。又前行至深处,一军士守门。入门则电灯照耀如昼,有金库、银库、铜库,以甲、乙、丙等字编号。

登其升楼之机至最上层,有教徒弟室(教簿计、算学,是日未见理课。)

一室列本国古近及外国各金银币,案上三面列木椟,凡十八。每椟启盖,有屉二、三层乃至四、五层。镶币于屉内而签注之,东西各国乃至土耳其、印度、朝鲜皆用钱,无用元宝者。纸币皆雕印,工细无草书者,有之唯吾国。吾国凡古四椟。

银行大门之内四面列肆,如吾津所谓柜台者,而其出纳于小方棂,又似停车场之卖票处也,其名目列下:

营业部收纳

营业部仕拂

仕拂命令受领

案内命令受领

中央金库仕拂

仕拂切符受领

中央金库收纳

泽势、和田同观毕,辞去,余等亦归。

晚与伯颜长谈。

九月初八日(10月9日)

吴汝纶来访

与伯颜至饭田町,乘汽车[七时半行],历二十分时至新宿下车,步至淀桥町。访青柳君不遇,遇其母氏谈数语。余托伯颜致谢意后归。

清水君昨日至自大阪,是日来访。

为和田、山根、木野村诸君书屏。

午赴会馆买书数种。

接陈瀛洲函。

挚师来访,留晚饭。师明日往观庆应义塾①,约余偕。

九月初九日（10月10日）　重阳

参观庆应义塾,鎌田荣吉招待

同伯颜至挚师处,同往庆应义塾。张星五从焉。塾长鎌田荣吉②、教头门野几之进③、事务员某同导观。记所见如下:

大学部

一室讲心理学

一讲海商

一讲货币

一讲历史

一讲英文

一讲德文

中学

第一室:未见

第二室:英读本

---

① 庆应义塾:其前身为福泽谕吉于1858年所创办的洋学塾,1868年更名为庆应义塾。现为日本著名私立综合性大学,本部设于东京港区三田。
② 鎌田荣吉(1857—1934):纪伊(今和歌山县属)人。毕业于庆应义塾。历任大分县中学校长、大分师范学校校长、庆应义塾教授与塾长、众议院议员、贵族院议员、文部大臣、枢密顾问官、帝国教育会会长等职务。
③ 门野几之进(1856—1938):志摩(今三重县属)人。毕业于庆应义塾。曾任该校副教授。与板垣退助一起参与成立立志社。参与创办立宪改进党。1882年任庆应义塾教务主任。赴欧回国后进入实业界,曾任千代田生命、千代田火灾等保险公司经理、众议院议员和贵族院议员等职务。

第三室:国史

补习科空无人

七室:英文

八室:未见

九室:算学

十室:物理[列座层累而上,旁有理化机械室,所储器械颇不多,唯见一形星轨道之雏形,甚便讲授。又蒸汽机雏形]

十一室:英文

十二室:空

十三室:空

十四室:英文[闻晚课商业]

十五、十六:皆代数

十七、十八、十九:皆英文[十八室师系英人]

每室设二十四桌,每桌二人。

中学自修舍,每室三人,三人中推一人为室长(间有四人①者)。

中学寝室,每室六榻。

食堂可容三百余人,当每人座位之上悬番号小牌于椽。

小　学

第一学年:以杂色绒缠果实[如吾津所谓喜果],一美国女师以英语教之,而日本男师为之译解。

第二学年:日本师教寻常国语读本[有美国一童附学]

第三学年:日师按琴教唱歌

第四年:空室

高中一年生:日师教高等读本(室以书板为顶)

高等二年生:日本国史

小学内室运动场

---

① 四人:原作"四十"。通读上下文可知,"四十"显系"四人"之笔误。

小学寄宿舍:有保姆照顾

小学寝室

漱洗室

人　数

大学约五百人

商业科三百余人

中学八百余人

小学二百余人

小学毕入中学、中学毕入商学。其由小学径入商学者听。

中学寄宿舍约二百人

学　费

大学部:每年纳三十六元

中学[部]:每年纳三十元[以上两项俱分三季收]

中学寄舍料:每月八元五角

小学内宿者,每月纳十五元。外宿者纳两元。

中小学所收费敷用,大学部岁亏约二万元。

此外有书籍馆[书六千部]读书室　演说室　新闻杂志纵览室　应接所

别有类俱乐部者,为学生游戏之所。其中有理发处、有浴室[浴一次收钱二文]、卖食品处,俨若设市,亦别开生面之一事也。

操铳每周一次,但演式不射的。

三君殷殷解说,星五为之译。当游览及半时留午饭,饭毕复观,观毕复谈,三时半乃散。

答拜南洋监督海宁姚文甫①理问。

访小村辞行,闻其赴病院养病。

---

① 姚文甫:指姚煜(1868—?),字文敷。浙江海宁人。毕业于国子监。历任奉天盖平县知事、营口交通银行总办、两淮盐运使、上海海关监督等职务。系著名书法家。

塚谷来，眼镜商关谷佐吉来。

致瀛洲函。

九月初十日（10月11日）

到鸿池银行取存款。到浪速银行为崇儿寄款。到东京机械制造会社买三球①仪及助力器具模形。

午后冯立夫②、旷生、小山、大桥秋水、清水芳吉诸君来。旷生为余拟中学课程。

九月十一日（10月12日）

同清水君、智怡往上野观美术协会［人给十钱］。所列之品曰画幅、曰铜器、曰漆器、曰石器、曰瓷器以至金银七宝之类，大抵以雕镂见长，而价皆奇贵。一瓶注价千数百圆，一纸烟入③二三百元，可谓侈矣。然人巧之极，真有可惊可喜之处。

至浅草幻灯会社观画片许久。

至浅草桥，饭于牛鸟屋。午后同往教育博物馆。

第一陈列场：外有立牌，题曰：家庭、幼稚园、小学校用具及成绩品。

第二陈列场：立牌署曰：物理　数学　星学　地学　化学　动物　生理　植物教授用具

第三陈列场：署曰：实业教育用具及成绩品、图画、音乐、体操教授用具

以上细目另用记之。

---

① 球：原字作"毬"。
② 冯立夫：指冯亚雄，字立夫。江苏上海人。留学日本，入读东京音乐学校。曾在明治音乐会学习长笛、单簧管、圆号、长号等西洋乐器。1909—1912年，在曾志忞夫妇创办的上海贫儿院管弦乐队任指导并教授管乐。1912年后，与曾志忞等在北京举办中西音乐会，改良戏曲音乐，尝试以中西混合乐队伴奏京剧。此后长期执教于北京师范大学，编有管弦乐教科书，创作有《多音人》等歌曲。顺便一提，有些文中说，冯亚雄1905年赴日留学，不确，因为早在1902年阴历九月初十，严修已在东京初识冯立夫，说明他的赴日最迟不晚于1902年10月（阳历）。
③ 烟入：烟盒。

由第一场出,升阶即孔子庙。第一重为入德门,又进一门,额曰:杏坛,又进为大成殿,大成殿有图书阅览室。欲入观者,于阅第一场后,须换牌持入。余以图书不胜其阅,遂不入。

晚观试幻灯。

中西正树来。彼此往来凡七次,至是始得见。

日本政府将扩张海军千二百万吨,每吨千元,以十二年为期。是每年须增筹二千万元矣。五年前增加地租七百余万,至明年期满。政府以增海军故欲推展之,而民不悦。政友会与政府反对,今尚纷议中。中西君云,再过旬月,可以定议。若政友会之议胜则内阁恐有变动。

日本岁入禀八千万元。

九月十二日(10月13日)

访鸟尾小弥太子爵

写赠伊泽、星野、斋藤、木户字幅。泽势来访。

率智怡到弘文学院访秀丰,同访鸟尾子爵①,和田君先在焉,论作□三要及党派之有益于政界。谈毕赠书数本。

富士见轩午饭。

根津一处辞行未遇。

近卫公、吴先生二处亦未遇。

三桥店写字十余笺。

山根、平贺、石坂三处辞行,俱匆匆数语。归已曛暮。法学士鹤冈君,王荃士之友也,意欲游北清,因荃士来访。

冯鸿若茂才,粤东派学师范速成科者也。前曾屡晤未深谈,今晚特来见访。畅论教育之法及吾国现今情势,其持论详核而平实,异夫叫嚣

---

① 鸟尾子爵:当是鸟尾小弥太(1848—1905),长门(今山口县属)人。原姓中村。曾参加戊辰战争勤王。1870年出仕兵部省,翌年任陆军少将、兵学头。后历任军务局长、大阪镇台司令长官。升陆军中将后又任陆军大辅(陆军部副部长)、参谋局长。1881年以病退出军界。翌年任统计院长,叙子爵位。1885年奉命访欧,两年后归国,组织政党,标榜"保守中正",发行《保守新论》。后任贵族院议员、枢密顾问官。

而空骛者。余托其代觅讲义录寄津。

九月十三日（10月14日）

诗赠伊泽修二

为权谨堂书《东文法述略》封面。

访伊泽辞行，赠以诗幅："门前生意郁森森，不负东皇茂育心。最是人生真快事，手栽桃李尽成荫①。"伊泽之夫人通汉文，讽览久之。

旷生、润田②、润甫来谈。

夕至新桥送挚师，冒雨归。

新桥遇本田幸之助。言有诗赠余。又一人名池田谦三③。吴止欺、毛子龙、伯颜、铸生来谈。

九月十四日（10月15日）

辞别东京

访岩谷松平④，是日适休息，仅观机器大概，一人特为客试卷纸。巧速不可思议。一小时可成万枚[卷成兼印字记]。

午后偕泽势、伯颜、小山乘汽车往观品川织绒工场。工之初与造纸法近，工之终与织布法近。是日匆匆，未得详记。

至聚星馆[清水寓所]，写字十余纸。五时半同清水、智怡登汽车，六时五分行。送者，华友：秀丰、小山、仲和、止欺、立夫、爽夫、旷生、润甫、

---

① 荫：原字作"阴"。
② 润田：指曹汝霖（1877—1966），字润田。江苏上海人。留学日本，先后就读于东京专门学校和东京法学院。回国后授进士。曾任清政府外务部左侍郎、副大臣。1912年后曾任外交部次长、总长，交通总长、财政总长等职。"五四"运动时，被学生斥为卖国贼。后转入实业界，历任交通银行经理、中国实业银行总经理等职。抗战期间曾出任伪华北临时政府最高顾问，汪伪华北政务委员会咨询会议委员等职。
③ 池田谦三（1854—1923）：但马（今兵库县属）人。曾仕于东京府、内务省和大藏省，后辞官进入商业和银行界。参与创立东京贮藏银行，后又出任第百国立银行董事兼经理、东京票据交换所委员长、大日本贸易会长、满铁创立委员等职务。
④ 岩谷松平（1849—1920）：萨摩（今鹿儿岛县）人。曾创"天狗屋"，生产金天狗、银天狗等牌号香烟。后发起日本商人共进会，创立共同运输会社、帝国工业会社，并从事北海道的开垦事业。曾任商业会议所议员、众议院议员。

鸿若、荃士、励卿①、铸生、棣生、豫生及贵州八人。日友：山根、伊泽、和田、泽势、木户、阿波、村濑、大桥、大久保，及三桥店之司帐某君也。

车中人满，不得凭倚。以日间所买《东游丛录》读之至竟，夜过半，乃得睡数刻，悔不坐寝台车。

九月十五日（10月16日）

九时后至西京。寓三条桥西若屋，甚整洁〔一泊一元二角，中饭六角〕。午后，清水君导观妙心寺、金阁寺、大秦广隆寺诸胜，皆规模壮阔。竹树泉石、古书画之属颇多。但悉非余所注意，故不以为奇。归途经旧皇城，视东京差为壮丽。午前写明信〈片〉与门田，商天津之游。又明信片寄智崇。

访吴先生于梅屋〔即西村〕，方为日本人书诗幅。坐客甚多，不多谈，遂辞归。

九月十六日（10月17日）

京都印象：朴素浑坚

早阅肆至劝工场买织物数事，又至清水谷松韵堂买磁物数事。因至其工场一览，内有画工数人，方执笔描写，余从清水君言，书茶杯二十余题款，令付陶以备赠人。

门田君至，约晚车往大津。

吴先生来访，为余书一扇，同往阅书肆。

西京书肆古书较多，规模亦较东京闳敞。所见监本纂图《尚书》三册，索价百五十元，《唐文粹》三百元，《事文类聚》《客斋随笔》，价不确记，大约皆较北京场肆加昂。

又《苏书陶诗》〔汲古本〕，索五元，予之三元不谐。

---

① 励卿：指廉隅(1886—？)，字励卿。江苏无锡人。留学日本，先后就学于中央大学及京都帝国大学法科。曾任清宪政编查馆协修。1912年后，曾任大理院推事、代理大理院民事庭庭长、资政院政府特派员、浙江高等审判庭庭长、直隶高等审判庭庭长等职务，后在天津做执业律师。

西京可当"朴素浑坚"四字,似犹未失旧观,电气车则他处所无。

晚饭后,清水君归大阪。余父子同门田乘汽车赴大津。

十时至,宿竹清楼。

大塚、植木两君来访,皆门田友也。

九月十七日（10 月 18 日）

参观第九师团驻兵处

朝食后,同门田君往第九师团驻兵处,有人导观。观教室二,一学国文,一学数学,数学教习即植木中尉也。

宿舍、食堂、炊所、缝工、靴工作业之处,藏军装之室,皆遍及焉。门田君〈言〉,有他人不能到者,今特破格。

晤联队长谈片时。先至其第一中队长室,坐良久。登长等山眺望,山上有纪念玉坐处。盖天皇昔曾临幸之处也。日本人之尊其君大率如此。

西洋料理屋午饭,大塚之夫人来访。

饭后至琵琶湖之觜,乘小舟穿山洞三次回西京（是处即所谓疏水处,其工甚巨,予别有札记）。

停车场与门田作别,乘汽车,七时至梅田,赴川口七十番,假聚源成室内宿。

九月十八日（10 月 19 日）

各室周旋,并到六十六番与雁清同访梁竹香①。

午后率怡儿访清水、西岛、中川、田岛、山田、广濑诸君,兼致馈物,夕归。

雁清招饮古川俱乐部,孙实甫、梁竹香皆在焉。饮后两君来畅谈至三鼓。

---

① 梁竹香:即梁著芗。留学日本。据本日记载,梁尝与严修谈及直隶教育应如何发展,以及严修 1904 年游日归国前为其预留生活费等情来看,梁应是直隶省派出的官费留学生,其入读学校则可能是宏文学院师范科。梁回国后曾任北洋法政学堂监督。

实甫论币法,谓我国宜用。金为本位,而铸重一两之银圆,又铸当十之铜圆,各立定率。其论造币法甚详明,惜余不悉记。

九月十九日(10月20日)

寄崇儿信。

张星舫来久谈。

六十六番诸君同来小坐。清水君来,广濑君来。

同清水、智怡阅市买物,饭精肉。二时归。

西岛君赴三平社观制造纽扣、灯托、铳弹诸场。

纽扣之制,自剪铜以至装匣,凡历工作十四、五番。余所锤花纹者、制环钩者、粘环钩者、火炉烧炼者、嵌扣子纸板者、包裹缠束者,皆极敏速。间日可成扣三十七万枚,夜工亦如之。凡用男女工千人,开创在二十年前,资本三十万元。临去津田赠纽扣及未成之弹各数枚。弹制成者,每五枚值洋一角四分。津田招饮俱乐部,西岛陪。

津田言活板机器德国为良,最大者每具值万五千元,次者亦万元。

取缔役①之株②数不得少于六千。

写寄崇儿信,惺侄信。

怡儿宿清水家。

九月二十日(10月21日)

西天满小学教学法

晨赴九十六番室,皆虚无人。留刺于星舫之案上而归。

西岛来。同往观西天满小学校。梁竹香、孙实甫、陈瀛洲皆至,校长多罗尾君导观。

幼稚园凡二百人,初合班唱歌,继而分三班。其二班各退入其本室,其一班唱歌讫,复易彼班。唱歌时兼环步,终则捕鼠为戏。

其在本室者,见一班学木排为宫室、舟车、人物、花木诸形。

---

① 取缔役:董事。
② 株:股份。

小学校

一授国语者,师书"武器"二字[摘读本中字],问:"何解?"一生起对无误。又问:"器皆何种?"又一生对某某种。师又因而讲解之。

有教习字者,每人各抚一字模册,恰临至"邮便电信"一行[每行四字]。师书"邮"字于漆板,先书一"ノ",既而成"二",既而成"垂",成"垂",加一画则讲其用笔之法良久,又故作一不合法者,以为比较,已而又书两"阝"字,一转折处无力者,一有力者,而讲其优劣之故[闻每周止习四字耳]。

有教算者,先画一横线于漆板,而画分为数段,参互问难而指授之。

实甫招饭大阪俱乐部。

饭后同观造币局(非局中人绍介不得辄入,每人不得逾六人)。

造币局截金银由方块而渐变为叶,由叶而成为圆钱形,而后琢錾,此其序也。其详见吴先生丛录及崇儿去年游记。

观毕,复回西天满学校。索书者甚多,约两时间乃毕。留晚饭。

天满学校始建于明治四年,凡三塾,至十八年始合三塾为一。集资者凡十二町,岁共一万二千元,其经始费不过一万余元耳。设在今时,须加二、三倍。地名西天满老松町。男女学生八百人,幼稚园二百人,教师男女共二十五人。十二町户数二千二百余,丁口一万二千,入校者约千人,合高等计之入学者约百人得九十七人。

是日镋子兄弟约智怡写真。

九月二十一日（10月22日）

午,铃木君来。同铃木清往观西区区役所,凡分四课。

夕书屏对甚多。

晚,曹瀛〈洲〉招饭俱乐部。

九月二十二日（10月23日）

陈瀛洲陪观旁近之本田小学校。先观女师教制薄茶仪式,此乃日人敬客之礼,甚繁赘。又观教裁缝者,又周览各讲堂。

午,大书屏对。

晚宴客于俱乐部。饭毕,复作书,逾子初乃毕。

实甫久谈,至电灯熄后始去。

写寄崇儿信。

接惺侄信,内有李子香①托购书目,时太促矣。托石塚君代觅,如可购得,明晨送至车站。

九月二十三日（10月24日）

发大阪至广岛

发大阪。八时半抵梅田。送行者竹香、雁清、曹瀛洲、敬一、新桥、静泉、凤斋;日友西岛、多罗尾、清水荣次郎、清水之夫人、田岛之夫人,送至神户者陈瀛洲、周庆锺。清水君有事失期,智怡候之。周、陈二君送余及门田君先发,神户田中旅馆午饭。清水、智怡少顷亦到。

一时二十分神户汽车发,汽车给仕持弁当引换券遍问乘客,有欲用者则给一纸而计其人数。电致冈山备办如其数,届时凭券付给,每份②二十五钱,是为上等弁当。给仕极谦和殷恳。

乘客 老人,至应下车之地而忘之,车既开始惶急欲下,给仕飞跃至其前阻之,特为此老停车片刻。

晚饭于食堂,较东海道〈车〉食堂稍狭。

十时抵广岛,宿停车场前吉川旅馆。

写明信片致桥本贯山。闻其驻军处距此仅十七八町。

九月二十四日（10月25日）

游泉邸

电询桥本,尚未归也。食讫,游泉邸,一名缩景园,侯爵浅野长勋③之

---

① 李子香:指李士铭(1851—1927)。直隶天津人。慈善家李春城(人称"李善人")长子。光绪丙子举人。曾任天津宪政协议会会长、顺直谘议局议员等职务。在滦州矿务公司、启新洋灰公司、华新纺织公司等企业均有大量投资,任启新洋灰公司董事。李家曾出资设寄生所、御寒社等多种慈善机构。

② 份:原字作"分"。

③ 浅野长勋(1842—1937):幼名喜代槌、茂勋。广岛藩主浅野长训养子。幕末曾致力于王政复古。维新后历任会计事务总督、议定、元老院议官、驻意大利公使、宫内省华族局长官和贵族院议员等职务。

别墅也。兼有山水树石之胜,为日本第一名园,治园者咸往取则焉。

冒雨循城垣历数街而返,直赴停车场。十时十五分车开,遥见兵房及二叶山公园,十一时半至宫岛。

停车场之旅馆皆立人于门外,遥见客至则殷勤召唤。入宫本支店(店号岩惣),存荷物于该处,但提小皮包就汽船往游严岛。

由宫岛至严岛,汽船行八分时,往复日十二、三次。

严岛景色"悠然意远"

到严岛下船,该店员导行里许,至山麓旅馆中,即该店之本店也。依山取势,结屋凿池,茂林掩映,偶间红叶,山泉激石,小具瀑布之形,颇觉悠然意远。四人缘磴登眺,四无人迹。但闻山下弹丝作歌之声,弥觉意境旷邈。该店具午饭,饮酒甚乐。饭后寻原路归。山下列市售诸木器、灯器、瓠器及诸玩具,至一店买数事归,店亦宫本所设也。

蹑山径而上,过长廊,悬额甚多,有书有画有美术品。又过一巨厦,四周檐下挂椰瓢甚多,类吾国之挂扁还愿者,清水曰:"战后兵士之所为也。"三时十五分复登汽船,行八分至岩惣支店。小坐候汽车。

途次遇一宪兵,问木村乙松所在,曰:"赴朝鲜矣。"

四时十三分发宫岛,九时十分至下关,宿川卯支店。

检度员一见知余名,且知住址,乃知其为绳田助太郎,曾介藏斋①乞予书也。故又知藏斋去年五月归国。

九月二十五日(10月26日)

马关遗恨

晨游马关街,由山下街往,由海岸街归。过引接寺不入,春帆楼亦然。引接寺前立牌署:"清国请和大使李鸿章旅馆"。

莫过引接寺,

莫登春帆楼,

---

① 藏斋:指赵元礼(参阅七月初七日注12)。

> 恨来天地莫能载,
> 藐尔东海焉容收!

午前渡至门司,访蒲生敏郎于其家不遇。饭后登汽车,一时十分发。

过大金傍海岸行,海即玄海也。过小仓,亦一名区。过大藏,其南有制铁厂①傍海岸。清水君云,日本制铁厂止此一处。四时二分过博多,巨镇也,有纺纱厂。清水君言,元人曾袭此。又查票一次。过鸟栖、中原、神崎等处。一路遇来车多次。过佐贺用弁当。过早岐,名区也。四人皆睡甚酣。车内定员二十四人,若四人只有一人,安卧而睡,与寝台车无异。十一时后至长崎。

易人力车南行,许久至福岛旅店宿焉[长崎市外浦町四十九番]。

车场去船港太远,闻已有改近之议。

九月二十六日(10月27日)

晨,四人游市街。先至中国街理发,复循河干南行,经西洋廛市,未尽而还。山上一酒楼午饭。游劝商场。

复本田信并次其韵,未存稿。

寄松岛钲四郎②信附青柳介绍信。

寄庆锺、瀛洲信。

寄智崇信,是为第六次。

"西京丸"未到。

诹访神社赛会,士女云集。晚市上一览而归。

长崎风俗颇有与吾国相近者。

九月二十七日(10月28日)

"西京丸"发长崎

晨,四人游诹访神社,登高望远,景色却佳。

---

① 制铁厂:当指八幡制铁所。
② 松岛钲四郎:静冈人。士族出身。1888年毕业于东京帝国大学地质学科。此后任第一高等学校教授。系地质学家。曾与小藤文次郎、神保小虎合编《矿物字汇》。

二叶亭午饭。复游劝工场。

吾国人游日本者,如欲买物品,莫如往劝商或劝工场。一则百货悉备,不烦寻问。再则价皆注明,一望而知,取舍随意。三则凡劝工场皆深曲,外国人买物不致招路人聚观也。

三时半乘小船赴"西京丸"(行二、三里)。王渭占候于船面,又晤其同番许鹤泉。双松如、赵孟刚皆同船。

坐二等舱,每舱纵横四榻之外,复虚一榻为公用地。

食堂即在舱门外,但坐位有定,一成不易。

九月二十八日(10月29日)

夜屡醒,微觉摇荡,然不妨睡。

午后松如来谈。

访孟刚谈。

渭占及智怡皆卧不起。

"西京丸"载四千吨。

午后登最上层楼与松如闲步;松如居一等客位也。

九月二十九日(10月30日)

清水、门田同来中国

五时后舟停,九时至上海日本码头。偕孟刚、清水、门田、智怡往全安栈,遂宿焉。

午访廉浦,恰心容①亦在坐,询知三两日内无赴津之船。

谒小舫叔②,遇费勉卿、杨小坪叔。晚小舫叔招饮于一品香,同坐周

---

① 心容:指王心容。直隶天津人,在沪经商致富,后在创办南开小学上多有助力。
② 小舫叔:指严信厚(1838—1907),字筱舫。浙江慈溪人。严修族叔。早年在宁波、上海从商,受胡雪岩赏识,荐为李鸿章幕僚。李委之为候补道,加知府衔。1858年任长芦盐务帮办。并在天津自办同德盐号。后陆续创办和投资宁波通久源轧花厂、纱厂、面粉厂、上海中英药房、天津物华楼金店、景德镇江西瓷业公司等,并广设钱庄,经营汇兑。1902年经盛宣怀授意,成立上海商业会议公所,并任该所总理。1904年任上海商务总会总理。善书画,纂有《小长芦馆集帖》12卷。

金箴[晋镳]①、陈子琴[薰]②、家渔三[廷宾]③、杨小坪叔、费君勉卿。

东招两日友尚未回栈。

十月初一日（10月31日）

拜心容。

又拜聚源成甲号司事田润波。

涂筱斌[兆龙]以周金箴之托来请，往观华新纱厂及其旁近之造纸厂。

午后参观毕。

四人游张园、徐园、愚园，灯下归。

心容遣其店友余戚陈秀山来栈为余理杂事，日以为常。

十月初二日（11月1日）

开明书局晤王荃士之兄毓才。

廉浦招饮一品香。

孟刚约往观制造局枪厂、炮厂。

晚，杨小坪〈招〉宝丰楼饭。观剧。

十月初三日（11月2日）

早书联扇。

到裕祥买鞋。

心容招饮新泰和。

---

① 周金箴(1847—1923)：号晋镳。浙江慈溪人。先后投资宁波通久源纱厂、上海华新纺织新局、上海中法药房、中华银行、上海元丰面粉厂、轮船招商局等企业。曾任上海商务总会经理、中华全国商会联合会会长。1915年入政界，出任沪海道尹。
② 陈子琴：指陈薰，字子琴。浙江镇海人。早年袁世凯驻守朝鲜时，曾于袁麾下帮办商务。归国后，回上海从商，受严信厚之托，任源丰润票号分号经理，直至总号总经理。1908年参与创办四明银行，并任首任总经理。曾任上海商务总会会董。被认为是清末新式金融的重要人物之一。
③ 家渔三："家"字非姓，系"自家"之意。指严修族弟严渔册，有时也写作渔三。时为宁波通久源纱厂经理。

访夏薇卿于舟次。

游城内,循河干归。

田润波招饮新泰和。

开明书局买书。

十月初四日(11月3日)

晤汪凤藻、李叔同

独往南洋公学,晤汪芝房①。陆君导观上院[蒙学堂借上院暂设]及理科、化学诸器械室。

晤李叔彤②。

廉浦邀食鲥鱼。

再赴制造局,因毛实君③屡约也。

小舫叔招饮长乐意。

写屏联至深夜。

十月初五日(11月4日)

小舫叔来,适曹寿卿在坐,遂通拜。午偕敏斋同赴小舫叔公馆。晚宴一品香。

---

① 汪芝房:指汪凤藻(1851—1918),字云章,号芝房。江苏元和(今吴县属)人。光绪进士,点翰林院庶吉士,授编修。后历任驻俄使馆参赞、驻德使馆参赞、驻日公使、上海南洋公学总办、翰林院侍读、京师大学堂格致监督等职务。

② 李叔彤:指李叔同(1880—1942),幼名文涛,又名岸,字叔同,别号息霜、晚清老人。祖籍浙江平湖,生于天津。1905年赴日留学,入东京美术学校学油画,同时入音乐学校学钢琴。1910年回国,历任天津模范工业学堂图画教习,《太平洋报》《文美杂志》编辑、浙江两级师范学堂教授。1918年出家于杭州定慧寺,法名音演,号弘一。后在南普陀创办佛教养正院。精书法。著有《春游》等。

③ 毛实君:指毛庆蕃(1849—1927),字实君。江西南昌人。光绪进士。曾任永定河道、上海机器局总办和金陵机器局总办。后调任直隶布政使,创办天津官银号,对于南开中学的创办亦有助力。其后曾任江苏提学使、甘肃布政使、署理陕甘总督。甘肃任职期间以抢救和妥善处理敦煌遗献而为人赞誉。1907年以"玩误朝政"罪罢官。

十月初六日（11月5日）

与汪康年、熊希龄等聚会一品香

汪穰卿①、熊秉三②、曹敏斋、毛实君来访。实君招饮一品香。

午，心容、廉浦来。

子均③邀游马路。是日为两人赛马之末一日也。路遇杨小叔。

一品香饭，遇小舫叔，又合为一席。

李石曾④遇于一品香，来栈谈至二更。

晚由全安栈登"新济"船，闻其次日不开。从子均之教赴其公馆旁近之日本松崎洋行，一则可不携夜具，再则明日可就近同往澄衷学堂参观也。

十月初七日（11月6日）

参观澄衷中学

何蒙孙⑤导游澄衷学堂⑥。归则怡儿喉痛不能支，就诊于英医巴君，

---

① 汪穰卿：指汪康年(1860—1911)，字穰卿，别署毅伯，晚年号恢伯。浙江钱塘（今杭州）人。光绪进士。曾做张之洞家馆塾师及两湖书院史学斋分教。参与创办蒙学会和《蒙学报》。与黄遵宪共创《时务报》，任经理。又与曾广铨等在上海创设东文学社。又创《时务日报》，后改《中外日报》。后入京任学部谘议官。又创办《京报》和《刍言报》。有《汪穰卿遗著》等行世。

② 熊秉三：指熊希龄(1867—1937)，字秉三。湖南凤凰人。光绪进士。因与梁启超在湖南组织南学会，参与变法活动被革职。1902、1904年两次赴日。后历任考察宪政大臣端方随员（二等参赞官）、奉天盐运使等。1912年后，曾任中国公学校长、财政总长、国务总理等。1917年直隶水灾时，任京东河道督办，致力救灾。1922年成立中华教育改进社，任董事长。后又任红十字会中华总会会长，中国实业银行总董等职。

③ 子均：指严子均(1872—1931)，号义彬。浙江慈溪人。严信厚之子。为清末民初上海著名企业家。主要事业为源吉钱庄和德源钱庄。其业务遍及工商业领域，在国内各大城市均有业务机构。曾被清政府授予工商部员外郎官衔。曾任上海总商会会董。

④ 李石曾：指李煜瀛(1881—1973)，字石曾，笔名真民、石僧，晚号扩武。直隶高阳人。李鸿藻第三子。留学法国。参与创办《新世纪》周报，介绍无政府主义。又参与创办《民意报》、进德会、留法俭学会。1917年任北京大学教授。1920年创立中法大学，任董事长。后历任国民党中央监察委员、北大校长、北师大校长、北平研究院院长、总统府资政、国民党中央评议委员等职务。

⑤ 何梦孙：指何颂华(1858—1934)。浙江诸暨人。著名书法家。曾参与创办景紫书院（今之学勉中学前身）。后曾任诸暨劝学所所长及图书馆长。系严修此前在东京所见的留学生何燏时之父。

⑥ 澄衷学堂：成立于1901年，为上海富商老顺记五金行铺东叶澄衷所创办。首任校长刘树屏，总教习章梫。

谓不宜乘船,乃改行期。

刘葆良①太史导观各处。先斋房次讲堂,次膳厅,次教师预备室、藏书室、教师宿舍。规模严整,学生皆肃穆有秩序。

葆良赠章程、字模等多种。

总教习章一山[梫]②,新科孝廉。

九华楼与葆良、子均会食,葆良约也。

十月初八日（11月7日）

怡儿病未减。小舫叔、子均弟、心容、廉浦两君皆来看病。

午,余赴澄衷学堂,葆良昨约也。

遇高屿卿太守[英],宁波府知府,有能吏名。复同观讲堂。

葆良示余学生课作,上者作时务论、史论,中者拈数字作论,将所拈字随意安顿,又次者默字十六并将注解写出(注解即字课图说原文)。

巴医予丸药催大便并予药水。

十月初九日（11月8日）

怡病未减,巴医复予喷喉方。别拟散药方催大便,怡皆不愿甚信之。

葆良来,闻怡儿病未减,小坐即去,送来治喉症书二种。复延日本医来诊,言西人方固不误,但少解热之品,乃服其散药。又遣学徒来,用灌肠法催大便,又用吸蒸气法。越两时许见大便,稍觉轻快,食葡萄而甘。

杨小翁、陈秀山夕来夜去。

十月初十日（11月9日）

怡儿病未轻,食冰,仍服西医药兼吸蒸汽。午后痛剧,坐卧不安约两刻许。

小舫叔宴客呼余陪,辞不可,托小坪叔来守怡病。

---

① 刘葆良:指刘树屏(1857—1917),江苏常州人。光绪进士。授翰林院检讨。曾任安徽大学堂总办、南洋公学总理、澄衷学堂校长等职。由他主编的《澄衷蒙学堂字课图说》,和他所撰写的楹联广为今人称道。

② 章一山:指章梫(1861—1949),一名山耀,字立光,号一山。浙江宁海人。章文晋祖父。光绪进士。历任译学馆监督、京师大学堂经文两科提调、北京女子师范学校校长、澄衷学堂总教习、青岛大学教授、商务印书馆编辑等职务。

晚,怡病少减。

子均来,日或两次、三次。

十月十一日（11月10日）

怡儿下大便甚多,黑且稠,病始渐轻。

刘葆良来,订十三日清水君往学堂写真。

留秀山宿。

十月十二日（11月11日）

陪清水君赴市买物

怡儿因得秀山夜伴,一切适意。又因昨日饮豆汁,夜间汗出甚透,朝觉喉痛大减,可以起坐。

午后杨小翁来。

陪清水君赴市买物。

秀山再宿。

十月十三日（11月12日）

晤孙宝琦、张元济

怡病益退,余陪清水君赴澄衷学堂写真六纸。留早饭。

葆良以所撰文法书稿本及商务教科书目录见示。

访孙慕韩①星使小坐。

访穰卿并晤张菊生②、恽孟乐③、王寅伯④。

---

① 孙慕韩:指孙宝琦(1867—1931),字慕韩。浙江杭县(今余杭属)人。历任驻德、奥、法等国使馆随员,驻法、德公使,山东巡抚。1912年后,任北京政府外交总长、兼代国务总理、汉冶萍公司董事长、内阁总理、淞沪商埠督办、驻苏大使(未就)、中法大学董事长等职务。

② 张菊生:指张元济(1867—1959),浙江海盐人。光绪进士。因参与戊戌变法活动被革职。后历任南洋公学译书院院长、商务印书馆经理和董事会主席等职。1929年后先后主持编辑《四部丛刊》初编、续编、三编,出版《百衲二十四史》,及《东方杂志》《教育杂志》等刊物。1948年任中央研究院院士。1949年后曾任全国人民代表大会代表,商务印书馆总经理,上海博物馆馆长等职。

③ 恽孟乐:字毓嘉。江苏阳湖人。光绪进士。曾任地方官。辛亥后隐居上海,为"淞社成员",以书法名世。

④ 王寅伯(? —1911):曾任四川省成都(一说富川)知县,因参与川督赵尔丰对革命党人的残酷镇压,于辛亥革命期间被革命党人处决。

晚同杨小坪天乐窝听书,又至五层楼观幻灯戏。

十月十四日（11月13日）

早到同和公、裕祥,午到本家公馆。又同两日友访阿多不遇。余又到名利栈答拜王寅伯,因闻伊过津时访余不遇也。

答拜张菊生不遇。

十月十五日（11月14日）

到吉益医院。

写信寄陈瀛洲及其同番诸津友,又震友祥朱君（字雪塘）,又孙雁清,又孙实甫,又张星舫,又黎伯颜,又智崇。明日有邮便也。何蒙孙、杨小翁来,留便饭。午,曹润田来。

王寅伯招饮,辞之。

怡儿病既愈,而招商局船房舱不可得,闻之心躁。

十月十六日（11月15日）

同杨小翁访徐汉翁,九华楼便饭。饮食逾量,夜吐泻。

十月十七日（11月16日）

静卧一日。

是日定妥协和船官舱二间,心少安。

十月十八日（11月17日）

终日雨,未出门。

十月十九日（11月18日）

午辞行,先至本家公馆,遂久坐,三时归寓。检行李运至轮船。复到王、孟二君处辞行。小舫叔宝丰楼招饮。晚九时上船。子均弟、王、孟二君、陈秀山皆来船送行。

买办杨彭之［冠英］,香山人。

十月二十日（11月19日）

离沪回津

早同秀山、尤春元凡六人往醉白楼饭。

郑伯华来船,伊昨日自湖北来此,寓泰安栈。

为秀山写信催尹澄兄①画。

一时开船,七时睡。

六时过茶山,既曛暮无所观。

十月二十一日(11 月 20 日)

早登楼观涛。

午后大副来收票。赴烟台者收去,赴津者换票。

夕风渐大,船动荡不安。

十月二十二日(11 月 21 日)

九时后舟转成山角,风力太猛,船颠簸殊甚。邻舱架上物皆坠地,船遂停泊。

午风益大,船虽停仍摇荡。

十月二十三日(11 月 22 日)

七时船开,风浪甚巨,卧以忍之。一时一刻至烟台。

十月二十四日(11 月 23 日)

是日,礼拜日,船不卸货。

十月二十五日(11 月 24 日)

起货至夜方罢。

十月二十六日(11 月 25 日)

夜三时开船,八时船忽大摇,眩晕不可忍,卧以持之。下午三时少定,夜十时至大沽口外。

午后复来人收票。晚,茶夫索酒资。

十月二十七日(11 月 26 日)

未明有接客小轮船,余因人太多且不辨色,不肯随之行。已而又一

---

① 尹澄兄:指尹澄甫(1853—1921),名湟,字澄甫。直隶天津人。以书画名世。严修挚友,曾随严修赴贵州学政任上襄助其事。

艘,人言系海关出邮船,不能抵塘沽码头,亦未肯坐,而大船竟不得进口。至夕,始有剥船来,旋因雨作停工,心殊焦躁①。

十月二十八日(11月27日)

返家

八时雇渔舟一,九时半开,行二时抵塘沽码头[协和船已前至]。张伯翁、王兰第、约敏侄已候半日。饭毕,乘汽车归津。

---

① 此处原文作"燥"。

第二次东游日记

(光绪三十年甲辰,1904 年)

四月初七日（5月21日）

辞家

六时起。

陈立甫来言，因病已辞王少臣翼长之馆，行将南归。

沈绍乾来。

陈侯兰及张君仲良先后来。

陈秀山来。

客方去，闻"新裕"轮船明早四时开行，须今夕上船。

谢袁少保笺。

访周观察①不遇，晤陈一甫②，留教习姓名一笺，恳其转交。

拜赵大令③不遇。

午前归家。便道访子均不遇，晤陈君子琴。午后邓子辅④来。子均来。李和轩来，和轩为少卿观察公子，此次拟同游东瀛。伯翁⑤之及门诸君来送行。陈丽生来送行。蔚孙、墨卿⑥来送行。

五时半晚食，六时半辞家人赴招商局码头。

---

① 周观察：指周学熙(1865—1947)，字缉之、止庵，晚号松云居士、砚耕老人。安徽建德（今东至）人。历任山东大学堂总办、直隶省开平矿务局总办、长芦盐运使、直隶按察使、北京政府财政总长、临时参政院参政等职务。平生所办企业甚多，如启新洋灰公司、中国实业银行、华新纱厂、耀华玻璃公司等。

② 陈一甫：指陈惟壬。安徽石埭人。陈序宾之子；以父荫官直隶。曾任天津电报学堂总稽察。长期追随周学熙创办与经营北洋实业，在北洋劝业铁工厂、启新洋灰公司、滦州矿务公司等企业任职。曾赴日本考察实业。系知名藏书家。

③ 赵大令：指赵元礼。赵以劳绩得保知县，故有"大令"之称。

④ 邓子辅：当系直隶天津人。留学日本，入东京音乐学校习音乐。1906年曾任教于天津音乐讲习会，培养小学音乐教员。

⑤ 伯翁：指张伯苓。

⑥ 墨卿：指林墨青(1862—1933)，名兆翰，又字伯噩，晚年号更生。直隶天津人。以在天津创立新式小学闻名。1902年后，参与创立民一、第二小学堂，官立两等小学堂及官立女子小学等不下数十处。1904年受任直隶学务处参议、津郡学务总董等职。1908年曾赴日考察。1912年任社会教育办事处总董，兴办了宣讲所、游行演讲团、书报阅览所、半日小学、早晚班补习学校等社会教育机构。晚年与严修等组织崇化学会、城南诗社等学社。精训诂舆地，遗著有《函札珍存》等。

同舟者伯苓、鑑塘、秀山、余与智鍾①，凡五人，合之和轩为六人，合之冠五、季洪、幼云②、子辅、仲良，为十一人。上舱不能容十一人，和轩改居大餐房，子辅借帐房为卧室，秀山席地焉。

送行者：荃士、子文③、啸麟、丽生、莲溪、午晴④、益孙⑤、春江⑥、小山、质夫昆仲、孟和、云安、冠如、幼臣，其他诸人不悉记，皆伯苓先生弟子也。日人送行者：藤井、佐竹、川本夫妇、井上、江藤。智惺侄十时乃归去。

江藤作介绍名简三，一上海，一长崎，一门司，皆三井联号也。

藤井托寄信三函：文部省实业局长真野文二；神户二ノ宫町二丁目畠山一郎樣；京都同志社学校　大塚素。

收信：周观察托调查路事　毛观察⑦托约王稚虹⑧。

四月初八日（5月22日）

早四时开船，十时半至塘沽。潮已退，候至五时半复开，六点半出口，八时前搁⑨浅约一小时许，复畅行。

和轩来谈。

同船有学校司收发书籍委员陈春溪[衍昂]⑩，又"永立"号姜兑[环洲]，又聚源成周君月樵，新裕船买办徐润生[吴县人]。

---

① 智鍾：指严智鍾(1889—1974)，字季约。直隶天津人。严修四子。留学日本，毕业于东京帝国大学医学部。历任北京隔离病院院长、国立北京医学专门学校教授、北京传染病研究所所长、国民政府卫生部医政司司长、军政部陆军军医学校校长等职务。
② 幼云：指陈兆雯(1879—1909)，字幼云，以字行。直隶蠡县人。1903年赴日留学，入读宏文学院。在日期间加入同盟会。1906年归国，次年在保定创建育德中学并任校长。同时在该校和保定军官学校积极发展同盟会会员。以30岁英年早逝。
③ 子文：指孙凤藻(1884—1932)，字子文。直隶天津人。育才馆及北洋大学毕业。历任直隶工艺局主席事务员、北洋水产练习所所长等职。曾赴日考察教育、工艺及水产。后任直隶水产学校校长、大总统府顾问、山东教育厅厅长、直隶教育厅厅长等职务。
④ 午晴：指华午晴，字光霁。直隶天津人。后任南开大学会计科兼建筑科主任。
⑤ 益孙：指王益孙(1876—1930)，名锡瑛。直隶天津人。天津"八大家"中"益德王"家第三代，王益斋之孙。
⑥ 春江：指王春江。直隶天津人。王益孙之弟。
⑦ 毛观察：指毛庆蕃。
⑧ 王稚虹：名守善(1881—?)，字稚虹。江苏上海人。光绪进士。毕业于东京高等工业学校应用化学科。历任驻横滨总领事、驻首尔总领事、驻神户总领事等职务。
⑨ 搁：原字作"阁"。
⑩ 陈春溪：指陈衍昂。安徽定远人。时任直隶学校司收发书籍委员。后任山东安丘县知县。

四月初九日（5月23日）

早十一时过烟台,夕六时后过成山头,八时入黑水洋。终日睡,晚与春溪大令闲谈。

四月初十日（5月24日）

早十一时出黑水洋。

夜,船摇荡,朝来益甚,因余等所居适当船尾也。卧至夕乃起,晚食粥,风浪少平。与侯季鸿、陈幼云闲谈。十时睡。

四月十一日（5月25日）

抵上海

五时起,船已入黄浦,六时后抵金利源码头。将行李点交长发栈,乘舢板至外洋泾桥,寓长发栈一百十一号。内外两楹,客十人犹有余地。然外一楹闇不通光,且时有恶臭,因别无空室,将就用之。

午后到四马路开明书店访荃士之令尊柳生①先生不遇,晤锺君尧臣、江君紫祥,买书二册出。

命锺儿随秀山往虹口东洋公司邮船会社。余与柏兄至四马路西首胡家宅文明书局访董懋堂②、俞仲还③二君,投惠卿④所寄函,茶话片刻

---

① 柳生:指王维泰,字柳生。江苏上海人。王荃士之父,王培孙之叔父。1896年率先在上海建立新式学堂育才书塾(即后之南洋中学前身),系上海创办新式教育的先驱者之一。
② 董懋堂:南洋公学师范院毕业。曾任教于上海文明小学堂等校。编有《蒙学珠算教科书》等。曾应两广总督陶模之招,赴粤襄助兴学。1912年后,入学部任职。
③ 俞仲还:指俞复(1856—1943),字仲还。江苏无锡人。光绪举人。曾参与公车上书。1898年与吴稚晖等创办无锡三等公学堂,讲授数理化新知识。后发起建立无锡公花园,是为中国较早的城市公园。1902年在上海参与创建文明书局并任经理。又曾任江苏省谘议局议员。以加入同盟会,1912年后曾一度从政,出任无锡县民政署长等职务。后任职于中华书局,他被认为是明末清初著名出版家之一。
④ 惠卿:指廉泉(1868—1931),字惠卿,号南湖。江苏无锡人。光绪举人。曾参与公车上书。1896年任户部主事,翌年升任户部郎中。寓京期间曾结识革命党人。戊戌变法失败后,曾资助杨模、俞复等人在无锡创办新式学堂,并将私宅让与竞志女学做校舍。1904年冬辞官南下,在上海筑别墅小万柳堂。1902年主持集资创建文明书局,编印新式学堂教科书等。1914年赴日本神户,开设扇庄,与日本文化界广有交往。1917年回国,曾任故宫保管委员等职。此后长期隐居北平潭柘寺,多有忧时之作。晚年谢绝官职,生活清贫。精诗文,善书画,著述颇丰,有《南湖集》《潭柘集》《梦还集》等行世。

335

出。将访培孙①,乘车至小东门内问路于晋泰茶店,步至大东门内北城趾育才书塾,培孙适他出,乃回寓。少顷,智锺亦归,言土曜日②有船名"永生"者,开往长崎、神户、横滨。但如欲买二等票须勿过今日乃佳。余遂偕伯翁、秀山率智锺再往。一日人能操英语,柏翁与之谈。伊言有美国人欲定二等舱,须明日午前,商定乃出。

青莲阁食茶饼,坐一小时步归。

和轩馈上席。

晚九人同出[仲良先时他往],至宝善街买鞋,又步游四马路,九时半归。

四月十二日(5月26日)

王柳生叔侄设宴款待

先君忌日。

七时起。王柳翁、培孙、董懋堂先后来谈。柏兄、秀山、智锺复往会社,一、二等舱皆不可得,徒手归。乃议皆坐三等舱至长崎登陆。余复偕柏兄往,买票毕,两人至一品香饭。饭后至三井洋行访江藤所绍介之上仲③君,意极殷勤,约明晨来寓见访。

孟芹香之弟字棣如者来访。回寓小憩,乘车谒小舫叔,兼晤渔三弟。

访何蒙孙不遇。

到三第阁桥访心容,谈片刻,五时半回栈。

晚赴柳翁约。同坐陈寿卿广文[苏州人,为海如学友]、夏颂来④[贻

---

① 培孙:指王植善(1876—1953),字培孙。江苏上海人。王柳生之侄。早年就读南洋公学。后赴日考察教育。1903年在日本加入同盟会。归国后,在国内发售留日学生所编《译书汇编》杂志。1900年继王柳生之后接办育材书塾。1904年,将育材书塾更名南洋中学,自任校长和国文教员。

② 土曜日:礼拜六。

③ 上仲:指上仲尚明。青年实业家。1900年被三井洋行派往上海留学,以作为公司的后备人才。1907—1909年,至青岛工作,工余收集当地资料,写成《胶州湾详志》,1915年在东京出版,其书自序之末称,"青岛攻围军(指日军攻德军——武注)第一总攻当日作序",其用心可见。

④ 夏颂来:指夏清贻(1876—?),字颂来。江苏嘉定(今上海属)人。留学日本,早稻田大学政治经济科肄业。历任上海育材书塾学监、众议院秘书厅科长、北京政府国务院秘书、印铸局参事、东北边防军司令长官署秘书厅机要处主任等职务。

清,育才学监],龚子英[杰,育才教习。夏、龚俱上海人]、吴补笙[超,札幌农科毕业]、李和轩、张伯苓及余,凡客七人,又培孙与荃士之弟字绍良[名徵善]①者亦侍坐,主客凡十人。

记事:心容欲仿它省,倡立顺有公所,附义洋于其中,托余代为募捐。

四月十三日(5月27日)

王培孙导观育才书塾与务本女学堂

七时起,候上仲君不至。

蒙孙、渔珊来谈,小舫叔之意晚间召余至一品香便饭。

同和轩、伯苓二君往晤上仲君,为余等指示长崎赴东京之路,且许为介绍书致长崎外浦町上野屋。

同柏翁率锺儿参观文明小学校,校在楼上。学生分三班,男女并授。适有一斋教唱歌,最后一歌曰《何日醒》②。

三人至宝丰楼便饭,饭后乘车至石榴堡,又易车过大码头至大车门下车,至育才书塾。培孙导观各讲堂,两斋皆教英文,其一为历史之预备,黑板书"勾践何以能灭吴"云云。培孙又导至大南门内务本女学塾,见校长吴畹九③。培孙导观各讲堂。讲堂凡三,一为师范科,一为本科,一为预科。校长出女生成绩簿示客,师范科颇有优者。

出,过通前小学校,入观。即育才之豫科也。听唱歌,亦有《何日醒》一曲,而以《体操歌》为尤佳。出中道与培孙别。

到曹素功店买墨,李昇和店买笔,备东游时赠日友。

晤汤蛰仙、吴昌硕于聚丰园

筱舫叔来栈。俞仲还来栈。

---

① 王绍良:名徵善,字绍良。江苏上海人。王柳生之子,王荃士之弟。毕业于北洋大学。任教于南洋中学。
② 《何日醒》:清末著名爱国(或说忧国更确切)学堂乐歌。夏颂来作词,曲调采用日本"楠公之歌"(歌颂忠臣悲剧英雄楠木正成)《樱井诀别》的曲谱(奥山朝恭作曲)。曾在学堂和兵营中广为传唱。
③ 吴畹九(1873—1919):名馨,一名汝兰,号畹九。江苏上海人。毕业于南洋公学师范院。1902年创办务本女塾并任校长。1903年曾赴日本考察教育。1912年后历任上海县民政长、上海城壕事务所所长等职务。

聚丰园赴筱叔召,同坐汤蛰仙①、张素直、何蒙孙、吴昌硕②、张讓三③、周金箴、渔珊、余及智钟,凡主客十人,十时归寓。

观同寓诸公检点行李,因明晨上船须绝早也。

写明信片寄约敏侄,两点钟始就寝。

四月十四日(5月28日)

"永生"船发上海

五时起,六时后运行李至东洋公司码头永生船上三等舱。舱在船头,余与伯翁选择许久,择上层居七人,下层居三人。三人者,伯翁、和轩及余也。

来送行者:小舫叔、许久香同年[鼎霖]④。

遇王惕斋⑤,为引识华给仕名小春者。

上仲尚明君来船送行。

十时解缆。

自午至夜风浪平静。

四月十五日(5月29日)

微有风浪。晨食粥一盂。坚卧终日。晚,风少定。与张、李二公枕上谈。

---

① 汤蛰仙:指汤寿潜(1856—1917),名震,字蛰光、蛰仙。浙江山阴(今绍兴)人。光绪壬辰科进士。曾任知县,后辞官任张之洞幕僚。历任浙江全省铁路公司总理、豫备立宪公会副会长。1911年杭州新军起义,被推举为浙江都督。后与张謇组织统一党,任参事,并出任浙江铁路公司理事长。

② 吴昌硕(1844—1927):名俊,字香补,后改昌硕,号缶庐、苦铁。浙江吉安人。青年时代即钻研篆刻书法与训诂。一度出任县令,旋辞职,专事从事绘画与篆刻。创办西泠印社并任社长。绘画受八大山人、石涛、任柏年等人影响较大,取篆隶狂草笔意,气势磅礴。绘画以花木为主。著有《缶庐集》《缶庐印存》等。

③ 张讓三(1856—1924):名美翊,号讓三,骞叟。浙江鄞县人。早年曾作为薛福成随员,游历欧洲各国。后两度出任南洋公学提调和总理。曾任上海宁波旅沪同乡会会长。著有《东南海岛图经》(6卷)、《土耳其国志译略》《罗马尼亚国志》《大清钱谱》等。其子张迥伯系民国收藏家、钱币学家。

④ 许久香:指许鼎霖(1857—1915),字九香。祖籍江苏海州(今东海)。曾任驻秘鲁领事,安徽庐州、凤阳知县,浙江洋务局总办等职。后分别与张謇、严信厚等创办多种实业并出任经理。1910年后任北京资政院议员、总裁、江苏省议会议长、农商部会办等职务。

⑤ 王惕斋(1839—1911):名仁乾。浙江宁波人。1870年赴日,开办凌云阁商店,经营汉文书籍、文具和中药材。与日本文化界人士多有交往。曾陪同日本著名学者冈千仞来华游历。1910年回国,翌年去世。

四月十六日（5月30日）

船至长崎

早七时至长崎港外。候医验病，十时后验讫，乃入口下检。

候上野屋旅馆人不至，适上仲君所介绍之长屋平太郎①君来船，遂随之下船，乘舢板登岸。

税关验行李，见纸烟扣留。

到外浦町上野屋暂息，午食、夕食俱丰盛。

电告崇儿，言今夕乘汽车直赴东京。六时半出客寓赴停车场，长屋君与俱。七时四十一分开车。九州道之车无寝台、食堂，终夜不得睡。

四月十七日（5月31日）

四点半下车，七点十五分乘汽船渡海，八点半到下关。登山阳道汽车，同车有某亲王，长屋君避至二等舱。

早八时夕五时入食堂用饭。

八时抵系崎。买寝台票六笺。各占一榻，衾褥燠厚。睡甚酣。四时醒，已至姬路矣。

山阳道车给仕片山君极勤谨。

四月十八日（6月1日）

六时到神户，下车登东海道车。又发电致崇儿，言明早可到新桥。七时后开行，此车无食堂、寝台。

日食便②当三次。夜假寐。

四月十九日（6月2日）

寓贵临馆

晴。寒暑表七十度。

至品川时旷生偕崇、怡两儿来迎，遂登车同行，九时十五分到新桥。

---

① 长屋平太郎：北海道商家长屋平太郎商店主人。其后曾任北海道议会议员。曾编写《农具器械目录》。擅摄影，摄有明治至大正时代的北海道大量照片，现存北海道大学图书馆。

② 便：原文为"辨"。

同乡及旧识来迎者甚多,不能遍谈亦不能遍识也。仍往贵临馆寓焉,同乡及旧识随至贵临馆者二十余人。傍午次第别去,留者旷生、仲先、陆宾①、子蔚。旷(生)先为商定屋食之费,夜深乃同仲先去。

四月二十日(6月3日)

参观宏文外塾,再晤伊泽修二

午前同和宣往谒杨星垣②公使,兼晤马参赞③。十二时归。

午后同和、柏二君率怡、鍾两儿答拜同乡诸君。往宏文外塾见学监铃木龟寿君,导观讲堂、宿舍、食堂等处。

拜晤伊泽修二君,遇李君惠卿[宁河人]。

拜谢长屋平太郎君。

七时后归寓。

四月二十一日(6月4日)

四时起。志忞之夫人④来拜。五时赴新桥,六时开车赴横滨,迎"永生"船于港岸。蘭、邓、侯、陈、张五君皆至。高野屋小憩。永乐园早饭。薙头。阅市。到停车场随二时四十分车回东京。四时前到新桥。博品馆买物数种。乘电车到伊藤伊吉家,崇、怡之居停主人也。见主人并其母、若妻。暮归。

---

① 陆宾:指杨育平。字陆宾,直隶丰润人。留学日本,入大阪高等工业学校习应用化学。回国后历任直隶工业化验所所长、直隶公立工业专门学校校长、察哈尔省教育厅厅长等职务。
② 杨星垣:名枢,字星垣。汉军正黄旗人。历任广东候补道、驻日公使、外务部右参议、左参议、驻比利时公使等职务。
③ 马参赞:指马拱辰。
④ 志忞之夫人:志忞指曾志忞,夫人指曹汝锦。曾志忞(1879—1929),号泽民。江苏上海人。曾铸(曾任上海总商会会长)之子。1901年与夫人曹汝锦(1877—?,曹汝霖之妹)同赴日本留学,入早稻田大学学习法律,但其志趣却在音乐。曹汝锦则入实践女学校学习音乐,尤擅小提琴。留日期间在音乐讲习会基础上,重组亚雅音乐会。1907年回国参与创办夏季音乐讲习所,教授西方音乐理论和器乐演奏。1909年夫妇二人在其所创上海贫儿院内组织管弦乐队,演奏西方古典音乐。曾志忞有《乐理大意》《唱歌及教授》《教育唱歌集》等行世,并创作出《练兵》《游春》等歌曲。其对中国音乐教育的贡献近年受到学界的重视和很高的评价。

晚,皙子①、著芗、润甫、子蔚、文澜②诸君来谈。仲先宿。

四月二十二日（6月5日）

六时半起。

鹭宾、伯渊③来。

答拜同乡及旧识诸君,晤者卓冬、定之、[程]棣初、鹤山、冠五、幼云、季鸿、子辅、和甫④、仲良、仲甫⑤[叔良之兄]、宾四⑥、作舟、棣生、著芗、季常、石门、海秋⑦、星之[张渤]、[孙]小泉、乐书、畅九⑧、稚虹、荃生⑨、恭甫、仲先夫妇、曾夫人及石出之妻様。

---

① 皙子:指杨度(1874—1931),字皙子,别署虎公,号虎头陀、虎禅师。湖南湘潭人。留学日本,入读东京师范学校。1905年任留日中国学生总会馆干事长。后曾任学部副大臣、国史馆副馆长、参政院宪法起草委员会委员等职。1915年与严复等组织筹安会,劝进袁世凯称帝,为"洪宪六君子"之首。晚年倾向革命,加入中国共产党。

② 文澜:指张文澜(1877—1965),字云阁。直隶滦县人。1903年赴日,入读宏文学院速成师范班,1909年毕业于明治大学。历任滦州第三师范学堂校长、众议院议员、直隶法政专门学校校长。1949年后,任唐山市政协委员等职。

③ 伯渊:指朱深(1879—1943),字伯渊,一作博渊。直隶霸州人。1904年赴日留学,毕业于东京帝国大学法学部。1912年后历任大理院检察长、司法总长、京师警察总监兼市政督办。一度退出政界,任北京电灯公司协理。1937年后,历任伪华北政务委员会常务委员兼政务厅厅长、华北政务委员会委员长等伪职。

④ 和甫:指邓敏怡。直隶大城人。吴汝纶弟子。留学日本。历任北洋法政学堂教习、众议院议员等职务。工书画。

⑤ 仲甫:指陈乾生,即陈独秀。

⑥ 宾四:指李穆(1874—?),字滨士。湖南长沙人。留学日本,先入读宏文学院,后转入早稻田大学政治经济科。历任长芦盐运使、两浙盐运使、东三省盐运使等职。对于久大精盐公司和永利碱厂的创办多有助益。

⑦ 海秋:指何基鸿(1887—?),字海秋。直隶藁城人。留学日本,入读第一高等师范学校,后毕业于东京帝国大学法学部,更留学德国。历任北洋政府大理院书记官、推事、国立北京大学教务长、清华大学政治学系主任讲师、河北省民政厅厅长等职务。

⑧ 畅九:指熊垓(1882—?),字畅九。江西高安人。1899年官费留日,入读东京法学院。归国后,曾任宪政编查馆编制局副科长。1912年后,任职于北京政府外交部。1924年5月,曾以外交部秘书身份与日本驻华公使馆参赞太田为吉就日本关东大地震伤害华侨案与长沙案进行谈判。行世著述有《劝江西乡人留学日本启 附留学便览》,译著有末广铁肠政治小说《雪中梅》。

⑨ 荃生:指周培炳(1884—?),字荃生,一写荃荪。江苏松江(今上海市属)人。留学日本,毕业于东京高等工业学校。历任奉天航空工业学校校长、东北航空司令、京绥铁路局局长、正太铁路局局长等职。"九一八"后参与伪满活动,曾任伪满洮南铁路局局长、满洲航空株式会社监事等伪职。

未遇者仲苏、鹭宾、晳子、伯芝①、紫洲②、振武学校诸君。

四月二十三日（6月6日）

伊泽修二欲合办编译印刷

五时半起。补日记。

吴止歧来访，致伊泽之意，泰东同文局欲协力办编译、印刷两事，余答以学校司原有编译处、排印局，余到保定日极浅，未暇考，姑俟异日察度情形再议，止歧乃去。

偕柏翁率崇儿冒雨访嘉纳君，十时至十一时嘉纳君乃至，谈约一小时。

到宏文外塾借地用饭。午后听三泽讲化学，赞廷译之。三时归寓。

伯芝来约，来日曜日清风亭例会。鹤山、鹭宾来。睡甚早。

四月二十四日（6月7日）

嘉纳讲说小学校建设要旨

听嘉纳君讲说。

雨止仍阴。

率崇儿补拜中日友人。先到日本桥区正金银行取汇款。银行之例，早九时开门，夕四时闭门。余等至时甫八时四十分，立候二十分乃入。入门左行有磬折形之长案，案上有阁如窗棂，装以玻片，隔两三尺则提起一格。司事立案之内，问答授受皆于此阁焉。是由崇至一格之外，棂上题字曰"外国送金係"，先以汇票支入，司事验讫，令崇署姓名、住址加小印，授以番号之铜牌，乃坐凳之上候之。见司事捡册核兑，又一人来以图印连盖数次，乃送至左方之出纳课。彼处司事捡纸币讫，呼某号进至缺

---

① 伯芝：指李士伟（1883—1927），字伯芝。直隶永年人。毕业于早稻田大学政治经济科。历任北洋师范学堂监督、直隶自治总局总理、参政院参政、中国银行总裁、中日实业公司总裁、中国实业银行董事兼协理、中比合营耀华玻璃公司总董等职务。

② 紫洲：指李景濂（1869—1939），字紫洲，又字右周。直隶邯郸人。吴汝纶弟子。后留学日本，1904年归国，赐进士出身。曾任学部主事、北京法政专门学堂、直隶高等学堂等校教员。1912年后曾任北京大学予科及中国哲学门教授、清史馆协修和第一届国会众议院议员等职务。

口,授之乃出。

拜刘叙五[子明]①不遇。

到公使馆访马拱辰不遇,将师范生川资千六百元交张元博君[允褒]②方出门,则马公正归,又立谈数语而别。

拜止欺、润田、和田,俱不遇。晤白须勤君、平贺如恒君、山根正次君。路遇润田。

九段坂上明治轩早饭。二时至大塚町宏文外塾,约柘、芸③二公同至高等师范学校,听嘉纳君讲说建设小学校之大意,柘、芸二公笔记之。自二时半起,近五时乃止。

嘉纳君约二十六日陪杨公使参观本校,并往宏文学院午饭。余言,先与手岛君有成约,嘉纳君特电手岛君商改日期,复电云改于明日下午一时半。别嘉纳君出,遂归。

过会馆坐片刻,得见《大公报》,知唐叔襄中式。回寓晚饭。熊畅九、陈乐书来访。

饭后复至会馆听铃木④君授音乐,志忞及智崇为译人。十时归。

夕失候杨公使、马参赞、祝砚溪。

收信　筱叔为杨公请恤事　张云搏⑤谋官费出洋游学　智惺十五日信　儿妇、侄妇、侄女等信　王表侄女信。

---

① 刘叙五:字子明。贵州清镇人。1898年曾参与发起贵州不缠足会。留学日本。其后事迹不详。
② 张元博:名允褒。直隶遵化人。清末重臣张人骏之子。时任驻日使馆随员,兼任两广留学生监督。工书法。
③ 柘、芸二公:柘,指陈哲甫(见壬寅东游日记七月七日注)。芸,指刘芸生,名宝和,一名潜(1874—?)。直隶天津人。1903年与其兄刘宝慈及陈哲甫等同赴日本留学,毕业于宏文学院速成师范班。曾任黑龙江教育厅厅长、江苏督军公署秘书、南开大学校董。抗战期间曾任伪职于冀东防共自治政府。
④ 铃木:指铃木米次郎(1868—1940)。1888年毕业于音乐取调挂(东京音乐学校前身)。先后执教于第一高等中学、东京音乐学校、东京高等师范附属音乐学校。1904年受聘为直隶师范学堂教习。1907年创立东洋音乐学校(现东京音乐大学前身)。1918年任日本音乐协会监事。著有《乐典大意》等。
⑤ 张云搏:指张一鹏(1873—?),字云搏。江苏吴县人。留学日本,曾就读于法政大学速成科。历任法部主事、京师地方检察厅检察长、云南高等检察厅检察长、北京政府平政院评事兼第三厅厅长、司法部次长、代理总长、汪伪司法行政部部长等职务。

四月二十五日（6月8日）　阴

棚桥源太郎论手工课

参观高等师范附属小学校、高等工业学校。

八时，偕伯翁率智怡到御茶水桥高等师范学校附属小学校。是日为宏文外塾直隶师范生及通学生参观之期，余先期请求嘉纳校长、铃木舍监随同参观，悉承见许。余到未久，铃木率诸生亦至。先随甲班至手工室，教授棚桥源太郎①君演说小学校必设手工科之用意，而曹希仲〔腾芳〕②译之。略言，一国财政之兴耗专视工业之盛衰，天产虽富而不讲工艺，专恃原料为输出之品，他国取而制造之，复以制造之品输入本国，则所伤实多矣。日本国民教育固发达矣，所谓"大和魂""武士道"者亦讲求不遗余力矣，日露之战其明效也。惟工业未至于极盛，故战事不免于困难，故近日论者尤注意于工业。当幼小之时，即练习其心思手眼，使有能为良工之资地。先年小学校中手工为随意科，近则改为必修科，外府县来京学手工教法者络绎不绝云。讲毕又出学生所制木、竹、泥、纸、石膏等品示客。

第二时〔九时至十时〕入一教室，观教画图。以荻各一茎授诸生〔皆十二岁，约三十余人〕，师于黑板先画其茎，又画其叶，诸生依次效为之。最后师以朱傅其上，先茎后叶，令诸生著色〔旁立著色标本一张。诸生画时，师历各生案前周视，为之改正及匀和颜料〕。著色讫，一一送至讲台上。

第三时观教寻常第一年生手工。师先取泥一块问诸生："此何物？"诸生争对之。嗣授每生木板各一，嗣以瓮一，中贮手巾，每生授一巾，令生板上□□。次授泥各一块，师先自搏一圆形，又搏镜饼形，诸生依次效

---

① 棚桥源太郎(1869—1961)：岐阜人。毕业于东京高等师范学校。曾任兵库师范学校、岐阜师范学校教谕、东京高等师范学校附属小学校训导、弘文学院教授、东京高等师学院教授，对于小学理科教育卓有研究。后出任东京博物馆馆长。著有《寻常小学校之实业教授法》等。
② 曹希仲：指曹腾芳。四川巴县人。留学日本，毕业于早稻田大学政治经济科。回国后，授法政科举人。曾任山东省审判厅厅长等职务。

为之。

第四时观教体操,又观教唱歌,唱歌声调绝佳。

十二时返寓[手岛君电话至]。

饭后同赴高等工业学校,先见手岛校长,又校长代理坂田君谈论工业学校之配设。谓工业非高等不济事,职工徒弟诸学校虽善,然非附于高等工学之内,则其益不著云云。

坂田君导观各室[电气化学科　机械科　染科　图按科]。

智怡云此学校凡九科,阅至四时才阅□①科,乃辞出。遇稚虹,亦导引参观。五时归。

柘公、筑公②来。胡③、徐④、刘、陈⑤四公来,谈至九时去。

收信　澄甫致声甫及余函,周铭久⑥致智怡函。

来客　夏爽夫、钱念慈⑦、何仲书⑧、胡、徐、两刘公、两陈公。

---

① □:此处原无字。
② 筑公:指刘宝慈(1873—1941),字扫云,号筑生、竺笙、竺僧。直隶天津人。1903年赴日,入读宏文学院速成师范班。1904年回国后曾任教于直隶师范学堂。1905年回津,任天津模范两等小学堂堂长达三十六年。
③ 胡:指胡家祺(1870—?),字玉孙。直隶天津人。1903年赴日,入读宏文学院速成师范班。1904年回国,先后任天津府中学堂监督、直隶初级师范学堂监督、天津议事会副会长、顺直谘议局议员、直隶教育厅厅长、江苏教育厅厅长等职务。
④ 徐:指徐蔚,字毓生。直隶天津人。清贡生。天津民立第一小学堂创校教员之一。1903年赴日,入读宏文学院速成师范班。回国后受聘为袁世凯家馆塾师。
⑤ 陈:指陈宝泉(1874—1937),字筱庄。直隶天津人。1903年赴日,入读宏文学院速成师范班。1905年随严修入学部供职,曾任实业司司长。1912年后,任北京高等师范学校校长(后改称北京师范大学)、教育部普通司司长、天津市通俗教育会会长、河北省政府委员兼教育厅厅长等职。与胡适、陶行知合著《中国近代学制变迁史》。系天津著名藏书家。
⑥ 周铭久:指周恭寿(1876—1952),号铭久。贵州麻江人。留学日本,曾就读于宏文学院师范科。历任贵阳官立两等小学堂堂长、贵州谘议局副议长、四川川西道道尹、广州大本营谘议、贵州省政府委员兼教育厅厅长、制宪国民大会代表等职务。
⑦ 钱念慈:指钱承鋕(1882—?),字念慈。浙江仁和(今杭州)人。1898年以官费留日,毕业于东京帝国大学法科。归国后赐进士出身,并任职于商部。后曾任造币厂副监督、度支部员外郎、宪政编查馆统计局副局长等职。1912年后,曾任大理院推事等职务。有译著《外交通义》行世。
⑧ 何仲书:指何培琛,字仲书。1903年官费留学日本,入读第一高等学校。

四月二十六日［即阳历六月初九日］①晴

与杨公使同访高等师范与宏文外塾

高等师范　　宏文学院

六时半起，九时偕伯苓君赴大塚町高等师范学校，与嘉纳君谈片刻。杨公使九时四十五分至，马参赞、汪希澄参赞［度］、卢子铭②参赞兼翻译［永铭］、彦明允③随员兼浙江学生监督［惪］及公使之世兄雨三［殿霖］俱至。嘉纳君导观动、植、矿、理化、图画各讲堂、教室［理化室之椅层累而上，初疑占地太广，实则不然。其容百人之室不过两丈耳］。

附属单级学校约学生六十余人，分为三班，一班习字［习字时师执朱笔周览，或改正或加圈］，一班习乘法，一班习减法。

讲堂长椅之背有活板可起落，备听讲时抄录之用。其板甚狭，若作自修之用则恐不足也，于讲习所甚宜。

新发明化学原质一种 radium④，暗室中窥镜见如水波纹，又如散金星。

［动物室中置一机器，以肉和蜡机旋之，成极薄之片，便于考验也。］

十二时，嘉纳陪众客至宏文外塾［牛込区西五轩三十四番］。晤警视厅某君、教授兼学监岩波静弥⑤君、教头三泽君。一时前入坐，主客凡十二人，西洋餐。

午后观各讲堂授课。湖北班讲地文，教师某，译者韩君永康。湖南班讲

---

① "即阳历六月初九日"：此八字为原文所有。
② 卢子铭：指卢永铭，字子铭。清政府日文翻译官。1895年以分省补用知县，随同全权大臣李鸿章参加中日马关条约谈判。后又随同割让台湾全权代表李经方，与日方代表台湾首任总督兼军区司令官桦山资纪在台湾近海谈判签约交割台湾。时任驻日公使馆参赞兼翻译。译著有《陆军教育摘要》（二册）、《野外要务令》（上下编，四册），二书皆由南洋公学译书院出版。工书法。
③ 彦明允：指彦德，字明允。满洲正黄旗人。曾任清政府学部总务司郎中、京师学务局长等职。时任驻日公使馆随员兼浙江留学生监督。
④ radium：镭。
⑤ 岩波静弥：明治时代柔道名人。讲道馆主要负责人之一。曾任学习院柔道教师，时任宏文外塾教授兼学监。

博物,教师铃木龟寿,译者任君。又,山东班讲算学,教员、译员未详姓名。

三时辞出。同伯翁到会馆小憩并看《大公报》《太阳》《大陆》等报。

六时后归,伯颜偕。

钱念慈来,在蒋君室中,余就与谈。

程豹孙(与午坡同族)来谈农政,甚详。余观其著为《简说呈商部》。

芷桧来小坐便去。

四月二十七日（6月10日）　阴晴半　热

清华学校的人事与课程

宏文外塾　小石川幼稚园　清华学校

同乡讲习所

六时起,七时半到宏文外塾。本欲听讲心理学,至则大久保君因病不至,译员廉励卿。小坐即去。

柘、芹①二公导观小石川山田千代所主之幼稚园。学生三十余人,先合教唱歌,次分两班,两师分教谈话。看至九时半复返外塾,观今村君教体操,虽未十分整肃,诸君颇不懈弛。

与玉孙谈。

阅四月十五日《大公报》,喜熊继先、姚华、唐桂馨皆中式。

在外塾饭,随学生一律,华制菜一盂,甚好。

午后晤波多野②君,听讲教育学一小时,译员任筱山③[传榜,吴江人,正则预备],讲训练之目的、训练与身体练习之关系、训练与教授之关

---

① 芹:指李金藻(1871—1948),字琴湘,又署芹香,别号择庐。直隶天津人。留学日本,就学于宏文学院速成师范班。归国后,历任天津大营门中学校长、江西教育厅厅长、河北省第一图书馆馆长、天津市教育局长、河北省政府委员兼教育厅长等职务。著有《择庐诗稿》《天津乡贤赞》等。

② 波多野:当指波多野贞之助(1864—1923),教育学家。以引进德国学者赫尔巴特和拉因的五段教授法而闻名。时任宏文学院教授。

③ 任筱山:指任传榜(1878—1953),又名筱珊。江苏吴江人。留学日本。1906年又留美,入伊利诺斯大学学习铁路管理。1911年回国后曾任关外革命军大都督蓝天蔚的外交顾问,北京政府京绥铁路局局长,沪宁、沪杭甬铁路管理局局长,交通部参事及国民政府铁道部财务司司长等职务。

系。本欲连听两时间，因不尽解，仅听一小时。

　　与智崇到清华学校一看，是日系智崇讲几何之期也。清华分四学期，一年卒业。舍监为范补程①[绍洛，无锡，第一高等学校]，学务为陈乐书[棍，义乌，工科大学]，庶务为王稚虹[守善，上海，高等工业]，会计为何锡侯[燿时，诸暨，工科大学]。课程则日文（西）、日语（关、熊）、英文（范、稽）、数学（何、王）、代数（何）、几何（严）、物理、化学、三角、体操，凡十类。前一学期无代数，前两学期无理化，前三学期无三角，后两学期去数学，第四学期去几何。

　　与范君略谈，晤稽涤生②[镜，无锡，早稻田]君。

　　到丰乐园，治馔甚迟，未及半饱，因崇儿讲习所六时有讲课，匆匆遂去。

　　观智崇讲诸等法，听讲者李紫洲[景濂]、程迪楚、孙小泉、李譲溪、耿子和、李伟章[邦灿]③。八时归。和田君已久候，谈约一小时别去。

　　来客　吉田清扬，言在天津识余，寓京桥区筑地明石町四十二番地、野间平造方。电话：新桥三三二三。

四月二十八日（6月11日）

一桥附属小学看习字和游戏

　　附属小学校第二部

　　六时起，写致约敏信。同伯公、崇儿、锺儿赴一桥附属小学校。棚桥君导引并陪话。第一时谈教科书事并以各年级选用单字表见示，一字常有数音，是三千不啻累万矣。寻常四年止单字五百，高等四年一千五百，

---

① 范补程：指范绍洛(1884—?)，字补程。江苏无锡人。曾入读南洋公学。1901年自费赴日留学，就读于第一高等学校。1905年改为官费，入爱知县立医学专门学校习医。1914年归国，任江苏省立医学专门学校校长多年。曾在苏州行医，长于内科小儿科。1907年他与女留学生林惠在东京举行新式婚礼，被认为是中国新型婚姻的标志性事件。

② 稽涤生：指稽镜(1877—?)，字涤生。江苏无锡人。留学日本，毕业于早稻田大学政治经济科。历任外务部金事、驻新义州领事、驻神户兼大阪领事、外交部政务司司长等职务。

③ 李伟章(1879—1962)；字邦灿。直隶冀县人。1901年赴日，毕业于京都高等工业学校织染科。历任工部主事、保定高等师范学堂监督、天津生生线毯工厂经理等职务。

中学止三千字耳。第二时观寻常二年授国语，师先呼一人书片假〈名〉四字于黑板讫，师将其下三字改书平假名而空其首字，旋以粉笔［红粉笔］且书且解，众生皆注视之，乃"む"字也。又连书数次，众生乃各于纸上仿为之。师下讲台［讲台长而仄］周视，改正其结构之太差者。既毕，复令诸生连一下于"む"字之下，于是争举以对，或两字或三四字，师择其一、二书诸板。授"む"字，又授"え"字，教法大略同前。又闻诸生曰更欲习某字，多举"ゑ"字者，师又授"ゑ"，其结体不合者，师辄于板效其体，众生辄笑。有佳者，师则持以遍视他生。他生有跃跃欲试冀师之选及者悉至，振铃时皆散出。欢呼不禁。离席者少。女生列前，男生列后，休息时先整行列对师一鞠躬，然后开散。驰骋欢呼，各听其便。

第三时观游戏、体操，分学生两队［人数维均］，每队出一人以圈罩身，跳出复前行，又套一圈讫。绕旗而还本队［植两旗为界］，次一人复然。先毕者胜。

又一班列两队为两行，又立两人于前若队长。队中第一人举大圆球①掷送第二人，以次递掷，最后一人返交队长，先者胜。

又法，列队两阵，各伸其肘，以手相携。第一人穿一、二人肘下而入，复穿第二、三人肘下而出，又从三、四间入，双从四、五间出，以下仿此曲折往复如穿梭然，先者胜。棚桥云，此类游戏之式甚多。又云，此等游戏非但注重体育而已，实兼德智两育也。日本国语课，一、二年生每周十时间，三、四年生每周十三时间。棚桥云，西洋止七、八时间。又云，日本习字课每周四时，西洋止一时，盖文字之繁简难易不同也。故西洋得以其暇致力于理化诸科。

第四时又谈至十二时辞出。

料理屋食鸡食牛，饭后还寓。伯颜以画报数册见借。起信草拟寄毛实君。鉴塘拟附政法速成科内学日语，是日改学生装。何仲书来谈。晚，曹润田、邢赞廷来。崇、怡皆宿此。

————————
① 球：原字作"毬"。

四月二十九日（6月12日） 阴雨

小学校父兄恳话会

高等师范附属小学校第二部，父兄恳话会

六时起，怡儿为余梳发。

赴同乡会于清风亭。邢君演说讫，余略谈数语，伯苓君谈数语，至七时四十五分告辞。赴一桥附属小学校，观父兄恳话会。自八时至九时半各教室授课[每课占时甚少，取其周遍]，学生之父兄旁观之。九时半以后，集父兄于讲堂演说。十一时后各教员入教室，该室学生之父兄与教师谈话。余等九时一刻至时，授课将毕，但周览一过，有读书者，有教手工者，有演算者，有唱歌者，有游戏者。已，乃入教员室略坐，晤本校主事小泉又一①君，嘉纳君亦至。

入讲堂听小泉君演说。堂中分男女列坐，男子席在左，妇人席在右，约各数百人。小泉君执册于手，分条演说，精详令人叹服。崇儿以札记之[另记]。十一时后散，又过各教室门外一观，有席地者[席地者止一室]，有坐于椅者，有父兄与父兄接谈者，有一两人恃与教员谈话者，有翻阅学生成绩者。嘉纳君言，此校学生之父兄大都有学问，否则有资本，其智识皆已开通，此会不过讨论约束子弟之法耳。若町村间学校，父兄椎鲁者多，恳话会时不特论教导子弟之法，乃并其父兄而教之也。伯苓云，彼乃适合于吾国情事也。

十二时辞出，今用亭饭，乘车冒雨归。

于子极②、蹇季常、何仲书、佘仲先、杨陆宾先后来，晚聚谈甚畅。

---

① 小泉又一(1865—1916)：兵库人。1887年毕业于东京高等师范学校。历任冲绳县寻常师范学校教谕、福冈县寻常师范学校校长、和歌山县第一寻常中学校校长、东京高等师范学校教授兼附属小学校主事、宏文学院教授、文部省视学官及督学官等职务。有《欧美教育的实际》《实际的小学教授法》等著作行世。

② 于子极：指于本枢(1875—1930)，字子极。贵州贵阳人。1903年自费留日，入读宏文学院师范科。在日期间曾翻译三泽力太郎所著《化学问题例解》。据贵州学者研究，于回国后曾任教于贵州模范中学，并开办通志书局。按，本日记记载，于在日学习铁道，而《留日学生同学录》则明确登录其在弘文学院学习师范，征其归国后从事教育而非铁道的事实，可知日记记载有误。另，日记对贵州诸子皆记其名和字，独对于只记字而未记名，可见日记主人对于不甚熟悉，故错记其所学专业也是可能的。

四月三十日（6月13日）　雨　东京

幼儿之教"真可法也"

富士见幼稚园　政法速成科附设日语班

六时起。同和轩、伯苓、鉴塘、崇、鍾两儿赴富士见小学校参观幼稚园[并无介绍，入门投刺，保姆某君辄见许]。学生百余人[前年日记载百五十人，此次未及细考，似不足百五十]，分三级，级各一室。最幼者围一方矮桌席地而坐，姑名为三班，次幼者姑名为二班及最长者姑名为头班，皆有椅矣。初入时见三班环几而坐，无所事事。二班亦无课程，惟头班方积木，有作宫室形者，有作他诸形者，而以水雷艇形为最多。少顷，二、三班出至运动场（室内场方广约三丈余），一师击洋琴，三人导学生环步并作诸俯仰、举手、鼓掌式（学生有哭泣者）。又以巾蒙两生面，他生环作长圆，使相摸捉为乐。捉者或出圆外，保姆则趋曳之，众生亦以肘障之。两人毕，复易两人玩，毕则散圆队为长队。皆出室外，室外有秋千架，又有架悬一长形之网，以两人卧其中，足相抵。卧者以两手提网之两边，使之合拢，他生数人列两旁，以手推之，保姆亦助之。或有卧不稳及手捉网未牢固者，保姆则告①诫指导之。此秋千之又一法也。约半时许，复入室。鸣琴以节其步骤，各归本舍。三班俱习折纸，第三班极极简易，以三角纸一张，使折其上角少许，令象山形。有折太多者，师云，须再少如此则近船形矣[师以手提学生之指教之]。头班则折方纸为三角，又叠为小方，其中颇有敏速者。课毕少息，进食。每人各将所携之盒器置案上，保姆各给茶杯一，又为之注水[头班则选男女生各一人散杯，男散男，女散女者]。预备停妥，师入坐，众生各向师为礼，即开椟取箸食之。虽最幼之一班亦略无声息，真可法也。观毕向主人礼谢即出，同至今川小路牛肉馆用饭。饭后，至劝业场买纸本、木尺及刀叉各物。到法政速成大学送鉴塘入学学日语（每日以二时为始）。观授课至三时许即出。是课附属于法政速成科，特为华人预备入学而设。是日到者约四五十人，略嫌

---

① 告，原字作"诰"。

少纪律。

到会馆看书,看报。买书二种(《癸卯旅行记》、《初等伦理教科书》)。六时归。

晚李譲溪[临城]、张体仁[仲山,清苑]同张仲良、陈幼云、邓子辅来谈,八时半去。

九时睡看《丛报》,中载日俄战记,华文之纪此次战事者,莫详于此。

五月初一日(6月14日)　午正大雨雹　晚晴

高等工业学校实习工厂见闻

高等工业学校

六时起,同和轩、伯苓、陆宾及怡、锺两儿往工业学校。初入与手岛君谈片刻,手岛君导引参观,先观徒弟学校[主事内海静①君陪话并导观。(学生)有著蓝缘之衣,印飞白之字如港口、客栈迎客者之服。校长云,皆工人子也]。第一教室[第一年级]五十余人,教算法加减。第二教室[第二年级]亦五十余人,习小数。第三教室[第三年级]不足十人,习图画。图画分建筑、器械两门,每门额止四、五人[以上皆在楼上]。又楼下一教室亦第三年级,教力学[师于板上列表]。

又至徒弟学校之实修工场,分金、土、木工。金工场中有锉烙铁者,有于巨方铁之上试物之平不平者,有以锤锤铜勺令圆者[一年生],有打铁者,有翻沙者。木工场有试验轴机[吾国名旋床],有试穿榫机者,有试锯木机者,有试缕边线[镜边等类]之机者,人力与电气各半。别有建筑工场,亦徒弟为之,常为他人修建。渡河即高等工业〈学校〉之工场,阅机械科、电气机械科、窑业科。参观毕又与校长略谈,午炮后辞出。至食堂旁楼上制造品贩卖所,买绐布十三匹、酒杯十枚,皆本校所制也。

高等工业岁费十二万,文部止发十万,其初年止二万。初年所收学生皆不足中学程度。

---

① 内海静:明治至大正时代的著名手工课教师。时任高等工业学校附属徒弟学校主事。曾任东京女子高等师范学校教授。著有《技能科教授论》等。

六人食西洋料理,饭后乘车至京桥丸善书社,买手帐、铅笔等事。主人以硕笺索书姓名插册内。出,买眼镜。夕归。

铸生、芹香、芸生、赞廷、卓冬来谈。十一时睡。

五月初二日(6月15日)　阴

听松浦和平与神保小虎讲演

附属小学校听讲教科书编纂法晚赴工业学校讲话会

六时起,八时[怡从]到附属小学校听棚桥源太郎讲教科书编纂法。第一时、第二时讲日本自明治五年以后,随时设定教科书之沿革,第三时、第四时讲编历史、地理、理科三科教科书之法[宏文外塾诸君皆有札记,译员吴希仲]。十二时辞出,约胡、陈、华①三君同往今用屋午饭。饭后回寓小睡片刻,李君子深[宝资,湖北学生监督,广东候补道]来访。吉田清扬来访。

晚同伯苓、泽畲②两君及崇、怡往赴高等工业〈学校〉讲话会。是会每月二次,专为开通职工知识。文部大臣夫妇亦至焉。本校教授松浦和平③讲运输法之发达。

理科大学教授神保小虎④讲日本之有用矿物,而以幻灯揭示之。又以蜗牛、金鱼等生物影壁上。最后以显微镜取影如蛋、蝇、蚊等类,观者皆鼓掌。十时后散,十一时回寓。

---

① 华:指华泽沅,字芷舲。直隶天津人。光绪禀贡。1903年赴日,毕业于宏文学院速成师范科。曾任天津县视学、天津劝学所所长、直隶临时省议会议员、天津县教育局局长等职务。曾参与翻译东寄社《日本新学制》等译作。(本条注释资料蒙万鲁健君提供。)

② 高泽畲:指高凌霨(1870—1940),字泽畲,号苍桧。直隶天津人。清甲午科举人。历任湖北学堂监督、湖北提学使等职务。1912年后曾任北洋政府财政总长、内务总长、一度代理国务总理。日本侵华期间曾任伪冀察政务委员会委员、天津特别市市长和河北省省长等伪职。

③ 松浦和平(1872—1926):群马人。工学博士。美国密歇根州立大学毕业。归国后先后任东京工业学校教员、东京高等工业学校教授。1906年再出国游学英、美、德三国。晚年主要从事化工研究。

④ 神保小虎(1867—1924):江户人。地矿学家。1887年毕业于东京帝国大学地质学科。曾任北海道厅技师,从事北海道的地质调查。后留学于德国柏林大学。归国后任东京大学理科教授。1907年矿物学科独立后任主任。

五月初三日（6月16日） 雨　午前后尤大

答拜青柳笃恒及钱稻孙等

六时起，呼理发师薙发。

率崇儿答拜吾国人之曾来见访者，晤任小山［传榜］、曹希仲［腾方］、钱念慈［承锫］、何燮侯［燏时］、夏爽夫［循埆］、廉砺卿［隅］、祝砚溪［惺元］、范吉六［鸿泰］①、钱介眉［稻孙］②、青柳笃恒。

夕归，高泽畲、潘子欣③、佘仲先来。

腹觉不快，早睡。

五月初四日（6月17日）

访长冈护美子爵

六时半起。腹痛止，唯气不舒畅。

祢君来笔谈。伊藤伊吉君来。青柳君来并馈酒。午前后大睡，三时食粥二盂。四时率怡儿往拜长冈子爵［护美］④，谈二刻许，约阳历二十六日［即华历五月十三］便饭。

答拜蒯若木⑤不遇。夕归，体仍不适，早睡。

收信　毛实翁十一日信，附金三百元。约敏十九日信，附会试题名。

---

① 范吉六：指范鸿泰(1879—？)。湖北鄂城（今鄂州）人。留学日本，毕业于东京高等工业学校机械科。历任学部郎中、京师大学堂工科教务提调、教育部专门教育司司长、湖北省教育厅厅长等职务。
② 钱介眉：指钱稻孙(1887—1966)，浙江吴兴人。钱恂之子。曾留学于东京高师附中，后又留学于罗马大学。历任教育部佥事、清华大学教授、日伪统治时期的北京大学教授及秘书长等职务。系著名翻译家，译著甚丰，要者有《万叶集选》《源氏物语》《神曲一脔》等名著的选译。
③ 潘子欣：指潘志愔(1876—1950)，江苏吴县人。留学日本，曾就读于东京高等蚕丝专门学校。归国后长居天津。系永利碱厂的发起人之一。曾任天津国民饭店董事长等职务。
④ 长冈护美(1842—1906)：又名监物。熊本人。叙子爵。留学美英，曾任驻荷兰公使。1882年任元老院议官。后历任高等法院陪审官、贵族院议员等职务。1898年与近卫笃麿创立东亚同文会并任副会长。
⑤ 蒯若木：指蒯寿枢(？—1945)，安徽合肥人。蒯光典之子。留学日本。系同盟会创会会员。回国后曾任北京政府铁路督办。后任甘肃省纺织局总办、盐务署长和财政厅长等职务。系著名书画收藏家和佛教居士名人。曾编译《小代数学》。

五月初五日（6月18日）　端阳　雨风，伯颜云东京多雨亦多风

六时起。终日未出门。

邓君孝可①、任君传榜来，命智崇陪话。

午后假寐片刻，食鲜果、鲜菜，少觉清爽。

玉孙、小庄、子玉、海门②、希贤、志忞、仲先先后来。希贤述织绸机、制罐诘机皆轻而易举。崇、怡俱宿此，明日休课也。

收信敬韩③沪上二十三日发，由川口七十番义昌新寄来。

五月初六日（6月19日）

七时起。夔侯、补程、伯渊先后来。偕伯渊、伯龄、鉴塘，率三子游上野，观日露鸭绿江之战油画。

青阳楼午饭，饭后游博物馆。余以昔年曾两至，不复周览。但坐待而已。夕归。

泽畬来访不遇，留一小简，言本日即回大阪，再过十日便归鄂矣。晚得陆宾电话，知泽畬已于午后赴横滨。

玉孙诸君来访不遇。

工业学校化学教习平泽繁太郎④君来访，怡儿陪译，谈约一小时。平泽君曾发明制一药之法，较德国配制旧法简易百倍，而功用无殊，已得政府特许专卖矣。平泽君论学工业必须征诸实用又能以学理施之实行，否则与职工何异。

---

① 邓孝可(1869—1950)：字守源，号慕鲁。四川奉节人。1903年赴日留学。1907年归国，与其父创办夔府宝华煤炭公司。后任《蜀报》主编，并参与创办《蜀风报》。曾参加四川保路运动和国会清愿，出任四川保路同志会文牍部部长。一度被川督赵尔丰羁押。1912年后，曾任四川临时议会副议长等职务。

② 海门：指胡源汇(1882—?)，字海门。直隶(今河北)永年人。留学日本，毕业于早稻田大学政治经济科。回国后，授法政科举人。历任北洋法政学堂监督、直隶省临时议会议长、民社党中央常委、国民政府委员等职务。

③ 敬韩：指陈冷(1878—1965)，字景韩。江苏松江(今上海市属)人。留学日本，毕业于熊本中学。曾任上海《申报》总编辑。1949后，任上海市政协委员。

④ 平泽繁太郎：东京高等工业学校教授。1908年曾发表著名科学论文《关于鱼石脂新成分的发现》。1919年获全国发明表彰有功奖。

眼镜商关谷氏之社员某持眼镜、印章等事来，选择许久。

李和宣兄今日迁往望远馆。

五月初七日（6月20日）　雨　到文部省

晤文部大臣久保田让

七时起。十时同伯翁、智崇往文部省，先见文部大臣久保田①君，又因大臣介绍见参事官松井顺吉②君，时已近午，不及参观，约定明日下午一时往。遂出回寓。

午后伯颜畅谈立法、行政、司法三权之不可不分。

江翊云[庸]③来谈，福建人，而生长于四川。入早稻田师范科，四川官费生也。新推会馆干事，年二十六。

邓和甫来，小坐便去。

晚，周荃生[培炳]来谈。周，华亭人，生长于静海，八岁始南归。学于育材书塾二年余，二十七年三月来东京预备日语数月，入高等工业学校，今将卒业矣。年甫二十一[学制笺]。

力说王守善来津办工业

王稚虹来谈，余代毛观察竭力劝驾，稚虹言昨已函复唐执夫④。略论

---

① 久保田：指久保田让（1847—1936），但马（今兵库县属）人。毕业于庆应义塾。曾任广岛师范学校校长。1872年入文部省，先后任权中录、大书记官、文部省会计局长、普通学务局长、文部次官、文部大臣。叙男爵，任枢密顾问官。

② 松井顺吉：由后文可知，所谓"参事官松井顺吉君"，实为多次为严修和张伯苓讲解教育行政的"松本参事官"之误，现正名为松本顺吉。此松本参事官此后还曾为其他访日的清朝学官讲过同样内容的课题。

③ 江翊云：指江庸（1877—1960），字翊云。福建长汀人。留学日本，先后就学于成城学校和早稻田大学高等师范部法制经济科。历任北洋法政学堂教习、北京法政专门学校校长、北京政府司法总长、驻日本中国留学生监督、北京政法大学校长、中日东方文化事业总委员会中国委员、北京朝阳大学校长、国民参政会参政员、司法院大法官。1949年后任全国政协委员、全国人大代表、上海文史馆副馆长等职务。

④ 唐执夫：指唐在礼（1882—1964），字执夫，挚夫。江苏上海人。1898年官费赴日留学，经成城学校，入读日本陆军士官学校。1904年回国，在北洋大臣袁世凯手下，历任北洋督练公所教练处帮办、山东陆军第五镇枪标统领、库伦兵备处总办、临时大总统袁世凯侍从武官、代理参谋总长、出席巴黎和会中国代表团首席军事代表、铁路警备事务督办等职务。1927年退出军政界。1960年任上海市文史研究馆馆员。

工艺局办法宜仿日本商工局之例，附工场于其中。余言天津事虽草创而基址已具，工艺学堂即高等工校之具体，工艺总局即商工局之具体，劝工场即商品陈列［所］矣，教养局即染织场也。君即不欲为教员乎，试一为之经始，或改良，或扩充，均可任便。稚虹又言，游历官有江西黄君者，曾在上海制造局，与毛公同乡且旧识也。顷奉广东派来考查工艺，并以岑公命坚约稚虹赴粤开办工场。又，广西有石油产，此稚虹专门之学也。故欲借此一考查之，意在粤而不在津也。余谓纵意不在津无妨，先迂道一行，为之组织经营，但令略具规模亦聊胜于茫无端绪。稚虹言，明日晤黄君先试商之。九时半去。

夜与智崇久谈，〈谈及〉乞儿［上野］，警察怒嗔人力车［浅草］，盗取木屐，新闻诬陷［鲣節商］，号外虚诬［《商工新报》］，烟窟［贵临馆］。

五月初八日（6月21日）　阴

女子职业学校印象

参观女子职业学校　文部省听松本君谈话

七时起。手岛君曾为介绍共立女子职业学校，约今日午前往观。晨嘱崇儿电话询之，果已相待。

八时同伯苓兄、智崇同往。此校始设于丙戌之岁。发起人凡四：服部一三①、永井久一郎②、宫川保全，其一即手岛君也。服部、手岛君先后为校长。今校长仍为手岛，而宫川则校长补也。分甲乙二科，职业则裁缝、编物、刺绣、造花、图画，凡五科。甲科生限二科，乙科选一科。甲乙科之外又置补习科与割烹科。以上为术科。术科之外有学科，其目五：曰修身，曰国语，曰算术，曰家事，曰理科。兼修术科、学科者为本科生，

---

① 服部一三（1851—1929）：长门（今山口县属）人。早年留学美国。归国后出仕于文部省督学局，后任东京英语学校校长、文部省书记官、东京大学法学部长、文部省普通学务局长以及岩手、广岛、长崎、兵库各县县知事。1903年任贵族院议员。

② 永井久一郎（1852—1913）：尾张（今爱知县属）人。作家永井荷风之父。早年修汉学，后从箕作麟祥学英语。1874年赴美留学。归国后曾任东京图书馆长、内务书记官、帝国大学书记官、文部大臣秘书官。1897年转入工商界，出任日本邮船会社上海支店长，后转横滨支店长。善汉诗，留有《西游诗》《雪炎百日吟稿》《观光私记》等著作。

仅习术科者为选科生。甲科生收十二龄以上，高等小学二年卒业者，乙科生收十五龄以上，曾受国民义务教育者。其修业年限，甲科三年，乙科二年。学期自四月至翌年三月为一学年云。余等初至，一老者导观楼之上下。刺绣、造花、图画[画室一教师画狗]，三科皆仅见一处，裁缝室则屡见。导者云，裁缝居大多数，以全部论之，殆不止四分之三，校生七百余[暹罗人附学]，寄宿者七十余人(授业料，甲科每年二十一元①余，乙科每年十五元余，寄宿料月六元五十钱)。最后入割烹室，一伛偻老人坐而讲话，诸生环听之。旋起立，诸生各就所派定之位(黑板书：锅某某、洗某某、立某某、盘某某)。老人置菹于俎，教切断之法，诸生先后仿效为之。观片刻遂出，宫川君陪话。观诸生成绩，造花、刺绣皆绝工。十时余辞出。

买书未谐。

文部省听讲(一)

今用屋午饭。饭后诣文部松本参事官，论文部建设之大制。崇儿口译，余以笔记之[另记]。三时半辞出，因崇儿今日四时须到清华学校也。余往公使馆晤公使，谈片刻。又与马参赞谈宏文外塾诸君编讲义及卒业后回国日期事，又谈自费生择改官费事。五时回寓。

到公馆阅报，津、沪报皆不至。有所谓《公益报》者，阅之至竟，时事殊不甚详。阅《钱夫人旅行记》。

晚朱一清、李和宣同来。

五月初九日(6月22日)　薄阴偶晴

听讲教科书编纂法

附属小学校听讲教科书编纂法

工业学校再参观

六时起。同和宣、仲苏、伯龄、智崇到附属小学校听佐佐木君讲教科书编纂法、修身书编纂法[一、诸方案，二、略，三、日本于修身书编纂史，

---

① 元：原字作"员"。

四、教授时数]、读本编纂法[一、欧米①读本材料变迁史,二、日本读本材料变迁史,三、读本教材选择上标准]、习字帖编纂法[一、字式之大小,二、教授时数]、算学(与)唱歌之时间。十时半讲毕。

和宣别去,余四人乘电车至浅草,饭于西洋料理屋。饭后到高等工业学校,因仲苏将入此校,欲先一览其规模也。观应用化学、电气化学、机械科诸室,余未遍及。三时出,仲苏别去,余三人到教育品制造社。伯龄试所订购之仪器。六时后归寓。仲先、志忞、陆宾皆前至。

晚听伯翁讲英文文法。十时睡。

外塾代铃木君同往者松林孝纯投刺焉。

东京市浅草区七轩町二番地教育品制造合名会社中村胜太郎电话:下谷千八百十番。

收信　清水君。

五月初十日(6月23日)　阴晴半

再晤大隈伯与高田早苗

参观早稻田大学　文部省听讲

八时半同伯苓先生、智崇赴早稻田大学。青柳君迎于门,高田博士陪话。以大学规则、大学讲义录、大学第二十一回报告见赠,导观大学之讲堂及各教室。又至高等豫科,科长田原荣②导观。豫科中以商科为最多,是日适值试验③,田原君取一题纸予余。题凡三:第一问作二十五点④,第二问作三十五点,第三问未注点数,盖以和文译英文。诸生执笔构思,有教师两三人立监之。历数室皆然,盖习商科者不下五、六百人云。

摘录大学规则:

本校所授者:政治学、法律学、商业学、哲学、英文学、史学、地理学、

---

① 米:指美国。
② 田原荣(1858—1914):物理学家。早年入读广岛英语学校,兼学物理,1882年被聘为东京专门学校理学教授。后任早稻田大学预科长。
③ 试验:考试。
④ 二十五点:25分。以下同。

国语汉文学及外国语学。

本校另大学部、专门部、高等师范部、高等豫科四种。

大学部置政治经济学科、法学科、文学科、商科四科。

专门部置政治经济科、法律科二科。

高等师范部置国语汉文科、历史地理科、法律经济科、英语科四科。

今年人数：

大学部：三百八十名。专门部：一千百名。高等师范部：百五十名。高等豫科：二千八百名。合之英语、政治科、文学科等，都四千五名之谱。

高田君导观图书馆，余前年来时此馆方始兴工，今轮奂一新矣。青柳君云，凡图书馆建筑法皆同，自外一望而知。

馆长市嶋谦吉①通一刺。

馆中借书还书处与银行出纳之式略同。

楼三重，有升降机以钩取书籍。

高田、青柳二氏导至大隈伯邸。伯出见，谈教育事及维新前日本女学之大略，约一小时辞出。

文部省听讲（二）

会芳楼午饭，饭后诣松本参事，听讲叙文部各员之职掌、各府县市郡町村之规制。四时半辞出，到宏文外塾小坐。六时归。

卓冬、陆宾、稚虹来。稚虹属函致毛公，申不愿为教员及广东委员黄君固邀赴粤两意。

晚到会馆一看吾国新闻，知璞尔生所办电话将购回自办，以日本吉田氏某为电话参赞。又知罗顺②兄已奏补邢台。皆近事之可喜者，然顺公赴任则师范学堂难得替人，又可忧也。

---

① 市嶋谦吉(1860—1944)：号春城。越后(今新潟县属)人。东京帝国大学肄业。改进党人。曾任众院议员，《新潟新闻》及《读卖新闻》主笔。参与东京专门学校(早大前身)的创建工作，历任早稻田大学图书馆馆长、干事、理事、名誉理事，致力于早稻田大学的经营和发展。后任日清印刷经理、大日本图书馆协会会长等职。晚年从事于随笔的写作。著有《政治原论》《随笔赖山阳》等著作。

② 罗顺兄：指罗顺循，即罗定钧，字顺循。湖南湘潭人。曾为湖南巡抚陈宝箴幕僚；亦为陈三立之子陈衡恪(师曾)和陈寅恪兄弟的塾师。工诗，曾与王闿运、郭嵩焘、陈三立等结碧湖诗社。后任顶兴县令，保定府知府和山东提学使等官职。民国后不复出，被看作前清文化遗民。

360

发信　致泽畚、致雁清、致新桥。

收信　关谷眼镜商。

五月十一日（6月24日）　小雨　午晴

文部省听讲（三）

文部省第三次听讲

七时起，九时至文部省听松本参事讲小学校之大略及征税法，兼说年龄户籍。十二时辞出。

今用〈屋〉午饭，饭后回寓。大睡至五时，眼镜商至。旷生来。

五月十二日（6月25日）

参观女子大学并晤成濑仁藏

七时起。〈与〉伯苓君、智怡同参观女子大学，大隈伯所介绍也。校长成濑仁藏①君陪话片刻，赠本校规则、本校一览、本校学报，人各一本。庶务八木兼夫君导观各讲室及寮舍。学科分预科、本科、研究科。预科分普通预科、英语预科。本科分家政部、文学部、教育部、体育部、美术部、音乐部、理科部；其各部中又分选修科目、必修科目。修业年限以三年为期。附设高等女学校，其科目分修身、国语、外国语、历史、地理、数学、理科、家事、裁缝、图画、音乐、体操；其修业年限则五年云。现今在大学者三百六十四人，在英文预科者四十五人，在高等学校者三百九十八人，合计凡八百零七云。十时辞出。因午后须赴高等师范学校音乐会，故先到宏文外塾小憩。听大久保介寿②君讲学校管理法，论用赏用罚之宜。

借外塾地用饭。午后赴师范学校。二时开会，有独奏，有合奏，有独唱，有合唱；有来宾二人，一吹尺八，一奏洋琴［德妇］，最后台上台下齐唱"君の代"，毕乃散。

---

① 成濑仁藏(1858—1919)：长门（今山口县属）人。毕业于山口县教员养成所。基督徒。曾作为牧师从事传教活动。后创立新潟女学校和北越学馆。曾赴美留学，研究女子教育。归国后任大阪梅花女学校校长，创办《女子教育》杂志。1901年创立日本女子大学，任校长。著述甚丰，有《妇女子的职务》《女子教育》《新时代的教育》《女子教育改善意见》等。

② 大久保介寿：明治时代师范教育家。历任东京女子师范学校教授兼附属小学主事、岐阜县师范学校校长和埼玉县女子师范学校校长等职务。时任宏文学院教授。著有《学校管理法》一书。该书于1905年由湖北学务处印行而流布中国。

赴伊泽君约,同坐吴止欺、李惠卿。伊泽君述维新之初改正调查音乐事甚详。九时归。旷生、仲先、陆宾、志忞均在,旷生宿。

增王字母之数列为表。印刷师拟赴直隶①。

收信　罗顺循、陶杏南②、魏梯云③、约敏侄。

来客　失候和田君、依田君、蒯若木君。

五月十三日（6月26日）　晴,天气最佳

青柳笃恒偕牧野谦次郎来访

四时闻楼下台湾人郭君"捉贼"号呼声,下楼视之。纷扰许久,遂不睡。青柳君偕早稻田大学汉文讲师牧野谦次郎④[牛込区矢来町三番地旧殿四十一号]来访。旷生传译。牧野君又索纸笔论中国编历史教科书之法,其汉文颇条畅。

长冈护美宴请于邸

宏文外塾之天津十君子⑤先后来谈,留午饭,饭后先后去。余假寐一小时,率智怡赴长冈子爵之约。同坐根津一、吉田清扬。先导观其庭院、泉石、花木,然后入坐。肴馔和华兼采。席间,长冈君屡起取旧藏中国人

---

① 此两句以小字写于书眉。"王字母"大约指王小航所创字母。
② 陶杏南:指陶大均(1859—1910),浙江绍兴人。1882年赴日,于中国驻日使馆内东文学堂学日语。毕业后留任使馆译员。后任驻横滨领事馆随员。甲午战后归国,随李鸿章办理中日外交事务,以劳绩叙候补道员。后借补商部会计司郎中,并历任奉天驿巡道和江西提法使等职务。
③ 魏梯云:指魏震,字梯云。直隶天津人。光绪戊戌科进士,以主事分部学习。曾任职于商部和理藩部,并曾任殖边学堂提调。
④ 牧野谦次郎(1863—1937):字君益,号藻洲。赞岐(今香川县属)人。汉学家。曾任早稻田大学高等师范部长兼文学部教授、东洋文化学会理事等职务。教授中国哲学、经书研究、汉文、日本汉文学史等课程。著有《庄子,墨子国字解》《讲经新义》《维新传疑史话》等。
⑤ 天津十君子:指1903年赴日,入读宏文学院速成师范班的十名天津留学生:胡家祺、刘宝慈、陈恩荣、李金藻、刘宝和、徐蔚、陈宝泉、华泽沅、俞明谦、郑炳勋。前九人见各注,后一人注释如下:
郑炳勋(1866—1954):号菊如。直隶天津人。1903年赴日留学,毕业于宏文学院速成师范科。曾任北洋优级师范学堂学监兼附属小学主事、北京高等师范学校庶务长、天津耀华中学教务主任兼国文教员、天津市第二图书馆馆长、北洋大学教授等职务。1906年曾将自有土地15亩捐赠南开学校以为建校之用。

所书扇幅见示,又以自著《云海诗钞》及《南清游草》见赠①,八时后归。

五月十四日(6月27日)　　晴热

高师附属小学校教学观摩(一)

四时半起,补写日记,补写寄毛观察函,写寄荃士函。

八时半同旷生、伯龄两君参观附属小学校。棚桥君陪话片刻,导观寻常第一年教室。师教算学,画人形九,令诸生数之,又令数其头,又令画 ↓ ⋮⋮⋮ 九行,自一至九。众画讫,师又于板画之,而随时请问,随时解释,已,又扩画为九段焉。棚桥君云,前周间数至八数,此周乃自九起,盖寻常一年生止教至二十而止。闻铃声出,少顷复入此室,观教国语,板上悬一图画,荷物及荷车。师先解荷车之用许久,令一生登台书"クルマ"三字,师亦自书此三字,问诸生曰,荷车与クルマ不同也,应如何加字?一生曰,ク上写一二字。师又问二字如何写法,又命一生于板书之,已而师乃自书之。又曰グ非ク也,何以别之?一生曰,应加"″",师则于板加之。又问曰,但云ニクルマ,此不成词也,试与人言应如何说法?一生曰,ニグルマガアリマス。师又令诸生数之,共为几字?众生则一一数之,其数为九,恰与所教算数相应。数毕令各书于石板,师又于黑板书之,为正其行列乃毕。

寻常一年生早课已毕[八时至十时半止],乃入第二年生室,观教习

---

① 据日本 YOKOUT《鲁迅与日暮里(12)》一文揭示,严修游日时,长冈护美曾以七律一首书赠之,其诗曰:

　　　　　　　赠清国严修兄
　　翰林待诏仰鸿名,瀛外何期结此盟。
　　经史罗胸尊北斗,文章任笔屹长城。
　　星霜磨炼济时力,云水梯航阅世情。
　　所愿高轩相驻久,得师闻道乐余生。

注者估计,此诗或许是在此次款待严修的家宴上吟成或出示的。按,文士间诗歌唱酬多有谦奉溢美之句,本属常见,但长冈作为贵族院资深议员和正三位高官,与严修称兄道弟,并使用"得师闻道"这样的尊崇之词却显得非同一般。

字者临平假名六字,先令以指画其点画,初一一画之,后两两画之。画毕,令临写两纸[师周视偶指其误处]。两纸毕,复临写一纸,此纸为呈师评判者。写毕,师入坐,依次呼番号收之。观毕小坐,又观此级体操。分全班为两队,以布带为环,每班出一人角力。负,此队再出一人。凡连胜三人者为优等,已得优等即退,所以节其力也。每当角力时,师立于其中,以手掬其环呼"一二三",至三字则用力,师欢呼以助之。两班中其他各生亦欢呼距踊以助之。至末总计,两班恰均平,无胜负,乃整齐行列,为礼而退。

今用〈屋〉午饭,余体又不适。

松本君本约定今午续讲,余倦惫恐不能支,命怡儿往知照改期,归寓大睡至夕六时。晚八时后复睡达旦。

收信　大阪石塚猪男君附前年李子香托购书之清单。根津一君,附对俄主战策及汉文《日俄时局辑录》。

发信毛实君、干荃十。

五月十五日(6月28日)　晴

高师附属小学校教学观摩(二)

根津昨日云梅雨将阑,可望久晴,至秋则又将多雨。

第二回参观附属小学校,第四次文部听讲。

六时起。写日记后薙发。九时后同张、高二君[智怡从]往观附属小学校。时第一年室课已毕,仍观寻常第二年室,教员水户君教(观察),黑板上书片假名三行:(一) カミ①,(二) フテ②,(三) スズリ③。师先告诸生曰,今日讲此三物。乃取纸两张,先举一纸以问,诸生曰,此乃纸,争举手,乃择一人问之,对曰,ハンシ④。又问彼纸,一人曰,ワラバンシ⑤。

---

① カミ:纸。
② フテ:笔。
③ スズリ:砚。
④ ハンシ:(日本)白纸。
⑤ ワラバンシ:(日本)草纸。

师曰,然。师乃书此两名于カミ一行。之后又问曰,此两种质孰坚？一人对,ハンシ①坚。师以ハンシ碎撕之,皆成直条,又以ワラバンシ撕之,则斜下极易断,众生皆欢笑。师乃曰,此易断者,质不坚之故也。又问,ハンシ②系何物制造？诸生不能对,师书于板曰「コーズ」③。又取笔一枝(笔带宿朱),执问诸生何名？对无讹。问管系何物？曰,竹。笔头何物？曰,毛。毛与管何以相黏附？诸生不能对,师乃用力拔之；笔头顿落,众生大笑。师曰,诸生所用笔常有脱落其毫者,盖用力太猛之过也。乃拈举其管,指其中曰,此中色黑而粘如糨者,何物？或对曰胶,曰是也,有胶粘之,故不脱。又问,毛何以成为笔头？或对曰,线缠之,师曰是也。师乃讲画其制笔之法。最后破其毫,朱纷纷下。朱与毫散落于地而止,众生又笑。师曰诸生自用之笔勿效吾也。已,又画一提笔之形,讲大字用大笔,小字用小笔,小字指执,大字掌推。又取一砚问诸生,此何名？用何物制成？蓄水处为何名？对毕,又问,砚何为不用木制,金制？对或然或否。师解之曰,石坚于木,可耐久。不用金者,原价廉于金也。因讲砚价几何,最后又取所讲之两色纸问曰,ハンシ④价几何？或对曰,三钱二十枚。ワラバンシ⑤几何？曰,一钱五。曰,彼贵于此几何？曰,一钱五。盖又借此温算法一次,即知此教授联络之法与学级担任之妙。然得师甚不易也。棚桥君云,水户君最以善教名。又寻常第四年室,教师亦良师也。

小息片刻复入观,适课作文,诸生皆以假名书红格之纸,或数行,或十数行。良久,师曰,未毕者携归自补之。闻系前日所作今日补钞之也。

入高等某室,方讲日本历史,以无意味乃出。于庭中观体操,先兵式,次游戏。游戏之法,一人捉得一人则手相携,再捉一人又相携联之,在左右两端之又捉之,捉得则续。顷刻间联为一长排,师亦联入其中焉。

---

① ② ハンシ:原字作バンシ。
③ ゴーズ:原字コーズ,疑为ゴーズ,即一种纺织品。
④ ハンシ:原字作バンシ。
⑤ ワラバンシ:原字ワラハンシ。

至余一、二人遂止。

十二时出,饭于今用〈屋〉。今用〈屋〉去附属小学校极近,和洋餐皆备,故每午食往焉。

文部省听讲(四)

午后二时就松本君听讲,仍讲小学校学龄就学及科目时间、教科书等类,约两小时许。

五时归寓。晚饭后到会馆听音乐。九时前归。

季常夕来,棣生晚来,棣生将回泰州。

五月十六日(6月29日)　晴热

高师附属小学校教学观摩(三)

第三次参观附属小学校

六时起。八时同高、张二君往附属小学校观寻常第二年室。水户教国语。先书一"日",令诸生连摹三字。又书一"大"字,问"大"字何音,或对曰"オホ"。又问更有何音？或对曰"ダイ"。问又读"タイ"者乎？曰,有。读"ダイ"者何字？有曰"大学"者,"大将"者及某字某字者。又问读"ダイ"者字,曰"大砲"〈或〉某某字。旋又书一"太"字,师曰如"太郎"、"太□"等字用此。旋又执粉笔故作柔声:"此字有人识之否？"则闻学生皆举手呼"先生",似言其已知者,盖师方书一"犬"字也。又为之解"大"、"太"、"犬"三字字形之别。已,又讲于"大"字上拭去一横,且改其撇令稍直作一"人"字,又于其旁作一"人"字,令诸生判别其异同。既毕,乃书假名数字:アノマクリ、アノ人、アノ人ラ,令诸生添缀成句。师又为改之,又为解释之。最后令读前日所授读本,佳者赞之。一生音低,师令稍扬,又音讹,师就其坐位之前口授而指画之,卒不能适,师亦不再强之,但命众人同声读一通而止。小憩,与棚桥君略谈。

〈又〉观寻常一年室教国语。师于板画鼓形问诸生,两端蒙何物？腰为何物？鼓之中有物否？鼓中若实以物有何妨碍？鼓以何物击之？召一生画鼓槌于板,然后师书"タイコ"三字,"タイ"两字系熟字,"コ"乃生

字也。问诸生"コ"与"ロ"之异同，师故斜书一"コ"字形，令一生执红粉改正之。旋拭去板上之字，命诸生各掩卷背书"タイコガアリマス"。又令一人读之，又令同声读之。旋又讲论其字形，书一"匚"，问诸生与"コ"何别？已，又令读"タイコアリマス"。又于板为正其行列，先作一行列不合者，复作一行列适合者，令诸生判别其孰是。已，又令同声读之，如是课乃止。

〈又〉观寻常三年室教国语。板上挂人体骨架一具，师讲人骨生成之原由［亦时抽问诸生，诸生所对或近理或不近理］，言饮食不宜偏主一类，不运动则体佝屈等理。

〈又〉观高等各女生舞蹈。往来变换节之音乐，真运动之妙法。旷生大感动至泣下，盖为吾国女子悲也。人数不足，男师女师足成之。

十二时出，仍饭于今用屋。午后随伯翁买书。夕归。

夏用卿①率一侄［十四］两子［十三、十一］来留学，寓山崎馆，来访。和田来访。润甫、旷生宿。

五月十七日（6月30日）　晴热

高师附属小学校教学观摩（四）

第四次参观小学校、第五次文部省听讲

六时半起，八时半同伯苓、鉴塘、智锺往附属小学校，观第一部寻常一年室。一生立台上演讲，适无课，人不知所言云何，立听片刻，已届休息之时。乃顷，佐佐木君言，此学生习谈话也。学生例有学艺会，于每学期之末行，今将届期，故须练习也。

又观第二部寻常第一年室，相岛君教算法，教九之加减乘除。先画梨九枚于板，令一生登台用笔界为三段，又令三三数之，又令两两数之，问其有余无余？所余有几？又分为七与二，又分为六与三，又分为五与

---

① 夏用卿：指夏同龢（1868—1925），字季平，号用卿，又号狮山山人。贵州麻哈人。光绪戊戌科状元，授翰林院修撰。后赴日留学，入读东京法政大学。曾任众议院议员、国务院法制局参事、江西省实业厅厅长等职务。工书法，系著名书法家。

四,又分为四与五,如此递分。最后书"9"字示之,先写一次大者,写一极大者,学生大笑乐。旋又写一极小者,学生愈乐不可支。师令诸生以指画空效为之,又令诸生同声自一数至九[时令起立,以提精神],数毕休息。

小憩。仍观第二部第一年生,水户君来教手工。先散丸泥如前次参观时所见,散讫令诸生随意制形。所见有作果形者、碗形者、水雷艇形者。师各授方纸一块,其上预书各生姓名,制毕者置纸上,师一一收之。

入唱歌室中听唱歌,每五人一排登台上,正立唱之。五人毕,又易五人。如是者四五次,最后又同唱,或全班或全班之半,或坐或立,四十余分时间,铃声乃止。

棚桥君导入一室,乃高等三、四年合教者[一部无三、四年,此为二部无疑],师教图画。黑板上画石菖蒲花一本,叶一茎,诸生皆临摹之,并填颜色。师巡视各生之案前,或为之改正烘染,或于砚池调制之,画毕各署名笺尾。棚桥君言,师先取花一枝,照画于板,然后令各生临之,所谓写生也。德国教图画主写生。

文部省听讲(五)

十二时出,今用〈屋〉午饭。往文部省听松本君讲学校建筑及教员检定,约两小时许。

往山崎馆答拜夏用卿叔侄,谈片刻。又至黎仲苏室,立谈片刻归。为棣生及馆主人书扇。

收信　手嶋君约观卒业式[阳历初八]。

来客　失候沈幼沂①、刘筑生昆仲。

五月十八日(7月1日)　晴

文部省听讲(六)

第六次文部省听讲

---

① 沈幼沂:指沈兆祎。江西南昌人。优贡生。精史地考据,尤长小学。后留学日本,曾与梅光羲在南昌创办明达学堂。聘日人牛岛为教习。有《日本地方自治制度述略》《新学书目提要》等著述行世。

七时起,九时偕伯翁率怡儿赴文部省听松本君讲[仍讲教员诸事宜]。十二时毕。富士见轩午饭,饭后访晳子,遇于途。答拜沈君幼沂,亦遇于途,随之至法政速成科之日本语教室,听三矢君教日语约一小时。归途访和宣不遇。劝工场买用品。夕回寓。是日来访者胡玉孙、刘卓冬、王嶂山①[桐龄,任丘人,第一高等学校]。

五月十九日(7月2日)

高师附属小学校教学观摩(五)

第五次参观附属小学校

七时半起。何锡侯来。九时同伯翁、怡儿到附属小学校,观第二部寻常第二年生习字[两生司注砚水]。黑板上预悬长方油纸一张[画十字线界全纸为四],又钉长方白纸一张。师又以粉笔画板式如下 せんたく ,师曰"せんたく"者,洗濯也。前不曾教洗濯,唱歌乎。又以黑笔更书此四字于所键白纸上,每书一字辄回顾有所告诫,或下讲台周视[击讦事亦间有之,师不甚着意]。四字书讫,又于纸尾作小字示题姓名式[题名纸尾书二部某生,"部"字不能书以"ぶ"代]。乃下讲台执朱笔择佳者加圈。一生呼师令视已作,师就视之,亦勉加一圈。已,乃择一最佳者携至台前举示众生曰,此结构甚佳,但画稍臃肿耳。又问众人曰,佳否?对曰,佳,乃呼其人还之。乃于油纸上状其字体之偏侧或长或短不合度者,又别作一合度者正之。又另键一白纸再书此四字,且书且讲解之,令诸生各再临写一纸。又周视加圈,此度加圈益从宽,有因得圈多而举以夸于人者。沈幼沂之女公〈子〉世芬纸尾所署之小字特工,师举以昭示众人。人已各临书两纸,复命自书一纸,随书随圈,间或代书一朱字,令自描之。三张

---

① 王嶂山:指王桐龄(1878—1959),字嶂山。直隶任丘人。1904年公费留学日本,先后学习于第一高等学校第一部文科、东京帝国大学文学部史学科。曾任教育部参事、北京高等师范学校教授、史地系主任。1921年再度留学日本,入东京帝国大学专修东洋史。历任北京师范大学、中国大学、女子师范大学、北京大学、清华大学等校教授。著有《朱子资治通鉴纲目注义》《中国史》《中国民族史》《东游杂感》等。

写毕即放学休息。与水户君教法敛三纸之一置讲台以待评判者微有不同。

第一部高等一年生习字字体较小,学生自临范本,恒自涂抹改正之。

入唱歌室听片刻。

佐佐木君导观博物室及历史、地理诸图[藏图之柜其制极佳,图插方格内,仅露其端题字,一检可得]。十一时辞出回贵临馆,因怡儿午后须往会馆也。

午后本欲出门买图画、标本,以客至而止。检理书物等件。仲先、伯颜、旷生先后来谈。

来客　李宾士、何锡侯。

收信华石甫①、孟芹香[五月初二]。

五月二十日(7月3日)　薄阴　热减

杨公使招饮

六时半起,补写日记。蒋观云②、钱念慈、何燮侯、佘仲先、蒋伯器③、刘筑生、芸生将往摄影,来会旷生于此。念慈诸君皆观云之弟子,伯器则观云之喆嗣也。

和田所绍介之山中米次君来访,旷生传译。其人年二十一,幼年学

---

① 华石甫:指华学涑(1872—1927),字守甫,号石斧。直隶天津人。曾在津创办自立小学堂,后扩充为初等工业学堂。曾往日本考察统一权度事宜。后任高等实业学堂监学官兼博物化学教授。尝于北京、张家口创办实业数处,并致力于实业学术。1912年后,主要活动于天津,历任工商会议直隶代表、直隶商品陈列所编辑主任、天津博物院副院长等职务。晚年致力于金石甲骨文字之学,著有《文字系》等著作。

② 蒋观云:指蒋智由(1865—1929),字观云,别号因明子。浙江诸暨人,蒋尊簋之父。能诗文,工书法。光绪举人。1902年赴日,任《浙江潮》和《新民丛报》编辑,并发表民俗学论文和诗作。被梁启超誉为"诗界三杰"之一。主要著作有《海上观云集初编》、《神话历史养成之人物》和《中国人种考》。他被认为是中国人类学、民俗学和神话学研究的开拓者之一。

③ 蒋伯器:指蒋尊簋(1882—1931),字伯器。浙江诸暨人。留学日本,先入成城学校,后转陆军士官学校骑兵科。在东京加入同盟会。历任浙江讲武学堂总办、广西参谋处总办等职务。1912年后,曾任浙江都督、北京总统府高等顾问、将军府宣威将军等职务。曾参加讨袁和护法战争。1921年后任广州军政府参谋次长、大本营参谋处主任、北伐军总司令部高级顾问。宁粤分裂后,任广州国民政府委员。

校已卒业而不愿入陆军,志原游吾国,谋一寄宿所。

洪铸生、梁著芗来。

杨公使招饮。同席:湖北候补知府周崧甫①[以翰,江西乙酉拔贡,癸巳举人,曾在正红旗官学充教习]、邓芷谿②[沅,湖南永兴人]、罗荇农③[庆昌,四川营山人]、陈君[蕲水]、惠君、汉君,未通刺;皆湖北派遣之游历官也。别一席有熊孟胪[应龙,浏阳]、李余清[夔,桂阳]、李佛翼[祥霖,湖北候补道、湘阴]、夏孝斋④[绍范,衡阳]、胡绥之⑤[玉缙,元和]、李和宣[庆恩]。原约十一时入坐,至午后一时客犹未全,至三时席散。归寓。

杨公使言,当光绪初年时,日本诸务未兴,艰难之状同于我国今日。以外国银洋一元可易日纸币一元八角,纸币不通行,即银圆亦不信用。爰以十二万元赂汇丰,其收用后乃逐渐流通。

晚约伊泽君饮于富士见轩,伯龄、柘甫两先生,旷生君陪,智怡随往。六时入席,九时散。伊泽君研究中国语,以王字母列为表,与同席诸君一一证之。与伯龄、旷生两君谈,十一时半乃睡。

来客　蒋观云、伯器、钱念慈、佘仲先、高旷生、刘筑生、刘云生、梁著芗、洪铸生、陈柘叔、周崧甫。

---

① 周崧甫:指周以翰,号藏园。江西人。曾任衢州知府。在任期间曾致力于创办新式学堂和实业研究会,讲求改良水利和种植。有《棉桑辑要》和《汉镇警察章程》等书行世。
② 邓芷谿:指邓沅(1866—1943),字芷谿,一说叔进。湖南长沙人。光绪进士(甲午恩科探花),以翰林侍讲入值南书房。此时作为湖北游历官赴日考察。后任四川学政。1912年后曾任袁世凯总统府秘书。袁称帝后以疢辞职。隐居上海以书家卖字为生。
③ 罗荇农:指罗庆昌。四川营山人。曾任浠水县知县。此时奉派赴日考察。
④ 夏孝斋:指夏绍范(1869—1914),字孝斋,一说孝琪。湖南衡阳人。革命家夏明翰之父。以优贡生入仕。1903—1904年奉湖广总督张之洞之命赴日考察。归国后写成《东游笔记》和《日本官职志》两书。此后长期在湖北担任实业长官、法官及州县吏。曾响应辛亥革命,系清朝官员中之开明者。
⑤ 胡绥之:指胡玉缙(1859—1940),江苏元和(今吴县属)人。1903年应经济特科试,录取高等,任湖北知县,旋入张之洞幕,赴日考察。历任学部员外郎、历史博物馆馆长、北京大学教授等职务。著有《甲辰东游日记》《四库全书总目提要补正》等著作。

五月二十一日(7月4日)　晴

高师附属小学校教学观摩(六)

参观附属小学校第三部　第七次听松本君讲学制

六时起,八时半同伯苓、智怡赴大塚町高等师范学校附属小学校第三部,先投刺于大桥铜造①君［寓牛込区津久户前町十五番地］,君导观高等单级室,适值作文。室内凡分三班,每班一题。大桥君执一卷见示,题为《世界万事塞翁の驹》。又其他诸卷多书"秦始皇筑长城"语,大约题中语也。惜所书假名太多,不能晓其文义。立片刻,大桥君又导至寻常单级室,方授国语。师顾而淑髭、精神活泼,初画一笋于板之下端,令一生登台较其身与笋高下,得适平,又一生较之低于笋二寸,此生乃对彼生曰,我低于汝二寸也。盖亦读本中语,寄算法于国语也。〈师〉始与诸生相问对,又选某某登台上对谈,旋择诸生数人令效书中情事。一生肖醉人,又一生肖警察立讲台上,又两生作为父子问答,指醉人而言饮酒之害,诸生皆乐不可支。此一班之课也。又一女生肖瞽人扶杖行,一男生肖顽童夺其杖,掷诸地而逸,又两女子进前作扶掖状导之行,至一女生之前,似若送还其家者,然瞽者致谢乃毕。此又一班之课也。师旋又曰,适才学警察者语乃模胡不易晓,盍再试之。此生复登台,一生立其上,问答一通,声渐清澈矣,乃止。此室合四年生计之凡百余人,而座位仅可容六十余人,余等参观之时乃二年至四年生,其一年生大约在外游息,此三班教毕退出,彼一年生乃入［有女挟带圆孔之木板按排启其几上盖,纳板于其中,因彼三班尚有书物未携去者,以此板界之。板之下为旧班之物,板之上为后至者之物也］。据松本君云,此名二部教室［旧名半日学校,今改］。后观高等室四年,皆习图画(执花一枚写生),二年至三年生听讲理科,题为《夏の水边》,盖讲动物也。且讲且画且肖其状,诸生皆谛听不倦,惜余不全解也。

十一时辞出,会芳楼午饭。饭后至尚美堂阅标本诸图,索其目录

---

① 大桥铜造:东京高等师范学校教授兼附属小学主事。1905年兼任宏文学院教授。著有《国语科教授法》。

以归。

文部省听讲（七）

到文部省听松本君讲幼稚园、盲哑学校及类似诸小学校之大略，又讲半日学校及二部教室之大略。松本君今日有小疾，以电话致贵临馆欲止余等勿往，而余等适不在，不之知也。余等既到，松本君遂隐其前事，勉为余等演讲两小时。讲毕乃直告之，日人之肫挚，真可感也。

四时归寓。晚，曹润田来谈。

收信　罗顺循大令[五月七日，保定]，尹澄甫兄[四月十五]，约敏侄[五月七日]。

发信　石塚猪男藏

五月二十二日（7月5日）　晴

高师附属小学校教学观摩（七）

六时起，七时四十五分同张、高二君往观附属小学校第一、二部高等科谈话会，即佐佐木君所谓学艺会也。棚桥君赠顺序表一纸，其所列如下：

一、职员生徒入场

二、开会ノ辞（案，此棚桥君演说）

三、唱歌（我国兵士）一ノ高一全体（一ノ高一全体者，第一部高等一年生全班也，下仿此）

四、谈话一ノ高一二人（一人毕又一人，下仿此）

五、读本朗读二ノ高一一人

六、同上一ノ高二二人

七、谈话一ノ高二二人

八、读本朗读二ノ高三一人

九、同上二ノ高四一人

十、教师谈话（十分），后藤、堀田[一论吸烟之无益，引日本古人语；一论读本读法]

十一、唱歌（箱根八里）二ノ高一、二全体[旷生极赞此歌之声调]

十二、读本朗读一ノ高一一人

十三、作文朗读二ノ高一一人

十四、同上二ノ高二一人

十五、教师批评:阿知波[批评诸生项间诸艺之优劣,大抵奖语为多]

十六、唱歌(故乡空)一ノ高二全体

十七、谈话二ノ高三二人

十八、同上二ノ高一二人

十九、同上二ノ高四二人

二十、教师谈话(十分)江藤、儿崎[各说一故事。一言一挟重资约二千元深山遇盗被救,初欲析其半以酬之,渐行渐吝,乃损至二十五元;一言子久客归,其母不肯留宿]

二十一、休憩(茶果ヲ给ス)[十余分]

二十二、唱歌(甲——《学友》,乙——《飞小鸟》二高三、四全体)

二十三、英语对话 一ノ高二五人[作路遇交谈状]

二十四、英文朗读 一ノ高一一人[美国人]

二十五、同上二ノ高三一人

二十六、同上二ノ高四一人

二十七、英文会话二ノ高二二人[有四女生,其二坐而织物,其二人来访谈话,不记在第几次。似是高等四年,然四年而四人者表中所无,盖人数有时增减无从追忆也]

二十八、唱歌(《航海》)一ノ高一五人

二十九、作文朗读二ノ高一一人

三十、同上一ノ高二一人

三十一、谈话二ノ高二一人

三十二、同上二ノ高二一人

三十三、唱歌(《富国强兵》)一ノ高二五人

三十四、作文朗读二ノ高三一人

三十五、同上二ノ高四一人

三十六、读本朗读一ノ高二人

三十七、教师批评　江藤

三十八、唱歌(《金刚石》)

三十九、闭会之辞[佐佐木]

四十、一同敬礼

四十一、职员生徒顺序退散

文部省听讲(八)

今用〈昼〉午饭,饭后到文部听松本君讲实业学校之概略。未毕,而普通局长泽柳君①请余相见,乃辍讲。泽柳君执吾国最新奏定章程一册,问吾国颁布及奉行之大略,谈约三十分而出。

五时归寓,晚餐后到会馆阅《大公报》及诸旬报,听铃木君教音乐。十时后归。与伯颜、旷生谈。十一时睡。

五月二十三日(7月6日)　晴热

随宏文外塾学生参观天文台

天文台参观　第九次听松本君讲

六时半起,八时同旷生、伯龄、鉴塘赴麻布区饭仓町三丁目,随宏文外塾诸君参观天文台。主者先展案上所列图书讲星月诸形,又导至一室观子午仪。对镜窥之,但见纵纹三道,横纹一道。主者讲说许久,惜译者不通此学,不能译也。又导入一室,余以人太壅塞无所见。又导外一楼中,设大镜筒,其顶为圆盖(如瓜瓣形),能旋转以就日光[盖如瓣形,敞其一瓣],斜植其筒使日光射入。主者以白纸承其光,可以察见日之黑斑[斑痕甚微茫]。又导至一处,室之外有一斜立之圆镜;又一横卧之镜筒,此筒引长达暗室中,日光自斜镜射入筒,达于暗室壁上,日之形状显然可识,能以照相法为日写真云。

---

① 泽柳君:指泽柳政太郎(1865—1927),信浓(今长野县属)人。东京帝国大学毕业。历任文部省书记官、第二高等学校和第一高等学校校长、文部省普通学务局长及文部次官、帝国教育会会长等职务。曾创办成城学园。其著作编辑为《泽柳政太郎全集》全10卷。

十一时辞出。三泽君赠所著天文书一本。三泽君者宏文讲师,今日偕师范生同来者也。三田乘电车至锦町下车,今用〈屋〉午饭。

文部省听讲(九)

午,文部听松本君讲实业学校甲乙两种,三时半出。

三省堂阅书,买《汉和大字典》一册。

晚,李伯芝、王峄山、顾仲康①[德邻,泮香同年之子]来。

五月二十四日(7月7日)　晴

文部省听讲(十)

第十次听松本君讲

六时起,写日记,写复张云搏信。八时半偕张、高二君赴文部省,〈听〉松本君谈实业学校事。已毕,约定二十六日往文部省各课参观。十时半辞出。乘电车至上野日本料理屋昼食。赴教育品制造会社商订物品,入其工场并楼上庋物处一观。四时回寓。商酌应购物事。

晚饭后赴留学生会馆,是日音乐演习。九时半归。何燮侯宿,与旷生谈。

发信　寄张云搏。

五月二十五日(7月8日)　雨

高等工业学校毕业典礼

高等工业学校观卒业式

六时起。邓孝可来。九时半到高等工业学校观卒业式。

——卒业证书授与

——修业证明书授与

——特待生选定

——文部大臣授优等生奖品,又授课业尤勤者奖牌[一年不旷课铜牌、二年银、三年金]

---

① 顾仲康:指顾德邻,字仲康。顺天府宛平人。1904年官费留日,入法政大学学法律。1908年经学部考试,授法政科进士。以主事分部录用。后任宪政编查馆编制局副科员。民国初曾任工商部佥事。

——森村丰明会优等赏给与［森村者巨室也，以六十元奖最优之一人］

——校长演说［甚久］

——文部大臣演说［预书一笺诵之，寥寥数行而已］

——来宾大隈伯爵演说［言三十年日本工业之进步］

——本校卒业生总代答词［执纸长方形，两纸一表一里，表题"答辞"两大字，里即其辞也，立谈之。下同］

——附设工业教员养成所卒业生总代答词

——选科修了外国人总代答词［洪镕读之］

式毕入休①憩所，十二时后归。

写寄约敏信。

附记：是日高等工业学校卒业生　机械科四十三名［内优等一人，曰远藤政直］、染织科色染分科六名、染织科机织分科五名、窑业科四名、应用化学科十六名、电气科电气机械分科十五名、电气科电气化学分科三名、工业图案科五名（计九十七人）。

附设工业教员养成所卒业生：金工速成科四名［二学年一人，一学年三人］、木工速成科三名［二学年一人，一学年二人］、漆工速成科一名［一学年］（计八名）。

高等工业专攻科修了者：应用化学科专攻生一名、机械科专攻生一名。选科修了者：染织科色染分科选科一名、染织科机织分科选科三名、窑业科选科二名、应用化学科选科二名［王守善、周培炳］、机械科选科五名［范鸿泰、洪镕、其他二人日本人］（计十三名）。

附设工业教员养成所附属工业补习学校修了生（八十二名）。

以上［卒业、修了］总计二百名。

高等工业学校特待生七名。

奖赏品者四人：森村赏者1名、奖金牌者五名、银牌者二十四名、铜牌者五十名。

---

① 休：原字作"修"。

工业教员养成所：金牌一名、银牌九名、铜牌十一名〔金银铜合计百名〕。

与旷生谈话托其代拟信稿。

赴曾志忞约，十时后步归。

发信　寄约敏侄，答三信事并叙近日居东情况。

五月二十六日（7月9日）　阴

参观文部省并晤松浦镇次郎

文部参观

六时起。八时半同伯、旷二君往文部省。松本君导观各局，晤次官文书课长〔文部大臣秘书官兼文部省参事官〕松浦镇次郎①，文部书记官渡部董之介②。松本君日内似有他事，颇匆遽，仅草草阅一周，未及详询为憾。十时半辞出归寓。

午后欲往看王子制纸厂，因时已晚，未果往。高等学校留学生朱伯渊、周瑞伯同来，朱言将往旅行，特来告辞。周，湘阳人，极明爽。

梁璧垣之弟鼎甫来访旷生，谈片刻。

和田君来言，长冈子爵与根津君为介绍此间文学夙著者数人，不日将介绍书送来。

收信　约敏侄、蠲儿、舒儿。

五月二十七日（7月10日）　雨

同乡会

清风亭同乡会

七时起，九时半同张、高二公答拜周崧甫太守，谈刻许。往清风亭，

---

① 松浦镇次郎（1872—1945）：爱媛人。东京帝国大学毕业后，入文部省，历任参事官、文相秘书官、文部次官等。继任东北大学和九州大学校长。1930—1938年任贵族院议员。后任枢密顾问官、文部大臣。

② 渡部董之介（1865—1938）：岐阜人。1889年毕业于东京帝国大学文科大学哲学科。历任文部省视学官、参事官、书记官等职。后就任于第七高等学校造士馆。

是日同乡开会,为速成师范诸君饯行兼及张伯翁及余。到开会已久,仅闻崇儿演说暑中之卫生。又崔子玉、吴鼐臣其演说求学作事之道。十三时会食。原拟摄影,因雨未果。一时归。

写致胡、杨二公信,未完。

晚与旷生、伯颜闲谈。

收信　罗顺循,附致晳子一函。赵幼梅。

五月二十八日(7月11日)　夜雨,近午乃止。晚十时又大雨

未出门

七时起。阴雨终日未出门。写信。

何仲书午前来。何爕侯灯下来。

和久屋吴服商店持周瑞伯名刺来。

崇、怡、鍾俱宿伊藤方。

五月二十九日(7月12日)　雨转晴

出席贵州省留学生欢迎会

七时起。拟复陶杏南信,未就。

钞松本参事所谈。

午后于子极、毛子龙、黎伯颜来谈。

夏孝斋[绍范,湖北知县]来访,谈次知其令伯即时泰,其令尊即时济,皆壬午乡举。陈梅生[嘉定],又孝斋之外舅也,孝斋曾署宜昌之归州,此次奉派游历。

夕赴偕乐园贵州诸公欢迎会,主人夏用卿[同龢,麻哈]、朱一清[平越]、朱文伯①[学曾,一清令嗣,同,成城]、熊石安②[朝鼎,贵阳,宏文]、

---

① 朱文伯:指朱学曾(1865—1924),字文伯。贵州平越(今福泉)人。早年留学日本,中央大学法学科毕业。曾任清政府内阁中书。1912年后历任京师高等审判厅推事、厅长、法律编修馆总纂、北京政法大学教授等职务。

② 熊石安:指熊朝鼎,字石安。贵州贵阳人。官费留学日本,入读宏文学院。

董熙台①[恩禄,思州,同文]、金舜孳[瓯,用卿之戚,贵阳,政法速成]、蹇季常[念益,遵义,早稻田]、于子极[铁道]、蹇方叔[益桀,遵义]、刘子明[叙五,清镇]、毛子龙[邦伟,遵义,高等师范]、何仲书[培琛,高等学校]、黎伯颜[渊,遵义,法学院卒业]、黎仲苏[迈,遵义,高等工业]。十时归。

发信　约敏侄,附致女塾诸生。胡、杨二公、罗顺翁、李少卿观察、赵幼梅、陈敬韩。

收信　东亚同文会送来长冈子爵介绍书,伊泽修二君送来所著《东亚历史读本》三册。

六月初一日(7月13日)　晴

寻常师范学校与三省堂印刷所

寻常师范学校参观　三省堂印刷所参观

六时起,同旷、伯二公步至饭田町,乘人力车[欲乘汽车,时已过]往青山参观府立寻常师范学校,晤校长泷泽菊太郎、书记天野静也,谈片刻,天野君导观。附属小学校寻常三年者一室,师教习字;寻常一年者一室,师教算法[教法最善,上半年教至十数,与一桥之小学校同];又高等三、四年女生一室,师教生理;又单级者一室,有习字者,有诵读本者,其师皆第四年师范生为之[附属小学校师范生轮流教之]。师范学校之教员随时稽察,以核其成绩。教员每周间亦担任一两时间云。观自修室、寄宿舍、盥室、食堂,皆精洁修整。过观师范生教室,自门外觇之,生徒皆端坐听讲,静肃异常。

十时半辞出,乘汽车至饭田町下,到留学生会馆借地用饭。遇著芗、

---

① 董恩禄:指董熙台(1876—1948),一说熙如,号时熙。贵州恩州人。1903年以官费留日,入读同文书院,后毕业于法政专门学校。在日期间加入同盟会。归国后曾任云南陆军学堂学监、云南督军参赞、贵阳县知事、厘金总办等职务。1922年代理镇远县县长,1924年任岑巩县县长,1925年弃政从教。

玉孙、柘公。余同旷生至外务省访翻译官岩村成允①,谈片刻。闻小村大臣②、珍田次官③及山座君④均不在,留刺焉。

到日比谷公园小憩。

乘电车至万石桥下,访重野安绎⑤君不遇。

到三省堂,其店员奥村君导至三崎町,观该堂所设印刷所。凡活板机三架,每架日可印万纸,石印机日可印六千纸云。捡英字母者皆曾考选,大都中学校〈毕业〉。

六时归,玉孙、柘甫二公在焉。晚与二公畅谈。

买绣画十余幅。

赞廷来谈甚久。

六月初二日(7月14日)

井上哲次郎论东西文化

王子制纸会社参观

六时半起。伯、旷二公、余及智怡凡四人,自万石桥乘电车至上野易汽车至王子[过田端],观造纸厂。是厂凡机三分仅观其一。先至楼之最

---

① 岩村成允(1876—?):精通汉语,系外务省译员和官僚。曾任驻南京领事、驻铁岭领事、外务省书记官等职务。长期工作于外务省对华文化事业部。1932年曾赴欧美调查各国对东方文化的研究状况。著有《北京正音支那新字典》《支那现代文详解》《欧美各国东方学术研究的现状》《安南通史》等。2015年因其收藏之明代书法家张瑞图所书之《心经》手卷在北京高价拍出,而广为中国收藏家所知。
② 小村大臣:原文作"小田大臣",当系小村大臣之误,即小村寿太郎(1855—1911),早年留学美国。1884年入外务省,历任翻译局长、驻清公使馆一等书记官、外务次官、驻美公使、驻俄公使等,1901年任外务大臣,积极推行对中国的扩张和对朝鲜的并吞政策。又任枢密顾问官和驻英大使。
③ 珍田次官:指珍田捨己(1856—1929),早年留学美国。1885年入外务省,先后出任驻巴西、荷兰、丹麦、俄国公使。1901年任外务次官。后又曾任驻德国、美国、英国大使。1920年任枢密顾问官,后任侍从长。
④ 山座君:指山座圆次郎。
⑤ 重野安绎(1827—1910):字士德,号成斋。萨摩(今鹿儿岛)人。曾就学于昌平黉,历任临时编修局编修长、东京大学教授、贵族院议员等职务。善汉诗文,系知名汉学家,文学博士。著有《大日本维新史》等著作。

381

上层,堆蓝布条高可及栋,有女工捡拾,筛去其渣滓,此为入手第一工。次则剪,次则煮,次则搅,次则洗,至洗净后乃入制纸池中。池与池相接,池尽则轴与轴相接,轴之内含蒸汽,纸经一遭则湿者渐燥以至于干。在此端为浓汁,在彼端已成白纸,真绝妙也。导观者店员清水金元君曾学制纸于美国[由三井行介绍],凡二年。

后乘汽车归,至上野公园之三宜亭借地用饭。饭后,余同旷生访井上哲次郎[文学博士]①,谈约一小时。井上君于二十年前留学德国,凡十年。识吾国陈季同②、赓音泰。论日本教育得力在德川最后三百年,既重儒学又发明武士道,不遗余力。近三十年,复采西洋之所长,故益觉完全。又言,日本维新之政,吉田松阴③之功为多,山县④、伊藤⑤皆其弟子。其时诸贤放胆直进,乃有今日。亦武士道得力之一证也。又言宗教界限渐次融化,不论教之异同,但论理之邪正,如日露之战英美皆表同情于日本,此其大验矣。谈次时作清语,但不能多耳。

访山川健次郎⑥不遇。

---

① 井上哲次郎(1855—1944):号巽轩。筑前(今福冈县属)人。毕业于东京帝国大学。幼习汉学。曾编辑出版日本最早的哲学辞典《哲学字汇》。1884—1890年留学德国,积极引进德国观念论哲学,并尝试以西洋哲学的方法来解释以儒教为中心的东洋哲学。曾著《敕语衍义》以注释《教育敕语》。对基督教持排斥态度。长期担任东京帝国大学教授,后任贵族院议员。主要著作有《日本阳明学派之哲学》等。
② 陈季同(1851—1907):字敬如,一作镜如,号三乘槎客。福建侯官人。1877年官费赴法,入巴黎政治学堂(巴黎政法大学前身)学法律。后任驻德、驻法使馆参赞、代理驻法公使兼驻比利时、奥地利、丹麦和荷兰四国参赞,在巴黎居住16年之久。曾以法文写作《中国人自画像》《中国戏剧》等多部介绍中国文化的著作。同时也把《拿破仑法典》和雨果及左拉小说等译介到中国来。他被认为是先于辜鸿铭和林语堂向西方传播中国文化的先驱。
③ 吉田松阴(1830—1859):一名寅次郎。长门(今山口)人。幼习儒学与兵学,后师事佐久间象山。因偷渡未遂被捕判罪。待罪中开办松下村塾,为幕末维新期培养了一批人才。后以批评幕府被处死刑。平生著述集结为《吉田松阴全集》全十卷。
④ 山县:指山县有朋。
⑤ 伊藤:指伊藤博文。
⑥ 山川健次郎(1854—1931):会津(今福岛县属)人。留学德、美,学习物理。历任东京帝国大学理科大学教授,东京、九州、京都诸帝国大学校长,贵族院议员,枢密顾问官,叙男爵。

访田尻稻次郎[法学博士]①,老儒也。曾学于西洋,明治十二年始归。言在大学已二十六年矣。论日本明治初年学制大略,言欲考学制之沿革,有法令全书及文部省之年报,检②阅之,可得大凡。如有见问,随时可来谈云。四时辞出。

至留学生会馆阅报,五时后乃归。晚筱庄、用卿、子龙诸君来谈。

收信　约敏　五月十五日发。林、卞二公五月十四日信。

来客　邓芷溪太守沅。

六月初三日(7月15日)　阴凉,晚小雨

早稻田大学毕业典礼

国民教育社附设幼稚园参观

早稻田大学卒业式参观

六时半起,同高、张二君步出,拟观所谓神田小学校者。过三省堂邀其店员奥村君为向导,入一幼稚园,主者以将休息谢。又过表神保町一番地,入一狭巷,门前榜曰"幼稚园",又曰"国民教育社"。入见主人,主人曰多田房之辅③,为国民教育社长,又为国民教育会主干,园乃其自立也。据言初立之时拟招六十人,及开学仅得十人,时已方为他处教员,悉以月俸所入供园费,其妻君亦徒效力焉。积久始渐发达,来学者日益众,教授管理诸法在东京自谓不后于人。又言官立幼稚园月收百余元,尚不足用,此则仅需五十元而足,人出月费七、八十钱耳。又自言由十五岁即从事于教育,十七岁入师范学校,其妻君亦师范学校卒业者也。谈次以杂志数册见赠。其书名曰《日本小学之教师》,月出一册。所载社说、时

---

① 田尻稻次郎(1850—1923),号北雷。祖籍萨摩(今鹿儿岛)。留学美国,入耶鲁大学学习经济财政。历任东京帝国大学教授、大藏省银行局长、贵族院议员、大藏次官、会计检查院长、东京市市长,帝国学士院会员等职务,叙子爵。

② 检:原字作"捡"。

③ 多田房之辅(1862—1940):安房(今千叶县属)人。千叶师范毕业。曾任千叶县教育会干事,并在东京、千叶等地历任小学校长等职。1899年创立国民教育学会,发行《日本之小学教师》杂志,以推动初等教育发展和教师地位之提高。

383

评、杂录等等,大都论小学校事。多田君即杂志之主笔也。国民教育会又改称大日本小学教师协会云。

十时半辞出,至三省堂小坐,约奥村君同至料理屋午饭。饭后阅书肆数处,同赴早稻田大学观卒业式。入场后授优等生奖品,校长鸠山和夫①演说,得业生总代坂本幸太郎答词,清国得业生林棨②答词,学监高田早苗报告,校友总代增田义一③祝辞,来宾大石正巳④演说,干事告散会,乃出。来宾甚众,余所识者惟久保田文相、嘉纳校长而已。吾国杨公使亦至。六时冒雨归。

晚奥村君来。

六月初四日(7月16日)　早阴

实践女学校清国留学生毕业典礼

实践女学校观卒业式

六时起。八时后同旷生赴实践女学校观我国留学生卒业式。九时后开会,唱歌,校长下田歌子演说。授证书讫,卒业生陈彦安诵答词,又来宾一人读祝词。陈彦安奏风琴,又唱歌,大家相对致敬乃毕。卒业者二人,一钱一陈。钱为念劬先生之子妇,陈则章仲和之妻君也,又方监督之夫人亦与其列得证书,闻系领修业证书云。

卒业式毕,入一讲堂观清国学生成绩,织绣图画为多,有极工者。其

---

① 鸠山和夫(1856—1911):江户(今东京)人。毕业于开成学校。留学美国,先后入哥伦比亚大学、耶鲁大学学法律。归国后执律师业务,曾任东京府会议员,外务省权大书记官,东京大学教授,众议院议员、议长,外务次官,东京专门学校校长,早稻田大学校长等职务。
② 林棨(1855—?):字少旭。福建闽侯人。留学日本,毕业于早稻田大学政治经济科。曾任京师大学堂法政科监督。1912年后,历任教育部专门教育司司长、大理院推事、京师及江苏等地高等审判厅厅长等职务。又,曾任伪满洲国政府秘书官、最高法院院长。编译著作有《国际公法精义》及《宪政论》等。
③ 增田义一(1869—1949):号稻田。越后(今新潟县属)人。22岁入东京专门学校。毕业后入读卖新闻社。1899年创实业之日本社,任社长,发行《实业之日本》杂志。1912年当选为众议员,1931年任众议院副议长。
④ 大石正巳(1855—1935):土佐(今高知)人。早年加入立志社,从事自由民权运动。后成为自由党干事。1882年脱党。曾任大隈内阁农商务相等职务。参加过一系列的政党政争,失败后引退。

相对之壁上悬日人成绩,大镜两方皆织绣者,写生妙肖,非吾国女生所及矣。茶果飨客,列长案如西式,进食、彻食皆校生为之,食品亦皆校生所制。又旁立数生为客挥扇,余谓旷生此日本所独,东西妇女殆不屑为。

十一时半辞出,至一ッ桥通西洋料理屋午食。食毕,三省堂小坐,阅览《官报》、《教育公报》、职员录及诸书坊之书目。拟访辻新次①君,电话询之,知已旅行。再访重野安绎君,不遇。

依田雄甫赠所著《地理指掌图》

归寓遇智崇,言将同伯苓师往龙门馆,余因从之行。至杨陆宾室坐许久,六时归。晚依田雄甫②君来访[居牛込区神乐町二ノ二十五],君曾以所著《地理指掌图》见赠,索予题词。君所著又有《世界历史》及《世界读史地图》,读史地图今始成,将出版。君曾在青山师范学校为教员五年,今则为幼年学校教授,与和田君友善。

收信　平泽君赠所发明制造之药两裹。

发信　林、卞二公。

来客　胡绥之、罗荇农、崔子玉、张文澜,俱未晤。

六月初五日(7月17日)　晴,酷热

赴亚雅音乐送别会

亚雅音乐会

六时起。八时后同伯苓、鉴塘、伯颜三君子往吾妻桥札幌麦酒会社赴亚雅音乐送别会。到者一百三十余人;日人则铃木、伊泽、高桥诸君也。十时开会,曾志忞演说开场词,严智怡演说音乐会期望卒业诸君之意旨,钱念慈演说答词,会员唱国歌,会员唱留学生歌,沈君强汉以洋琴谐昆曲,陈彦安女士奏风琴。华君振吹笛,而潘君志愭以日本喇叭谐之,

---

① 辻新次(1842—1915):信浓(今长野县属)人。曾就学于蕃书调所,历任开成所助教、大学校校长、文部书记官、地方学务局长、普通学务局长、文部次官等职务。创办大日本教育会(又称帝国教育会),并出任首任会长。叙男爵。

② 依田雄甫(1864—1937):下总(今千叶县属)人。1893年毕业于东京帝国大学,先后执教于东京师范、府立四中等。1897年任陆军中央幼年学校教授,1924年转任庆应义塾大学教授。著有《墨水二十四景记》《世界读史地图》《日俄战纪》等。

曾志忞夫妇合奏风琴,会员合唱送别歌。十一时会散。十二时会食饮麦酒,食番菜。午后在池边石上摄影。园景俱佳,伊泽君言此藩侯故邸也。

三时乘电车归,陆宾与俱。晚,鼐臣来,子玉、古里、海门来谈。十时睡。

智锺宿其兄处。

收信　约敏,五月二十二日发,附女塾诸生信九件,智开信一件,约敏寄崇、怡信一件。又品侯①、子久信各一件。女塾寄智锺信一件。约敏寄智锺信一件。

六月初六日(7月18日)　阴　热少减

外务大臣持刺来拜

昼未出门,夜观活动大写真。

七时起。未出门。写复陶杏南、魏梯云信,又别复梯云信,批改女塾诸生来信凡十件。写寄约敏信,写复女塾诸生信。晚同高、张、张、杨、胡、李六君子往观活动大写真,过三省堂邀奥村君俱往。演日露诸战事及拿破仑一生事迹,其他余兴数事,十时散归。

智怡来,智锺从其大兄宿。

发信　寄约敏并女塾诸生附批改信一件,章程、唱歌集等七纸又三本,复陶、魏二君信。

来客　外务大臣持刺来拜。

六月初七日(7月19日)　早薄阴

写赠手岛精一诗幅

六时起,写赠手岛君②诗幅,为宏文外塾受付③人宫本书联额,又为其会计(赤松)书屏额。

---

① 品侯:指姚彤章(1874—1942),字品侯,号研曾。直隶天津人。曾任天津营务处承审、河务局长、唐山警察局长、中央研究院考古研究员等职务。善诗文、书法,为天津"城南诗社"成员。著有《朗山诗草》《稔斋诗草》等。
② 手岛君:指手岛精一。
③ 受付:传达与收发。

午答拜邓芷溪。到宏文外塾一看,因今日开考也。余至时试验已毕,谈片刻。访和宣,约明日赴日光。夕归。铸生、仲先、陆宾及教育品社员中村在此久谈。

发信　致陈表叔论诸君栖居。

六月初八日(7月20日)

日光行

六时起,八时同高、李、张、黎四君乘人力车至上野登汽车,九时开行[赴日光一等票三元十一钱]。至宇都宫易车,是处为交道,一赴日光,一赴青森也。二时顷至日光町,有神山旅馆之支店在停车场旁。其店员为雇人力车送至其本店。松树夹路,古阴森森。树尽则为长街一道,约行半里许即至神山之本店,宿其楼上。楼面山,其下有亭有池,绝幽静。

伯颜携有小说曰《官场现形记》,是日恰无事,读之至尽。

发信　寄约敏。

六月初九日(7月21日)

"生平胜游以今日为最"

六时起。早餐后,五人乘人力车出日光町。町尽,见一长桥名曰"神桥"[左行则为东照宫之路]。过桥循足尾运铜之铁轨行[遇载铜之牛车甚多],至交道处右趋[其左通足尾],少顷入山径[山下旧路废]。曲折而登,路尽,至一茶屋小憩。其地曰"马返",恰居神桥与中禅寺之中半也[案内记云,马返去神桥一里三十町,去中禅寺一里余]。又行小路许久,至中茶屋。中庭大石题曰"磁石",伯苓君以南针试之良久。又行过华严泷[有木牌书"华严投身制止"等字],有茶屋。循山路降至泷之下端处,有铁栏环之[案内记云,长七十余丈,阔三间余]。水声轰轰,白雪瀑飞,虽不如(贵州)黄果树瀑布之巨,然亦足以为观美矣。自此分两路,一小路至中禅寺不过十町,其一大路则三十町许也。众皆欲行小路,路崎岖,既陡且滑。诸君从容而登,余则喘汗相属。行数折后登车,迂回而登,路宽坦,殆即案内记中所谓"太平坂"也。坂尽,穿丛林直行,平旷弥望,不意山顶乃有此大高原也。原尽见小溪不以为意,忽一转则大湖当前,惊喜不可名状。至湖滨旅馆名"米屋"者,入焉。初意今夕仍回日光町,因爱此湖,辄复作半日勾留焉。五人泛小舟于湖上。晚,余与高、黎二君复泛于月下,生平胜游以今日为最矣〔湖名"南湖"〕。

米屋旅馆精洁之至,女中①皆恂谨,东京不数见也,且价不昂〔一宿日本料理二元二角,西洋料理二元耳〕。十时睡,衾褥皆精洁,虽不甚华。

发明信片二,一寄智怡,一寄智惺。

六月初十日(7月22日)

"日人保守之善亦足称"

六时起。早餐后下山。车行甚速,不停留,仅于过中村屋时一小憩耳。十时至神桥,舍车,步寻东照宫〔先至一庙,其中有取扱所买拜览券,每券八角,有一人作向导〕。案内记中所云石华表、五重塔、石灯笼、三代将军手植之槙、御厩、鸟居、钟鼓楼、朝鲜钟、阳明门、唐门、拜殿、本殿、奥院等,皆一一周览。东照宫本为德川将军之家庙,德川之第一代曰家康,建庙者家康之孙,所谓三代将军也。金碧璀璨,穷工极巧,乃至一灯之制亦需万金,即其他可知矣。某殿之古有贮宝物室,所藏皆家康生平用物,自舆服、刀剑、杂佩,乃至乐器,无一不备。所见有牙笏及②编钟等,皆华制也。奥院特藏家康生平文札,历石阶二百七级而始达。老树皆数百年前旧物,五人仅可合抱。游此宫想见当年将军之势力,而日人保守之善亦足称矣。别有三代将军庙,因时迫未入。二时归神山旅馆,午后校读宏文外塾所记讲义至夜十时,仅草草一过耳。

六月十一日(7月23日)

五时起,八时后至车场,八时五十四分开车。十时后至宇都宫,至一旅馆用饭。二时后复登车至上野。时大雷雨,冒雨归贵临馆。

---

① 女中:女仆,女服务员。
② 及,原字作"皆",显系"及"字之误。

晚张文澜、邢赞廷、廉励卿先后来。

收信　约敏五月二十六日信。

六月十二日　即阳历七月二十四日①

五时半起,补数日日记,写寄尹澄兄信,论厘捐事宜仍旧,并谢惠青田石印章。薙发。九时同高、张、张三君往九段坂上,与同乡诸君照相,十二时乃毕。

西洋料理屋午饭,伯苓、鉴塘、陆宾、润甫、伯颜、季常及余父子四人,凡十人。饭后答拜陆仲芳②不遇。归寓拟访马拱辰,电话询之,言已他出矣,乃已。柘叔、小庄、际唐③、著芗、皙子、润甫先后来谈。晚阅《大公报》《警钟日报》,为伯芝书扇。

收信　约敏五月二十九日信。渡边龙圣自长崎西历七月二十日信。伊泽君信言,帝国教育会长辻君已代介绍,明后日下午四钟相候。

发信　致澄甫兄。

六月十三日　即阳历七月二十五日

木崎盛政携地图若干种来访

早雨甚大,午后止。

五时五十分起,为三省堂店员奥村君书扇。木崎盛政④君精测绘舆

---

① "即阳历七月二十四日":此处阳历系作者自注,以下七月二十五日、七月二十六日等同。
② 陆仲芳:指陆世芬。浙江仁和人。光绪举人。1898 年官费留日,经日华学堂,入读高等商业学校。参与创办译书汇编社和《译书汇编》杂志。并创教科书编译社,大力编译出版中学教科书供国内各省采用。归国后,曾任直隶副监理财政官,兼任京师大学堂进士馆教习。1912 年后,曾任审计院审计官。曾与朱志尧等在杭州创办纬成丝呢公司。1923 年关东大震灾时,曾以日语顾问身份,参加上海组织的救援队前往东京救灾。
③ 际唐:指郑朝熙,字际唐。直隶衡水人。自费留学日本,入读宏文学院师范科。曾任北京高等师范学校附属小学主任等职务。20 世纪 30 年代,曾在天津创立河北省立女子师范附属小学(今杭州道小学前身)。并参与编撰小学教科书多种。
④ 木崎盛政(1867—1945):山形人。毕业于山形师范。曾任小学教员和校长。后入读陆地测量部修技所。毕业后被分配至陆测部制图科,但以怠工受到惩处,乃转入民间地图制作业。后于自宅内创设地图工作室"政教图阁"。大正年间,受文部省委托,为教科书绘制地图。以其在该行业方面的卓越贡献,被称为"民间地图现代化的开山祖师"。

地之学,曾在参谋本部,今为政教图阁之主干。是日持伊泽君名刺为介来访,携所著地图若干种。

冒雨访马拱辰,商数事,且言改长期之三人,拟移川费为在此守候之旅费,暂付每月三十元,俟续派者月费有确数或较此数为多再补给之,总之一律。谈毕仍冒雨归。

写字幅　坂田、平泽、根津、伊藤、石出、长冈。

陈乐书来。

夕,伯颜谈振贝子、伦贝子及李、蔡两公使旧事。

余仲先来,余劝其译学报。

晚,李紫洲来坐片刻即去。与伯苓先生议天津立分科学堂事。

收信　根津一阳历二十八招饮。陈柘翁信言,今日有柔道角胜,可以往观。芸生寄来直隶师范二十三人姓名履历单。

发信　复柘翁并寄还参观笔记一本、教育学一本。

收信　嘉纳约十五日往观卒业式。

六月十四日　七月二十六日

西川风琴制造所定购风琴

五时半起。铃木君约赴横滨观风琴制造所。君七时半至,随约伯颜、旷生、柏龄三君,余及智怡凡六人至新桥,九时开车,十时到横滨,步行至日ノ出町。该所临河,主人曰西川氏,少时能制三弦,闻西乐而美之,乃学制风琴之法。又因制西琴,为通西乐乃学西乐,且学且制。始明治十年,至今二十余年矣,遂为日本全国业此者之巨擘,西人无不知有西川某者。其子某又往美洲学之,三年而归。该所所雇工匠大都听西川父子之指挥。ピアノ①之内容买诸西洋而自装纳;オルガン②则皆自制。不但不借资于西洋,且所制者恒运往西洋销售。铃木君云,西川君,日本一奇人也。信然。

西川父子导观各工作,其中以木工为多,大都以机器为之,或截或刮

---

① ピアノ:钢琴。
② オルガン:风琴。

或钻或削,皆敏速异常。凡诸工之所为,其子皆能之,一一为余等试之。

阅毕为天津学堂买オルガン两具。又留茶饵酒肴小啜,乃别去。

辻新次的选派留学生建议

旷生、伯颜候于山下木牧町之镜海楼,佐儒在焉。谈约一小时,因有帝国教育会之约,匆匆先告别。同旷生、伯颜乘四时半汽车归。下车同旷生赴一ツ桥通町二十一番地帝国教育会,晤会长辻新次君,极谦和。示以会中规则及公报,因言是会设置之概略[是会之设为研究教育学术之事项,调查教育上须要之事项,兼设书籍馆、学术讲义会、教育俱乐部,发行有关教育之杂志,印行有益教育之图书。此其宗旨也。有职员,有推戴员,有名誉会员,有评议员,统谓之会员。皇族之乐于赞助是会者,依评议员之申请为推戴员。教育家、学术家、诸有名望之人能赞助是会者,经评议员之评议,更由会长推选为名誉会员。理事者为职员:计会长一人,主事三人,参事二人。会长于总会选举,二年一任;主事及参事于评议员会选举,任期亦如之。评议员三十人,就在京者于总会时选举之,任期亦二年。会长者,本会之代表也。主事分掌庶务,参事调查议案,监查收支经费。主事、参事皆受会长之指挥,会长得置书记若干名,会长得使用雇员。会长、评议员议长、评议员主事、参事及委员皆名誉职。书记之俸给及雇员之日给皆由会长定之。

经费以会费与基金之利子及其他收入金充之,基金之管理监督经评议员会之决议定之。

总会分通常总会、临时总会。通常者每年开一次,临时者或会长有认为必须会议之事或会员五十名以上有欲会议之事,皆可开之。

评议员会于总会所已议定之事项议其执行之法,或由会长附议之事项由评议员会决之。评议员置议长,由评议员互选之。

会员年纳金一元五十钱,若同时纳二十元以上,得为终身会员。]辻君导观书籍馆及讲议会之讲堂[讲议会每岁开之,每季十回],又谈片刻。辻君言有志为吾国谋适宜之教育,若能精选青年子弟十五岁至二十岁者二百人来此留学,授以普通学,辻君能担任之。余问与同文学院有无区别,辻言学科及办法大略不能悬殊,但人各有所独到,使某为之,必可使其方针不谬云云。余言热心诚可感,但同时精选百余人程度适齐者,良非易之,容徐思之。六时别出,与圹生食西洋料理。饭后步归,过三省堂小坐。

高等师范豫科上元伍君及其弟同子龙、仲苏来谈。

收信　陈柘翁。

六月十五日（7月27日）

户水宽人论中学校教育要旨

六时前起。十时同圹生访矢野文雄①不遇。访户水宽人②谈片刻而归〔户水君论中学校科目宜备,而程度不必过高〕。为于子极、大野铃子书扇三。

同张柏兄及智怡赴宏文学院访嘉纳君,谈约一小时。是日直隶速成师范班举行卒业式,自四时起,院长授证书讫。演说勉学之语,任小山传译。次杨公使演说,言办事宜有次第。次马监督演说,言教科书关系甚要。次华芷舲读答辞。六时式毕,遂归。

失候渡边龙圣。

伊藤允美请代谋教习职位

晚饭后,伊泽君所介绍之伊藤允美③来谈,先索纸笔书挨拶语④。汉文颇条畅,旋嘱智怡传译。大意谓志在学汉文语,拟赴吾国而不得机缘,恳余为之留意,且言北村、牧野田皆其挚友。余言欲赴清必须俟有相当

---

① 矢野文雄（1851—1931）：又名龙溪。丰后（今大分县属）人。毕业于庆应义塾。在大隈重信手下任官,并参与立宪改进党的创建。曾主持邮便报知新闻社。1883年以政治小说《经国美谈》而名声大噪。又发表冒险小说《浮城物语》等。后出任大阪每日新闻社副社长。
② 户水宽人（1861—1935）：金泽（今石川县属）人。东京帝国大学毕业。留学欧洲,归国后任东京大学教授,以罗马法权威著称。主张对俄态度强硬。曾五次当选众议院议员。著有《春秋时代楚国继承法》《物权和债权》等著作。
③ 伊藤允美：系中学历史教师。后来华,任两广优级师范学堂教习。著有《中学东洋各国史》及《中学西洋各国史》等教科书。
④ 挨拶语：问候、应酬之辞;客套话。

适宜之事项，否则如岩村、大野诸君殊困难，且君抱上等学问，在本国何患无所事，郁郁居异国耶。容吾归后留意代谋之。伊藤，文学士也，三十四年①大学毕业，曾在帝国图书馆司书，现在泰东同文局为局员，学清语。

三省堂店员奥村及运送店某同来议，将余之书籍随师范诸公例运送回国，包裹缠束，十时乃毕。约明早来装箱［张柏翁洋书，张仲仁②皮球③一个，王严诸大图，教科书二十二包，内有伊藤所赠石板一包］。

伊藤允美居小石川久□□町十九番地三十九号。

六月十六日（7月28日）

与渡边龙圣议聘教习与派留学生事

六时起，奥村来装书箱。八时半同旷生往访渡边龙圣君，君寓芝区田町六丁目□番地今村方。行约一小时乃至，谈许久，所议事项如下：

一 东文学堂并入师范学堂，其旧教习两人既辞去，渡边之意另延一人，依单级学校教法，于日文外兼授普通学，月俸或百五十金或二百元。

一 师范堂日本教习新纳改教图画，仍兼博物。另延博物专科一人。余言增音乐一人，渡边之意见亦同。

一 师范堂日本教习辞退之五人，合计月俸五百五十五两。新延之四人即以此数分配之，如不能恰符此数，即少有增减亦无不可。

一 辞去之教习五人至华历九月二十日期满，新延教习即按此日期接算。

一 师范堂三年生至今年九月计算，尚差两年三个月，新延教习应订至中国光绪三十二年十二月止。后如续订，另议。

一 赴华川资依旧例百五十两。

一 今年续派〈留学生〉四十人，渡边欲与嘉纳约定悉入宏文学院。其

---

① 三十四年：指明治三十四年，即1901年。
② 张仲仁：指张一麐（1867—1943），字仲仁，号公绂。江苏吴县人。以候补知县入袁世凯幕。曾任直隶督署文案、《北洋法政学报》主笔，袁世凯大总统府秘书长、教育总长、冯国璋总统府秘书长、江苏省议会议员、国民参政会参政员等职务。著有《现代兵事集》等。
③ 球：原文为"毬"。

速成者无论矣,即长期留学亦令在宏文预备普通学。余谓长期诸君程度不齐,志愿亦不一,须俟临时再定,如能悉入宏文即临时再定亦未为晚。

于渡边许得月舫①同年书,言六月拟进京祝嘏,速余回国。又言续派四十人拟严行甄别,因愿出洋者人数太多云云。今村氏庭宇精洁,园景尤佳。渡边导登山上,老树翳翳,望见东京海湾。十一时后辞归。

根津一谓法国律例不宜于中国

归寓后,赴根津一君之约于有乐町日本俱乐〈部〉。客惟余及智怡,无他人。二时饭毕,辞归。

根津君论程度低者不宜学法律,又言中国宜集古来法律,采撮精要为一编以资传习。惟国际法、商法皆古所无,当以今世所行者补入。又言法国律例不宜于中国,其意盖主保存国粹而尤防邪说之横流也。

根津君荐一上海同文书院卒业者,谓可渡清襄赞学务。

毛子龙、王古里、王宋坡②、王彦和③[可庄前辈令嗣,名孝缉,全闽师范学堂斋务长,派遣考察学务委员]、杜行陀[伯榮,师范学堂庶务长,亦考查学务委员也。二君寓牛込扬场町二十番高阳馆]、张右卿④、高阆仙⑤、赵次原⑥、胡玉孙、刘竹生、芸生、徐毓生、李芹香、华芷龄先后来谈,至夜十时乃散。

---

① 月舫:指胡景桂(1846—?),字月舫。直隶永年人。光绪进士。选庶吉士,授翰林院编修。曾任直隶学校司督办(严修之前任)、山东布政使等职务。编纂光绪《广平府志》等。
② 王宋坡(1873—1955):直隶定州人。光绪举人。留学日本,毕业于早稻田大学师范科。曾任直隶省视学、保定高等学堂教习、广西柳州府中学监督、广西上林县知县。1912年后,曾任直隶临时省议会议员、直隶抚宁县县长、玉田县县长等。1953年被聘为北京市文史研究馆馆员。
③ 王彦和(1876—1965):一名孝缉。福建闽侯人。毕业于福州东文学堂。曾任东文学堂董事、全闽师范学堂斋务长、福建提学使司公署科长。1912年后,曾任闽侯城议会议长、福建民政厅科长、教育部视学、福建省教育厅厅长。1958年被任命为北京市文史研究馆馆员。
④ 张右卿:指张良弼(1863—1928),字佑卿。直隶获鹿人。1902年赴日留学,入宏文学院师范科。历任直隶学务处查学员、直隶补习学校校长、直隶甲种工业学校校长、众议院议员等职务。
⑤ 高阆仙:指高步瀛(1873—1940),字阆仙。直隶霸州人。1902年赴日留学,入读宏文学院师范科。历任保定优级师范学堂教习、教育部佥事、社会教育司司长、北京女师大教授、北京师范大学教授等职务。
⑥ 赵次原:指赵宪曾。应是1902年直隶省派往日本的留学生之一。入读宏文学院师范科。曾任职学部,后任直隶高等师范学校校长和天津直隶图书馆主任等职务。工诗,有《次原诗钞》行世。

收信 胡月翁。陈柘翁送来所录嘉纳校长演说。

六月十七日（7月29日） 雨

终日未出门。

六时起，写寄周铭久信，附赠湖北师范讲义四册。为芹香之友书扇二，检点书籍。为三泽君书绢幅。是日来客：鼐臣、筱庄、芹香、芸生、挹辰①、柘表叔、胡玉孙。

发信 寄周铭久信，讬伯颜觅便。致马参赞言添请棚桥、佐佐木。

收信 根津一君送来去年某君致清国大官书印本。

六月十八日（7月30日） 午大雨

晤梅谦次郎并听讲民法

六时起。子文及伍氏兄弟来。九时前同伯颜往观法政速成科，先晤其事务员荻原敬之，晤梅谦次郎②，谈片刻。听梅君讲民法（因于诈欺之错误），伯颜译之，听讲者逾八十人。十时半辞出，访范静生不遇。过森田馆与筑生、柘甫两先生谈片刻而归。

讲道馆看横山、富田柔道

午后宫本秀吉来，因闻余欲参观柔道术来作向导也。一时同伯翁、宫本、智怡往讲道馆，嘉纳君已前至。观诸人两两相角抵，自一时半至四时乃止。柔道乃日本固有，或谓当吾国前明时传自中国，理或然焉。维新以后斯道渐微，嘉纳君以家传兴复之，始自明治十五年，今二十余年矣。其道乃倍盛于古时，因研究愈精，教授之法亦愈善也。学斯术有人段、不入段之分，入段者自初段、二段乃至六段、七段，以次渐增，略如围棋者之有高下也。全国习此者七千余人，入段者仅二百余人，最高者六

---

① 挹辰：指俞明谦（？—1930），字挹尘。直隶天津人。1903年赴日，留学于宏文学院速成师范科。曾任南开中学堂教员、京师蚕桑讲习所所长、北京高等师范学校教务长等职务。雅好古玩字画，精鉴定，富收藏。有《新体国文典讲义》等著作行世。

② 梅谦次郎（1860—1910）：松江（今岛根县属）人。毕业于东京外国语学校。留学法、德，回国后长期担任东京帝国大学教授。历任内阁法制局长官、文部省总务长、法政大学校长。参与民法典论争，主张引进法兰西民法。并曾参与民法和商法的起草。又，对当时的中国留日学生颇多关照。

段。第一姓山下①,今往美国传此术。次曰横山②,今日所见之人,此为最优者也。又五段一人姓富田③,今为学习院教师,是日亦在焉。横山体干丰伟,绝有力;富田则灵捷轻便,善于用巧。二人盖有天壤之别,而富田君尤善教。人之数正者,皆受学于嘉纳,故言柔道必推嘉纳君为巨子云。

嘉纳治五郎详论学校行政

约嘉纳君往上野公园梅川料理屋晚饭,谈教育行政甚详,摘要录后。嘉纳君言教育分三类,曰学术,曰教育,曰教育行政,今先论其第三。

小学、中学同时举行,不必候小学毕业再立中学也。择年龄之长入中学,中学之课程不过视小学略高。

师范学堂先立寻常者,其高等者可缓,不必同时并立,俟有进步,其中可分为寻常、高等两部。程度再高,然后改为高等未晚也。但师范学堂中可附设教员养成所及补习所之类。

外国语学校当立,然必选本国之文也通者入之。

留学日本者,除速成外必须在本国预备日语五年。

视学最要,教科书最要。

总长以下有副之者,略如文部之次官,次官以下又一人辅之,有此三人则责任有属而事毕举矣。总长去则次官。总之,如是则方针不至屡变。

九时后嘉纳君辞去,余等亦归寓。

收信 宏文外塾书记赤松又次郎问候兼求书字幅。

六月十九日(7月31日)　大雷雨

穗积八束谈日本立法律学校之大概

六时起。写请客叶书,订二十二日宴贵州诸君于富士见轩。写未及

---

① 山下:当指山下义韶(1865—1935),神奈川人。1884年入讲道馆。1886年成为警察厅师范。1903年赴美介绍柔道。归国后任庆应、东京高师、皇宫警察柔道指导。1930年晋升九段,逝世后追认为十段。是所谓"讲道馆四天王"之一。
② 横山:当指横山作二郎(1869—1912),东京人。1884年入讲道馆,1887年成为警视厅师范。绰号"鬼横山"。1904年晋升七段,死后追认为八段。"讲道馆四天王"之一。
③ 富田:当指富田常次郎(1865—1937),静冈人。1882年入讲道馆,帮助嘉纳治五郎发展讲道馆。后至学习院教授学生学习柔道。1927年升七段。系《姿三四郎》的作者富田常雄之子。

半,根津君介绍(之)岩间德也①[岩间居秋田县南秋田郡广山田村楢山]、牧野谦次郎先后至,各谈许久,圹生传译。

十时同圹生访晤穗积八束②,理学博士也。有道气,庄而和,谈日本昔年立法律学校之大概。以所著宪法书见赠。十一时辞出。

又同访平泽繁太郎③,言中国今时兴工业高等者可暂缓,又言于学校内设工场不如因工场增学校云云。十二时辞出。

李和宣、曾志忞、朱一清来寓谈。

午后同伯翁、圹翁谈。

柘公、芸公来。

晚,复与张、高二公论天津立分科学堂事,拟约圹生回津襄办,执不可。

收信 根津寄来一纸。

六月二十日(8月1日)

小川银次郎有意赴清为教习

六时起,伊藤伊吉君所介绍之文学士小川银次郎④[芝区三田町四丁目二十九番]来访。初至时圹生未起,两人以笔谈,圹生起乃为传译,计谈三小时之久。君以明治二十四年大学毕业,曾为仙台第二高等学校教习,继而辞职来东京,于各私立学校为教授及管理财政,又于芝区私立净土宗教大学院教西国史及最近世界史,又于芝区私立高等

---

① 岩间德也(1872—?):秋田人。毕业于秋田中学,曾执教于乡里小学。1901年来到上海,入读东亚同文书院。1905年由日本外务省推荐,就任当时被日军占领的金州地区的著名书院——南金书院院长,任职长达25年。兼任南满洲教育会教科书编辑部中文科编辑主任。以收藏甲骨文而为学界所知。

② 穗积八束(1860—1912):伊予(今爱媛)人。枢密院议长穗积陈重之弟,东京帝国大学法科大学毕业。留学德国,后任东京帝国大学教授,力主君权,是所谓"民法典论争"的主角之一。1897年出任东京帝国大学法科大学校长。自1899年起任贵族院议员、宫中顾问官。著有《宪法大意》等。按,文中谓其为理学博士,不确,应为法学博士。

③ 此处原文为"平泽繁次郎",显系二次游五月初六日出现的"平泽繁太郎"之笔误,故予改正。

④ 小川银次郎:西洋史学者,曾任海军大学等校历史教师。其行世著作有《西洋史要》和《最新西洋史》等。前者有商务印书馆中译本。

女学校为干事，又在海军大学校教近世世界外交史。其学盖深于历史。其持论谓私立学校胜于官立，颇有意至吾国襄助私立学校云。汉文极通畅。

拟至森田馆未果，而伯颜及马晓珊先后来谈，遂已向午。午后假寐两小时，嘉纳君五时后至，约同至两国桥附近之日本料理屋晚饭。其地俯临隅田川，景色绝佳，肴馔亦精美。九时后辞归。

六月二十一日（8月2日）

三角锡子拟赴清助兴女学

六时起。伊藤伊吉君及所绍介之三角锡女史①来访，谈约两小时。三角君曾毕业于高等女子师范学校。继为师范学校教习，今在芝区高等女学校为教头，与小川银次郎同事。科学尤深于理化。父母俱亡终身不嫁。两弟在工科大学皆有声誉，学为众冠，得力于姊教为多。明年两弟当卒业，三角君一身无系恋，拟赴吾国助兴女学云。

访宫岛诚一郎

同伯颜访宫岛诚一郎②及其哲嗣宫岛大八③。诚一郎年六十余，与黎星使④最友，谈次出黎公笔谈一卷见示，其间论及球案及三韩事。又有

---

① 三角锡女史：指三角锡子(1872—1921)，加贺(今石川县属)人。毕业于东京女高师。曾在东京女学馆、横滨女学校、东京高等女学校等校任教职。晚年在东京创办常盘松女学校。
② 宫岛诚一郎(1838—1911)：又名宫岛吉久。原为米泽藩士，1880年出仕待诏院。后曾任左院仪制课课长、宫内省御用挂(事务官)、华族局主事补(副主事)、爵位局户籍课课长等职务。1896年任贵族院议员。善汉诗汉文。与当时清朝驻日使团的成员如黄遵宪、黎庶昌、杨守敬等多有交往，诗歌唱酬，留下不少佳话。但研究发现，宫岛借此交往为日本政府刺探情报。
③ 宫岛大八(1867—1943)：又称宫岛咏士，名吉美，号勖斋。米泽人。宫岛诚一郎之子。1884年毕业于东京外国语学校中国语科。1887年来华，师从保定莲池书院山长张裕钊，学习古学和书法。后追随其师至武昌、西安等地。1894年归国，创办汉学私塾归咏舍，后改称善邻书院。同时兼任东京大学、东京外国语学校讲师。1986和1994年，中日民间团体先后在保定和鄂州建立了张裕钊宫岛咏士师生纪念碑。
④ 黎星使：指黎庶昌(1837—1897)，字莼斋。贵州遵义人。历任驻英、法、西使馆参赞。1881、1887年两度出任驻日公使。任内搜求中国古代典籍，辑刻成《古逸丛书》。归国后任川东兵备道。著有《拙尊园丛稿》等。

何公使如璋①与副使张斯桂②等笔谈字迹,皆二十五年前事也。大八君为张廉卿先生弟子,曾居武昌、保定及西安,操华语绝工,举止亦绝类吾国文士。十二时辞出。过九段铃木写真屋,伯颜劝余摄影留赠日人,候许久乃写毕。两人至宝亭午饭,饭后归寓。复假寐,四时乃醒。

刘卓冬(警察法提要还卓冬)、杨陆宾、杨石门、佘仲先皆至。五时半同张、高两君赴富士见轩,约松本君晚饭,六时至。畅谈至八时散。

文部省所派赴西洋留学生月给费百五十元。

日本有人在德国文部省内学习者,昔年朝鲜人亦有来日本文部省学习者。

次官改总务长,去年又复次官之名。余问何□,答曰无他,可省则省耳。

大臣有事不至,次官可代主张。

帝国教育会,私立也,与文部并无关系,不过文部仍采其议论耳。

六月二十二日(8月3日)

日本教习薪水种种

六时起。未出门。玉孙、晓珊先后来。薙发。午后渡边龙圣来议事如下:

前渡边叙列诸教习姓名,现今诸人多半出京旅行,一时不能延订。渡边又叙列数人姓名,余告以能尽前单选聘最佳,即一时不能订少缓亦无妨。余归期已近,恐不能候。即由渡边斟酌办理。总之,果系高等师

---

① 何如璋(1838—1891):字子峨。广东大埔人。同治进士。1876年任驻日副使,翌年升任公使。1880年回国,任福建船政大臣。中法战争中,以消极对敌和临战出逃被革职。但近年的研究认为系"遭诬革职"。近来更有学者疑其曾为日本政府收买,提供机密情报,然此说颇有争议。著有《使东述略》等。
② 张斯桂(1816—1888):字景颜,号鲁生。浙江宁波人。曾从美国在华传教士丁韪良学英文,颇知西学,为洋务派所器重。先后入曾国藩和沈葆桢幕,从事洋式军火和电信的国产化,及洋务学堂的管理。被认为是清末洋务运动的实干家之一。1876年被任命为驻日本国首任副使。1882年任广平知府。著有《使东诗录》等。

范卒业生,学问当不致太差,至性情品格及于教育事经验何如则须渡边细考,务期能终局不屡更换为妙。

新订四人之薪水合之不逾五百五十五两之数,拟或能节省若干,而以所节之数增给旧人亦可[旧人如中谷①、关本②满二年者,可酌量增给,但须看当日合同如何规定]。

东文学堂原拟聘一教习,照单级学校分级兼授普通学,但此选甚难,即有其人非二百金不能就也,然则以二百金之数聘两人较为合宜,不过多一人旅费耳。

每人旅费照向章发给,渡边云,向章每人百五十金。

晚,富士见轩回请贵州留学诸公,到者十二人,饮甚酣。饭后同伯颜、子龙、方叔访著香小坐,十时归。子龙、子文、怡、锺均宿此。

收信 伊泽君来函附赠新著《清国官话韵镜》。

来客 马君武③来访智怡。

六月二十三日(8月4日)　晴,凉爽如初秋

伊泽修二主持精养轩送别会

七时半起。陆宾来,至夕乃去。料理行装,午后为宫崎君书扇。下午五时同智怡赴伊泽君精养轩之约,同坐有川村理助[泰东同文局员,小石川区白山御殿町百二十七番]、斋藤章达[深川印刷株式会社,前年旧

---

① 中谷:指中谷延治,时任东京高等师范学校附属中学校教谕,兼任宏文学院教师。后受聘为直隶师范学堂(保定)教习。曾与大濑甚太郎合著《教授法延革史》。
② 关本:指关本幸太郎。毕业于东京高等师范学校数物科。曾任教于东京高等女学校。时受聘为直隶师范学堂教习。后任朝鲜大田中学校和釜山中学校校长。1942年曾任武德会武道专门学校校长。著作有《初等理化学教科书》(合著,1901)、《代数学教科书》(1902)等。
③ 马君武(1880—1940):原名道凝,字厚山,号君武。广西桂林人。1903年留学日本京都帝国大学。1905年参加同盟会并回国,任上海中国公学总教习。1907年留德学冶金。1912年后,历任南京临时政府实业部次长、代理部长、中华民国非常大总统府秘书长、广西省长、上海大夏大学校长、北京工业大学校长、广西大学校长、中国公学校长、国民参政会参政员等职务。译著有《法兰西革命史》《民约论》等。

识]、阿多广泉[前年同车至西京]、伊藤允美[伊藤君新为绍介]、长原春田①[长崎人,居东京已二十余年,音乐家。能奏明乐,携有乐谱一册,名《魏氏乐谱》,据云传自明末逸民云]、铃木米次郎,又泰东局员一人、忘其姓名。华人则念慈、润田、止欺及余父子,凡主客十三人。

长原春田琴歌送行

食前,长原君以自制之风琴依魏谱中所载奏三阕[一为《昭夏乐》、一为诗《关雎》,其一余忘之]而自歌以偕之。旋又奏某曲,铃木君以西洋琴偕之。长原君所歌皆汉音,余依谱寻之,约略可辨。谱中每字之旁注日本假名,并注"工、尺、上、合"等字,节有长短[朱圈识之],音有高下[如尺之高者作"尺"之类],一览可知。吾华人解此者鲜矣,不图异国之人,且当维新数十年之后犹有研究及此者。长原君又携钞本乐器图一册,如胡琴、月琴、云锣之类,种类甚多。惜余未尝肄业及之,不能与之考证也。饭罢,长原君又作日本歌为时甚久,然不适余耳。九时辞出,到会馆听奏军乐。十时归寓,阅《大公报》。志宓仍宿此。

收信 惺姪六月十二日发。女塾诸生。

六月二十四日(8月5日) 晴,晚雨

再与渡边龙圣议聘教习

六时起,渡边龙圣来谈。

音乐教习渡边意中有三人,最上者多〈田〉梅雄②(明治二十五年卒业,现为音乐学校教授),次为吉田信太③(二十八年卒业,现为广岛高等师范学校助教),次为铃木米次郎(二十一年卒业,东京高等师范学校助

---

① 长原春田:长崎人。音乐家。系明治初年著名中乐家长原梅园之子。精研明乐,著有《乐谱》(未定稿)一书,整理和收录明末逃亡日本的遗民所传的《魏氏乐谱》和《魏氏乐器图》,以及各种传抄本所保留的明乐乐谱。惜该书未能完成,预计收录的78个曲目,实际上只收录了19曲。
② 多〈田〉梅雄:原文为"多梅雄",但据后文"多田(ロルガン、ピアノ)皆长"可知,"多梅雄"应是姓"多田"。
③ 吉田信太(1870—1954):音乐家。1894年毕业于东京音乐学校。曾任广岛高等师范学校教授。创立"丁未音乐会"。后移居横滨,著有音乐教科书、校歌、曲集等。

教兼教谕)。多田オルガン、ピアノ①皆长,余二人则オルガン胜,渡边云。

东文教习仍改为一人,若能照单级教法则百五十金,或照关本、中谷例均可。

东文教习须早日渡华,旅费百五十金,予归后即汇来,其师范学校新教习四人之旅费则随绥臣带来。

渡边约计,博物、地理两教习各百五十金、手工百三十、音乐百二十,所以迁就原定五百五十之数也。余笑谓此不必强合原数,即少减亦无妨。手工、音乐同数亦可,渡〈边〉言此固不可拘,但约略计之耳。

渡边携书一册来,书名《手工教育论》,著者芝本为一郎②也。曾在和歌〈山〉师范学校教手工,现在第三高等女学教国语,即渡边所谓虽非由高等师范卒业而资格与之同者也。渡边意似属此人。

留学生议如何改良国之政法

范静生(源濂),湖南留学生,最有声望。是日来访,谈约两小时。

速成师范第二期当略仿四川新班之意,就普通而别专门。普通者,心理学、教育学、教授法、管理法、编纂教科书法,此为必修科。专门者分数类,汉文优者入国语汉文科,或地理历史科。数学优者入数学理化科,他如音乐、体操、手工之类各就所长而分习之。各以一年为期,归后则于每府开速成师范讲习所。即以此卒业生为讲师,不过二、三年,教员不可胜用矣。

午后杨皙子来访。

皙子、静生、润田、伯颜、季常诸君昨日于清风亭会议,大意谓吾国政法之当改良,夫人而知之,然试问其何以改?则无以对也,徒终日责政府无已时,此惟不恕,曾何济乎?拟联同志调查内地之实况而研究之,拟分四类,曰政治、曰实业、曰军事、曰教育。皙子邀余为会员,余诺之。但须

---

① ピアノ:钢琴,原作"ヒアノ"。
② 芝本为一郎:日文与手工教员,曾执教于和歌山师范学校等校,后被聘为直隶师范学堂(保定)教习。

先看其章程何如,余谓当从财政起,晳子亦谓然。

"长冈絮言东三省后来事刺刺不休"

访长冈子爵,送所属书之诗幅并辞行。长冈絮言东三省后来事刺刺不休,余漫应之而已。又言同文书院事,余谓约束宜严。

访马拱辰参赞并辞行,公使适用饭未诣见,托拱辰致意。

保定学生十人,加旅费十元拟由此处给发。

保定东文教习旅费百五十金,拟托使馆于学校司余款拨垫,拱辰许诺。

私费改官费除师范卒业三人外,或七人或十人或再少,拱辰云候余信再办。

速成改长期之三人张误为马,拱辰云寄胡月翁函已叙明,余到津须再向慰帅①声明,回保定时应否补公文再商。

偕乐园赴止欺并润田之约,九时散归。

著芗谈吾乡宜于师范学堂中增速成班,每县平均五、六人,令分门习专科,卒业以一年为期[每州县解省之每名六十金,计付食宿之费有盈无绌,但另筹教习薪水之费耳],然得地殊难。

六月二十五日(8月6日)

聘音乐教习事与渡边之歧见

六时起。渡边所介绍□□人来。一为山松鹤吉[原籍三重县一志郡川合村],现为滋贺县师范学校教谕[教育学]主事,著有《实用教育学》(赠予书二部,一即此书,一即前所购《小学校事稿》也)。滋贺师范学校生徒四百余人[分九级],教习二十人,事务员四人。附属小学校生徒六百余人,教习十二人,岁费四万余元。

一为芝本为一良②,现在东京府立第三高等女学校教国语,曾在和歌〈山〉师范学校教手工,著有《手工教育论》。又自创画圆规尺,赠余一支。

---

① 慰帅:指袁世凯。袁字慰亭(又作慰庭),故有此称。
② 芝本为一良:也作芝本为一郎(见6月24日)。

一为多〈田〉梅雄，音乐教习也，口吃。

一为永井勇助①，博物教习也，深目（稍有野气）[三十四年卒业]。

渡边盛称多〈田〉梅雄之耳音，而余嫌其口吃不便于教人。余意属铃木米次郎，渡边谓其耳音弗善。

渡边言，山松鹤吉学问极优，唯性情是否躁急当须考察。又言如欲订山松为保定东文单级教习，薪水必须照中谷、关本之数。

渡边陪余赴高等师范学校[约旷生同往]，参观手工室，晤冈山秀吉②君，手工教师中之泰斗也。导观标本用具诸室，又观讲习诸公练习诸手工，盖暑假中各府县教手工师俱来此讲习也。每朝两小时，讲习理论，余时听各人实修。参观至十二时辞出，三人共饭于伊吕波。

冈山必不能往，芝本亦未必能就，冈山又称一人名□□□□者，亦最有名云。

东文教习之旅费百五十金，由使馆垫给，已告渡边。

一时回寓，收束行李。朱　清、乔梓来送行。伊藤允美来，伊藤君托于所著读本中署阅又题目]。

伯颜以代拟之信稿见示。

东洋社购教具

晚赴东洋社[今川桥，柘、砚、旷、仲、奥偕行]，买手工标本四份[每二十元二割。官小学、民小学□王，严]，用具二份[每五十元二割，王、严]，纸料等一份[五元余]。买妥即托三省堂，俟其装毕时代交运送店运至天津。十一时归。伯颜畅谈往事，二时乃睡。

来客　陈幼云、张体仁、邓子辅、祝砚溪、玉田□君、朱一清父子、玉孙。

---

① 永井勇助：博物教师。后被聘为直隶师范学堂（一说直隶农务学堂）教习。
② 冈山秀吉（1865—1933）：三重人。旧性奥田。毕业于本地的小学和夜校，并在本地小学任教。后入读高等商业学校附属商工徒弟讲习所手工科。因过继士族冈山学作养子而改姓冈山。复入高等工业学校手工科学习。此后历任千叶寻常师范学校教谕兼舍监、秋田市工业徒弟学校校长、东京高等师范学校教授、文部省视学委员、东京大正博览会审查委员等职。

六月二十六日（8月7日）

五时起。写日记未毕，铃木米次郎来送行，略坐即去。

六时同旷生至万石桥乘电车赴品川，至停车场旁下车。入精养轩朝食。食毕乘人〈力〉车至智崇所居之伊势屋，著香在焉，志忞、陆宾后至。候伯苓至十一时乃至，约高、曾、张三君往游汤本。先至精养轩中饭，一时前乘火车，三时后至国府津，易电车行约一小时有余（过小田原），五时至汤本。环翠楼之支店雇人力车送至其本店，本店在两山之坳，丛树环绕，爽气扑人颜。曰"环翠"信不虚也。屋宇清洁，席皆缘锦，壁悬字画颇多，有伊藤博文题额及诗幅，华人则俞曲园①竖幅题诗一首，诗为寿主人铃木氏之母而作也。晚餐后浴温泉，轻快为生平所未经。十时后睡，智怡八时自横滨至。

夜复连浴四次。

六月二十七日（8月8日）

横滨登归舟

五时起。小食后，井原外助②来谈。据言，自保定假归宿此楼已两星期，谈许久。七时五人步至山下乘电车，九时前至国府津乘火车，十时半至横滨。到山下町梳发、买书，十二时到高野屋。师范班十九人皆前至，又有王稚虹、蒋翼之③亦此次同舟归国者也。送行者，伯颜、子龙、伯芝、

---

① 俞曲园：指俞樾（1821—1907），字荫甫，号曲园。浙江德清人。道光进士。曾任翰林院编修，河南学政。著述颇丰，为乾嘉学派后期代表人物之一。系著名的书法家，尤长于隶书。著有《群经平议》等。

② 井原外助：毕业于第一高等学校工科。曾参与测绘《文部省实测图》。时为直隶师范学堂教习。后曾任职于电业巨头川北荣夫属下的电力和电灯公司。

③ 蒋翼之（翊之）：指蒋抑卮（1875—1940），名鸿林，字抑卮，以字行。浙江钱塘人。出身富商家庭。曾为县学生员。1902年赴日留学，学习政治经济，1904年因病归国。后参与创建浙江兴业银行，出任该行常务董事30余年。系著名银行家。与鲁迅友善。曾先后出资支持出版留日学生刊物《浙江潮》、鲁迅编译的《域外小说集》和《鲁迅全集》等。亦为知名藏书家。曾在自宅创建"凡将草堂"藏书楼，藏书达15万卷以上。1939年，张元济等在上海发起创立合众图书馆时，曾捐出5万元股票作为创办经费，并捐赠图书3万余册。1952年，其子女将剩余藏书全部捐赠于华东军政委员会文化部。知名外科专家蒋彦永系其后人。

仲先、陆宾、著香、润甫、石门、战霆、鉴塘、渡边龙圣。一时半出高野屋至港口，二时登小轮船。送行者或同登，或别雇小舟皆送至大船，将开船乃别去，智怡、智锺亦同去。船名 Empress of Endia①，英属也，容六千余吨，至自美洲。余与伯苓居头等舱一百三十七号，船中上下两榻容两人，对面一矮榻可以便坐。矮榻之一端有橱，榻之下有屉，皆可庋什物。电灯、电铃、盥具、饮具、庋板、面镜之类悉具。茵枕皆软煖，洁白如雪。虽室之容积视日本邮船稍狭，而安舒适宜则过之。食堂尤阔，菜品有华字单，多少可随意告之。早餐八钟半起，午餐一点至两点，晚餐自七点起。稚虹、翼之居二等舱，舱容四人，而此次乘客少，故蒋、王两君外无他人也。师范班十九人买三等票，既登舟则实无止宿之地，诸公露坐以俟，行李堆绕不能容足，计无所出，争求伯苓向西人言之。伯苓商诸 purser② 某君，将一贮货之舱略为扫除，又加木板三层为卧榻，又于梯之旁敷厚布，又于室中设电灯，又将扃固之窗起明，于是十九人勉可容膝。佥以为，非伯苓先生英语之力不能得此也。此船客舱食堂之侍者皆广东人，言语不可晓，反不如听日语、英语，犹或偶有一、二字可晓也。晚餐后于甲板藤椅上纳凉，十时睡。

六月二十八日（8月9日） 晴热

水田竹圃船中赠画

　　五时醒，复睡过七时乃起。八时后到食堂，食毕往三等舱视诸君，闻夜睡尚安，因无风浪，终夜开窗尚不甚苦也。就中有数人仍苦郁郁，露宿于舱外。

　　海中时有物出现，或曰鲸鱼，稚虹云海马也，未知孰是。

　　九钟洋人呼三等舱客持船票往验，验讫悉收去（一等舱昨夕已收去）。

　　十钟回舱，稚虹来小坐。

---

① Empress of Endia：疑为 Empress of India，即"印度女皇"号。
② pusser：(轮船上的)事务长。

十一钟有人告船长将来察视,然久不至,后亦竟不至。

午后四时暂停神户港外,候医来验,一等舱但一核人数而已。复前行,约六钟余停泊卸货。闻洋人云,夜十二时乃开,余等十一时后便睡,醒则船已行矣。

晚饭时一日本人持清水芳吉名片来食堂见寻,盖此船有日本给仕二人,清水君因之为案内也。延清水君入舱室略谈,据言数日前接智怡信,知余等乘此船归,计今日可到神户,但未知确在何时,今日午前便由大阪来此,意余等必下船入市游览,乃久候不至,故来船相访也。偕一友曰水田竹圃①,善画山水,以所画一幅见赠,且云一两年后拟以画游吾国,先北而后南,属余为案内云。清水君馈余食品一匣,谈次陈柘叔来会话,稚虹亦至。九钟后,清水、水田二君辞去,复与稚虹在甲板藤椅上对谈,饮荷兰水。甲板上有一室中设桌椅,盖日人酒保之类,一日人供奔走焉,饮者付价。伯苓云,此即壁悬规条中所谓 Bar② 也。

稚虹谈天津工场事,云可试行者数事:火柴、柞③蚕丝漂白、石灰木、纽扣、罐诘④、骰带、毛巾。

六月二十九日(8月10日)　晴　无风

早食后访稚虹小坐。蒋翊之托寄王字母刻本。翊之在上海寓抛球场广昌隆绸缎店;杭州城积善坊巷内蒋广昌绸庄交蒋抑卮。

访师范班诸君谈,凭栏观海,舟行峡中,水色碧腻。食堂中遇一上海人周熊甫⑤[寓神户下山手二丁目三十三番十六],商于横滨二十余年,在神户又五六年。

---

① 水田竹圃(1883—1958):本名忠治,别号满碧堂、积翠堂、水居竹。大阪人。早年师事南画家姬岛竹外,并从伊藤介夫学汉学。1912 年以《溪山滴翠》获奖。1921 年与河野秋邨共创日本南画院,主持画塾菁我会。代表作为《早春》《下贺茂春晓》《月光》等。

② Bar:酒吧。

③ 柞,原字作"炸"。

④ 罐诘:日语,罐头。

⑤ 周熊甫:江苏上海人。长期在日本经商。曾参与投资创办宁波通久源机器轧花厂,通久源纺纱织布局,和丰纱厂等近代纺织企业。并与袁子壮最早提议创建中国商会——中国交易所。

午后写信二封,一寄智惺,一寄崇、怡、锺。五时后过马关,晚早睡。粤人吴姓商〈旅〉美洲二十余年,毁其业挈妻子归国,与之笔谈片刻,颇有思想。

七月初一日(8月11日)　晴,偶有小雨

留学生用费数例

早七钟至长崎,停泊装煤。贩夫登舟,陈列货品如设肆然。午三钟开行,水声澎湃,波澜壮阔,幸尚无风。晚看《世界近世史》。

记事:棚桥、佐佐木须致谢函。松田所荐之人须有复函。记东京留款派定数。

前东京崇、怡余存之百元上下全尽,智崇作医药及滋养料之费。

新留之陆百元以叁百元充鉴塘及崇、怡、锺四人三个月学费,衣食住及书籍费,以六十元供著香八、九两个月,以七十五元供旷生八、九、十三个月,以四十八元供毛子龙八、九、十三个月,以五十元为公积金,人有缺乏皆可暂借,但借必须还。以六十七元为垫办费,遇天津人托买物者,以此垫付之。

以上所定恐有未当,且同文会、教育会捐款皆未算入,俟再函订,姑记大略于此。

七月初二日(8月12日)　晴微风

早饭后访稚虹、抑卮,谈一小时。稚虹论北方可兴之工艺,颇有兴致,年力正强,大有可为也。到三等舱与诸君闲话。午饭后假寐,夕观船员抛绳圈赌胜负。五时后演习消防,初见之颇惊骇。五时至六时间水色黑,七时色转绿,见灯塔焉。

七月初三日(8月13日)

上海怡和码头靠岸

中夜醒,船已傍,不知停自何时也。余来时乘"永生"船由上海至长崎,行四十八点钟始至,此船约不足三十六点钟,即加入由吴淞至上海之路亦不足四十点钟。

晨未起,竺笙、子畏来言,行李运入一小轮船时,恐人力不能胜,拟烦洋人伤夫代运,请伯苓往商之。伯苓往,则全数已运出,洋人言,俟上岸

后可自往认取也。七时半早食,八时登小轮船。一、二等客有舱可坐,余贪船面凉爽且与诸君叙话,遂不入舱。小轮初开即见一俄国军舰,六本烟突,船色深墨。烟突已毁折,其一船腰有巨孔,船上俄兵甚多。十时半船抵怡和码头,长发栈无人接客,稚虹往寻之,而长春栈之人至,余意在长发、长春两处分住。因令长春伙友先运行李上岸,甫定任而长发伙友亦至,遂将余与伯苓之行李交长春,而诸君十九人之行李交长发。十二时到长春栈,食面。

访心容。

访杨杏城①同年,求定官舱二间,房舱十间。船名"泰顺"。

与伯苓步游四马路,九华楼晚饭。饭后至开明书店,旋步归。培孙招饭,因已饭罢,辞谢。是日稚虹、荃士俱来访。

七月初四日(8月14日)

同竹生、芸生赴虹口,竹、芸访何蒙孙,余则谒小舫叔。叔患痢,于卧室见之,谈片刻。午正归,晤渔三、子均。

回长春栈,饭后游四马路买书。

青莲阁啜茗,回栈小憩,后往虹口,同子均访刘葆良。

晚,子均招饮于一品香,同坐伯苓、筑生、芸生、蒙孙、葆良,又有黄棣斋[大塤]②、张季臣③、项锦湖、渔三弟。

七月初五日(8月15日)

柘叔清晨来商买船票事。黄棣斋来访,问东游事,为介绍孙实甫、周庆鍾。

午初同伯苓往长发栈,又回到裕祥(心容所开)。余赴葆良约于万年春,同坐子均、棣斋。又赴荃士约于一品香,同坐夏颂来,余不悉记。

---

① 杨杏城:指杨士琦(1862—1918),字杏城。安徽泗州(今泗县)人。先后充李鸿章、袁世凯幕僚,后历任上海商部高等实业学堂监督、工商部右侍郎、宣抚南洋华侨大臣、驻沪帮办电政大臣、北京政府参政院参政等职务。

② 黄棣斋:指黄大塤(1861—1930),字棣斋。江西石城人。光绪进士。历任江西高等学堂监督、南浔铁路总办、江西谘议局副议长、江西通志局总纂等职务。

③ 张季臣:商务印书馆出版部工作人员。

午后回寓,写寄儿辈信。顾缉翁①、王培孙、稚虹、边益园、王心容先后来访。晚心容约食水饺、豆粥。

七月初六日(8月16日) 雨

筑生、子畏来信,"泰顺"船房间不可得,余至招商局访袁仲蔚,未至局也。乃往小舫叔处,令仪翟叔往招商局一托,余暂回寓。

葆良来访,久谈。附葆良之马车仍至虹口,是日为庶叔母生日,食早面焉。为陈君季生书屏对,为渔三弟书扇,为□少卿书对,又书单款一联。三时回寓。

小舫叔赐食物甚多,五时同伯苓登"泰顺"船,七时复回登岸。

买书。

赴顾缉庭、杨杏城约于一家春,同坐徐季龙庶常[谦]②,此番亦随"泰顺"船北行。九时席散,上船。闻子均、心容曾来送行。

七月初七日(8月17日)

船发上海

早六时开船,八时因风大暂停。同舟郑蘭溪[二尹]、陈小□,皆铁路局员也。又洪九畴[同知],云南解铜委员也。

一时复开。

船买办孙端甫[行方],湖州归安人。

风大不得进,四时复停,仍未出海口也,终夜泊。

七月初八日(8月18日)

风未止,十时开行。傍夕风浪巨,舟簸荡,卧以忍之。芸生来余室睡。

---

① 顾缉翁:指顾缉庭(1841—1910),名肇熙,字䍩民,号缉庭。江苏吴县人。同治举人。历任工部主事、惠陵工程监修、吉林分巡道、陕西凤邠盐法道。1894年任台湾布政使。台湾割让日本后,至上海任职于招商局。晚年居住苏州城南木渎镇,捐资办学。工诗文、书法。有日记多种。在吉林期间,曾任崇文书院山长。

② 徐季龙:指徐谦(1871—1940),字季龙。安徽歙县人。光绪进士。1904年入仕学馆。历任京师审判厅厅长、京师高等检察长、司法部次长、天津《益世报》总编辑、广州政府大理院院长、岭南大学文学系主任、武汉国民政府人民裁判委员会主席、国民党中央常委、福建"中华共和国人民革命政府"委员、国民参政会参政员等职务。著有《民法总论》等。

七月初九日（8月19日）

七时起。风力稍杀，船渐稳，终日凭阑观涛。晚与玉孙、幼卿、子畏诸君论直隶物产，幼卿云，获鹿产棉，每两不过值四文，行销山西。

七月初十日（8月20日）

四时起，观日出。过成山，八时后风力又大。昨日行黑水洋殊安稳，今日转摇荡，事之不可执定如此。午后散步，凭阑与孙端甫立谈。端甫通英文，论事颇开明，其言各国商船在中海者，怡和行三十余，太古行七十余，日本亦七十余，合之德法两国，殆逾二百，而招商局仍前此三十余艘之数，未尝议增也，今太古较前已增十倍而吾国殊不措意。余问招商局之船不可航行日本乎？孙曰岂但日本，虽欧美亦奚不可，患在历来总司其事者无一人游历各国一考商务耳。孙君又言，此船司机器之西人月薪至廉者百五十元，而吾国人之在机器舱者至多不过二十五元，其经验之久，操作之勤，视西人殆有过之，所不及者，独学耳。学与不学之间而价值不同，如此则何为不设学堂以储养之乎。所言皆有见地，余前年乘"立神丸"时深佩其事务长福士德太郎之学识，谓中国之充买办者决无此造，今见端甫，悔吾前言之轻发也。招商局船以"安平"、"泰顺"为最新，以载重论，"安平"①而外即数"泰顺"；"泰顺"载二千吨，制价二十四万金。

烟台不能望见，大约午后已过之。

晚与徐季龙立谈。

七月十一日（8月21日）

返津

四时起，散步以待日出。东北水面有一黑影甚微，若汽船之烟，又若极小之岛影。已而渐析为三，居中俨一小山，形方而平。余方与玉孙诸君笑语，一回首则山形中忽现光明，惊愕间黑影渐退而日轮出矣。玉孙言，是即所谓蜃楼也。余八、九岁时学为试律，即习用"蜃楼海市"等语，顾莫知为何物，乃今始一见之。

---

① 安平：原字作"公平"，显系"安平"之误。

七时抵大沽口,八时小轮船来迎,盖余在沪时预借诸杏城同年者也。端甫言,凡轮船抵口外则悬旗揭示号,大沽炮营则悬旗应之,而电告塘沽。小轮船盖预奉杨公电嘱,故及时而至也。

竹生留船看行李,余人皆登小轮行。带小轮船者甄姓把总,大沽人,由湖北调来。十时至塘沽,入肆早饭。午随一点五十分之车行,三点至老龙头站,又二刻至家。是日客来如下:

刘小山、王益孙、华午晴、墨青、次和、赓言[①]、小林、子文、幼梅、冠儒、幼占、晖孙。与林、卞两君谈至一时,又与约敏谈至二时乃睡。

[①] 赓言:指卞禹昌(1863—1908),字赓言。直隶天津人。以致力于创设天津新式学堂著称。1905年自费赴日考察教育。曾任天津学务总董、学务处议员等职务,赐国子监学正衔。

人名索引

(说明:1. 凡人名前加＊号者,文中有该人物注释;注释位于首次出现时。
2. 严修的随行者和译员如张伯苓、严智崇、严智怡、严智锺、高逸等与严修同行同止,几乎天天出现,故只在首次出现时予以标明。)

二画

二见昇 252
八木小三郎 252
八木兼夫 361

三画

＊三角锡子 398
＊于本枢(子极) 350、379、380、392
＊下田歌子 299、300、301、384
＊大久保介寿 361
＊大久保高明 279、282、292、303、306、316、347
＊大石正巳 384
＊大村忠次郎 263
大桥秋水 265、266、267、273、313、316
＊大桥铜造 372
＊大野丰四 239
大野春子 262
＊大野铃子 256、262、263、302、392
＊大野捨吉 246、393
大隈重信 304、305、359、360、361、377
上元伍 392
＊上仲尚明 336、337、338、339

＊山下义韶 396
山口政子 262
＊山川健次郎 382
山中米次郎 370
山本登 248
山田(大野) 锽子 245、246、249、253、256、261、262、263、317、319
山县有朋 382
山松鹤吉 403、404
＊山根正次 273、275、276、279、281、282、283、292、297、302、306、310、316、343
＊山座园次郎 272、381
山崎彦八 279、281
＊千家尊福 273、274
川村理助 400
＊川岛郎速 251
川畑笃雄 250
＊久保田让 356、384
广濑长康 244、263、317
＊门田鋄一郎 263、265、316、317、320、323
＊门野几之进 310
＊小川银次郎 397、398
＊小西信八 301
＊小村寿太郎 381
＊小村俊三郎 253 、262、263、

413

264、268、272、274、282、301、312

小林光太郎　282、301

＊小泉又一　350

＊小宫山卯三郎　264

＊马君武(厚山)　400

马拱辰　340、343、346、358、389、390、395、403

马晓珊　389、399

＊马家桐(景韩)　230

四画

＊王心容　323、324、326、327、336、337、409、410

王古里　386、394

＊王守善(稚虹)　334、341、345、348、356、357、360、377、405、406、407、408、409、410

王绍贤(应珍)　241、242

＊工宋坡　394

＊王征善(绍良)　337

＊王春江　334

＊王宰善(荃士)　289、314、316、324、334、335、337、363、364、409

＊王孝缉(彦和)　394

＊王桐龄(峄山)　369、376

王金成　269、271

＊王锡瑛(益孙)　334、412

＊王惕斋(仁乾)　338

＊王寅伯　328、329

＊王春瀛(寅皆)　230、258

＊王维泰(柳生)　335、336

＊王植善(培孙)　336、337、409、410

王渭占　252、257、261、263、323

＊王照(小航)　287、362

王锦波　252

＊王靖芳(璟芳、伊文)　304

王毓才　324

井上正光　275

＊井上勇之丞　230、235、273、293、334

＊井上哲次郎　381、382

＊井原外助　405

天野静也　380

木村乙松　321

＊木野村政德　274、282、283、301、310

＊木崎盛政　389

中山米次　370

＊中井一马　248

＊中西正树　267、292、314

＊中江笃介　294

中村政房　265

＊中谷延治　400、402、404

＊冈山秀吉　404

＊冈五郎　274

＊冈本监辅　299

＊内海静　352

＊内藤虎次郎　243、245、261

＊毛邦伟(子龙)　266、273、306、315、379、380、383、392、394、400、405、408

＊毛庆蕃(实君)　325、334、349、354、356、357、360、363、364

＊手岛精一　289、343、345、352、357、368、386

＊长冈护美　354、362、378、380、390、403

＊长坂云在　248

＊长屋平太郎　339、340

＊长原春田　401

＊卞禹昌(赓言)　412

＊方守六　272

＊户水宽人　392

尹子赓　245、252

＊尹湘(澄甫)　330、345、373、389

*邓子辅　333、341、352、404

*邓召棠(荫清)　229

*邓孝可(守源)　355、376

*邓沅(芷谿)　371、383、387

*邓敏怡(和甫)　341、356

*双寿(松如)　274、282、283、284、289、293、297、298、299、301、323

*水田竹圃　406、407

水原源次郎　245、255、359

五画

*正木直彦　287、288

本田幸之助　315、322

*辻新次　385、389、391

石芷舫　303

*石黑忠悳　297

*石塚猪男　254、255、259、320、364、373

*平泽繁次郎　355、385、390、397

平贺如恒　277、343

*平贺精次郎　273、281、293、314

*卢永铭(子铭)　346

*田中唯一郎　305

*田尻稻次郎　383

田岛正直　243、246、249、250、251、253、261、317

*田原荣　359

*田锅安之助　270

*矢野文雄　392

*白须贞(季鑑、心华)　282

白须勤　343

*鸟尾小弥太　314

*市嶋谦吉　360

*冯亚雄(立夫)　313、315

*冯国勋(孔怀)　238、287

*冯鸿若(博、茂才)　273、314、316

*永井久一郎　357

*弘法大师(空海)　250

*永井勇助　404

边益园　410

六画

*邢之襄(赞廷)　275、342、349、353、381、389、406

*吉田义静　273

*吉田松阴　382

*吉田实　230

*吉田信太　401

吉田清扬　348、353、362

*芝本为一郎　402、403

*权量(谨堂)　307、315

*西岛良尔　243、244、245、246、254、255、257、258、259、260、261、262、263、317、318、320

*成濑仁藏　361

此木林宗太郎　255

吕祉堂　245、252、257、261

朱平越(一清)　358、379、397、404

*朱学曾(文伯)　379、404

*朱深(伯渊)　341、355、378

*竹中清　240、241

乔梓　404

*任传榜(筱珊)　347、354、355、392

*华午晴(光霁)　334、412

*华学涑(守甫、石斧)　370

*华泽沅(芷舲)　353、362、392、394

华振　385

*伊泽修二　271、274、275、279、283、285、296、301、306、314、315、316、340、342、362、371、380、385、389、390、392、400

*伊集院彦吉　230、272

*伊藤允美　392、393、401、404

伊藤伊吉　340、354、397、398

伊藤博文 257、382、405
伊藤稻子 277、301
＊多田房之辅 383
多田梅雄 401、404
刘小山 412
＊刘潜（宝和、芸生） 343、345、353、362、368、370、371、390、394、395、397、409、410
刘卓冬 341、353、360、369、399
＊刘宝慈（筑生） 345、362、368、370、371、394、395、408、409、410、412
＊刘树屏（葆良） 327、328、409、410
＊刘叙五（子明） 343、380
＊刘豫生（成禹） 267、316
＊关本幸太郎 285、286、400、402、404
＊江庸（翊云） 356
＊池田谦三 315
＊汤寿潜（蛰仙） 337、338
＊安井小太郎 274
安东不二雄 247
＊安达宪忠 277
＊许鼎霖（久香） 338
孙小泉 341、348
＊孙凤藻（子文） 334、395、400、412
＊孙宝琦（慕韩） 328
＊孙淦（实甫） 243、245、254、317、318、319、320、329、409
孙雁清 261、263、317、320、329、361
羽田祯之进 288

七画

赤松又次郎 386、396
花板垣 264
＊严子均（义彬） 326、327、328、329、333
＊严复（几道、又陵） 281
＊严信厚（筱舫、小舫） 323、325、326、327、329、336、337、338、343、409、410
＊严辅臣 229
＊严渔珊（廷宾） 324、336、337、409、410
＊严智怡（慈约） 229
＊严智崇（约冲） 229
＊严智惺（约敏） 229、253、283、318、320、331、334、338、343、348、377、378、354、362、373、378、383、386、387、388、389、401、408、412
＊严智锺（季约） 334
＊杜之堂（显阁） 266、267、269
杜行陀（伯荣） 394
＊杉采三郎 268
＊杨士琦（杏城） 409、410、412
杨小坪 323、324、326、327、328、329
杨石门 341、399、406
＊杨育平（陆宾） 340、341、342、350、352、355、359、360、362、385、386、387、389、399、400、405、406
＊杨枢（星垣） 340、343、346、370、371、384、392、403
＊杨度（晳子） 341、342、369、379、389、402、403
＊李士伟（伯芝） 342、376、389、405
＊李士铭（子香） 320、364
李少卿 333、380
＊李伟章（邦灿） 348
李祥霖（佛翼） 371
李余清 371
＊李叔同（文涛） 325
李庆恩（和轩、和宣） 333、334、

336、337、338、340、351、352、356、358、359、369、371、387、397

李让溪　348、352

*李盛铎(木斋、椒微)　271、390

*李金藻(琴湘)　347、353、362、394、395

*李添顺　231

李鸿章　233、321

李惠卿　340、362

*李景濂(紫洲)　342、348、390

*李煜瀛(石曾)　326

*李德膏(光炯)　266

*李穆(宾士)　341、370

*矶部检三　276、292、294

*吴汝纶(挚甫)　233、264、265、266、267、268、270、273、274、275、296、297、309、310、314、315、316、319

吴希仲　353

吴超(补笙)　337

*吴昌硕(俊)　337、338

*吴闿生(辟疆、启孙)　264、267、269、275

*吴振麟(止欺、止歧)　268、275、306、315、342、343、362、401、403

*吴馨(畹九)　337

吴葆臣　379、386、395

*町田则文　285

*足立传一郎　230、263

*何如璋　399

何俊卿　255

*何颂华(蒙孙)　326、329、336、338、409

*何培琛(仲书)　345、349、350、379、380

*何基鸿(海秋)　341

*何燏时(燮侯、锡候)　270、348、354、355、369、370、376、379

佐藤方堂　255、257、259

*佐藤藤太郎　279

*近卫笃麿　271、272、314

佘仲先　340、341、350、354、355、362、370、371、387、390、399、406

*鸠山和夫　384

*汪凤藻(芝房)　325

汪希澄　346

*汪康年(穰卿)　326、328

*沈兆祎(幼沂)　368、369

沈朗斋　273

沈强汉　385

*张一鹏(云搏)　343、376

*张一麐(仲仁)　393

张之洞　298

*张元济(菊生)　328

*张元博(允裴)　343

张凤亭　261

张凤斋　245、263、320

*张文澜(云阁)　341、385、386、389

*张幼臣　229、334

张仲良　333、336、341、352

张仲山(体仁)　352、404

*张伯苓(寿春)　230

*张良弼(佑卿、右卿)　394

*张季臣　409

*张奎(星五)　268、310、312

张星舫　255、257、260、318、329

张冠三　245、252、257、261、263

*张美翊(让三)　338

张素直　338

*张鸿藻(子鱼)　307

*张瑛绪(执中)　273、278、279、282

*张斯桂(景颜)　399

*张棣生(孝栘)　269、316、341、366、368

张渤(星之)　341

＊张裕钊（廉卿） 269、399
＊张熊（子祥） 248
＊陆世芳（仲芳） 389
阿多广泉 329、401
＊阿波松之助 267、279、316
＊阿部房次郎 249、251
＊陈兆雯（幼云） 334、335、341、352、404
陈寿卿 336
陈丽生 333
＊陈冷（景韩） 355、380
＊陈季同（敬如、镜如） 382
＊陈宝泉（筱庄） 345、355、362、383、389、395
＊陈衍昂（春溪） 334、335
＊陈独秀（乾生、仲甫） 272、341
陈彦安 384、385
＊陈恩荣（晢甫、柄甫） 229、281、343、345、347、362、371、381、389、390、392、395、397、404、407、409
陈梅生 379
＊陈惟壬（一甫） 333
＊陈榥（乐书） 270、341、343、348、390
＊陈薰（子琴） 324、333
陈瀛洲 241、245、253、254、255、256、260、261、263、281、310、313、318、319、320、322、329

八画
＊武部直松 294
＊武富邦鼎 239
＊武濬源（问泉） 229
＊青柳笃恒 231、232、233、234、235、239、240、304、310、322、354、359、360、362
＊范绍洛（补程） 348、355
＊范鸿泰（吉六） 354、377

＊范源濂（静生） 270、395、402
＊林奎 303
＊林涵（次和） 229、412
＊林荣（少旭） 384
＊林墨青（墨卿） 333、412
松本顺吉 356、357、358、360、361、366、368、369、373、375、376、378、379
＊松岛钲四郎 322
松林孝纯 359
＊松浦和平 353
＊松浦镇次郎 378
明治帝 257
＊岩村成允 381
＊岩谷松平 315
＊岩间德也 397
＊岩波静弥 346
м岩熊金吾 230
＊罗荇农（庆昌） 371、385
＊罗顺循（定钧） 360、362、373、379、380
＊牧野谦次郎 362、397
＊和田纯 264、266、269、270、272、277、282、283、284、287、289、292、294、298、299、301、302、303、304、305、306、307、309、310、314、316、343、348、362、367、370、378、385
和田捨　私 231、232、240
＊依田雄甫 385
＊金子弥平 251
＊金邦平（伯平） 279
金瓯（舜挚） 380
＊服部一三 357
＊周以翰（崧甫） 371、378
周庆锺 254、255、256、260、263、409
＊周金箴（晋镳） 324、338
＊周学熙（缉之） 333
＊周恭寿（铭久） 345、395

*周家彦(韬甫、弢甫) 267

*周培炳(荃荪、荃生) 341、356、377

周瑞伯 378、379

*周熊甫 407

*郑永昌 264

*郑炳勋(菊如) 362

*郑朝熙 (际唐) 389

*浅野长勋 320

河内一郎 255、257

*河村善益 258、260

*泷泽菊太郎 275、285、380

*波多野贞之助 347

泽势直太郎 264、267、272、278、282、287、296、297、309、314、315、316

*泽柳政太郎 375

*细川潤次郎 299、300

孟芹香 336、370

孟春湖 263、264

*驹井於菟 230

九画

*春木义彰 265

*珍田捨己 381

*项文瑞(莲生) 269、273、287

项锦湖 409

*赵元礼(体仁、幼梅、藏斋) 229、321、333、379、380、412

赵孟刚 306、323、324、329

*赵宪曾(次原) 394

郝仙坡 245、253

荒川次郎 231、233

*荒木和一 249

*胡公寿(瘦鹤) 248

*胡玉缙(绥之) 371、385、386

*胡家祺(玉孙) 345、347、355、362、369、381、394、395、399、404、411

*胡景桂(月舫) 394、395、403

*胡源汇(海门) 355、386

*星野锡 287、314

*重野安绎 381、385

侯季洪(季鸿) 334、335、341

*俞明谦(挹尘) 362、395

*俞复(仲还) 335

*俞樾(曲园) 405

*狩野亨吉 289

*彦悳(明允) 346

*恽孟乐(毓嘉) 328

前田正隆 279

*洪熔(铸生) 287、315、316、353、371、387

*津田重胤 272

*津田寅治郎 254、255

宫川保全 357

*宫岛大八 398

*宫岛诚一郎 398

*神保小虎 353

*祝惺元(砚溪) 273、275、343、354、404

费勉卿 323

*姚彤章(品侯) 386

*姚煜(文敷) 312

十画

袁世凯 250、286、333、403

袁仲蔚 410

耿子和 348

*桥本纲常 269

桥本贯山 257、320

*根津一 269、270、271、314、362、364、378、390、394、395、397

*夏同善(子松) 271、273

*夏同龢(季平、用卿) 367、368、379、383

*夏绍范(孝斋) 371、379

*夏循垍(爽夫) 273、275、306、

315、345、354
　夏偕复(棣三、隶山)　271
　*夏清贻(颂来)　336、409
　*顾肇熙(缉庭)　410
　*顾德邻(仲康)　376
　*钱承鋕(念慈)　345、347、354、370、371、385、401
　*钱恂(念劬)　305、384
　*钱稻孙(介眉)　354
　*铃木米次郎　343、375、390、401、404、405
　铃木龟寿　340、344、347、359
　铃木清　319
　*徐谦(季龙)　410、411
　*徐蔚(毓生)　345、362、394
　*高木兼宽　268
　*高田早苗　304、305、359、360、384
　高屿卿　327
　*高步瀛(阆仙)　394
　*高泽畬(凌霄)　353、354、355、361
　高桥定吉　298
　高逸(旷生)　266
　*郭锺韶(虞颺)　267
　斋藤章达　263、273、283、286、314、400
　*唐在礼(执夫)　356
　*唐宝锷(秀丰)　238、240、241、242、267、279、303、304、305、314、315
　*凌福彭(润台)　230
　陶大均(杏南)　362、379、386
　*陶孟和(履恭)　229、334

十一画
　*黄大燠(棣斋)　409
　*黄忠绩(成斋)　278、279
　*黄璟(小宋)　269、271、274
　*梅谦次郎　395
　*曹汝霖(润田)　315、329、343、349、373、401、402
　曹寿卿　325
　曹敏斋　326
　*曹腾芳(希仲)　344、354
　曹瀛洲　253、319
　龚子英　337
　*野尻贞一　261
　崔子玉　355、379、385、386
　*麻生正藏　263
　*章宗祥(仲和)　266、271、279、315、384
　*章梫(一山)　327
　阎小山　245、253、261、262、264、265、267、278、281、282、287、302、313、315、334
　*清水芳吉　242、243、244、245、247、248、249、252、253、255、257、258、259、261、262、263、270、271、278、310、313、315、316、317、318、320、321、322、323、328、407
　清水荣次郎　255、261、320
　*梁著芎(竹香、著香)　317、318、320、341、371、380、389、400、403、405、406、408
　梁鼎甫　378
　梁璧垣　378

十二画
　*董恩禄(熙台)　380
　*董懋堂　335、336
　*蒋观云(智由)　370、371
　*蒋尊簋(伯器)　370、371
　*蒋抑卮(鸿林、翼之、翊之)　405、407、408

萩原敬之　395
韩永康　346
＊韩振华（诵裳）　229
＊棚桥源太郎　344、348、349、353、363、365、366、368、373、395、408
黑柳重昌　276
程栋初（迪楚）　341、348
程豹孙　347
赓音泰　382
＊曾志忞（及夫人曹汝锦）　340、343、355、359、362、378、385、397、401、405
曾我千三郎　267
＊渡边龙圣　302、389、392、393、394、399、400、401、402、403、404、406
＊渡部菫之介　378
＊富田常次郎　395、396

十三画

塚谷孝二郎　231、277、289、313
＊戢元丞（翼翚）　238
＊蒯寿枢（若木）　354、362
蒲生敏郎　322
＊廉泉（惠卿）　335
＊廉隅（励卿）　316、347、354、389
福士德太郎　231、232、233、235、236、237、238、250、411

十四画

＊嘉纳治五郎　284、297、342、343、344、346、350、384、390、392、393、395、396、398
＊蔡钧（和甫）　238、243、287、390
＊熊正瑗（慕蘧）　272、277、278、306
＊熊希龄（秉三）　326
熊孟胪　371

＊熊垓（畅九）　341、343
＊熊朝鼎（石安）　379

十五画

增木有吉　262、263
＊增田义一　384
增田芳郎　282
＊横山作二郎　395、396
＊稻镜（涤生）　348
＊黎迈（仲苏）　266、306、342、358、359、368、380、392、404
＊黎庶昌（莼斋）　398
＊黎渊（伯颜）　241、266、270、273、275、284、287、289、297、303、306、309、310、315、329、347、349、356、370、375、379、380、385、387、388、389、390、391、395、398、399、400、402、404、405
＊潘志愔（子欣）　354、385

十六画

璞尔生　360

十七画

＊戴展诚（邃庵）　303
＊穗积八束　396、397
＊魏震（梯云）　362、386
蹇先昌（经叔）　306
蹇先槼（方叔）　306、380、400
蹇先聪（桓驹）　306
＊蹇念镒（季常）　266、306、341、350、366、380、389、402

十八画

＊藤井恒久　230、334
＊藤泽元造　256、262
＊藤泽南岳　255、256、257
＊鎌田荣吉　310

421

二十画

＊巌谷孫藏　268、270、271、275

(《严修东游日记》天津人民出版社 1995 年初版，此次大幅增订再版。与刘玉敏合作)

后　记

据我所知,日本研究院自成立时起,就有一个学术方面的不成文的"尊老设想",即帮助每位老先生出一本文集。对于在教研园地劳作一生的教师来说,这益于他们在回顾自己的学术生涯时,更好地总结与回味其中的甘苦得失,应是一个不错的精神慰藉。同时,对繁荣本院的学术也不无裨益。我在日研院成立之前已经退休,早已荣升为"老先生"。至今退休更历21年,日研院也四易领导,但每任院长都一如既往地鼓励和关心我出文集事,而我却一直惭愧地未予响应。主要原因是,我对自己已发表和出版的东西不满意者居多,觉得还是"无为而治"较好:其有价值者自有读者问津赐阅;其无价值者任其湮灭又何足惜。此观点或近偏颇,却是我的真实想法。

不过,对于《严修东游日记点注》我却情有独钟,一直希望在我尚能饭亦能思时,尽早地出一个增订版。原因如下:一,该书出版后援引者较多,有同行甚至以其为主要素材撰成博士或硕士论文,说明其史料价值不菲。二,该书涉及人物较多,但由于初版时资料条件所限,有不少重要人物未能注出。对这笔欠账,注者耿然于心,垂老难忘。三,该书个别文句的标点和个别人物的注释有误,亟须改正。四,更重要的是,南开大学2019年将迎来百年校庆,再版"校父"重要著作,体会他当年追求与推动教育近代化的苦心和努力,应具重要意义。

我最近读到一则史料,说是1930年3月14日,即严修逝世的一周年之日,日本教育界的一批精英人士在东京为他举行了追思会(追思兼及1927年逝世的前教育总长范源濂和1918年逝世的前驻日使馆官员、严修长子严智崇),当时的中国驻日公使汪荣宝也与会致悼。说明他改进与发展中国教育的苦心孤诣和不懈努力,不仅为国人所感慨,也赢得了日本人士的赞许和敬重。作为后来者,我们应珍视他的这份精神遗产并予以发扬光大。

历经长年的搜求积累,《严修东游日记点注》此次增订,除得以改正不妥与错误之处外,新增了人物注释128条。加上初版注释的223条,共有人物注释351条。这样,注释的人物占人名索引中所列500人的七成。大凡重要的人物,尽管详略不一,大体都作了注释。我想,这不仅为阅读本书的读者带来便利,也或可为今后进一步研究严修及其社会关系、近代教育、留日学生等多种课题,提供一种可资参考的资料。当然,仍会有不妥、遗漏和错误之处,敬希读者方家有以教之。

我今行年八十有一,回顾所学,了无所成。却也像大学问家一样,患上不治的眼疾,几乎瞎眼,且有随时瞎眼的可能。——如是我闻。此情此景之下,出版此书殊非易事。

本书的出版有如所述,赖有日本研究院历任院长杨栋梁教授、李卓教授、宋志勇教授、刘岳兵教授的关心和鞭策。本书虽为"自选集",但我力有不逮,实赖赵德宇教授一一过目选拣,编辑成书,其耗时费力,可以想见。郑昭辉副研究馆员将数十万字的文稿录入,校阅,往复传送者数次,其不惮繁难如此!我和玉敏对电脑功能所知百无一二,书稿图文中窘于表现的各种难题全靠小郑老师一力解决。天津社科院万鲁健校友,曾帮助查对书中的一个重要人名,并帮助搜集一天津人物的相关资料。最后,本书文字大多曾经发表,"昨日黄花"能以新姿再开,更仰赖于江苏人民出版社及本书责任编辑史雪莲女士的扶植和点化之功。在此书付梓之际,谨向以上各位同仁敬致谢忱!

女儿武焰在我罹患严重的眼疾之后,不辞烦劳,长期而频繁地带我求医诊治。今天我还能以病眼余光一瞥自己的书稿,是和她的悉心照料分不开的。借此机会也对她聊表谢意。

武安隆　2018 年 3 月 30 日